MEDITACIÓN
Y
CÁBALA

ARYEH KAPLAN

MEDITACIÓN Y CÁBALA

EDICIONES OBELISCO

Colección Cábala y Judaísmo
MEDITACIÓN Y CÁBALA
Aryeh Kaplan

1.ª edición: febrero de 2025

Título original: *Meditation and Kabbalah*

Traducción: *Eduardo Madirolas*

© 1982, Aryeh Kaplan
Título publicado por acuerdo con Red Wheel/Weiser,
a través de International Editors & Yáñez Co.'S.L.
© 2025, Ediciones Obelisco, S. L.
(Reservados los derechos para la presente edición)

Edita: Ediciones Obelisco, S. L.
Collita, 23-25. Pol. Ind. Molí de la Bastida
08191 Rubí - Barcelona - España
Tel. 93 309 85 25
E-mail: info@edicionesobelisco.com

ISBN: 978-84-1172-219-3
DL B 15970-2024

Printed in India

ומיחרו וליחדב
Con inquietud y amor…

ברשות רבותי
Con permiso de mis maestros…

Agradecimientos

Dra. Perle Epstein
Library of Jewish Theological Seminary of America,
New York, particularmente a Ms. Susan Young
y Mr. Micha Falk Oppenheim.

Hebrew University Libraries, Jerusalem.
Bodleian Library, Oxford.
Biblioteque Nationale, París.
British Museum, Londres.
Biblioteca Apostólica Vaticana,
Ciudad del Vaticano.
Columbia University Library,
Manuscript Division, New York.
Lenin State Library, Guenzburg
Collection, Moscú.

Introducción

Se empieza con gran inquietud a escribir un libro como éste en el que se exponen algunos de los misterios más recónditos de la Cábala. Muchos cuestionarán la sabiduría y conveniencia de poner esa información por escrito en un libro, particularmente en una traducción a una lengua moderna como el español. Pero se ha publicado ya tal cantidad de información errónea, que se hace virtualmente imperativo el dar a conocer una versión auténtica y autorizada. Es por csto, y por otras razones que bajo juramento debo ocultar, por lo que los grandes maestros vivos de la Cábala han dado su aprobación para que un libro tal sea publicado.

La ciencia de la Cábala se divide en tres áreas básicas: teórica, meditativa y práctica.

La Cábala teórica trata de la forma de los misterios, enseñando la estructura de los dominios angélicos y de las Sefirot o Emanaciones Divinas. Se enfrenta con gran éxito a los problemas planteados por las muchas escuelas de filosofía y proporciona un marco conceptual en el que todas las ideas teológicas se pueden encajar. Pero lo que es más importante para el tema que nos ocupa, la Cábala teórica también plantea el marco mediante el que poder entender los mecanismos de tanto la Cábala meditativa como la práctica.

Hay aproximadamente unos tres mil libros publicados de Cábala y la inmensa mayoría tratan en su mayor parte de la Cábala teórica. En esta categoría se incluyen las obras cabalísticas más conocidas, como el Zohar y el *Bahir*, casi totalmente teóricas en sus ámbitos. Lo mismo puede decirse de los escritos de Rabbí Isaac Luria, el Arí, considerado por muchos el más grande cabalista de todos los tiempos. Con el paso del tiempo, su escuela investigó más y más profundamente en las ramificaciones filosóficas de los conceptos cabalísticos principales, produciendo un sistema filosófico extremadamente profundo, auto-consistente y satisfactorio.

Por otra parte, la Cábala Práctica era un tipo de magia blanca que trataba de las técnicas para evocar poderes sobrenaturales. Para ello utilizaba nombres divinos, encantamientos, amuletos, talismanes y otras técnicas, como quiromancia, fisiognomía y astrología. Muchos cabalistas teóricos, capitaneados por el Arí, desaprobaron el uso de tales prácticas, catalogándolas de peligrosas y espiritualmente degradantes. Como resultado de ello sólo han sobrevivido en muy pequeño número de textos, la mayoría en forma de manuscrito, y sólo un puñado de los más inocuos han sido publicados.

Es significativo que algunas de las técnicas a las que se alude en esos fragmentos parece que se han conservado entre las escuelas europeas no judías de magia. La relación entre la Cábala Práctica y esas escuelas de magia constituye de por sí una interesante área de estudio.

La Cábala meditativa se halla a medio camino entre los dos extremos anteriores. Algunos de los métodos más antiguos lindan con la Cábala Práctica y su utilización han sido desaprobada por los maestros posteriores, especialmente los de la escuela del Arí. Dentro de esta categoría están los pocos textos conservados del período talmúdico. Lo mismo es cierto de las enseñanzas del maestro del siglo XIII Rabbí Abraham Abulafia, cuyas obras de meditación no han sido nunca publicadas y sobreviven sólo en manuscrito.

De lo más elocuente resulta la afirmación que figura al final de *Shaarei Kedushah* (Las Puertas de la Santidad) que es esencialmente un manual de meditación.

La parte más importante y explícita de este libro es la sección cuarta que da instrucciones concretas para la meditación. Cuando el libro se imprimió por primera vez en 1715, el editor omitió ésta última y más importante sección, con la nota siguiente:

> El editor declara que esta sección cuarta no debe ser copiada o impresa puesto que consiste en su totalidad de nombres divinos, permutaciones y misterios ocultos, y no es conveniente traerlos al altar de la letra impresa.

De hecho, si se examina esta sección se observa que los «nombres divinos y permutaciones» juegan un papel relativamente pequeño y podían haber sido omitidos con facilidad. Pero, además, la sección en cuestión presenta instrucciones explícitas para las diversas técnicas de meditación cabalística e incluso esto era considerado una doctrina demasiada secreta para ser publicada para las masas.

El mismo Arí utilizaba un sistema de meditación consistente en *Yjudim* (unificaciones), el cual estaba incluido en el cuerpo principal de sus escritos, particularmente en el *Shaar Ruaj HaKodesh* (La Puerta del Espíritu Santo). Pero aquí de nuevo nos encontramos con que, aunque el Arí vivió en el siglo XVI, este texto no se publicó hasta 1863. Durante más de trescientos años sólo resultaba accesible en forma de manuscrito.

Con la extensión del movimiento jasídico en el siglo XVIII, varias técnicas de meditación se hicieron más populares, especialmente aquellas centradas alrededor del servicio devocional ordinario. Esta corriente alcanzó su cénit con las enseñanzas de Rabbí Najman de Breslov (1772-1810), quien debatió en profundidad sobre la meditación. Desarrolló un sistema que podía ser puesto en práctica por las masas y fue principalmente por esta razón por lo que las enseñanzas de Rabbí Najman encontraron una oposición tan violenta.

Uno de los problemas que surgen al hablar sobre meditación, ya sea en hebreo o en español, es el hecho de que sólo exista un vocabulario muy limitado con el que expresar los diversos términos «técnicos». En aras de la claridad, algunos de esos términos, tales como «mantra», «mandala» y otros, han sido tomados de prestado de los diversos sistemas orientales de meditación. Con esto no se quiere implicar en absoluto que haya ninguna conexión o relación entre esos sistemas y la Cábala. Los términos han sido utilizados sólo porque no hay equivalentes occidentales. Puesto que les resultan familiares a la mayoría de los lectores contemporáneos, tienen la ventaja de hacer el texto más fácilmente comprensible.

Muchos se sorprenden de que la tradición judía contenga un sistema formal de meditación que, al menos en sus manifestaciones externas, se asemeja a algunos de los sistemas orientales. Este parecido fue notado por primera vez en el Zohar, que reconoció el mérito de los sistemas orientales pero previno contra su uso.

El hecho de que distintos sistemas se parezcan entre sí es sólo un reflejo de la veracidad de la técnica, la cual es principalmente un modo de liberación espiritual. El que otras religiones la utilicen no tiene más consecuencia que el que también recen y rindan culto. Ello no hace al servicio devocional y cultual judío menos significativo o único, y lo mismo es cierto de la meditación. Ésta es básicamente una técnica para liberarse de las ataduras de la propia naturaleza física. A dónde uno vaya a partir de ahí depende en grado sumo del sistema utilizado.

CAPÍTULO UNO

Meditación

1. Las escuelas

Los cabalistas sostienen de modo unánime que los primeros en implicarse en prácticas meditativas fueron los patriarcas y los profetas, que las utilizaron para alcanzar la iluminación y la profecía. Aunque en la Biblia hay muchas alusiones al respecto, la Escritura virtualmente guarda silencio al llegar al punto de dar descripciones explícitas de sus métodos. Sin embargo, si se mira en los textos apropiados, se puede conseguir un alto grado de comprensión sobre los métodos que se utilizaban en tiempos de los profetas.[1]

La referencia directa más antigua respecto a métodos es del siglo I, del primer período talmúdico. Allí nos encontramos a algunos de los más grandes talmudistas practicando las artes místicas, haciendo uso de un número de técnicas meditativas para conseguir la elevación espiritual y el ascenso al dominio trascendental. Muchas de ellas consistían en la repetición de nombres divinos y en una concentración intensa en las esferas trascendentes. Lo poco que sabemos de sus métodos se ha preservado en unos pocos fragmentos y en un notable texto completo, *Hejalot Rabatai* (Los Palacios Mayores) cuyas partes principales se presentan por primera vez en traducción en este libro. Algunos de los principales clásicos de la Cábala se escribieron en este período. Tales son el *Sefer Yetzirah* (Libro de la Formación), el *Bahir* y el Zohar. Estos implican niveles aún más altos de los descritos en las *Hejalot,* y por lo general, sólo se dan en ellos los más leves indicios de cómo se alcanzan esos niveles.

---

1. Esto se debate en profundidad en el volumen compañero de éste, *La Meditación y la Biblia,* Ediciones Obelisco, Barcelona, 2025.

Con el cierre del período talmúdico, los métodos quedaron restringidos a unas muy reducidas sociedades secretas. Tanto el *Bahir* como el *Sefer Yetzirah* permanecieron absolutamente desconocidos fuera de esos círculos y no se revelaron hasta finales del siglo XII y el siglo XIII respectivamente. En particular, la publicación del *Bahir* dio ímpetu al estudio de los misterios y algunos individuos empezaron a enseñar abiertamente los métodos secretos.

El más notable entre ellos fue Rabbí Abraham Abulafia (1240-1295). Tras recibir la tradición de fuentes antiguas, fue el primero en ponerlas por escrito. Fue condenado por ello en muchos círculos, aunque la mayoría de los cabalistas consideran que sus métodos son auténticos y están basados en una tradición de confianza. Algunos de sus contemporáneos, notablemente Rabbí Isaac de Acco y Rabbí Joseph Gikatilla, hablan también de métodos meditativos.

La mayoría de su obra fue eclipsada, sin embargo, por la publicación del Zohar en la última década del siglo XIII. Este gran clásico captó la imaginación de casi todos los cabalistas de la época y las enseñanzas de otras escuelas se olvidaron. No es por lo tanto accidental que muchos libros escritos antes de esa fecha nunca se publicaran y, entre los que no se han perdido, un buen número permanece sólo en forma de manuscrito.

Puesto que el Zohar tiene tan poco que decir sobre técnicas de meditación, muchos importantes cabalistas empezaron a ignorar el tema por completo. Estaban demasiado inmersos en tratar de descifrar los misterios de ese antiguo libro que había permanecido oculto durante tantos siglos. Hubo algunas excepciones y estos cabalistas utilizaron los métodos de Abulafia, Gikatilla e Isaac de Acco. Sin embargo, en los siguientes doscientos años no encontramos virtualmente a nadie explorando el Zohar mismo para tratar de discernir las técnicas meditativas utilizadas por sus autores.

Los principales intentos en esa dirección tuvieron lugar en la escuela de Safed que floreció durante el siglo XVI. Esta escuela alcanzó su cénit con las enseñanzas de Rabbí Isaac Luria (1534-1572), conocido comúnmente como el Arí, que enseñó cómo las diversas combinaciones de letras que se encuentran en el Zohar tenían como fin el ser usadas como instrumentos de meditación. Aunque el Arí no escribió casi nada, sus enseñanzas fueron celosamente copiadas por sus discípulos y llenan casi dos docenas de grandes volúmenes. En gran parte, todo esto no era sino una introducción a la metodología relativa a su sistema de meditación.

Igual que el Zohar había eclipsado a todo lo demás cuando fue publicado, los escritos del Arí hicieron lo propio con las demás escuelas tres siglos después. Se consideraron sus enseñanzas como la expresión definitiva de la Cábala y durante los siguientes doscientos años la mayor parte de la literatura cabalística estuvo dedicada a su interpretación. Aunque algunos individuos, pocos, practicaran las técnicas de meditación del Arí, y posiblemente hicieran lo mismo una o dos pequeñas escuelas, los cabalistas en su mayoría se dedicaron a la teoría en vez de a la práctica.

El siguiente gran renacimiento sobrevino con el auge del movimiento jasídico, fundado por Rabbí Israel, el Baal Shem Tov (1698-1760). Cuando se estudian sus obras resulta obvio que el Baal Shem y sus discípulos más allegados eran ardientes estudiosos de los antiguos textos meditativos de la Cábala y estos textos son a menudo parafraseados en los clásicos jasídicos. Durante la segunda mitad del siglo XVIII y quizás en la primera y segunda décadas del XIX, mucha gente se implicó en las técnicas meditativas clásicas de la Cábala, descubriendo a menudo los elevados estados espirituales conseguidos con ello.

Hubo una oposición muy fuerte, sobre todo en lo relativo a enseñar los métodos a las masas. Todo un grupo, los *Mitnagdim* (opositores), surgió para combatir el jasidismo, denunciado vigorosamente sus técnicas. Como consecuencia, los mismos Jasidim empezaron a quitar énfasis a las prácticas meditativas y con el tiempo éstas fueron virtualmente olvidadas.

2. Métodos

La meditación es fundamentalmente un medio para conseguir la liberación espiritual. Sus diversos métodos están diseñados para aflojar la atadura de lo físico y permitir al individuo ascender al dominio de lo espiritual y trascendente. Del que culmina esta empresa con éxito se dice que ha conseguido el *Ruaj HaKodesh,* el «Espíritu Santo», que es el término hebreo general para designar la iluminación.

El modo contemporáneo de meditación más conocido es el que utiliza un mantra, una palabra o frase que se repite una y otra vez durante un período de tiempo prefijado. Uno se concentra en el mantra con exclusión de todo lo demás, limpiando la mente de todo pensamiento extraño y divorciándola del flujo ordinario de conciencia. La repetición del mantra puede ser tanto verbal como totalmente mental. Este tipo de meditación se da en la Cábala, especialmente entre las escuelas de la Antigüedad. Por ejemplo, en las *Hejalot* se empieza el ascenso espiritual repitiendo 112 veces ciertos Nombres Divinos.

La meditación con mantras es un ejemplo de meditación estructurada y dirigida externamente. Se halla externamente dirigida en tanto que uno se concentra en una palabra o frase, en vez de hacerlo en los pensamientos espontáneos de la mente. Como además supone una práctica específica que se repite durante una longitud de tiempo fija, se la considera una meditación estructurada.

Otro ejemplo de meditación estructurada y externamente dirigida es la contemplación, en la que se mira a un objeto colocando en él toda la concentración. En el ocultismo, el tipo más conocido de contemplación es mirar en una bola de cristal.[2] Otros tipos de contemplación utilizan mandalas, dibujos o construcciones con letras, a los que uno mira vaciando la mente de cualquier otro pensamiento. El objeto contemplativo más simple en la meditación cabalística es el propio Tetragrammaton; y esto es mencionado incluso en obras no cabalísticas.[3] También se usan formas mucho más complejas y el método parece haber alcanzado su cénit bajo la influencia de Rabbí Shalom Sharabi (1702-1777).

Muy relacionado con ello está la técnica de los *Yijudim* (Unificaciones), que juegan un importante papel en el sistema del Arí. Ahora no se contempla una imagen física, sino mental, consistiendo de hecho en

---

2. Este método es mencionado por Maimónides en *Yad, Avodat Kojavim* 11:6.

3. *Be'er Hetiv, OraJ Jaim* 1:3. *Véase* más adelante, cap. 6, nota 83. *Véase también* cap. 4, nota 76.

diversas combinaciones de nombres divinos. Puesto que las estructuras y combinaciones de tales nombres están predeterminadas y no surgen espontáneamente, se considera también esta técnica como un tipo de meditación dirigida externamente.

El segundo método básico de meditación es el dirigido internamente. Consiste en meditar en los pensamientos, sentimientos o imágenes mentales espontáneas que surgen en la mente. Normalmente, esto se consigue mejor enfocándose en un área general alrededor de la cual se evocan los pensamientos. Puesto que no hay modo formal o predeterminado de evocar tales pensamientos, se trata por lo general de una meditación no estructurada.

La meditación dirigida internamente se puede practicar puramente en el pensamiento o, como en algunos sistemas, los propios pensamientos se pueden verbalizar. Uno de los mejores métodos para hacerlo, mientras que se mantienen concentrados en un foco único, es expresarlos como oración espontánea. Tal es el método que constituye la base del sistema meditativo de Rabbí Najman de Breslov.

El tercer tipo básico es la meditación no dirigida. Tal meditación se esfuerza por alcanzar una quietud de mente y una retirada de toda percepción, tanto interna como externa. Este modo juega un papel importante en los estados avanzados de muchos sistemas, pero, al mismo tiempo, constituye un método por derecho propio. Sobre él se ha escrito muy poco expresamente, pero parece jugar un papel en las enseñanzas de algunos maestros jasídicos, como Rabbí Dov Baer, el Maggid de Mezrich (1704-1772), y Rabbí Leví Itzjak de Berdichov (1740-1809).

En la propia terminología de la Cábala hay evidencia de que este método se usaba, al menos para los más avanzados. En verdad que, en algunos casos, sólo bajo esta perspectiva algunos términos resultan comprensibles. Así, por ejemplo, los cabalistas llaman al nivel supremo de trascendencia *Ayin,* literalmente la «Nada». De hecho, esto alude al nivel último alcanzado por la meditación no dirigida, en el que toda la percepción e imaginaría dejan de existir.

Además de dividirse en los tres modos básicos citados, se puede también clasificar la meditación según los medios empleados. Los tres medios fundamentales son el intelecto, las emociones y el cuerpo.

El camino del intelecto es el que prevalece con mucho entre los cabalistas teóricos y fue también utilizado fuera de las escuelas cabalísticas. El método más común era la simple contemplación de los diversos aspectos de la Torah, escrutando el sentido interno de sus mandamientos. También incluía el ahondar profundamente con el intelecto en la estructura de los universos supremos y, por así decir, convertirse en habitante de esos mundos. Para muchos, este procedimiento llevaba a un grado muy alto de éxtasis y el método constituye la base del sistema Jabad de jasidismo.[4]

Otro modo de meditación intelectual consiste en el estudio de obras devocionales, contemplando cuidadosamente cada concepto en un esfuerzo por conseguir el perfeccionamiento personal. Éste es el método fundamental que constituía la base del movimiento Mussar, que surgió en el siglo XIX como una respuesta al jasidismo. Tal contemplación, o *Hitbonenut,* juega un papel especialmente importante en la obra devocional *Mesilat Yesharim* (Camino del Justo), por el gran cabalista Rabbí Moshé Jaím Luzzatto (1707-1747). En este libro notable el autor delinea todos los pasos que conducen hasta, pero no incluyen, el *Ruaj HaKodesh,* la iluminación final. El modo de conseguir los deseados rasgos es la Hitbonenut —la contemplación en las enseñanzas paralelas a cada paso y la rectificación de la propia vida a la luz de esas enseñanzas—. Dicho sea de paso, aunque no es generalmente conocido, los diez niveles que se discuten en el texto claramente se corresponden con las diez *Sefirot* místicas de los cabalistas.

El camino de las emociones también juega un papel importante en los sistemas cabalísticos. Por ejemplo, es particularmente importante en la meditación-*Kavanah,* el sistema que utiliza las oraciones diarias estándar como mantras, especialmente en las escuelas jasídicas. Se enseña en ellas a colocar todos los sentimientos y emociones en las

---

4. Esto se describe en extensión en *Kuntres HaHitpa'alut* de Rabbí Dov Baer de Lubavitch. Ha sido publicado en inglés como *A Tract on Ecstasy.*

propias palabras de alabanza, consiguiendo con ello un desvestimiento de lo físico *(Hitpashtut hagashmiut)*. Este camino también se encuentra en las meditaciones que utilizan música y que jugaban un papel importante en las meditaciones de los antiguos profetas de la Biblia.

Un camino que combina el intelecto con las emociones es el sendero del amor, descrito en detalle por el gran líder filosófico Rabbí Moisés Maimónides (1135-1204). Éste escribe que cuando una persona tiene a Dios como objeto de profunda contemplación, pensando en sus poderosos actos y maravillosas creaciones, se torna profundamente conciencia de su sabiduría y es llevado a un amor de Dios apasionado.[5] Maimónides habla de un nivel de amor llamado *Jeshek* (pasión), en el que la emoción es tan intensa que todo pensamiento se halla exclusivamente ligado a su objeto. El amor de Dios puede ser tan intenso, que el alma literalmente puede ser extraída por él del cuerpo, y esto es lo que ocurre cuando un santo muere del «Beso de Dios». Se considera a éste uno de los más altos niveles de iluminación posibles y habitualmente se alcanza sólo a muy avanzada edad.[6]

El tercer camino es el del cuerpo. Incluye tanto los movimientos corporales como los ejercicios respiratorios que juegan un papel clave en el sistema de Rabbí Abraham Abulafia. Las oscilaciones e inclinaciones que suelen acompañar a la oración formal también son parte del camino del cuerpo, aumentando la cualidad meditativa de la oración.

La danza es una de las técnicas más importantes de meditación corporal. Esto es especialmente cierto en las escuelas jasídicas, en las que, incluso cuando se abandonaron las otras técnicas meditativas, todavía se siguió utilizando la danza como un medio para conseguir el éxtasis y la iluminación. Esto, sin embargo, no era una innovación jasídica, ya que incluso en la más remota Antigüedad, la danza era un método importante para alcanzar la iluminación.

El Talmud enseña que en la festividad de Succot (Tabernáculos), durante el «Festival de Atracción, en Jerusalén, Santos y hombres de

---

5. Yad, *Yesodey HaTorah* 2:1. Véase también Yad, *Tshuvah* 10:3.

6. *Moreh Nevujim* 3:51. Este «beso» se menciona en el Talmud, Berajot 8a, *Moed Katan* 28a, *Baba Batra* 17a; *Devarim Rabbah* 11:10. Véase Comentarios al Salmo 91:14.

fama danzaban delante de la asamblea sosteniendo antorchas y cantando himnos de alabanza».[7] Esta festividad era un tiempo particularmente propicio para conseguir la iluminación, como el Talmud de Jerusalén afirma: «¿Por qué se llamaba "Festival de Atracción"? Porque era un tiempo en que la gente tiraba del *Ruaj HaKodesh*».[8] *Tan* íntimamente estaba la danza asociada con la iluminación que el Mundo Futuro, considerado como el lugar último de iluminación, es descrito como «una danza conducida por el Santo Bendito, en la que cada individuo le señala con un dedo».[9]

3. Vocabulario

Una razón por la que se sabe tan poco sobre los diversos sistemas de meditación cabalística es que toda su literatura está en hebreo y nunca ha sido traducida fielmente. Puesto que la mayoría de sus métodos no se encuentran hoy en día en uso, el vocabulario asociado a ellos ha sido también olvidado. Tan grande es esta confusión que incluso la misma palabra hebrea para «meditación» resulta en general desconocida. Se ha dado así el caso que en un artículo sobre el tema en una gran enciclopedia judaica se ha usado una palabra equivocada. Pero una vez que se establece un vocabulario básico se da uno cuenta de lo que a menudo que se habla sobre meditación en los textos clásicos, particularmente en los clásicos cabalísticos.[10]

---

7. *Mishnah, Succah* 5:4.

8. *Yerushalmi, Succah* 5:1 (22 b).

9. *Taanit* 1:30; *Yerushalmi, Meguilah* 2:4 (20 b), *Moed Katan* 3:7 (17b), véase también *Tanjuma, Shemini* 11.

10. Hay muchos lugares en los que se usa el término *Hitbodedut* para denotar sin ambigüedad «meditación». Véase Jai Gaon, citado en el comentario al *Sefer Yetzirah* 4:2 de R. Moshe Bostril; Ibn Ezra, comentario al Exodo 20:8, Isaías 44:25, Miqueas 2:1, Salmos 92:5, *Yesod Moreh* 8; Maimónides, *Yad, Yesodey HaTorah* 7:4, *Moreh Nevujim* 1:8, 3:51, *Iggeret HaMussar* (en *Iggeret HaRambam*, Varsovia 1927) p. 7; *Perush HaAgadot* de Rabbí Azariah de Goronda (en Scholem, *Kitvey Yad HaKabbala*, Jerusalén, 1930), p. 197, citado en Recanati en Vayeji (Lvov, 1880) p. 37 d, citado en *Minjat Yehudah* (Jayit) en *Maarejet Elokut* 10 (Mantua, 1558) p. 143 b; Ramban sobre el Deuteronomio 13:2, *Tur, Oraj Jaim* 98, *Sefer HaJinuk* 510; Rabbí ShemTov ibn Saprut, *Pardes Rimonim* (Sabbioneta, 1554) p. 4 a; Ralbag sobre Éxodo 4:10, 24:11, 1 Samuel 28:8, 2 Reyes 9:1, *Or Ha Shem* 2:4:4

Hay una palabra que se utiliza consistentemente como término para designar «meditación», tanto por comentaristas y filósofos como por los propios cabalistas. La palabra que más a menudo denota meditación es *Hitbodedut* (התבודדות). El verbo «meditar» viene representado por la palabra *Hitboded* (התבדד).

La palabra *Hitboded* deriva de la raíz *Badad* (בדד), que significa «estar recluido». Literalmente, entonces, *Hitbodedut* significa autoaislamiento y, en algunos casos, no se refiere más que a una reclusión y aislamiento físico.[11] Sin embargo, en muchos otros lugares, el término se usa para denotar un estado de conciencia que implica el aislamiento del yo, es decir, el aislamiento de la más básica esencia individual.

Así, en un contexto cabalístico, la palabra *Hitbodedut* significa mucho más que un mero aislamiento físico. Se refiere a un estado de aislamiento interno en el que el individuo recluye mentalmente su esencia de sus pensamientos. Rabbí Jaim Vital (1543-1620), uno de los más grandes cabalistas, habla a menudo de tal reclusión mental, diciendo que «uno debe recluirse a sí mismo *(hitboded)* en sus pensamientos hasta el máximo grado».[12] Al hacerlo, uno separa el alma del cuerpo hasta el punto de no sentir ninguna relación con el ser físico.

(Viena, 1860), p. 16a, *Sefer Halkkarim* 2:25 (Varsovia, 1871) p. 90b; R. Simon benTzemach Duran, *Magen Avot* 2:2 (Livorno, 1785) p. 16a, Sforno sobre Éxodo 3:1, R. Meir ibn Gabbai, *Avodat HaKodesh, Sitrey Torah* 27 (Varsovia, 1894) p. 135 c, d; Abarbanel, comentario al Éxodo 19:3, 24:11, 1 Samuel 3:3, 10:5, 19:10, 19:18, 28:7, 1 Reyes 18:42, 2 Reyes 9:11, *Najalat Avot* en *Avot* 1:1, 3:4; *She'elot U'Thsuvot haRadbaz* 3:532; R. Moshe Cordovero, *Pardes Rimonim* 21:1, 30:3; *Shiur Komah* 13 (Varsovia 1883) p. 9d, 15a, 16, p. 30 d, *Sefer Jaredim, Tshuvah* 3 (Jerusalén, 1958) p. 214,215; *Kay Ha Yashar* 12; R. Jaim Yosef David Azzulai (Jida), *Avodat Ha Kodesh, Tziporen Shamir 51, Midbar Kadmut,* Heh 13; Yaakov Emdin, *Migdal Oz, Bet Midot* 9 (Varsovia, 1886) p. 63a, Malbim sobre Génesis 24:63. *Shalshelet HaKabbalah* p. 51.

11. En su uso originario tiene este sentido; véase *Ejah Rabbah,* introducción 20. Véase también *Jovot HaLevanot, Shaar Jeshbon HaNefesh 3,* #17 (53a), *Shaar HaBejinah 6, Shaar HaYijed 8*; Radak, *Sefer Shereshim, YaRaD, EJaD; Otzar Nejemad,* en *Kuzari* 3:1 (3a). Según parece, también se emplea en este sentido en *Mesilat Yesharim 15, 26. Vr también *Jovot HaLevavot, Shaar HaPerishut 2.*

12. *Shaarey Kedushah,* 4.ª parte (British Museum, Ms. #749) p. 15b. Una expresión similar se encuentra en *Shaarey Kedushah 3:8; Likutim Yekarim* (Jerusalén, 1974) #29, 38.

El alma resulta así aislada y, como Rabbí Jaim Vital concluye, «cuanto más se separe uno de lo físico, mayor será su iluminación».

El estado de reclusión mental es muy importante para la experiencia profética. La descripción más clara de este estado ha sido presentada por Rabbí Levi ben Gershon (1288-1344), un importante filósofo judío conocido generalmente como Gersónides, o simplemente por el acróstico «el Ralbag». Éste escribe que la consecución de la revelación profética «requiere el aislamiento *(hitbodedut)* de la conciencia de la imaginación, o de ambas cosas del resto de las facultades mentales perceptivas».[13]

Rabbí Isaac de Acco también emplea la misma definición. Respecto de los individuos que buscan la profecía, escribe: «Cumplen con las condiciones de la meditación *(Hitbodedut)*, que tiene el efecto de nulificar los sentidos y divorciar los procesos pensantes del alma de toda percepción, vistiéndola con la esencia espiritual de lo trascendente».[14]

Una de las expresiones más claras de todo esto fue desarrollada por Rabbí Abraham Maimónides (1186-1237), hijo del famoso Moisés Maimónides. Él escribe que hay dos tipos distintos de autoaislamiento *(hitbodedut)*, externo e interno. La *hitbodedut* externa no es nada más que el aislamiento físico, lo cual resulta por lo general deseable cuando se quiere meditar. La *hitbodedut* interna, por otra parte, consiste en aislar el alma de la facultad perceptiva. Cuando la mente se halla así de esa índole aquietada, uno se vuelve capaz de percibir el dominio espiritual.[15]

Por consiguiente, la palabra *Hitbodedut* se utiliza primariamente para denotar el aislamiento del alma o ego de todo estímulo externo o interno. Cualquier método o práctica empleada para conseguirlo es también llamado *Hitbodedut*. Puesto que es a estas prácticas a las que comúnmente se llama meditación, ésta debe ser la traducción correcta del término *Hitbodedut*.

---

13. *Milchemat HaShem* 2:6 (Riva di Trento, 1506) p. 19a.

14. *Otzar Jaim* (Guenzburg, Ms. 775) p. 7a.

15. *Sefer HaMaspik LeOvdey HaShem* (Jerusalén, 1965) p. 177 ss. Es una traducción del árabe *Kefayah Al-e'abdim* realizada por Yosef ben Tzalaj Dori.

Hay otro término muy relacionado que también se suele traducir como «meditación». Es la palabra *Hitbonenut* (התבוננות). De hecho, éste es el término utilizado en el artículo de la enciclopedia antes mencionada. Sin embargo, se deduce del contexto que una definición más precisa de *Hitbonenut* es «contemplación», o sea, concentración intensa en un objeto o imagen. Por supuesto, la contemplación es una técnica meditativa, pero es significativo el que el término apenas aparece en los textos clásicos de Cábala para describir la consecución de estados superiores de conciencia.

CAPÍTULO DOS

Místicos talmúdicos

1. Los talmudistas

Con la destrucción del Templo de Salomón terminó la era de los profetas y una edad oscura descendió sobre sus herederos. El canon bíblico fue sellado, y tras ello no se produjo ningún tipo de literatura de importancia hasta la época del Talmud. Aunque quedan algunas referencias históricas del período, las más importantes encontrándose en los Apócrifos, no existe virtualmente literatura mística alguna.

Algunas de las enseñanzas místicas de los profetas habían sobrevivido, pero sólo se enseñaban en los círculos más restringidos y muy probablemente se confinaban en pequeñas sociedades secretas. Así, Rabbí Yojanan ben Zakai, un líder del siglo I, enseñaba que «las operaciones de la *Merkavá* no deben enseñarse ni siquiera individualmente, excepto a aquel que sea sabio, entendiendo con su propio conocimiento».[1] Estos misterios no se enseñaban públicamente, ni incluso dentro de las sociedades secretas, sino que se transmitían individualmente, a un discípulo de confianza cada vez.

El término «Obra de la *Merkavá»,* tal como se utiliza en el Talmud, se refiere al misterio de la visión de Ezequiel. Aunque este nombre no se encuentra en la visión misma, aparece en el versículo: «Oro para la Carroza *(Merkavá)* de los Querubines» (1 Crónicas 2:18). Se usa la palabra *Merkavá* para describir a los Querubines del Arca, pero el mismo Ezequiel identifica a los Querubines como los ángeles de su visión.[2]

---

1. *Jaguigah* 14b, *Tosefta* 2:1. Véase *Mishnah* 2:1 (11b). *Véase* nota 16.
2. Ezequiel 10:5, *Jaguigah* 13b; Ibn Ezra, Radak, sobre 1 Crónicas 28:18, Ramban, Recanati, Tzioni; sobre Éxodo 25:21. Para un comentario en profundidad, véase *Meditation and the Bible* 2:2, 3.

La palabra *Merkavá* (מרכבה) viene de la raíz *Rajav* (רכב), que significa «cabalgar», y de ahí significa «carroza» o «vehículo que se conduce». En general, el concepto de cabalgar implica viaje y abandono del propio lugar natural. Cuando la Biblia dice que Dios «cabalga», significa que deja su estado natural, en el que es absolutamente cognoscible e inconcebible, y permite a los profetas que lo visualicen. De aquel que «ve» a Dios de este modo se dice que experimenta una visión de la *Merkavá*.

El término *Maaseh Merkavá u* «Obra de la *Merkavá*» se aplica al establecimiento de una *Merkavá,* es decir, a la consecución de un estado en el que puede tenerse una visión de *Merkavá*. Resulta obvio del contexto en el que aparece el término en los escritos de Cábala, que *Maaseh Merkavá* se refiere a las técnicas de meditación empleadas para tener esta experiencia mística. El Arí describe explícitamente al individuo inmerso en la «Obra de la *Merkavá*» como dedicado a la meditación *(hitbodedut)*.[3] Las *Hejalot* hablan de que el individuo hace una «Carroza de Luz», con la que luego asciende a los palacios superiores.[4]

Los misterios eran confiados a los líderes religiosos de cada generación. Rav Zeira, un sabio del siglo v, enseñaba: «Incluso un resumen de esos misterios debe ser transmitido sólo al juez principal de la corte».[5] Los jueces jefes o principales ostentaban mucho más que la mera autoridad judicial. Cada comunidad importante tenía su propia corte eclesiástica, y estos jueces principales eran normativamente los líderes religiosos de sus comunidades. Para impedir que los misterios degeneraran en herejía, estos quedaban bajo la salvaguarda de la autoridad religiosa, y eran enseñados solamente a aquellos individuos considerados dignos de ello.

Hay entre las escuelas místicas primitivas un grupo al que el Talmud se refiere crípticamente como los «Primeros Jasidim». El Talmud dice de ellos, entre otras cosas, que eran muy celosos en realizar el

---

3. *Shaar Ruaj HaKodesh* (Ashlag ed, Tel Aviv, 1963) p. 41. El texto se reproduce más adelante, pp. 271, 272.
4. *Hejalot Rabatai* 21. *Véase* más adelante, p. 62.
5. *Jaguigah* 13a.

sacrificio y que luego enterraban los desechos que contenían objetos afilados para no dañar a nadie.[6] Según Rabbí Jaim Vital, los Primeros Jasidim se encontraban entre los herederos importantes de la tradición profética.[7]

La Mishnah dice que «los Primeros Jasidim esperaban una hora y luego rezaban». El Talmud añade que también esperaban una hora después de sus oraciones y que la oración en sí también duraba una hora.[8] Puesto que había tres servicios de oración diarios, se supone que empleaban nueve horas al día en sus devociones.

No hay mención en el Talmud sobre qué hacían esos Jasidim durante las horas de antes y después de la oración propiamente dicha, pero los cabalistas lo explican en términos de técnicas clásicas de meditación.[9] Para situarse a uno mismo en el estado de mente necesario para la meditación profunda fructífera, hay que sentarse en calma y construir en quietud la energía espiritual. Del mismo modo, tras la meditación intensa, hay que también sentarse tranquilamente para absorber los efectos de la experiencia. Esto indicaría claramente entonces que la oración misma era utilizada como un tipo de meditación por esos Primeros Jasidim.

Lo cual es de hecho fácil de entender. En tiempos de Ezra, poco después del fin de la profecía, la Gran Asamblea compuso las Dieciocho Bendiciones, una oración a ser recitada tres veces al día. Ésta era la oración que los Primeros Jasidim decían. Recitada tres veces cada día, la oración misma se convertía en un mantra. Las palabras podían decirse casi automáticamente, mientras que la mente quedaba completamente absorbida por las palabras, induciéndose un estado meditativo muy profundo. Resulta evidente la intensidad de su concentración, puesto que las Dieciocho Bendiciones se dicen normalmente en dos o tres minutos y los Primeros Jasidim empleaban toda una hora en ellas.

---

6. *Nedarim* 10a, *Bava Kama* 30a, *Niddah* 38a, *Simajot* 3:10, *Bereshit Rabbah* 62:2.
7. *Shaarey Kedushah*. Introducción. Citado en *Meditation and the Bible*. 2:8.
8. *Berajot* 5:1 (30b), 32b.
9. Véase especialmente *Shaar HaKavanah LeMekubalim HaRishonim*, reproducido más adelante, p. 133. Véase también *Sefer Jaredim, Tshuvah* 3 (Jerusalén, 1958) p. 132.

La mayoría de los métodos de meditación tipo *Merkavá* suponían el uso de Nombres Divinos. Tan atrás en el tiempo como en la época de Hillel, un líder del siglo i a.C., encontramos advertencias contra uso de tales Nombres para propósitos personales. Hillel decía que «aquel que haga uso de la Corona morirá».[10] Una fuente muy antigua interpreta esta frase como refiriéndose a aquel que hace uso de los nombres de Dios para sus propios fines.[11]

Uno de los nombres más antiguos asociados con la escuela de la *Merkavá* es el de Rabbí Yojanan ben Zakkai. Aunque se decía que estaba completamente versado en todos los aspectos de la tradición, tanto mística como de otro tipo, era sin embargo considerado entre los menores discípulos de Hillel. El mayor de los discípulos de Hillel, Rabbí Jonathan ben Uziel, era el místico *par excellence,* pero muy poco se sabe de su vida. Por su parte, Rabbí. Yojanan ben Zakkai es una figura bien conocida en el Talmud y una gran mayoría de su material legalista deriva de la escuela que Rabbí Yojanan fundó en Yavneh después de la destrucción del Segundo Templo en el año 70.

En el Talmud sólo se menciona unas pocas veces a Rabbí Jonathan ben Uziel, pero se le atribuye la autoría del Targum, la traducción al arameo autorizada de los libros de los Profetas. Es éste el contexto del que deducimos que tenía una tradición directa respecto a las enseñanzas místicas encerradas en los libros de los profetas, resultando ser así uno de los más grandes estudiantes de la tradición esotérica de su generación.

Rabbí Yojanan ben Zakkai fue el líder religioso más importante después de la destrucción del Segundo Templo. Entre sus discípulos principales estaban el gran Rabbí Eliezer, Rabbí Joshua y Rabbí Eleazar benAraj, quienes eran consideradas como los más grandes sabios y líderes religiosos de su tiempo. Rabbí Yojanan ben Zakkai les transmitió los misterios de la *Merkavá,* pero no tomó esas enseñanzas a la ligera, dedicando largo tiempo a formar a sus discípulos en el respeto que les es debido a ellas.

---

10. *Avot* 1:13.

11. *Avot Rabbí Nathan* 12:13, *Shuljan Aruj, Yoreh Deah* 146:21 en *Hagah.*

El Talmud nos dice que Rabbí Yojanan ben Zakkai enseñó esos misterios principalmente a Rabbí Joshua, quien a su vez se los transmitió a Rabbí Akiba.[12] Además de ser el principal líder religioso de su generación, y uno de sus más destacados lógicos, Rabbí Akiba fue también uno de los grandes místicos de su tiempo. El Talmud nos dice que entre los cuatro sabios más grandes de su generación él fue el único que pudo penetrar en los misterios más profundos y permanecer a salvo.

Hay algunos libros místicos que se atribuyen a Rabbí Akiba y su escuela. El principal es *Otiot de Rabbí Akiba* (Las Letras de Rabbí Akiba), que debate sobre el misterio de las letras de alfabeto. Algunos también atribuyen a Rabbí Akiba la versión actual del *Sefer Yetzirah* (El Libro de la Formación), uno de los más importantes libros místicos de entre los clásicos cabalísticos.

Como adepto de la ciencia de la meditación, es de esperar que nos encontremos a Rabbí Akiba familiarizado con las diversas manifestaciones de los estados superiores de conciencia. Una experiencia importante en la meditación elevada es la sinestesia, en la que los sonidos se ven y los colores se oyen. Sobre el versículo: «Y todo el pueblo vio las voces» (Éxodo 20:15), Rabbí Akiba comenta que ellos vieron los sonidos y oyeron visiones, un ejemplo claro de sinestesia.[13] Si Rabbí Akiba era capaz de hablar de ese estado, es también muy probable que lo hubiera experimentado.

❖ Fuentes

Hillel tenía ochenta discípulos… El mayor de todos era Rabbí Jonathan ben Uziel, mientras que el menor era Rabbí Yojanan ben Zakkai.

Se dice de Rabbí Yojanan ben Zakkai que no ignoraba nada. [Entendía en] Mishnah, Talmud, leyes, exposición, análisis gramatical de la Torah, análisis de los Escribas, inferencia lógica, palabras similares, cálculos astronómicos, *guematriot,* encantamientos para ángeles,

---

12. *Jaguigah* 14b. En *Brit Menujan* (Varsovia, 1884) p. 26, se dice, sin embargo, que Rabbí Akiba recibió esta tradición de Rabbí Eliezer.
13. *Mejilta ad loc.*

encantamientos para demonios, encantamientos para palmeras, proverbios de lavanderas, proverbios de zorros, una «Gran Cosa» y una «Pequeña Cosa».

Una «Gran Cosa» es la Obra de la *Merkavá* mientras que una «Pequeña Cosa» son los discursos de Abaye y Rava...

Si esto era cierto del menor de ellos, qué no sería del mayor. Se dice que cuando Rabbí Jonathan ben Uziel se sentaba y estudiaba Torah, todo pájaro que pasara por allí era inmediatamente consumido.

Talmud[14]

La traducción *(Targum)* de los profetas se debió a Jonathan ben Uziel, basándose en una tradición de [los profetas] Ageo, Zacarías y Malaquías.

Cuando la estaba escribiendo, un terremoto sacudió un área de cuatrocientas parsangas cuadradas en la Tierra de Israel. Una voz celestial *(bat kol)* declaró: «¿Quién es éste que revela Mis misterios al hombre?».

Jonathan ben Uziel se puso de pie y dijo: «Está revelado y conocido delante de Ti que no he hecho esto para mi propia gloria, ni para la gloria de la casa de mi padre. Lo he hecho para Tu gloria, para que no se acreciente la controversia en Israel».

Talmud[15]

Sucedió que Rabbí Yojanan ben Zakkai estaba de viaje montado en un burro. Su discípulo, Rabbí Eleazar ben Araj, que guiaba el burro, dijo: «Maestro, enséñame una lección sobre la Obra de la *Merkavá*».

Rabbí Yojanan ben Zakkai le respondió: «¿No te he dicho que la Obra de la *Merkavá* no se pueden enseñar ni incluso individualmente, excepto a aquel que sea sabio, entendiendo con su propio conocimiento?».

---

14. *Succah* 28a, *Bava Batra* 134a.
15. *Meguilah* 3a.

El otro replicó: «Permíteme entonces repetir algo que ya me hayas enseñado».

Rabbí Yojanan ben Zakkai se bajó inmediatamente del burro, se envolvió en su Talit y se sentó en una piedra bajo un olivo.

El discípulo le preguntó: «Rabbí, ¿por qué te has apeado?».

El maestro replicó: «¿Acaso resulta apropiado que tú expongas sobre la *Merkavá*, con la Presencia Divina uniéndose a nosotros, y rodeados de ángeles, mientras que yo estoy sentado en un burro?».

Rabbí Eleazar ber Araj empezó entonces a exponer sobre la Obra de la *Merkavá*. El fuego bajó del cielo y rodeó a todos los árboles del campo…

Cuando se le dijo esto a Rabbí Joshua, éste se hallaba de viaje junto con Rabbí Yosi el Sacerdote. Ambos decidieron que ellos también expondrían sobre la Obra de la *Merkavá* (afuera en los campos). Rabbí Joshua empezó el discurso.

Era la estación seca del verano, pero el cielo se nubló y apareció un arcoíris en el cielo. Los ángeles se reunían para escucharles como el pueblo se agolpa para el espectáculo de una boda.

Posteriormente Rabbí Yosi el Sacerdote se lo contó a Rabbí Yojanan ben Zakkai. Éste replicó: «Feliz tú y felices los que te engendraron. Felices mis ojos que han visto esto».

Talmud[16]

Cuatro entraron en el Huerto *(Pardes)*. Fueron Ben Azzai, Ben Zoma, el Otro y Rabbí Akiba. Rabbí Akiba les previno: «Cuando entréis cerca de las piedras de puro mármol no digáis "agua, agua", porque está escrito: "El que habla mentiras no será afirmado ante mis ojos" (Salmos 101:7)».

Ben Azzai miró y murió. Respecto de él está escrito: «Preciada es a los ojos de Dios la muerte de sus Santos» (Salmos 116:15).

---

16. *Jaguigah* 14b, *Tosefta* 2. *Véase* nota 1.

Ben Zoma miró y fue golpeado. Respecto de él está escrito: «Hallaste miel, come de ella moderadamente no sea que hastiado la vomites» (Proverbios 25:16).

El Otro (Elisha ben Abuya) miró y cortó sus plantas (se convirtió en hereje).

Rabbí Akiba entró en paz y salió en paz...

Los ángeles también querían derribar a Rabbí Akiba pero el Santo Bendito dijo: «Dejad en paz a este anciano porque él es digno de usar Mi gloria».

Talmud[17]

Entraron en el Huerto: ascendieron al cielo por medio de un Nombre [Divino].

Puro Mármol: tan transparente como el agua clara.

No digáis "agua, agua": está aquí y ¿cómo podemos proceder?

Ben Zoma miró: hacia la Divina Presencia *(Shejinah). Y fue golpeado:* Se volvió loco.

Preciada a los ojos de Dios es la muerte de sus santos: esta muerte es severa a sus ojos porque [Ben Azzai] murió soltero. Sin embargo, es imposible que no muriera, ya que está escrito: «Ningún hombre puede verme y vivir» (Éxodo 33:20).

Rabbí Shlomo Itzjaki-Yarji
(Rashi: 1040-1105), comentario *ad loc.*

Ellos no ascendieron físicamente, sino que les pareció como si hubieran ascendido a lo alto.

Tosafot (siglo XII), comentario *ad loc.*

[Los Sabios] utilizan el término «Huerto» *(Pardes,* Paraíso) para referirse al Jardín del Edén, el lugar preparado para los justos. Es el lugar

---

17. Ibíd. Véase *Shoshan Sodot* 57b. *Cf.* nota 51.

de Aravot (el cielo más alto) en el que se almacenan las almas de los justos.[18]

En las *Hejalot* se explica que los sabios que eran dignos de tales empresas oraban y se purificaban de toda mancha. Ayunaban, se sumergían [en el *Mikveh*] y se purificaban. Luego hacían uso de diversos Nombres y miraban dentro de los Palacios [de lo alto]. Allí veían como se establecían las guardias angélicas. Veían cómo los Palacios se seguían uno al otro y lo que había en cada uno.

Rabbí Akiba les advirtió: «Cuando miréis en las hondas profundidades *(avanta,* אבנתא*)* de vuestro corazón, aproximándoos a las piedras de puro mármol, no digáis "agua, agua"». No hay en realidad ninguna agua allí, sino que sólo se ve una forma. El que diga que hay agua allí, está blasfemando.

Esto se explica en las *Hejalot Rabatai.*[19] El Vigía del Palacio de la Puerta de Mármol lanza miles sobre miles de ondas de agua, pero no hay en realidad ni una gota allí. Rabbí Akiba dice: «Parece como si las ondas fueran de agua, pero no hay en realidad ni una gota allí. Todo lo que uno ve es el resplandor en el aire de las piedras de puro mármol que están en el Palacio. Su radiación semeja el agua. Pero si uno dice, "¿Cuál es el propósito de toda esta agua?", es un blasfemo».

De hecho, ellos no ascendieron al cielo sino que miraron y lo vieron en las hondas profundidades del corazón. Lo vieron como el que mira en un espejo empañado.[20]

---

18. Véase *Jaguigah* 12b. *Cf.* cap. 5, nota 55.

19. *Hejalot Rabbatai* 26:2, citado más adelante, p. 61. En nuestras ediciones la redacción es algo distinta. También se cita en los dos extractos siguientes con algunas diferencias.

20. Éste es el *Ispaklaria,* el «espejo» en el que uno mira para ver una revelación espiritual. Así, el Talmud enseña que «todos los demás profetas veían a través de un *Ispaklaria* claro» *Yebamot* 49b, Rashi, Ramban, ad loc. *Sanhedrín* 97b, *Vayikra Rabbah* 1:14, *Zohar* 1:171a, Rashi, Sforno a Números 12:6, Ramban al Génesis 18:2, Yad, *Yesodey HaTorah* 7:6, *Ikkarim* 3:17. El Midrash afirma: «Todos los demás profetas miraban a través de nueve *Ispaklariot,* pero Moisés miraba sólo a través de uno» *Vayikra Rabbah loc. cit. Tosefot Yom* 2b sobre Kelim 30:2 interpreta Ispaklaria como una lente. Rashi, Succah 45b escribe igualmente que es una barrera entre el hombre y la Presencia Divina. Véase también Rashi, *Sanhedrín* 97b. También encontramos que *Zejujit* (vidrio) es traducido como *Ispaklaria* en el *Targum* a Job 28:17. Sin embargo, Bertenoro y *Tiferet Yisrael* sobre *Kelim* interpretan que *Ispakla-*

Ben Azzai miró. Esto significa que siguió pronunciando Nombres Divinos para poder ver en un espejo claro, y como consecuencia murió.

Ben Zomah miró y fue golpeado, es decir, se volvió loco.

El Otro cortó sus plantas. Puesto que el lugar es llamado el Huerto, los sabios dicen que «cortó sus plantas». Esto significa que blasfemó. Vio a [el ángel] Metatrón, al cual se le había dado autoridad para sentarse durante una hora para inscribir el mérito de Israel. Dijo entonces, «he aprendido que no está permitido sentarse en ese lugar de las alturas. Quizá haya dos Autoridades».

Rabbí Jananel ben Jushiel (990-1055), comentario *ad loc.*

Los sabios nos enseñaron que hubo cuatro que entraron en el Huerto. En las Grandes y Pequeñas *Hejalot* se explica que realizaron ciertas prácticas, pronunciaron oraciones con pureza e «hicieron uso de la Corona».[21] Entonces pudieron mirar en los Palacios…

Esto no significa que subieran de hecho a lo alto, sino que miraron y vieron en los Palacios de su corazón, como algo visto claramente con los ojos. Ellos oyen, ven y hablan con un ojo que contempla con *Ruaj HaKodesh.* Ésta es la explicación de Rav Hai Gaon.

Rabbí Nathan ben Yechiel (1035-1106), lexicógrafo[22]

Muchos sabios mantienen que aquel que posee las cualificaciones necesarias, tiene métodos con los que mirar a la Merkavá y escrutar en los palacios de arriba. Primero hay que ayunar cierto número de días. Luego se pone la cabeza entre las rodillas y se susurran hacia el suelo muchas canciones y alabanzas conocidas por tradición.

---

ria significa espejo. Véase *Targum Yonathan* al Éxodo 38:8. El Arí relaciona el término con diversas Sefirot, véase *Shaar Ruaj HaKodesh*, p. 12, *Etz Jaim, Shaar HaYayreaj* 2. *En Adir BaMarem* (Varsovia, 1886) p. 78a, Rabbí Moshe Jaim Luzzatto establece qué un «Ispaklaria brillante» es una lente, mientras que un «Ispaklaria opaco» es un espejo. Véase también después. p. 123 ed. inglesa.

21. *Véanse* notas 10, 11.

22. *Aruj, s. v. Avney Shayish Tahor.*

Desde el propio ser más interno y sus cámaras se percibirán entonces los Siete Palacios. En la visión, es como si uno entrara en una tras otra cámara, mirando lo que hay en cada una.

Hay dos tratados en los que esto se enseña. Se llaman las *Hejalot* Mayores y las *Hejalot* Menores, como es bien sabido.

Cuando el Talmud enseña que «cuatro entraron en el Huerto», se refiere a esta experiencia. Las cámaras se asemejan a un huerto y reciben este nombre. Los cuatro que entraron en la *Merkavá* y pasaron por los Palacios son equiparados a gente que entrara en un huerto…

Se enseña que Ben Azzai miró y murió. Esto es porque había llegado su hora de dejar el mundo.

También se enseña que Ben Zoma miró y fue golpeado. Esto significa que se volvió loco a causa de las contundentes visiones que su mente no pudo tolerar. Él fue como los «golpeados» respecto a los que se escribió el Salmo 91.[23]

Cuando el Talmud dice que el Otro «cortó sus plantas», está usando de nuevo la alegoría del huerto. Puesto que uno de los cuatro hizo un daño irreparable, es equiparado a uno que entra en un huerto y derriba sus árboles. El Otro asumió que había dos Autoridades, muy a modo de los Magos, que creen en Ormuz y Ahriman y también en dominios independientes del bien y del mal, como la luz y la oscuridad.[24] Ésta es la intención del Talmud.

Rabbí Akiba fue el más perfecto de todos. Miró apropiadamente, sin excederse de sus limitaciones, y su mente fue capaz de abarcar esas contundentes visiones. Dios le dio el poder de mantener, mientras miraba, pensamientos apropiados en su mente, al igual que un estado mental conveniente.

Esto era conocido por todos los sabios de antaño y ninguno lo negaba. Mantenían que Dios realizaría maravillas y cosas tremendas a través de los santos como lo había hecho a través de los profetas…

---

23. Véase *Shabbat* 15b, *Yerushalmi Shabbat* 612, *Eruvin* 10:11, *BaMidbar Rabbah* 12:3, *Tanjuma, Nasa* 27, *Midrash Tehilim* 91:1. *Cf. Shaarey Orah* 1 (3b).

24. Esta creencia es parte de la religión de Zoroastro, prevaleciente en Babilonia en esa época.

Ellos no negaban los reportes talmúdicos de milagros, como los que se referían a Rabbí Janina ben Dosa y similares.[25]

Cuando Mar Rav Samuel Gaon (que encabezó la academia entre los años 730 y 748 d.C.) y otros como él florecieron, empezaron a leer los libros de los filósofos. Entonces sostuvieron que sólo los Profetas tenían tales visiones y que sólo ellos podían invocar milagros. Negaron, por lo tanto, todas las historias que hablaban de milagros ocurridos a los santos. Ellos dicen que esto no es la Ley. Lo mismo es cierto del relato de Rabbí Akiba mirando en los Palacios, y los de Rabbí Nehuniah ben Hakana y Rabbí Ishmael. Respecto de todos ellos dicen que esto no es la Ley.

Pero nuestra opinión sigue siendo que Dios hace maravillas y milagros a sus santos, y también les permite mirar en los Palacios.

Jai Gaon (938-1038)[26]

2. El Zohar

El místico más prominente entre los discípulos de Rabbí Akiba fue Rabbí Shimon bar Iojai, más conocido como el autor del Zohar. Aunque es obvio que Rabbí Shimon recibió una buena parte de la tradición mística de Rabbí Akiba, no es considerado como su discípulo principal en esta área. Tal honor corresponde a un colega de Rabbí Shimon, Rabbí Jananya ben Janikai.[27]

Sin embargo, con Rabbí Shimon se desarrolló una nueva escuela. Es bien conocida la historia de la estancia durante trece años de Rabbí Shimon y su hijo en una cueva, escondiéndose de los oficiales romanos. Rabbí Shimon había denunciado a los romanos y había sido sentenciado a muerte, escapándose por poco a esta cueva. Durante su estancia en ella, Rabbí Shimon se sumergió en meditaciones y ora-

---

25. Véase *Berajot* 5:5 (34b).

26. Tal como se cita en *HaKotev* sobre *Eyin Yaakov* # 11. Véase también *Otzar HaGaonim, Jaguigah* 14b, *Jelek HaTshuvot* p. 14, *She'elot U'Tshuvot Ha Gaonim* (Lyck, 1864) # 99. Véase *Otzar Jaim,* p. 165a.

27. *Jaguigah* 14b.

ciones esotéricas, hasta que fue digno de una revelación mística del profeta Elías. Elías le enseñó los misterios más profundos, que luego constituyeron el cuerpo principal de Zohar.

Rabbí Shimon dejó la cueva alrededor del año 138, poco después de la muerte de Adriano, y estableció una nueva escuela de misticismo. Ésta continuó después de su muerte y, unos setenta años más tarde, sus discípulos escribieron sus principales enseñanzas, formando el cuerpo fundamental del Zohar. Estas últimas escrituras fueron distinguidas de la «primera Mishnah», escrita por el propio Rabbí Shimon.[28]

La escuela de Rabbí Shimon sobrevivió durante muchos años, añadiéndose pequeñas adiciones a la literatura zohárica. Durante más de mil años, este cuerpo de literatura consistió en una serie de volúmenes de notas, restringidas a una sociedad secreta muy pequeña. Con la desbandada final de la sociedad, se escondieron los manuscritos en una cripta y no se descubrieron hasta el siglo XIII. Llegaron finalmente a manos de Rabbí Moshe de León, uno de los más prominentes cabalistas de la época, quien los editó y publicó en la última década del siglo. Los cabalistas de esa generación sabían lo suficiente de la literatura zohárica como para reconocerla como auténtica, y fue aceptada sin virtualmente controversia alguna.

Siempre ha habido dudas respecto a la autenticidad del Zohar, especialmente entre los historiadores laicos y los oponentes de la Cábala. Algunos sostienen incluso que Rabbí Moshe de León fue su verdadero autor. La base principal de esta alegación es el relato de otro prominente cabalista de la época, Rabbí Isaac de Acco. Escribe éste que fue a visitar a Rabbí Moshe para ver los manuscritos originales del Zohar, pero cuando llegó se encontró con que Rabbí Moshe había fallecido. Fue entonces informado de que los manuscritos no habían existido nunca, y que el propio Rabbí Moshe era el autor del Zohar. Es sobre este rela-

---

28. El *Jabura Kadmaah,* mencionado en Zohar 3:219b. Véase *Kisey Melej* sobre *Tikuney Zohar* (Jerusalén, 5723) # *7*, *«BeAgada»* p. 7b, *Sijot HaRan* 278. La edición final del Zohar fue aparentemente escrita por Rabbí Abba, véase Rabbí David Luria, *Kadmut Sefer HaZohar* 5:2.

to sobre lo que se apoya la mayor parte de la especulación respecto a la autoría medieval del Zohar.

Hay, sin embargo, fuertes dudas respecto a la veracidad de la historia contada a Rabbí Isaac. Es bien sabido que los ignorantes destruyen con frecuencia manuscritos o, si pueden, los venden para que el pergamino se pueda volver a utilizar. Es posible que la viuda hiciera esto, y que, avergonzada después por no tener los pergaminos, negara su existencia. Sin embargo, lo que es más importante es que Rabbí Isaac de Acco investigara el tema, determinado a averiguar la verdad. Aunque no se conocen los resultados exactos de su investigación, es obvio que finalmente aceptó la autenticidad del Zohar. Todo esto será explicado con más detalle en la sección que trata de Rabbí Isaac de Acco.

Aparentemente el Zohar no contiene virtualmente nada respecto a los métodos de meditación mística. Incluye muchas alusiones a nombres y permutaciones de letras, pero no da ninguna clave sobre cómo utilizarlas. Hubo que esperar a que el Arí abriera la puerta del Zohar y demostrara cómo emplear sus métodos.

❖ Extractos del *Zohar*

[Tras la muerte de Rabbí Shimon bar Iojai], Rabbí Jía se postró sobre tierra y besó el suelo. Lloró diciendo: «¡Polvo, polvo, qué terco eres! ¡Y qué insolente! Las más deseables cosas se desintegran en ti. Consumes y pulverizas a todos los pilares de luz del mundo ¡Qué presuntuoso eres! La luz santa que iluminaba el mundo, el gran maestro que vigilaba a la comunidad, y en cuyo mérito se mantuvo el mundo, se corrompe ahora en ti».

«¡Oh Rabbí Shimon, brillante lámpara, luz del mundo, estás pudriéndote en el polvo. Pero todavía estás vivo, dirigiendo a la comunidad».

Quedó pasmado por un instante. Luego dijo: «¡Polvo, polvo, no seas orgulloso! No te serán dados los pilares del mundo. Porque Rabbí Shimon no está corrompiéndose en ti».

Cuando se levantó, Rabbí Jía estaba llorando. Luego se fue y Rabbí Yosi le acompañó. Ayunó durante cuarenta días para hacerse merecedor de ver a Rabbí Shimon, pero se le dijo: «No eres digno de verle». Lloró y ayunó otros cuarenta días.

Tuvo entonces una visión. Vio a Rabbí Shimon y a su hijo Eliezer estudiando un concepto que él había debatido con Rabbí Yosi. Muchos miles estaban escuchando sus palabras.

En ese momento vio muchas grandes y sublimes Alas. Rabbí Shimon y su hijo Eliezer montaron en ellas y ascendieron a la Academia de los Cielos. Mientras permanecieron allí las Alas les estuvieron esperando.

Vio luego regresar [a Rabbí Shimon y a su hijo Eliezer]. Brillaban con una gloria renovada, más brillante que el Sol.

Rabbí Shimon habló y dijo: «Que entre Rabbí Jía. Dejádle que vea hasta qué punto el Santo Bendito renovará los rostros de los justos en el Mundo Futuro. Feliz quien llega aquí sin vergüenza. Feliz el que puede estar en este mundo cual poderoso pilar».

[Rabbí Jía entonces] se vio a sí mismo entrar. Rabbí Eliezer estaba de pie y todos los demás que estaban sentados allí [se levantaron delante de Rabbí Jía]. Él estaba muy avergonzado, pero entró, yendo al lado de Rabbí Shimon y sentándose a sus pies.

Se oyó una Voz, proclamando: «Baja los ojos, no levantes la cabeza, no mires». El bajó los ojos, pero vio una luz brillando a una gran distancia.

La Voz volvió como Antes y dijo: «¡Oh vosotros en las alturas, los que estáis ocultos y escondidos, abrid los ojos! ¡Oh vosotros que voláis por todos los mundos, mirad y ved! ¡Vosotros, los que dormís con ojos sellados ahí abajo, despertad!».

«¿Quién entre vosotros ha transformado en luz la oscuridad, o en dulzura la amargura, antes de venir aquí? ¿Quién entre vosotros esperó cada día por la luz que brilla cuando el Rey visita a la Cierva? Porque ese es el tiempo en el que la Gloria aumenta y él es llamado Rey sobre todos los reyes del mundo. El que no espera esta luz cada día en el mundo de abajo no tiene aquí parte alguna».

En ese instante [Rabbí Jía] vio a varios del grupo rodeando a todos los pilares erguidos y vio cómo eran elevados a la Academia Celestial.

Algunos estaban ascendiendo y otros descendiendo. Y encima de todos se hallaba el Maestro de las Alas.[29]

Pronunció juramento, y se oyó de detrás de la barrera que cada día el Rey recuerda a la Cierva que yace en el polvo, y la visita.[30] En ese momento golpea con el pie a 390 firmamentos, que son todos confundidos y tiemblan delante de él. Llora por ella y sus lágrimas, hirviendo como el fuego, caen en el gran mar. Las lágrimas permanecen y perduran en él, y gracias a sus poderes, el Maestro del Mar puede santificar el Nombre del Rey Santo. Aquel acepta tragar todas las aguas de la creación y reunirlas en sí mismo. Entonces, todos los pueblos se unirán a la Nación Santa, y las aguas se secarán para que puedan cruzar sobre tierra seca.

Mientras esto sucedía, oyó una voz proclamando: «Dejad paso, dejad paso, porque el Rey, el Mesías, viene a la academia de Rabbí Shimon».

(Todos los justos son cabezas de academia en lo alto y todas las academias terrenales tienen sus contrapartes allí. Todos los miembros de cada academia ascienden desde su propia escuela a la Academia Celestial. El Mesías viene a todas ellas, sellando la Torah que sale de los labios de los sabios).

En ese momento el Mesías vino [a la academia de Rabbí Shimon]. Llevaba puestas las coronas supremas que le habían dado los jefes de las academias.

Todos los miembros se levantaron y lo mismo Rabbí Shimon, con su luz subiendo hasta las alturas del Firmamento. [El Mesías] le dijo: «¡Feliz tú, Oh Rabbí! Tus enseñanzas sobre la Torah ascienden con 370 luces y cada una se separa en 613 significados.[31] Estos se elevan

---

29. Éste es el ángel Metatrón.

30. La Cierva es la Presencia Divina *(Shejinah).*

31. El número 613 es el número de Mandamientos de la Torah. Es también el número de partes del cuerpo, que consta de 248 miembros y 365 venas. Véase *Makkot* 24a. *Targum* J. al Génesis 1:27. El Arí comentó en detalle sobre las 370 luces, véase *Shaar HaHakdamot* (Ashlag Ed. Tel Aviv, 1961) p. 235, *Etz Jaim Shaar Klipat Nogah* 4. En general, el valor numérico de la palabra *Jashmal* es 378 y esto se halla estrechamente vinculado a las 370 luces.

y se sumergen en un río de puro bálsamo. El Santo Bendito sella la Torah de tu academia, y también de la de Hezekiah, rey de Judea, y de la de Ahiyah el Silonita.[32]

»No he venido a sellar la Torah de tu academia, sino que estoy aquí porque el Maestro de las Alas ha venido. Sé que él no entra en ninguna academia, sólo en la tuya».

Rabbí Shimon le habló entonces del juramento pronunciado por el Maestro de las Alas. El Mesías alzó la voz y tembló. Los firmamentos, el gran mar y el Leviatán, todos temblaron y parecía como si el mundo fuera a ser dado la vuelta.

En ese momento [el Mesías] vio a Rabbí Jía sentado a los pies de Rabbí Shimon. Dijo: «¿Quién ha permitido que una persona con la vestidura del mundo físico venga aquí?».

Rabbí. Shimon respondió: «Él es Rabbí Jía, la luz brillante de la Torah».

[El Mesías] dijo: «Que él y sus hijos mueran para que puedan entrar en tu academia».

Rabbí Shimon respondió: «Séale dado más tiempo [sobre la Tierra]».

Se le dio entonces tiempo adicional. Dejó ese lugar temblando y con lágrimas brotando de sus ojos. Rabbí Jía tembló, lloró y dijo: «Dichosa la porción de los justos en ese mundo. Y dichosa la porción del hijo de Iojai, que es digno de todo ello».

Zohar 1:4a

Rabbí Abba dijo:

Un día fui a una ciudad de los pueblos de Oriente y allí me mostraron cierta sabiduría que habían heredado de los tiempos antiguos. Tenían también libros en los que se explicaba esta sabiduría y me trajeron uno de ellos.

---

32. Ahiyah el Silonita aparece en 1 Reyes 11:29, 14:2. Se dice que era de la generación del Éxodo y fue el maestro de Elías, véase *Bava Batra* 12 lb, Introducción a Yad, *Zohar* 3:309a, *Zohar Jadash* 19a. También se dice que Ahiyah era el maestro del Baal Shem Tov, *véase* cap. 7, nota 15.

En él estaba escrito que cuando en este mundo una persona medita, se le transmite un espíritu *(Ruaj)* de lo alto. El tipo de espíritu depende del deseo al cual se ligue. Si su mente se liga a algo elevado y santo, esto es lo que uno se transmite a sí mismo. Pero si su mente se liga al Otro Lado y medita sobre ello, entonces eso será lo que él mismo se transmitirá.

Decían ellos: «Todo depende de las palabras, actos y deseo de adhesión del individuo a los que quiera adherirse. Mediante ellos se transmite a sí mismo el lado al cual se ha ligado».

En ese libro encontré todos los ritos y prácticas (idolátricas) consistentes en la adoración de las estrellas y constelaciones. También se decían las cosas necesarias para esos ritos y se daban instrucciones sobre cómo meditar para transmitirse su [influencia].

Del mismo modo, aquel que quiera ligarse a lo alto mediante *Ruaj HaKodesh* debe hacerlo con acto, palabra y deseo del corazón, meditando en esa área. Eso es lo fundamental cuando uno quiere ligarse a algo y transmitirse su influencia…

Yo les dije: «Hijos míos, las cosas de ese libro están muy cerca de las enseñanzas de la Torah. Pero guardaos de esos libros para que vuestros corazones no sean atraídos a sus prácticas (idolátricas) y a todas las [demás] facetas mencionadas en ellos, y seáis de esa índole apartados de servir al Santo Bendito».

Tales libros pueden confundir a una persona. La causa es que las gentes de Oriente fueron grandes sabios, que heredaron de Abraham la sabiduría. Éste se la dio a los hijos de sus concubinas, como está escrito: «A los hijos de las concubinas que Abraham había tomado, Abraham dio regalos» (Génesis 25:6).[33]

[Originalmente era una sabiduría verdadera] pero después fue arrastrada hacia muchas facetas [idolátricas].

Zohar 1:99b

---

33. El versículo continúa «y los mandó al Este». Véase *Sanhedrín* 91b, *Be'er Sheva ad loc.*, R. Yehudah de Barcelona al *Sefer Yetzirah* (Berlín, 1885) p. 159, *Zohar* 1:133b, 1:233a.

Dichoso aquel que eleva su fe en Dios, tomando a la Presencia Divina, que consiste en Diez Expresiones, y la pone en un solo pensamiento, en un solo deseo, sin mezcla de ningún tipo. Todas y cada una de las *Sefirot* (Emanaciones Divinas) están plantadas en él, y éste es el Jardín en el que todas las *Sefirot* son una…[34]

Cuando alguien quiere unificar al Santo Bendito y su Presencia Divina (los aspectos masculinos y femenino de lo Divino), tiene que desterrar todo otro pensamiento. [Tales pensamientos] son las *Klipot* (קליפות, Cáscaras), respecto a lo cual está escrito: «Hay muchos pensamientos en el corazón del hombre» (Proverbios 19:21). Uno debe entonces traer a su mente la Presencia Divina, tal como continúa el versículo: «Pero el consejo de Dios morará en él».

Cuando un hombre se allega a su mujer, tiene que desvestirse por completo para ser uno con ella, como está escrito: «Serán una sola carne» (Génesis 2:21). De forma similar, tiene que quitarse todos los otros [pensamientos que sirven al alma de vestiduras, cuando hace la Unificación dos veces al día, declarando:

«Escucha Israel, Dios es nuestro Señor, Dios es Uno» (Deuteronomio 6:4).[35]

Tikuney Zohar 66 (98a)

Éste es el misterio de la Unificación *(Yijud,* יחוד*)*. El individuo digno del Mundo Futuro debe unificar el nombre del Santo Bendito. Debe unificar los niveles superiores e inferiores y los miembros, uniendo todos y llevándolos al lugar necesario donde puede atarse el nudo.[36] Éste es el misterio de «escucha Israel, Dios es nuestro Señor, Dios es Uno».

El misterio de «Escucha» *(Sh'ma, (*שמע es el Nombre *(Shem,* שם) que se convierte en setenta *(Ayin,* ע) nombres.

---

34. Las *Sefirot* son las Emanaciones Divinas que Dios creó para dirigir el universo. Todas se reúnen en la inferior, que es *Maljut*-Reino, y que está asociada con la Presencia Divina *(Shejinah)*.

35. Véase *Zohar:* 25a. Véase también *Toledot Yaakov Yosef, Shlaj* (Koretz, 1780), p. 138c.

36. Véase *Shaarey Orah* 3, 4 (Varsovia, 1883) p. 37b. Se cita después, pp. 145, 146.

Ésta es la categoría unificante, Israel. Es llamado el Anciano Israel *(Yisrael Sabba),* puesto que hay también un (Israel) menor. Respecto a éste (último) está escrito: «Israel es un niño y le amaré» (Oseas 11:1). Pero [al que se alude en «Escucha Israel»] es al Anciano Israel.

[Este Anciano Israel es] un misterio único y una única categoría unificante. «Escucha Israel» incluye así el [arquetipo Supremo] de la Mujer y su Marido.

Una vez que los dos están incluidos, la una en el otro, en una única categoría unificante [que es el Anciano Israel], hay que unificar sus miembros. Hay que combinar los dos Tabernáculos, haciéndolos uno en cada miembro.

Esta unificación se consigue cuando se medita y se asciende, adhiriéndose al Ser Infinito *(Ein Sof,* אין סוף). Aquí es donde todas las cosas, de arriba y de abajo, son atadas en un único deseo.

Éste es el misterio de *«será» (YiHYeH,* יהיה *),* en el versículo «Dios será *(YihYeh)* Uno» (Zacarías 14:9). Significa que [El «será Uno»] en el misterio de *YiHYeH.*

La Yod (י) debe ser unida a la Heh (ה) para hacer YH (יה). Ésta es la Cámara Interna [puesto que se trata de las dos primeras letras del Tetragrammaton, YHVH (יהוה). Es el lugar que oculta al punto supremo, que es la Yod (י). Tal es el misterio de «Dios es nuestro Señor». Los dos Nombres Divinos representan a las letras Yod (י) y Heh (ה).

Uno debe entonces incluir a todos los miembros en el lugar del cual emanan, que es la Cámara Interna. Uno los lleva de vuelta a su lugar, en su esencia, fundamento y raíz, elevándoles hasta el lugar que es la Raíz de la Alianza.

Debe entonces concentrarse en el segundo par de letras [en YiHYeH (יהיה)]. Debe atar (la segunda) Yod (י) a [la segunda] Heh (ה).

Yod es el misterio de la Santa Alianza. Heh es la Cámara, el lugar en el que la Santa Alianza, que es la Yod, está oculta. Y aunque [en otro lugar] hemos establecido que ésta es la Vav (ו) [en el Tetragrammaton, YHVH, (יהוה),] aquí es una Yod. El misterio es que las dos están unidas como una.

«[Dios es] Uno». Esto indica que hay que tomar todo lo de ahí y lo de arriba y unificarlo como uno.

Hay que elevar la mente para atar a todas las cosas en un único nudo y, entonces, elevar la mente con temor y amor hasta que llegue al Ser Infinito *(Ein Sof)*. Sin embargo, al mismo tiempo, no hay que permitir que la mente deje los demás niveles y miembros. La mente debe ascender con todos ellos, atándolos para que todos ellos sean un único nudo en el Ser Infinito *(Ein Sof)*.

Ésta es la Unificación *(Yijud)* del Anciano Rav Hamnuna, quien la aprendió de su padre, y éste la aprendió de su maestro, que tenía una tradición de labios del profeta Elías.

Zohar 2:216a

3. Escuela de las *Hejalot*

Otra importante escuela mística estaba encabezada por Rabbí Nehuniah ben Hakaneh, una misteriosa personalidad de cuya vida no se sabe prácticamente nada. Siendo contemporáneo de Rabbí Yojanan Ben Zakkai, floreció en el siglo I y vivió hasta una extremadamente avanzada edad. En un relato talmúdico, se le encuentra en la presencia de Rabbí Yojanan ben Zakkai, cuando éste último estaba pidiendo a sus discípulos que interpretaran cierto pasaje bíblico. Cuando Rabbí Nehuniah dio su opinión, Rabbí Yojanan declaró que era mejor que la suya propia.[37] La verdadera estatura de Rabbí Nehuniah se hace evidente en las *Hejalot,* donde nos encontramos con los mayores sabios de su generación sentados a sus pies como discípulos. Es totalmente claro que él era el más grande maestro esotérico de su tiempo.

Es gracias a Rabbí Nehuniah que tenemos el *Bahir,* uno de los más antiguos textos cabalísticos. En él se encuentran las primera exposiciones sobre las *Sefirot,* así como la doctrina de la reencarnación. Si bien no se dan detalles sobre su uso, se discuten en él varios Nombres esotéricos, y también el concepto general de «descenso a la *Merkavá*».

El *Bahir* afirma que es imposible dedicarse a la *Merkavá* sin cometer errores, pero que sin embargo hay que buscarla y persistir en

---

37. *Bava Batra* 10b.

43

ello, ya que conduce al «camino de la vida».[38] La razón por la que los místicos hablan de «descenso a la *Merkavá*» es porque el propio punto de ventaja es el más alto nivel de pensamiento, desde el que se debe de hecho descender para visualizar los misterios de la *Merkavá*.[39]

El principal discípulo de Rabbí Nehumah fue Rabbí Ishmael ben Elisha, quien sirvió como Sumo Sacerdote en los últimos días del Segundo Templo. El Talmud cuenta que Rabbí Ishmael aprendió de Rabbí Nehuniah cómo derivar lecciones de cada palabra de la Torah, por insignificante que ésta pareciera.[40] Pero sobre todo Rabbí Ishmael fue el primer discípulo en el área de la meditación mística, y gracias a él la mayoría de las fuentes han sobrevivido.

El Talmud nos proporciona un ejemplo de la experiencia mística de Rabbí Ishmael, en la que ve a «Ajteriel Yah el Señor de los Ejércitos sentado en un elevado y exaltado trono». La asociación de un ángel, Ajteriel (אכתריאל), con el nombre de Dios resulta algo difícil de entender. Puesto que expresiones similares aparecen muchas veces en los escritos místicos antiguos, particularmente en las *Hejalot,* es éste un punto de la máxima importancia.

En los comentarios parece que hay alguna confusión respecto a si Ajteriel es el nombre de un ángel o un apelativo de la Gloria misma. Sin embargo, esto puede entenderse en términos de la enseñanza de que la profecía y la visión siempre sobrevienen a través de un *Ispaklaria* (אספקלריא), que se traduce como espejo o lente. Aunque el iniciado esté percibiendo en realidad la Gloria de Dios, ésta no se ve directamente, sino que debe reflejarse mediante el *Ispaklaria*. El *Ispaklaria* puede ser un ángel o algún otro ser trascendente, y en este caso fue el ángel Ajteriel.[41]

Lo mismo sucede cuando el nombre de un ángel precede al de Dios en la literatura mística. Esto significa meramente que el ángel sirve de

---

38. *Bahir* (Margolies Ed., Jerusalén, 1951) # 150. *Cf. Jaguigah* 14a.

39. *Bahir* # 88.

40. *Shevnot* 26a. Véase *Bahir* # 32.

41. Véase *She'elot U'Tshuvot HaGaonim* (Lyck, 1864) # 116, *Or Kerua, Keriat Sh'ma* 8 (Zitomer, 1862), p. 11b, Rabbí Yehudah de Barcelona al *Sefer Yetzirah* (Berlín, 1885), p. 20, 22, 257; Pardes Rimonim 6, *Malajey Elyon, Akatriel.*

lente o espejo para la visión, o bien de portavoz divino. En muchos lugares de la Biblia se encuentra que un ángel habla en nombre de Dios, y éste es el significado interno de lo que Dios dijo respecto a un ángel: «Mi Nombre está en él» (Éxodo 23:11).[42] Se identifica generalmente a este ángel como Metatrón (מטטרון). Respecto de él, dice el Talmud: «Su nombre es como el de su Maestro».[43]

El Talmud relata en otro lugar que Rabbí Ishmael dijo: «Suriel, Príncipe del Rostro, me habló».[44] El nombre del ángel Suriel o Suriah aparece muchas veces en las *Hejalot*, y se considera a este ángel como portavoz del «Rostro». Resulta obvio de todas esas fuentes que Rabbí Ishmael estaba acostumbrado a tales visiones.

La tradición esotérica pasó de esas primeras generaciones a Rabbí Judah el Príncipe (120-189), más conocido como el redactor de la Mishnah, la parte más antigua del Talmud.[45] De él pasó a Rabbí Yojanan, redactor del Talmud de Jerusalem, y luego a su discípulo, Rabbí Assi. La tradición alcanzó finalmente a Rav Joseph y Rav Zeira, ambos versados en los misterios de la *Merkavá*. Por consiguiente, los misterios estaban en manos de los sabios talmúdicos y estaban en uso hasta la mitad del siglo v.[46]

Rabbí Jaim Vital señala que muchas prácticas que implican el uso de Nombres Divinos no pueden tener éxito, a menos que el iniciado haya sido purificado con las cenizas de la Vaca Roja. Es ésta una enseñanza importante del Arí, mencionada varias veces en sus escritos. La Vaca Roja era un sacrificio especial presentado en detalle en Números 19, y es el único medio de purificarse de la inmundicia resultante del contacto con un cadáver.

La necesidad perentoria de la Vaca Roja surgió porque no se permitía la entrada en los recintos del Templo a aquéllos en estado impuro. Si una persona había tenido alguna vez contacto con los cadáveres,

---

42. Véase Ibn Ezra al Éxodo 3:4.

43. *Sanhedrín* 38b.

44. *Berajot* 51a.

45. Está así establecido que un discípulo de Rabbí [Judah el Príncipe] expuso sobre la Merkavá. *Yerushalmi, Jaguigah* 2:1 (9a arriba).

46. Véase *Jaguigah,* 13a.

tenía que ser purificada con las cenizas de la Vaca Roja antes de poder entrar en el Santuario. Igualmente, los dedicados a prácticas esotéricas no podían recitar los Nombres Divinos a menos que hubieran primero sido purificados de esta manera.

La Vaca Roja era un tipo de sacrificio y el sacrificio sólo podía ofrecerse mientras el Templo existía. Cuando éste fue destruido en el año 70, sólo quedó una pequeña cantidad de cenizas. Mientras que éstas estuvieron disponibles, la purificación era posible. Las últimas cenizas se emplearon en el siglo v y a partir de entonces ya no se pudo practicar el método de Nombres Divinos delineado en las *Hejalot*.

Lo cual es verificado por una anécdota que se halla en las propias *Hejalot,* cuando Rabbí Ishmael y Rabbí Akiba querían sacar a Rabbí Nehuniah de su estado místico. Lo hicieron tocándole con un tejido que había estado en contacto con una mujer menstruante, e inmediatamente, tras el contacto, fue despedido de delante del Trono de Gloria. Igualmente, un individuo que no se haya limpiado de toda impureza espiritual y ritual, lo que incluye la purificación de la Vaca Roja, no puede entrar en los misterios. Las *Hejalot* claramente previenen contra los peligros que esperan a aquellos que, sin estar debidamente preparados, intentan entrar en la *Merkavá*.

❖ Fuentes

Rabbí Ishmael dijo: en cierta ocasión entré en el recinto más interno [del Santo de los Santos] para quemar incienso [en Iom Kippur] y vi a Ajteriel Yah el Señor de los Ejércitos (אכתריאל יה יהוה צבאות) sentado en un elevado y exaltado trono. Me dijo: «Ishmael, hijo mío, bendíceme».

Yo respondí: «Sea tu voluntad que retengas tu ira, y que tu misericordia sea revelada sobre tus atributos. Que trates a tus hijos con el atributo de la Misericordia y que tengas parte con ellos más allá de la llamada de la Ley».

El entonces asintió con la cabeza.

Talmud [47]

---

47. *Berajot* 7a. Véase *Shoshan Sodot* 52b.

Rabbí Ishmael dijo: yo tenía trece años cuando fui a estudiar con Rabbí Nehuniah ben Hakanah. Le pregunté: «¿Quién es el Príncipe de la Torah?», y me respondió: «Su nombre es Yofiel (יופיאל)».

Yo ya estaba ayunando, pero decidí incrementar mi mortificación. Me separé de todo disfrute durante otros adicionales cuarenta días, más allá de mis ayunos anteriores. Al final de los cuarenta días, pronuncié el Gran Nombre e hice descender [al ángel Yofiel]. Descendió en un fuego llameante y su rostro era como un relámpago. Cuando le vi, temblé y resulté confundido. Mis miembros parecieron disgregarse y caí de espaldas.

Me dijo: «Hijo de hombre, ¿cómo osas agitar a la gran Asamblea de lo alto?».

Me fortalecí y contesté: «Es sabido y revelado delante de Aquel que habló y trajo el mundo al ser, que no te hice descender a la Tierra para mi propio honor, sino sólo para hacer la voluntad de tu Maestro».

Él me dijo de inmediato: «¡Hijo de hombre, pútrida gota, gusano y larva! Aunque tu alma haya empezado [a purificarse], estás todavía atado a un cuerpo impuro. Si quieres que yo me revele a ti, ayuna cuarenta días y sumérgete veinticuatro veces cada día. No pruebes nada que cause olor, ni comas ninguna legumbre ni vegetal. Siéntate en un cuarto oscuro y no mires a ninguna mujer».

Tras haber hecho todo esto, me enseñó un Nombre Divino con el que ascender y descender.

Midrash[48]

Rabbí Akiba contó que un día le preguntó a Rabbí Eliezer el Grande: «¿Cómo se ata al Ángel del Rostro *(Sar HaPanim)* mediante un conjuro, de forma que baje a la Tierra y revele los misterios de arriba y de abajo?».

Me contestó: «Hijo mío, una vez lo hice descender y quería destruir el mundo. Él es un príncipe poderoso, más grande que ninguno en toda la familia de lo alto. Está delante del Rey del universo y le sirve

---

48. *Sefer HaPardes,* citado en *Shalshelet HaKabbalah* (Jerusalén, 1962) p. 64, *Seder Ha Dorot* 5 (Munkatch, 1896) p. 118a. *Cf. Bet HaMidrash,* vol. 3, p. XLVII.

constantemente con limpieza, abstinencia y pureza, en terror y miedo por la gloria de su Maestro, puesto que la Presencia Divina está con él en todo lugar».

Y yo le dije: «Le obligaré con un conjuro. Con el conocimiento que él me revele, le obligaré y aprenderé de él».

El replicó: «Si alguien quiere obligarle, tiene que sentarse en ayuno durante todo el día en el que se realice el descenso. Antes, debe purificarse [con las cenizas de la Vaca Roja] durante siete días. Debe sumergirse en una corriente de agua y no tener palabras vanas.

«Al final de esos días de ayuno y purificación, debe sentarse con el agua hasta el cuello. Antes de atar [al ángel] con un conjuro, debe decir: "Os ato con un conjuro, príncipes del orgullo y del terror, destinados para derribar a aquel que osa sin estar puro y limpio acceder a lo alto para hacer uso de sus sirvientes. Y lo hago mediante el terrible y glorioso Nombre"».

Razo Shel Sandalfon[49]

[Hay cuatro universos, *Atzilut* (Proximidad), el universo de las Sefirot, *Beriyah* (Creación), el universo del Trono, *Yetzirah* (Formación), el universo de los ángeles, *y Asiyah* (Acción), el universo de las formas].

Los profetas fueron capaces de ver dentro de *Atzilut,* aunque éste se hallaba completamente revestido de las luces de *Beriyah* cuando lo vieron. Ezequiel vivió después de la destrucción [del Templo de Salomón] y por lo tanto sólo pudo recibir la profecía de *Atzilut* tras estar revestida de *Beriyah,* con *Beriyah* misma revestida por completo de *Yetzirah.*

Después de esto, ya no se revelaron más las luces de *Atzilut y Beriyah.* Éste es el significado de la enseñanza de que después de Ageo, Zacarías y Malaquías, la profecía terminó totalmente, y sólo el *Ruaj HaKodesh* (el Espíritu Santo) permaneció.[50]

[Este *Ruaj HaKodesh]* consiste en una transmisión de las luces del propio *Yetzirah,* al igual que de los planos inferiores. Llegar a este nivel

---

49. En *Merkavá Shlemah* (Jerusalén, 1922) p. 26.
50. Yoma 9b.

recibe el nombre de «Ascensión al Huerto *(Pardes)*».[51] Lo cual se refiere a *Yetzirah,* que es llamado «el Universo del [ángel] Metatrón».

Hay técnicas con las que se pueden abrir las puertas del mundo físico para entrar en *Asiyah* y *Yetzirah.* Consisten en Unificaciones *(Yijudim)* y oraciones correspondientes al Universo de *Yetzirah* y sus Diez Sefirot. Son esas técnicas las que se enseñan en los capítulos de las *Hejalot,* y las pusieron en práctica Rabbí Nehuniah, Rabbí Akiba, Rabbí Ishmael y los miembros de la Gran Asamblea.

Las técnicas luego se olvidaron. Además, las cenizas de la Vaca Roja se perdieron en el período de los últimos sabios talmúdicos *(Amoraim),* durante la generación de Abaye y Rava [que vivieron en el siglo v] tal como se narra en el Talmud.[52] Después, ya no se utilizaron esas técnicas para ascender al Huerto.

A partir de ese momento sólo hubo técnicas relativas al universo de *Asiyah.* Puesto que éste es el universo más bajo, sus ángeles tienen en su naturaleza sólo un poco de bien y son fundamentalmente malignos. Además, es éste un nivel en el que el bien y el mal se hallan estrechamente mezclados [y es muy difícil separarlos]. Lo cual implica que su ejercicio no trae consigo iluminación alguna, porque es imposible percibir sólo el bien, y la propia percepción resulta entonces una combinación de bien y mal, de verdad y falsedad.

Éste es el significado de la Cábala Práctica. Está prohibido hacer uso de ella, ya que el mal necesariamente se adhiere al bien. Uno puede de hecho querer limpiar su alma pero, como resultado del mal, en realidad la contamina.

Incluso aunque con ella se consiga alguna percepción, se trata de la verdad mezclada con la falsedad. Esto es especialmente cierto hoy que las cenizas de la Vaca Roja ya no existen. [Puesto que uno no puede purificarse], la impureza de las Cáscaras *(Klipot)* se adhiere al individuo que intenta conseguir la iluminación por medio de la Cábala Práctica.

---

51. *Jaguigah* 14b. Se ha comentado esto antes. *Véase* nota 17 ss.
52. *Cf. Jaguigah* 25a. *Véase también* cap. 6, nota 66.

Por consiguiente, «el que mira por su alma debe mantenerse lejos de ellas».[53] Porque además de la polución de su alma será castigado también en el Purgatorio *(Gehinom)*. Asimismo tenemos la tradición de que este individuo será castigado en este mundo. Bien él o sus hijos enfermarán, se empobrecerán o se harán apóstatas. Aprended la lección de Joseph Della Reina y Rabbí Shlomo Molho, que hicieron uso de la Cábala Práctica y fueron eliminados del mundo.

Y todo ello por la razón antes mencionada. Porque esto involucra un dominio en el que no hay bien exento de mal. Además, supone obligar con conjuros a sus ángeles a obrar en contra de su voluntad. Estos ángeles se vengan tentando al individuo, atrayéndolo a los caminos del mal hasta que su alma es destruida.

Además, los métodos relativos a esos conjuros fueron ocultados por las generaciones antiguas, de modo que no estamos bien versados en las técnicas correspondientes. Por ello, hay que mantenerse lejos de todas esas cosas.

Rabbí Jaim Vital (1543-1620)[54]

4. El texto de las *Hejalot*

El libro de las *Hejalot Mayores* es uno de los más antiguos de entre los textos místicos, datando del siglo I. Es también uno de los pocos tratados que describen explícitamente los métodos para entrar en el estado místico. La clave parece ser un tipo de meditación tipo mantra en la que una serie de Nombres Divinos se repite ciento doce veces. Mediante la reiteración de esta fórmula se cruza el umbral de los Palacios místicos, y hay que proceder entonces de un Palacio al siguiente.

El ascenso a través de los Palacios parece ser un tipo de proyección espiritual. Se crea para uno mismo un «cuerpo» espiritual, y con las manos de este «cuerpo» se sostienen los Sellos que hay que mostrar a los ángeles que guardan cada puerta para que permitan la entrada.

---

53. Paráfrasis de Proverbios 22:5.
54. *Shaarey Kedushah* 3:6.

Puesto que el iniciado asciende más mental que físicamente, los Sellos deben ser también imágenes mentales de los Nombres en cuestión.

El significado más probable es que hay que concentrarse en esos nombres y posiblemente dibujarlos en la mente. Si éste es el caso, el método se halla estrechamente relacionado con el de las Unificaciones *(Yijudim)* enseñado por el Arí. En la selección citada al final del capítulo anterior, Rabbí Jaim Vital afirma que el iniciado hace uso de Unificaciones en su ascenso.

Cuando uno llega al nivel de la séptima y última cámara, es puesto en una carroza *(Karon,* קרון). Debe recordarse que el término general para este tipo de experiencia mística es *Merkavá,* que también significa carroza. La *Merkavá* es un vehículo espiritual que uno crea para sí mismo con el que poder ascender al estado místico.

También de gran interés son las interpretaciones dadas a la *Nogah* (נגה, brillo) y al *Jashmal* (חשמל) vistos en la visión de Ezequiel. Se les menciona en el versículo: «Y miré, y he aquí un viento tempestuoso que venía de Occidente, un Brillo *(Nogah)* todo alrededor, y de en medio de él una visión del Silencio Hablante *(Jashmal)* en medio del fuego» (Ezequiel 1:4). Estos dos conceptos son elementos importantes en el ascenso al dominio trascendental.

En las *Hejalot,* se ve que una persona que desciende a *la Merkavá* es al principio llevada por un viento de tormenta (סערה). Se trata del mismo viento huracanado que levantó a Elías y que se describe en el versículo: «Apareció un carro de fuego con caballos de fuego que los separó y Elías subió al cielo en un viento huracanado *(sa'arah)»* (2 Reyes 2:11). Se trata obviamente del mismo «viento huracanado» descrito por Ezequiel al principio de su visión. Es después llevado arriba en una carroza de *Nogah,* siendo ésta el brillo visto por Ezequiel. La *Nogah* que Ezequiel vio fue, por consiguiente, el vehículo que porta al iniciado al dominio celeste.

Finalmente, cuando está a punto de entrar en los niveles superiores de la *Merkavá,* el iniciado es puesto a prueba por el *Jashmal* para ver su valía. Esto encaja muy bien con la enseñanza cabalística de que el *Jashmal* es el elemento espiritual que constituye una barrera entre el bien y el mal, impidiendo al mal hollar los dominios de lo Santo.[55] En las *Hejalot* es también la barrera final que excluye a todos los que no se han purificado suficientemente.

En todo el proceso es crucial un conocimiento preciso de los nombres de los ángeles, igual que de las diversas fórmulas y los sellos necesarios para ascender de un Palacio al siguiente. Aquí, por desgracia, nos encontramos con serias dificultades, puesto que hay grandes variaciones entre los distintos manuscritos y textos impresos de las *Hejalot* y es imposible determinar cuál es la versión correcta. El único modo de hacerlo sería mediante una derivación lógica de las fórmulas, lo cual en este momento está más allá de nuestras posibilidades. Lo que se presenta aquí es una síntesis de las mejores lecturas encontradas en las diversas ediciones.[56]

❖ Las *Hejalot mayores*

Capítulo 1

Rabbí Ishmael dijo: ¿Cuál es el significado de los himnos que hay que entonar cuando uno desea contemplar una visión de la *Merkavá*, para poder descender en paz y ascender en paz?

Cuando uno se halla en un nivel más alto, puede entrar y es introducido y conducido a los Palacios celestiales, en los que se le permite estar delante del trono de Gloria. Él conoce entonces lo que sucederá en el futuro, quién será elevado y quién disminuido, quién será hecho fuerte y quién separado, quién será empobrecido y quién hecho rico,

---

55. Véase *Etz Jaim, Shaar HaTzelem* 3 (Ashlag Ed., Tel Aviv, 1960) p. 51, *Shaar HaJashmal* 1, p. 291, *Shaar Kitzur* ABYA 6, p. 401; *Mayo Shaarim* 6:2:3; *Shaar Ha Kavanot, Inyam Levishat Begandim* (TelAviv, 1962) pp. 12,13; *Pri Etz Jaim, Shaar HaTefillah* 3 (Tel Aviv, 1966), p. 19. *Cf. Shaarey Kedushah* 3:6.

56. Hemos usado principalmente el texto de las *Hejalot* en Wertheiner, *Batey Midrashot* (Jerusalén, 1968) vol. 1, p. 67 ss. Éste ha sido corregido de acuerdo con otras versiones, fundamentalmente la de A. Jellinek, *Bet HaMidrash* (Leipzig, 1856), vol. 3, p. 83 ss. También aparece en *Otzar Midrashim* (Nueva York 1915), vol. 1, p. 107 ss. Véase también *Pirkey Hejalot*, Shklav, 1785, Berdichov, 1817, Zalkiev, 1837, Lvov, 1824. También en *Jayay Nefesh* (con comentario, *Otzar HaJojmah*), Jerusalén 1891; Arzey *Levanon* (Venecia, 1601) # 6, *Amudey Shesh* (Lvov, 1785) # 5.

quién morirá y quién vivirá, a quién se le quitará su herencia y a quién
se le dará, quién será investido con la Torah y a quién le será dada la
sabiduría.

Cuando uno se halla en un nivel [todavía] más alto, conoce todas
las clases de hechicería.

Cuando uno se halla en un nivel [todavía] más alto, si alguien levanta su mano para golpearle resultará cubierta por la lepra…

Cuando uno se halla en un nivel [todavía] más alto, si alguien habla contra él con malicia es alcanzado y derribado. Se le darán fuertes
golpes y sufrirá de heridas infectadas.

Cuando uno se halla en un nivel [todavía] más alto, se le separa de
todos los hombres y se le distingue por sus rasgos del resto de la humanidad. Será honrado por aquéllos en la Tierra y por los de las alturas.
Quienquiera peque contra él incurre en grave pecado y del cielo caerá
el mal sobre él. Si alguien levanta una mano contra él, sufrirá retribu-
ción por la mano del tribunal celestial.

Capítulo 2

Cuando uno se halla en un nivel [todavía] más alto, toda la humanidad se halla delante de él como plata delante del refinador, que puede
distinguir qué plata es pura y cuál está adulterada. Del mismo modo,
este individuo puede mirar a una familia y ver cuántos conversos contiene, cuántos con genitales mutilados y cuántos concebidos por una
mujer menstruante, cuántos esclavos hay y cuántos incircuncisos.

Cuando uno se halla en un nivel [todavía] más alto, aquel que no
guarde respeto en su presencia tendrá su vista disminuida.

Cuando uno se halla en un nivel [todavía] más alto, si alguien le
insultara será arrancado, raíz y rama, y no será dejado de él heredero
alguno.

Cuando uno se halla en un nivel [todavía] más alto, si alguien habla
mal de él será acosado por la destrucción y la perplejidad y ninguno
obtendrá misericordia.

Cuando uno se halla en un nivel [todavía] más alto, si da permiso,
harán sonar el Shofar y excomulgarán [a quienes él quiera]. Tres veces
al día pronunciarán el veredicto de excomunión.

Permiso fue dado a los propios, a los mansos, a los humildes, a los sabios, a los rectos, a los piadosos, a los elegidos, a los ascetas *(perushim)*, a los justos y a los perfectos para descender y ascender en la *Merkavá*. Dicen: «[El que obre lo malo] será excomulgado para TAT-zSh (טטצש), el Señor, Dios de Israel –para Él, para su Trono, para la Corona de su cabeza, para el Tribunal de lo alto, para el tribunal de abajo, para todos los ejércitos en las alturas, para todos sus sirvientes [angélicos] que están delante de Él y para aquellos dedicados a la *Merkavá*». Todos le abandonarán.

Rabbí Ishmael dijo: esto se ha enseñado sobre mirar en la *Merkavá*. Una persona comprometida en ello no puede ponerse en pie, excepto en tres casos: delante de un rey, delante del Sumo Sacerdote y delante del Gran Tribunal (*Sanhedrín*) cuando el Presidente se halla con ellos. Pero si el Presidente no se halla con ellos tampoco puede ponerse en pie. Si lo hace, su sangre cae sobre su cabeza, puesto que disminuye sus días y reduce sus años.

Rabbí Ishmael dijo: ¿Cuál es el significado de los cánticos que una persona entona para descender a la *Merkavá?* Él empieza con alabanzas y principia con cánticos…

Capítulo 16

Rabbí Ishmael dijo: me levanté y reuní al Gran Tribunal (*Sanhedrín*) y al Tribunal Menor completos y los llevé a la gran sala tercera de la Casa de Dios. Me senté en un diván de puro mármol que me había dado mi padre Elisha…

Entre los que vinieron estaban Rabban Shimon ben Gamaliel, Rabbí Eliezer el Grande, Rabbí Eleazar ben Dama, Rabbí Eliezer ben Shamua, Rabbí Yojanan ben Dahavai, Rabbí Jananya benJanikai, Rabbí Jonathan ben Uziel, Rabbí Akiba y Rabbí Yehuda ben Bava. Todos vinimos y nos sentamos delante de [Rabbí Nehunia ben Hakana]. Las multitudes de nuestros compañeros permanecieron de pie porque vieron ríos de fuego y llamas brillantes separándoles de nosotros.

Rabbí Nehunia ben Hakana se sentó y explicó todo lo referente a la *Merkavá*. Describió su descenso y ascenso, cómo el que desciende debe descender y cómo el que asciende debe ascender:

Cuando alguien quiere descender a la *Merkavá* tiene que invocar a Surayah, el Príncipe del Rostro. Debe entonces atarlo con un conjuro ciento doce veces, en el nombre de TUTRUSYAY (טוטורוסיאי), el Señor, que es llamado:

TUTRSYAY TzURTKTUTRBYAL
TOFGR ASHRUYLYAY ZVUDIAL
y ZHRRYAL TNDAL SHUKD
YOZYA DHYVURYN y ADIRYRON
el Señor, Dios de Israel.

טוטורסאי צורטק טוטרביאל
טופגר אשרוויליאי זבודיאל
וזהריאל טנדאל שוקד
יוזיא דהיבורין ואדירירון

No se debe añadir nada a esas ciento doce veces, ni tampoco sustraer de ellas. Porque si alguien añade o sustrae, su sangre cae sobre su cabeza. Pero la boca debe pronunciar los nombres mientras con los dedos se cuenta hasta ciento doce. La persona desciende de inmediato y tiene autoridad sobre la *Merkavá*.[57]

Capítulo 17

Dijo Rabbí Ishmael que ésta es la enseñanza de Rabbí Nehunia ben Hakana:

TUTRSYAY (טוטרסיאי), el Señor, Dios de Israel, se sienta en siete Palacios, cada uno dentro del anterior. En la puerta de cada Palacio hay ocho guardianes, cuatro a la derecha del dintel y cuatro a la izquierda.

Éstos son los nombres de los vigilantes de la puerta del Primer Palacio: Dahaviel, Kashriel, Gahuriel, Buthiel, Tofhiel, Dahariel, Mathkiel y Shaviel (y algunos le sustituyen por Shiviel).

Éstos son los nombres de los vigilantes de la puerta del Segundo Palacio: Tagriel, Mathpiel, Sarchiel, Arpiel, Shaharariel, Satriel, Ragaiel y Sahiviel.

Éstos son los nombres de los vigilantes de la puerta del Tercer Palacio: Shaburiel, Ratzutziel, Shalmiel, Sabliel, Zachzajiel, Hadariel y Bazriel.

---

57. Una fórmula similar se repite 120 veces en *Razo Shel Sandalfon*, *Merkavá Shlemah* 4b.

Éstos son los nombres de los vigilantes de la puerta del Cuarto Palacio: Pachadiel, Geburathiel, Cazviel, Shejinyael, Shathakiel, Araviel, Capiel y Anpiel.

Éstos son los nombres de los vigilantes de la puerta del Quinto Palacio: Tejiel, Uziel, Gatiel, Gatjiel, Saafriel, Garfiel, Gariel, Dariel y Paltriel.

Éstos son los nombres de los vigilantes de la puerta del Sexto Palacio: Dumiel, Katzpiel, Gahgahiel, Arsbarsabiel, Agromiel, Partziel, Majakiel y Tofriel.

Y en la puerta del Séptimo Palacio, como rectos pilares, están todos los potentes, terribles, poderosos, tremendos… En las manos tienen espadas afiladas, sus ojos disparan rayos relampagueantes, ríos de fuego salen de sus narices y brasas ardientes de sus bocas. Visten con casco y armadura y a sus lados cuelgan lanzas y picas.

Capítulo 18

Sus caballos son corceles de oscuridad, corceles de la sombra mortal, corceles de tiniebla, corceles de fuego, corceles de sangre, corceles de granizo, corceles de nube…

He aquí una descripción de los guardianes de la puerta del Séptimo Palacio y de los caballos en la puerta de cada Palacio.

Todos los maestros que desciendan a la Merkavá ascenderán de nuevo y no sufrirán ningún daño, aunque vean todo lo de este Palacio. Descenderán en paz y volverán, y se mantendrán y serán testigos de las visiones terribles y confundentes de cosas no halladas en el palacio de ningún rey mortal. Entonces bendecirán, alabarán, cantarán… y darán gloria a TUTROSYAY, el Señor, Dios de Israel, que se regocija en aquellos que descienden a la *Merkavá*…

Capítulo 19

Rabbí Ishmael dijo: cuando vengas y te encuentres a la puerta del Primer Palacio lleva dos sellos en la mano, uno de TUTROSYAY, el

Señor, y el otro de Surayah, Príncipe del Rostro.[58] Muestra el de TU-TROSYAY a los que están a la derecha y el de Surayah a los que están a la izquierda.

Dehaviel, el ángel que es el guardián jefe de la puerta del Primer Palacio, así como su supervisor, y que se halla a la derecha del dintel, y Tofhiel, el ángel que le acompaña a la izquierda del dintel, inmediatamente te agarrarán. Te entregarán a Tagriel, el ángel que es el guardián jefe de la puerta del Segundo Palacio y que se halla a la derecha de su dintel, así como a Mathpiel, el ángel que le acompaña a la izquierda del dintel.

Muéstrales dos sellos, uno de ADRYHRON (אדריהרון), el Señor, y el otro de Ohazyya, el Príncipe del Rostro. El de ADRYHRON muestra a los que están a la derecha y el de Ohazyya, Príncipe del Rostro, a los que están a la izquierda.

Inmediatamente te agarrarán, uno a tu derecha, el otro a tu izquierda. Perfeccionándote e iluminándote te llevarán y entregarán a Shaburiel, el ángel que es el guardián jefe de la puerta del Tercer Palacio y se halla a la derecha de su dintel, y a Ratzutziel, el ángel que le acompaña a la izquierda del dintel.

Muéstrales dos sellos, uno de TzURTK (צורתק) el Señor, y el otro de Dahavyoron, el Príncipe del Rostro. Muestra el de TzURTK, el Señor, a los que están a la derecha, y el de Dahavyoron, Príncipe del Rostro, a los que están a la izquierda.

Inmediatamente te agarrarán, uno a tu derecha, el otro a tu izquierda, y dos ángeles te precederán y dos te seguirán. Perfeccionándote e iluminándote, te llevarán ante Pajdiel, el guardián jefe de la puerta del Cuarto Palacio y que se halla a la derecha del dintel, y ante Geburathiel, el ángel que le acompaña a la izquierda del dintel.

Muéstrales dos sellos, uno de ZVUDIEL (זבודיאל), el Señor, y uno de Margiviel, Príncipe del Rostro. Muestra el de ZVUDIEL a los que están a la derecha, y el Margiviel, Príncipe del Rostro, a los que están a la izquierda.

---

58. Para una mayor descripción de estos sellos véase *Shoshan Yesod Olam* (Sasoon, Ms. 290), # 1010 (p. 384b).

Inmediatamente te agarrarán, uno a tu derecha, el otro a tu izquierda. Perfeccionándote e iluminándote, te llevarán y entregarán a Tejiel, el ángel jefe del Quinto Palacio que se halla a la derecha del dintel de la puerta, y a Uziel, el ángel que le acompaña a la izquierda del dintel.

Muéstrales dos sellos, uno de TUTRBYAL (טוטרביאל), el Señor, y otro de Zachapniryai, Príncipe del Rostro. Muestra el de TUTRBYAL a los que están a la derecha y el de Zachapniryai, Príncipe del Rostro, a los que están a la izquierda. Inmediatamente te agarrarán [seis] ángeles, tres por delante y tres por detrás.

Los guardianes del Sexto Palacio atacan a los que descienden a la *Merkavá* pero no descienden a la *Merkavá*, [intentándolo] sin autoridad. Rodean en tropel a tales individuos, golpeándolos y quemándolos, y luego envían a otros en su lugar para que hagan lo mismo. No tienen escrúpulos, ni se paran nunca a pensar ni a preguntarse: «¿Por qué los estamos quemando? ¿Qué disfrute tenemos cuando atacamos a aquellos individuos que descienden a la *Merkavá* pero no descienden, sin autoridad?». Ésta es sin embargo la característica de los guardianes de la puerta del Sexto Palacio.

Capítulo 20

Rabbí Ishmael dijo: «Toda la compañía me increpó diciendo: "Hijo de la arrogancia, gobiernas con la ley de la Torah, igual que Rabbí Nehuniah ben Hakana. Mira a ver si le puedes hacer volver de su penetrante percepción. Que se siente con nosotros y nos diga el significado de esos que "descienden a la Merkavá pero no descienden" ¿Por qué les atacan los guardianes del Sexto Palacio? ¿Por qué estos no tocan en absoluto a aquellos que [de hecho] descienden a la *Merkavá?* ¿Cuál es la diferencia entre los dos?"».

Rabbí Ishmael dijo: «Tomé de inmediato un paño liviano y se lo di a Rabbí Akiba. Éste se lo entregó a nuestro sirviente con la instrucción de tocar con él a una mujer que se hubiera sumergido en la *Mikveh*, pero que no lo hubiera hecho correctamente. Se daría el caso de que llevada ante los sabios, uno diría que estaba prohibida, pero la mayoría diría que estaba permitida. [Se le dio al sirviente la indicación de] decir a la mujer: "Toca este paño con la punta de tu dedo medio. No hagas presión contra él, sino tócalo ligeramente, como si te estuvieras quitando una carbonilla del ojo que apenas te atreves a rozar"». Eso hicieron y colocaron el paño delante de Rabbí Ishmael. Éste lo cogió con una ramita perfumada de mirto que había sido empapada de puro bálsamo. Luego la puso a los pies de Rabbí Nehunia ben Hakana, quien fue inmediatamente despedido de delante del Trono de Gloria…

Entonces le preguntamos: ¿Quiénes son los que descienden a la *Merkavá* pero no descienden a la *Merkavá?*

Nos contestó: son los individuos que llevan consigo los que descienden a la *Merkavá*. [Sus guías] los ponen por encima de sus cabezas, los sientan enfrente de ellos y les dicen: «Mirad, contemplad y escuchad, y escribid todo lo que decimos y todo lo que escuchamos delante del Trono de Gloria». Esos individuos no son dignos de ello y por lo tanto son atacados por los guardianes del Sexto Palacio. Debéis, por lo tanto, tener cuidado en elegiros individuos apropiados y deben ser miembros de la sociedad que hayan sido seleccionados.

Cuando llegues y estés ante la puerta del Sexto Palacio muestra tres sellos a los guardianes de la puerta.

Enseña dos sellos a Katzpiel, el ángel con la espada desenvainada en la mano. Su figura despide relámpagos que explotan y ciegan a todo aquel que no es digno de mirar al Rey ni al Trono. Nada puede detenerle. Su espada extendida grita: «Destrucción y Aniquilación». Su lugar es a la derecha del dintel.

Luego muestra el otro a Dumiel.

¿Es entonces su nombre Dumiel? ¿No era su nombre el poderoso Gahidriham?

Rabbí Ishmael dijo: ésta es la enseñanza de Rabbí Nehunia ben Hakana. Cada día una voz celestial… (*Bat Kol,* בת קול) emana de *Aravot* (el Séptimo Cielo) y proclama en el nombre de Tribunal Supremo: «TEUM (טעום) y BaR MNTzH ZPUCY GShSH GEShTh (בר מנצה זפוכי גשש געשת), el Señor, Dios de Israel, le llama con el nombre Dumiel. Lo que veo, callo (*dum,* דום). Lo mismo es cierto de Dumiel (דומאל)».

Tiene autoridad sobre el dintel derecho y es la misma que la del ángel Kaptziel. Pero no hay enemistad, odio, celos ni competencia entre ellos, puesto que ambos sólo sirven a Su Gloria.

Capítulo 21

Enseña a Kaptziel los dos sellos de ZHRRYAL (זהרריאל) y de los que hacen Sus obras. Y al ángel Dumiel, un ángel recto y humilde, muestra [el sello de] Broniah.

Inmediatamente Kaptziel tensa su arco y lo dispara. Esto causa un viento huracanado *(Sa'arah)* y te coloca en una carroza de Brillantez *(Nogah)*. Ellos hacen sonar delante de ti ochenta millones de cuernos, treinta millones de shofars y cuarenta millones de cornetas. Entonces el ángel Dumiel coge una recompensa y va delante de ti.

¿Y cuál es esta recompensa?

Rabbí Ishmael dijo: «Esto es lo que enseñaba Rabbí Nehunia ben Hakana, mi maestro. La recompensa que el ángel Dumiel porta delante de la carroza del individuo digno de descender a la Merkavá no es ni de plata ni de oro. El premio es que se deja en paz a este individuo. Él no es interrogado ni en el Primero, ni en el Segundo, ni en el Tercero, ni en el Cuarto, ni en el Quinto, ni en el Sexto Palacio. A todos puede enseñar el sello [de Dumiel] y entonces le dejan pasar».

A la derecha de la puerta del Sexto Palacio se halla el ángel Dumiel, guardián de la puerta, a la derecha de ésta. Se sienta en un sofá de puro platino,[59] brillando como la propia irradiación de los cielos, como la alianza del universo. ARSTAN (ארסטאן), MYRA ARSTAN (מירא ארסטאן), y CNPYNNTzMNSh ERNH (כנפינן צמנש ערנה) el Señor, Dios de Israe1,[60] y el ángel Dumiel reciben a este individuo con

---

59. Wertheimer lee *Yituk* (יתוק) y dice que no conoce el significado de la palabra. Aunque no es seguro que se conociera el platino en esa época, se ha escogido la palabra porque encaja en el sentido del texto. Jellinek hace la lectura *Litik* (ליתיק). Al final de *Otzar Midrashim* el Dr. Salomón Horowitz hace la identificación con el término griego *Lithios,* que significa piedra.

60. Ésta es la lectura de Jellinek. Wertheimer tiene ADSTAN y AYRN ADSTAR y KhPYNO Sh MNUSh EKhShNH. En la edición de Jerusalén aparece «ARSTAN, y algunos dicen ARSTAD y KhNPYShT TzMNShERGH».

rostro afable, sentándole en un sofá de puro platino. Luego se sientan a su lado a su derecha.

El solía decir: Soy testigo de dos cosas y os prevengo. Que nadie ose descender a la *Merkavá* a menos que tenga dos cualificaciones. Primero, tiene que haber leído y repasado la Torah, los Profetas y los Escritos (es decir, toda la Biblia), y haber dominado la Mishnah, la Ley, la Agadah y también los significados más profundos de la Ley respecto a lo que está permitido y a lo que está prohibido. En segundo lugar, debe ser un individuo que guarda toda la Torah, cumpliendo todas sus prohibiciones, decretos, juicios y leyes, enseñados a Moisés en el Sinaí.

Capítulo 22

Si el individuo tiene ambas cualificaciones, el ángel Dumiel lo confia a Gabriel el escriba. Éste escribe una nota con tinta roja y la cuelga en la carroza *(Karon)* de ese individuo. La nota describe su erudición en la Torah y sus actos, y establece que el individuo desea estar delante del Trono de Gloria.

Cuando los guardianes de la puerta del Séptimo Palacio ven a Dumiel, Gabriel y Kaptziel acercándose delante de la carroza del individuo digno de descender a la *Merkavá,* se cubren la cara y se sientan en vez de permanecer de pie como antes. Destensan sus arcos preparados y devuelven las espadas a sus vainas. Aun así, hay que mostrarles el gran Sello y la terrible corona de AER SOBR MTzUGYYH (אער סובר מצוגייה) y BEShPTSH (בעשפטש),[61] el Señor, Dios de Israel.

Entonces ellos le llevan delante del Trono de Gloria. Sacan todo tipo de instrumentos musicales y tocan delante de él, hasta que le elevan y le sientan junto a los Kerubim, junto a los Ophanim y [por último] junto a las Santas Jayot. El ve entonces maravillas y poder, majestad y grandeza, santidad, pureza, terror, humildad y rectitud.

Rabbí Ishmael dijo: todos los compañeros compararon esto con una persona que tiene una escalera en su casa. Sube y baja por ella y

---

61. Ésta es la lectura de Wertheimer. Jellinek tiene: «TARS y BARMShGYYH». En la edición de Jerusalén se lee: «TADM y BRMNYGYYH y KhEShPTYSh».

nadie puede impedírselo. Bendito seas, ¡oh Señor!, Sabio de los Misterios y Maestro de los Secretos. Amén. Amén.

Rabbí Ishmael dijo: Rabban Shimon ben Gamaliel se enfadó conmigo. Me dijo: «En un instante todos podíamos haber sido derribados por PTRYAY (פטריאי), el Señor, Dios de Israel. ¿Por qué? Porque hemos incurrido en error. ¿Crees entonces que Jonathan ben Uziel es una figura menor en Israel [que se sentó a los pies de Rabbí Nehuniah ben Hakana]? ¿Qué habría sucedido si nos hubiéramos aproximado a la puerta del séptimo palacio?».

Rabbí Ishmael dijo: fui inmediatamente ante Rabbí. Nehuniah ben Hakana y le dije airado: «El Presidente [del Gran Tribunal, Rabbí Shimon ben Gamaliel] está enfadado conmigo ¿Qué placer me queda en la vida?».

El replicó: «Hijo de la arrogancia, si eso es así, ¿qué honor tengo de ti? He puesto en vuestras bocas la Torah, los Profetas, los Escritos, Mishnah, Midrash, Leyes, Agadah y las decisiones legales respecto a lo permitido y a lo prohibido. ¿Si no fuera por los misterios de la Torah que os he ocultado, habrías venido y te habrías mostrado delante de mí? Sé por qué has venido. Es sólo [para aprender] sobre los guardianes del Séptimo Palacio.

»Ve y dí al Presidente: tienes autoridad para pronunciar los nombres de todos los guardianes de las puertas de los Palacios y para influir sobre ellos. Pero el sonido de los nombres de los guardianes de la puerta del Séptimo Palacio ensordecen a la persona. ¿Cómo influir sobre ellos si cada uno es nombrado como el rey del Universo? Sus nombres no os he revelado.

»Ahora bien, si queréis saberlos, venid todos y permaneced de pie. Cuando los nombres dejen mi boca, postraos y caed sobre vuestros rostros».

Inmediatamente todos los gigantes (espirituales) de la sociedad, junto con los aristócratas de la Academia, vinieron y permanecieron en pie delante de Rabbí Nehuniah ben Hakana. Los escribas escribieron y todos cayeron sobre sus rostros.

Capítulo 23

Éstos son los nombres de los guardianes del Séptimo Palacio [que uno encuentra] al ascender:[62]

Zehpanuryay YVY, un honrado y amado ángel.

Abirzehyay YVY, un honrado, amado y temible ángel. Atarigiash YVY, un honrado, amado, temible y asombroso ángel. Nagarniel YVY, un honrado, amado, terrible, asombroso y precioso ángel.

Anpiel YVY, un honrado, amado, terrible, asombroso, precioso y exaltado ángel.

Naazuriel YVY, un honrado, amado, terrible, asombroso, precioso, exaltado y poderoso ángel.

Sastiel YVY, un honrado, amado, terrible, asombroso, precioso, exaltado, poderoso y majestuoso ángel.

Anpiel YVY, un ángel cuyo nombre es pronunciado tres veces al día delante del Trono de Gloria.

[El nombre de Anpiel ha sido] alabado [de este modo] desde el día en que el mundo fue creado. ¿Por qué? Porque el Anillo con el sello del Cielo y de la Tierra se le ha entregado para llevarlo en la mano.

Cuando todos [las multitudes] de lo alto lo ven, se inclinan, caen sobre sus rostros y se postran delante de él. Lo cual no sucede, sin embargo, con los del nivel más alto.

Podéis preguntaros si esos son los mismos que se inclinan delante del Príncipe del Rostro. Pero aquellos que están delante del Trono de Gloria no se inclinan ante el Príncipe del Rostro, pero sí lo hacen delante del ángel Anpiel. Y esto es así con la autoridad y permiso de ANTOROS (אנטורוס), el Gran Maestro, y YAPYMYL ShNTh MRTzE (יאפימיל שנת מרצע),[63] el Señor, Dios de Israel.

---

62. Están tomados de Jellinek. Otras ediciones aparecen confusas. Wertheimer tiene: «Jurpaniel Zehpataryay, Abirzehyay Cabapel, Atagiel, Jatrogiel, Banagel, Hash, Sastitiel, Anafiel». La edición de Jerusalén dice: «Haypanyarav, Abarazzay, Ataringel, Narudiel, Sastatiel, Anpiel».

63. Ésta es la lectura de Jellinek. Wertheimer tiene «ATRTs, el Gran Maestro, APYMYAL, ShMCh, BRTzE». La edición de Jerusalén dice: «ATNKh SRBZHG KhOPY LShKhTh KhHTzE».

Éstos son los nombres de los guardianes del Séptimo Palacio [que uno encuentra] al descender. No son los mismos [encontrados] al ascender:[64]

Nurpiel YVY, un honrado, amado y temible ángel, que es llamado Abirhyay YVY.

Dalukiel YVY, un honrado, amado y terrible ángel, que es llamado Levkapiel YVY.

Yakriel YVY, un honrado, amado y terrible ángel, que es llamado Atrigiel YVY.

Yasisiel YVY, un honrado, amado y temible ángel, que es llamado Banaaniel YVY.

Nurpiriel YVY, un honrado, amado y terrible ángel que es llamado Shakadyahiel YVY.

Naaruriel YVY, un honrado, amado y terrible ángel que es llamado Zuhaliel YVY.

Anpiel YVY, un honrado, amado y terrible, asombroso, precioso, exaltado, poderoso, majestuoso, potente, recto y prodigioso ángel, que es llamado Tufriel YVY.

¿Por qué se llama Anpiel (עַנְפִיאֵל)? A causa del follaje (*Anaph*, אנף) de las coronas sobre coronas que hay en su cabeza. Éstas cubren y rodean todas las habitaciones del Palacio del cielo (más alto, que es llamado) Aravot. En esto es como Aquel que formó toda la creación.

Respecto a Aquel que formó la creación está escrito: «Los cielos cubren su gloria» (Habacuc 3:3). Esto es también verdad del ángel Anpiel, un sirviente que es llamado con el nombre de su Amo.[65]

Y ¿por qué él es amado más que todos los guardianes de las seis puertas de los Palacios? Porque abre la puerta del Séptimo Palacio.

Capítulo 24

Cada una de las santas Jayot que están enfrente de la puerta del Séptimo Palacio tiene doscientos cincuenta y seis rostros. Por lo tanto, esos grandes [ángeles] tienen cada uno quinientos doce ojos.[66]

---

64. Támbién está tomado de Jellinek.

65. El Talmud dice lo mismo de Metatrón, *véase* nota 43. Véase *Megalah Amukim* # 217, *Avodat HaKodesh*, Yijud 16.

66. Véase Targum J., Rashi, sobre Ezequiel 1:6.

En frente de la puerta del Séptimo Palacio hay cuatro Jayot. Cada una de las [cuatro] Jayot tiene el rostro de un hombre, [el rostro de un león, el rostro de un buey y el rostro de un águila]. A su vez cada uno [de los cuatro] tiene dieciséis rostros.

Cuando alguien quiere descender a la *Merkavá* el ángel Anpiel le abre la puerta del Palacio. El individuo permanece entonces en el umbral de la puerta del Séptimo Palacio. Las Santas Jayot levantan sus quinientos doce ojos para mirarle y cada ojo de las Jayot es como un enorme bushel.[67] La mirada de esos ojos es como un rayo relampagueante. Todo esto además de los ojos de los poderosos Kerubim y de las Ophanim de la Divina Presencia, que son como llamas centelleantes y como el fuego de brillantes carbones.

El individuo entonces tiembla, se estremece y tiene escalofríos, es alcanzado y se debilita, y cae de espaldas. Entonces el ángel Anpiel lo sostiene, y con él los otros sesenta y tres guardianes de las siete puertas de los Palacios. Todos ellos lo sostienen y dicen: «No temas, ¡oh hijo de amada semilla! Entra y mira al Rey en su Gloria. No serás destruido. No resultarás quemado».

[Él tiene entonces que cantar una alabanza al Poderoso Rey].[68]

Los ángeles fortalecen a este individuo. Entonces, de inmediato, suena un cuerno encima de él, desde el firmamento que está sobre sus cabezas.[69] Las Santas Jayot se cubren el rostro. Los Kerubim y Ophanim vuelven sus rostros hacia los lados. El individuo se encuentra solo delante del Trono de la Gloria de Dios.

Capítulo 25

Cuando el individuo se halla delante del Trono de su Gloria, éste empieza a cantar. Porque cada día el Trono de Gloria canta a HHRRYAL

---

67. Alternativamente «un gran tamiz de ramas». Véase *Bikurim* 3:8, *Kelim* 20:2.
   Unidad anglosajona de medida de áridos de capacidad entre treinta cinco y treinta siete litros, según lugares. *(N. del T.)*.
68. Se trata del cántico «*Melej Abir, Melej Adir, Melej Adon*». Es un cántico alfabético en el que cada letra se repite tres veces. En *Merkavá Shelemah*, p. 34b, aparece un cántico similar en el que cada letra se repite seis veces.
69. Una alusión a Ezequiel 1:25.

(ההרריאל), el Señor, Dios de Israel, el Rey exaltado, coronado con un tapiz de canciones…

Capítulo 26

«Vi la semejanza del Silencio Hablante *(Jashmal)*» (Ezequiel 1:27). Éste pone a prueba al individuo y determina si es o no digno de descender a la *Merkavá*.

Al que es digno de descender a la *Merkavá,* le ordenan entrar. Si no lo hace se lo ordenan de nuevo. Entonces entra de inmediato. Ellos le alaban y dicen: «Se encuentra entre aquellos que han descendido a la *Merkavá»*.

Pero si el individuo no es digno de descender a la *Merkavá,* le previenen de que no lo haga. Si él todavía lo intenta, le lanzan de inmediato miles de hachas de acero.

Los guardianes de la puerta del Sexto Palacio se comportan como si estuvieran arrojando millones de ondas de agua hacia el individuo. Sin embargo, en realidad no hay ni una sola gota. Si el individuo dice: «¿Cuál es el propósito de esta agua?», le persiguen y dicen: «¡Miserable criatura! Probablemente desciendes de los que besaron el Becerro de Oro. No eres digno de ver al Rey ni a su Trono». Y él no tiene ninguna oportunidad de moverse antes de que lancen contra él millones de hachas de acero.

[Pero si se tiene éxito en entrar, tiene que cantar alabanzas].[70]

---

70. Varios cánticos se presentaron aquí. Entre ellos el «HaAderet VeHaEmunah», recitado en Yom Kippur por los Ashkenazim y en el Shabbat (o diariamente) por los Sefardim.

CAPÍTULO TRES

Rabbí Abraham Abulafia

1. El Hombre

Una de las figuras antiguas más importantes en meditación cabalística es Rabbí Abraham Abulafia. No sólo fue partícipe de muchas tradiciones importantes, sino que también escribió voluminosamente sobre ellas. De hecho, se sabría muy poco sobre muchas de ellas, de no ser por sus escritos.

Desgraciadamente, sin embargo, muy pocos han sido publicados. La mayoría se encuentran sólo en forma de manuscrito, bien en las bibliotecas importantes, bien en manos de cabalistas que rehúsan darlos a conocer. El encontrar e identificar correctamente los manuscritos de Abulafia ha sido una tarea difícil, puesto que muchos estaban incorrectamente catalogados o sin catalogar. En algunos casos se siguió la pista de manuscritos importantes por referencias orales, y luego se descubrieron en las bibliotecas de individuos que no tenían ni idea de su contenido. Aunque ya se haya hecho un muy importante trabajo, realizado por científicos, expertos en manuscritos y otros eruditos, aún queda mucho por investigar en el relativamente inexplorado mundo de los manuscritos antiguos, como para poder aspirar a tener un estudio completo de los escritos de Abulafia.

Al trabajar con manuscritos, un problema que surge de inmediato es que muchos están escritos con caligrafías antiguas y resultan casi ilegibles al lector moderno. Otros estaban destinados a uso privado y fueron escritos apresuradamente por individuos con mala letra. Si a esto se añade el hecho de que sus caracteres caligráficos pueden estar ahora completamente fuera de uso, la lectura de sus manuscritos resulta una tarea casi imposible. Se han de realizar muchos estudios previos para descifrar los alfabetos de muchos manuscritos y, en algunos casos, relevantes porciones de los mismos tuvieron que ser transcritas letra a letra antes de poder pensar en leerlas.

Una razón por la que las obras de Abulafia no se publicaron está indudablemente relacionada con la reticencia general a la publicación de materiales que tuvieran que ver con la meditación y las artes místicas. Pero otra razón es la controversia alrededor de Abulafia como persona. En muchos lugares de sus escritos Abulafia indica que él es profeta y, en otros, habla de sí mismo como teniendo una misión especial. Hay también muchas alusiones veladas que podrían interpretarse como reflejando ilusiones mesiánicas por su parte. Sin embargo, en su mayoría, éstas son ambiguas, y es probable que cuando habla de sí mismo como el «ungido», se refiera al hecho de estar iluminado y no a que él sea el mesías prometido. En muchos sitios Abulafia habla de la experiencia profética como asemejándose a ser ungido con aceite.[1] Y en ningún lugar intenta de hecho desempeñar él mismo un papel mesiánico, con lo que la interpretación anterior aparece muy probable.

De todas formas, todas sus supuestas pretensiones no escaparon a la mirada de los líderes religiosos de su generación. La oposición más fuerte le vino por parte del Rashba (Rabbí Shlomo ben Adret, 1235-1310). Siendo cinco años mayor que Abulafia, el Rashba había sido nombrado rabino de Barcelona en 1280 y disfrutaba de una gran reputación como el sabio principal de su tiempo. Incluso hoy, sus comentarios talmúdicos se cuentan entre los más importantes, y sus *responsa* se consideran básicos para la Ley Judía.

Es evidente que, mientras Abulafia estaba en Sicilia, el Rashba desencadenó un vituperante ataque contra él. Éste incluía sus propias cartas y otros mensajes que los líderes de otras congregaciones, por influencia suya, enviaron a Sicilia denunciando a Abulafia. Hacia 1290, el Rashba escribió un *responsum* a la comunidad de Zaragoza, la ciudad natal de Abulafia, respecto a un autoproclamado profeta en

---

1. *Jayay Olam HaBah* (JewishTheological Seminary, Ms 2158), p. 4b, citada en Scholem, *Kitvey Yod BaKabbalah* (Jerusalén, 1930) p. 25; *Otzar Eden HaGanuz*, véase abajo, nota 102. Véase también *Shaarey Tzedek* (Jerusalén, Ms. 8.º 148) p. 66b, 67a, citado en *Kiryat Sefer*, 1:135; *Sulam HaAliyah* 10 (Jerusalén, Ms 8.º 334) p. 98a, citado en *Kitvey Yod BaKabbalah*, p. 228. *Cf.* Salmos 23:5, 45:8, 109:18, 133:2.

Ávila, posiblemente un discípulo de Abulafia. En él alude a sus ataques anteriores contra Abulafia, denunciándolo en términos inequívocos.

Esta posición de la principal figura de la generación fue suficiente para virtualmente garantizar que la oficialidad religiosa se apartara de las obras de Abulafia y las ignorara. En cierto sentido, la intensidad del ataque resulta comprensible a tenor del estatus de la Cábala en la época. El Zohar todavía no se había publicado y, aunque el *Bahir* vio la luz pública en 1175, distaba mucho de estar aceptado universalmente. Había una escuela muy fuerte que se oponía a la Cábala, denunciando sus enseñanzas como próximas a la herejía. Lo que queda perfectamente ejemplificado por la afirmación del Rashbash (Rabbí Shlomo ben Shimon Duran, 1400-1467) un siglo después: «Los cristianos creen en la Trinidad, mientras que los cabalistas creen en la Década».[2]

Como fuerte defensor de la Cábala, al Rashba podría haber considerado las afirmaciones de Abulafia como peligrosas para su sano crecimiento. Abulafia resultó muy herido por los ataques del Rashba y en respuesta escribió su famosa epístola, *VeZot LiYehudah* (Y esto es para Judá).

El *responsum* del Rashba fue asumido por otro importante cabalista, Rabbí Judah Jayit, que vivió por el tiempo de la Inquisición Española. Después, el ataque completo contra Abulafia fue asumido extensivamente por el Yashar de Candia (Rabbí Yoseph Shlomo Delmedigo, 1591-1655), uno de los más importantes defensores de la Cábala.[3]

Después de todo esto, lo lógico sería esperar que Abulafia o sus escritos hubieran sido relegados al cubo de basura de la historia y no hubieran tenido influencia alguna en la tradición cabalística. Sucede, sin embargo, que éste no es el caso y que sus obras han sido citadas, si bien de forma cautelosa, por muchos de los cabalistas más importantes. Así, el Ramak (Rabbí Moshe Cordovero, 1522-1570), decano de la escuela de Safed, considera que Abulafia es una autoridad en la

---

2. *Tshuvot Rashbash* 189. Véase también *Tshuvot Rivash* 157. Compárese con la afirmación de Abulafia en *VeZot LeYehudah,* en Jellinek, *Ginzey Jojmat HaKabbalah* (Jerusalén, 1969), p. 19.

3. *Metzaref LeJojmah* 12.

pronunciación de Nombres Divinos e incluye una larga sección de su *Or HaSejel* (Luz del Intelecto).[4] En la sección cuarta, no publicada, de su *Shaarey Kedushah* (Puertas de la Santidad), Rabbí Jaim Vital cita los métodos de Abulafia como técnicas de meditación. Habla de su *Jayay Olam HaBah* (Vida del Mundo Futuro) como si se tratara de un bien conocido libro en los círculos cabalísticos, y cita en extensamente pasajes del *Sefer HaJeshek* (Libro de la Pasión). Otra figura relevante, el Radbaz (Rabbí David abu Zimra, 1470-1572), menciona las obras de Abulafia en un contexto positivo.[5]

La última palabra respecto a la aceptabilidad de cualquier texto hebraico se concede generalmente al Jida (Rabbí Jaim Yosef David Azulai, 1724-1806). Citando algunos de los ataques contra Abulafia, el Jida reconoce que sus obras han sido aceptadas por los principales cabalistas, quienes las han encontrado beneficiosas.

A la vista de esta opinión, la tendencia general entre los cabalistas informados ha sido aceptar las enseñanzas de Abulafia aunque sus métodos se consideren muy avanzados y peligrosos. Sus manuscritos han sido copiados y han circulado entre muchos cabalistas, formando parte del currículum en algunas escuelas secretas. Mientras que la personalidad de Abulafia puede cuestionarse, se reconoce en general que estaba en posesión de tradiciones auténticas y que las registró fiel y exactamente.

❖ Fuentes

Son muchas las personas fraudulentas a quienes he oído y visto. Una es una desagradable criatura, «que se pudra el nombre del malvado», cuyo nombre es Abraham [Abulafia]. Él se ha proclamado a sí mismo profeta y mesías en Sicilia y ha engañado con sus mentiras a mucha gente. Por la misericordia de Dios le pude cerrar la puerta en las na-

---

4. Reproducido más adelante, *véanse* notas 105, 112. *Véase* cap. 5, notas 2 y 3. El maestro en Cábala del Ramak, Rabbí Shlomo AlKabetz, también menciona las enseñanzas de Abulafia, véase *Brit Halevi* (Lvov, 1863) p. 13c.

5. *Magen David,* Vav (Munkatch, 1912) p. 13c. *Véase* cap. 5. nota 7.

rices, con mis propias cartas y las de muchas congregaciones. Si no hubiera sido por ello, habría podido volver a empezar.

Él ha inventado muchas ideas falsas, que son pura tontería, con la apariencia de gran sabiduría, y con ellas podría haber hecho mucho daño. Utilizando cierta consistencia, él pone su mente en una idea durante muchos días y sale con elaborados ejercicios numéricos *(guematriot)* que involucran tanto a la Escritura como a las palabras de nuestros sabios.

El Rashba[6]

He visto también libros escritos por un estudioso por nombre Rabbí Abraham Abulafia. En su locura y orgullo… se llama profeta a sí mismo. Pero se nos ha enseñado que, desde la destrucción del Templo, «la profecía sólo se ha conferido a los locos».[7] Sus libros están llenos de sus propias invenciones, imaginaciones y falsedades.

Puede que él haya escrito *Or HaSejel* (La Luz del Intelecto), pero de hecho camina en la oscuridad. Ha escrito *Moreh HaMoreh* (Guía a la guía) como un comentario cabalístico a la *Guía de los perplejos* [de Maimónides]. ¡Qué idiota resulta inventar un comentario a la *Guía!* Maimónides jamás habría soñado con una interpretación así.

Ha escrito también un Libro del Nombre (éste es *Jayay Olam Ha-Bah:* «Vida del Mundo Futuro») como un comentario al Nombre de Setenta y Dos letras. El libro está escrito en forma de series de círculos para confundir a los que miran en él.[8] ¡Como si esto llenara su falta de verdadero contenido! Y todo está lleno de manipulaciones de palabras fruto de su propia mente deficiente.

Rabbí Judah Jayit[9]

---

6. *Tshuvot Rashba* 548. Véase *VeZot LeYehudah,* p. 18.

7. *Bava Batra* 12b.

8. En un manuscrito de *Jayay Olam Ha Bah* el texto aparece de hecho escrito dentro de una serie de círculos. Jewish Theological Seminary, Ms. 2165.

9. *Minjat Yehudah* sobre *Maarejet Elokut,* final de la Introducción (Mantua, 1558) p. 3b. Citado literalmente en *Metzaref leJojmah loc. cit.* Jayit cita también el *Tshuvot HaRashba.*

Jayah Olam Habah (Vida del Mundo Futuro) es un libro escrito por Rabbí Abraham Abulafia, en círculos, que trata del Nombre de Setenta y Dos letras. He visto un manuscrito de él escrito sobre pergamino.

El Rashba, en el Capítulo 544 [de sus *responsa*] y Rabbí Yashar [de Candia] en su *Metzaref LeJojmah* (Purificador de Sabiduría), lo denuncian como a alguien sin valor o peor.

Debo sin embargo decir la verdad. He visitado a un gran rabino, uno de los principales maestros de los misterios, de gran reputación. De sus palabras se deduce sin lugar a dudas que ha utilizado este libro y ha sacado grandes beneficios de él.

El Jidah [10]

2. Desarrollo de un profeta

En sus escritos, Abulafia incluye una considerable cantidad de material autobiográfico, por lo que se sabe mucho de su vida, aunque hay algunas lagunas importantes. De todo ello se obtiene la imagen de un individuo sincero e inspirado que también poseía muchos defectos humanos.

Nació en el año 1240. Esto no parece muy significativo, hasta que nos damos cuenta que en el calendario hebreo, que empieza a contar desde el nacimiento de Adam, éste era el año 5000, literalmente el principio de un nuevo milenio. Abulafia era muy consciente de este hecho y en varios lugares lo cita como prueba de que estaba destinado a una misión especial.

En su autobiografía, Abulafia habla sobre muchos de sus discípulos. El más importante fue Rabbí Joseph Gikatilla, que iba a ser después uno de los más grandes cabalistas de ese período. Siendo ocho años más joven que Abulafia, puede asegurarse que entró bajo su in-

---

10. *Shem Ha Gedolim, Sefarim, Jayay Olam Ha Bah* (Jet 76). En *Devash LePhi, Alef* 1, el Jida escribe que las letras finales de los nombres de los patriarcas, cuando se transforman con el código At Bash, deletrean el nombre divino Shaddai. La fuente de esta afirmación es obviamente el *Jayay Olam HaBah* de Abulafia (Jewish Theological Seminary, Ms 2158), p. 7a.

fluencia en el año 1273, cuando tenía veinticinco años.[11] El libro de Gikatilla, *Shaarey Orah* (Las Puertas de la Luz), es uno de los más importantes clásicos cabalísticos y refleja en muchos lugares las enseñanzas de Abulafia.

Otro discípulo que aparece en la autobiografía es un cierto Shem Tov de Burgos. Le encontraremos después de nuevo como uno de los posibles autores de *Shaarey Tzedek* (Las Puertas de la Rectitud), una importante exposición de las técnicas de Abulafia.

Se ha dicho a menudo que Abulafia era opuesto al Talmud y que su conocimiento de él era insuficiente, pero ésta es una conclusión inexacta. De adolescente, Abulafia aprendió Escritura, Mishnah y Talmud de su padre, alcanzando lo que entonces se consideraba un conocimiento adecuado de los mismos. Cuando el Rashba le acusó de ser un inculto, él le contestó que había completado todo el Talmud y había aprendido de dos maestros prominentes a tomar decisiones sobre asuntos de ley religiosa.[12] También afirma haber dominado *Julin*, el tratado talmúdico que trata de los puntos más delicados de las leyes dietéticas, y que constituye el núcleo del aprendizaje rabínico tradicional.[13]

En muchos lugares aparece claramente que Abulafia tenía en gran estima a los maestros del Talmud. En una ocasión afirma abiertamente

---

11. Véase *Bet HaMidrash,* vol. III, p. XL, nota 6. Al principio de *Ginat Egoz,* Gikatilla parece indicar que fue iniciado en los misterios en el año *Keter Torah* (כתר תורה) de su vida. En su «valor numérico reducido» *(Mispar Katan), Keter Torah* tiene un valor de 25, indicando que ésta es la edad de su comienzo. Es también significativo darse cuenta que esa misma expresión, *Keter Torah,* en un contexto similar puede encontrarse ál principio de *Sefer Hatzeruf,* generalmente atribuido a Abulafia. Esto sin embargo empieza a suscitar la posibilidad de que también fuera escrito por Gikatilla. Evidencia posterior se encuentra en la expresión «has de saber, hermano, que Dios te ve», que aparece de la misma forma en *Sefer Hatzeruf* y en *Ginat Egoz.* Es muy posible que *Sefer Hatzeruf* fuera escrito por Gikatilla mientras éste se hallaba bajo la influencia de Abulafia. En muchos manuscritos, *Sefer Hatzeruf* aparece seguido de *Perush HaNikkud (cf.* París, Ms. 774, p. 38b), y el sistema de éste no es en absoluto el de Abulafia. Respecto de la expresión *Keter Torah* véase también *Get HaShemot* (Oxford, Ms 1658) p. 101a.

12. *VeZot LeYehudah,* p. 12.

13. *Sefer Ha Jeshek* (Jewish Theological Seminary, Ms 1801) p. 12b.

que de no haber sido presionado por sus discípulos, se habría dedicado a estudiar el Talmud, en vez de escribir libros sobre los misterios.[14]

Los primeros estudios de Abulafia consistieron principalmente en las obras de los grandes filósofos judíos, y escribe así que originalmente consideraba a la filosofía como la más grande de todas las disciplinas. La famosa *Guía de los Perplejos* de Maimónides permaneció siendo uno de sus libros favoritos, y más tarde llegaría a escribir tres comentarios diferentes sobre ella.

Abulafia menciona que fue introducido a la *Guía* por un cierto Rabbí Hillel de Capua. Se trata con toda seguridad de Rabbí Hillel de Verona (1220-1295), que vivió en Capua entre 1260 y 1271. Rabbí Hillel había sido discípulo del famoso Rabbí Jonah Gerondi (1194-1263). Rabbí Jonah había sido un vehemente opositor a la *Guía* de Maimónides, pero hacia el final de su vida hizo una confesión pública lamentándolo. Rabbí Hillel siguió a su maestro, llegando a ser un inquebrantable defensor de las enseñanzas de Maimónides. Cuando Shlomo Petit, un líder cabalista de Acco, intentó que se volviera a levantar una prohibición contra la *Guía,* Rabbí Hillel se convirtió en uno de sus más importantes defensores. Rabbí Hillel es además conocido por su libro *Tagmuley HaNesfesh* (Recompensa del Alma), escrito en 1290 en la ciudad de Forli.[15]

Gracias a Rabbí Hillel Abulafia que desarrolló una fuerte actitud positiva hacia las enseñanzas de Maimónides, en oposición directa a muchos importantes cabalistas de la época.

Además, Abulafia estaba plenamente familiarizado con las obras místicas del período talmúdico, tales como el *Bahir*, al que llama el más grande de todos los textos de Cábala.[16]

---

14. Véase *Sheva Netivot HaJojmah* (en Jellinek, *Philosophie und Kabbalah,* Leipzig, 1854) p. 22. Él también dice haber dominado *Emunot VeDeyot* de Rabbí Saadia Gaon, *Jorot HaLevavot* por R. Bahya ibn Pakuda, y las obras de R. Abraham Ibn Ezra. Véase *VeZot LeYehudah* p. 18. También estaba familiarizado con *Tikkun HaMiddot,* por R. Solomon ibn Gabriel. Véase *Otzar Eden HaGanuz* (Oxford, Ms. Or. 606) p. 44b.

15. Publicado en Lyck, 1874

16. *Otzer Eden HaGanuz* p. 131a. También menciona las *Otiot Rabbí Akiba* en ese lugar. Entre otros textos cabalísticos por él dominados se encontraban *Shimushey Torah y Shi-*

Y en al menos un lugar usa un término destacado en el Zohar, lo que indica que él podría también haber tenido algún acceso a ese cuerpo de literatura, aunque no había sido publicado todavía.[17]

También muy significativo es que Abulafia se refiera a las *Hejalot*, discutidas en el capítulo anterior. Aunque familiarizado con el texto, en ningún lugar menciona el uso concreto de sus métodos, sino que propugna un sistema completamente distinto. Lo cual podía indicar que, como el Arí, tuvo conciencia de que las técnicas descritas en las *Hejalot* requieren un sistema de purificación que ya no era posible.

Otra razón puede ser que Abulafia se consideraba a sí mismo seguidor del método del *Sefer Yetzirah* (Libro de la Formación), un sistema que él consideraba único y diferente de las otras enseñanzas cabalistas. En una ocasión discute sobre la escuela cabalística que utiliza las diez Sefirot y establece claramente que el método del *Sefer Yetzirah* es diferente y superior, al involucrar las veintidós letras del alfabeto hebreo en vez de los diez números.[18]

No hay duda de que el *Sefer Yetzirah* jugó un papel de la máxima importancia en la carrera de Abulafia. En su esbozo autobiográfico él escribe que consideraba su iniciación en los misterios del *Sefer Yetzirah* como el mayor punto de inflexión en su vida. En otro lugar dice haber estudiado el *Sefer Yetzirah* junto con doce de sus comentarios principales, tanto filosóficos como cabalísticos.[19]

Su maestro en el *Sefer Yetzirah* fue Rabbí Baruj Torgami, quien aparentemente también influyó en Rabbí Isaac de Acco. Rabbí Baruj escribió un libro, *Maftejot HaKabbalah* (Las llaves de la Cábala), que era un comentario al *Sefer Yetzirah* con manipulaciones numéricas *(gue-*

---

mushey Tehilim. Ibíd. p. 48b. Ambos libros son mencionados por el Ramban en *Torat HaShem Temimah* (en *Kitvey Ramban*, Jerusalén, 1964) p. 168. *Sefer HaTemunah* aparece mencionado en *Jayay Olam HaBah* p. 6b. En *Sheva Netivot HaJojmah*, p. 21, dice haber dominado los *Pirkey Rabbí Ismael* (las *Hejalot*), *Otiot* de *Rabbí Akiba, Sefer HaRazim, Sefer Raziel*, y *Mishmerot Ha Elyonim VeHa Tajtonim.*

17. En *VeZot LeYehudah*, p. 17, emplea el término *Avir Kadmon.* Éste es un término Zohárico, véase *Idra Rabbah, Zohar* 2:135b. *Cf. Etz Jaim, Shaar HaNesirah* 7 (p. 81).

18. *VeZot LaYehudah*, p. 15.

19. *VeZot LaYehudah*, p. 15. Aparecen listados en *Otzar Eden HaGanuz*, p. 16a, y la lista se publica en *Bet HaSefer*, vol. III, p. XLII.

matria) en un estilo muy parecido al de Abulafia.[20] Además de esto, parece que Abulafia aprendió una buena parte de la tradición mística de Rabbí Baruj. El apellido Torgami podía indicar que Rabbí Baruj provenía de Turquía *(Togarmah)*. Esto implicaría que la tradición mística podría haber sido preservada allí de una forma continuada. Lo cual es bastante plausible ya que, en aquella época, Turquía tenía una comunidad judía que había florecido desde los tiempos de Alejandro Magno.

Ha habido mucha confusión respecto a las tentaciones que Abulafia menciona en su apunte autobiográfico. Una clave la proporciona su afirmación de que «durante quince años el Satán estuvo a mi mano derecha para descarriarme». En varios lugares Abulafia indica que Satán (שטן) tiene un valor numérico de 359, el mismo que el de *Zera Lavan* (זרע לבן) que significa «semilla blanca».[21] Esta «semilla blanca» se refiere claramente al semen, como Abulafia establece en otro lugar.[22] Parece entonces que el «Satán» indica tentación sexual, muy probablemente relativa a la masturbación. Apoya esta afirmación el poema del principio de su *Jayay Olam Habah,* en el que habla de su cuerpo «contaminado con semilla», merecedor de la muerte y aparentemente culpable de asesinato.[23] Ésta es una alusión a Er y Onán, que murieron

---

20. Ibíd. Este libro existe en manuscrito. París, Ms 771, Jewish Theological Seminary, Ms 835. El texto completo se publica en G. Scholem, *HaKabbalah shel Sefer Hatemunah VeShel Abraham Abulafia* (Jerusalén, 1965) p. 229 ss. Es mencionado en el comentario de Moshe Botril al *Sefer Yetzirah* 4:2, 4:4. Véase Ben Yaakov, *Otzar Sefarim, «Jojen Mishpat»* (chet 861). Véase también después, cap. 3, notas 53, 54. Abulafia también nombra a otro de sus maestros, un cierto Rabbí José, véase *Mafteaj HaRayyon* (Vaticano, Ms 291) p. 31b.

21. *Or HaSejel* 4:4 (Vaticano, Ms 233) p. 53a, *Jayay Olam HaBah,* p. 21b. *Otzar Eden HaGanuz,* p. 13 lb. La expresión «el Satán estaba a mi mano derecha», alude a Zacarías 3:1.

22. *Or HaSejel* 4:1, p. 41b. En la p. 53b él también dice que *Satán* (שטן) tiene el mismo valor numérico que *Diábolos* (דיאבולוש, Diablos), y que esta palabra tiene la connotación de *Dio Bolos* (Dos «Bolas»). Este trocito aparece suprimido en muchos manuscritos de *Or HaSejel.*

23. Este poema introductorio está en *Ginzey Jojmat Ha Kabbalah,* después de *Sefer HaOt,* p. 23.

por derramar su semilla en vano, y a la afirmación talmúdica de que quien emite el semen en vano es comparable a un asesino.[24]

Todo ello es particularmente significativo puesto que está bien establecido en las enseñanzas cabalísticas que la masturbación es uno de los peores pecados, como se afirma en el Zohar.[25] La tarea principal del místico es usar el intelecto y la imaginación para acceder a los niveles espirituales más altos, y este proceso queda totalmente interrumpido cuando se usa la imaginación para conjurar las fantasías sexuales que acompañan a la masturbación. Un místico posterior, Rabbí Najman de Breslov (1772-1810), consideraba uno de sus mayores logros el haber podido descubrir una Rectificación General *(Tikun Hakelali)* para deshacer el daño espiritual causado por la masturbación.[26]

Aunque Abulafia claramente reconocía la primacía de la lengua hebrea en su sistema místico, también admitía el valor de otras lenguas y culturas. En varios lugares utiliza términos extranjeros para demostrar un aserto e incluso los incorpora a sus cálculos numerológicos.[27] Una vez usa los números árabes o indios para una demostración.[28] Tiene también discusiones con místicos cristianos y los alaba por su discernimiento. En cierto lugar establece: «No hay duda de que hay individuos entre los cristianos que conocen este misterio. Han discutido los misterios conmigo y revelado que ésta es incuestionablemente su opinión, por lo que los juzgo como entre los piadosos de los gentiles. No hay que preocuparse por los tontos de cada nación, puesto que la Torah sólo se ha dado a aquellos con inteligencia».[29]

---

24. Génesis 38:9, *Niddah* 13a.

25. Véase *Zohar* 1:19a, 1:57a, 1:69a, 1:219b.

26. *Sijot HaRan* 141.

27. *Cf. Or HaSejel* 4:4 (53b). Él también hace varias guematriot con la palabra «Demonios», véase *Jayay Olam HaBah*, p. 10b (en *Kitvey Yad BaKabbalah*, p. 26); *Otzar Eden HaGanuz*, pp. 20b, 153a.

28. *Otzar Eden HaGanuz*, pp. 21a.

29. *Mafteaj HaJojmot* (Jewish Theological Seminary, Ms. 1686) p. 107b. Aquí dice explícitamente que está hablando de los cristianos. En Ms. Parma DeRossi 141, p. 16b, citado en Scholem, *Major Trends in Jewish Mysticism* (Nueva York, 1941) p. 379, nota 33, falta esta referencia.

La relación de Abulafia con los cristianos no se limitó a debates, ni tampoco estaba él particularmente impresionado con su teología. En varios lugares habla de ideas cristianas tales como la Trinidad y la Encarnación como siendo falsas.[30] Pero, además, en lo que es probablemente el episodio más dramático de la vida de Abulafia, emprendió una misión para intentar convertir al Papa al judaísmo.

El Papa en cuestión era Nicolás III que, según los registros históricos, murió en Saronno, Italia, el 22 de agosto de 1280 (25 Elul, 5040). Esto es unos pocos días antes de *Rosh Hashanah,* el año nuevo hebreo. Se conoce a Nicolás III por haber establecido el Vaticano como sede permanente del papado y también por enviar misioneros a Persia y a China. Abulafia fue a verle poco antes de *Rosh Hashanah* y fue sólo la muerte repentina del Papa lo que le salvó de ser quemado en la hoguera.

Abulafia mismo escribió un relato autobiográfico de este intento de conversión en su *Sefer Ha Edot* (Libro de los Testimonios).[31] En él se da a sí mismo el nombre de Raziel, pseudónimo frecuentemente usado por él, y que es el nombre del ángel que enseñó los misterios a Adam. Raziel (רזיאל) tiene un valor numérico de 248, el mismo que el del primer nombre de Abulafia, Abraham (אברהם). Como indica el mismo Abulafia esta relación es más que una simple guematria. Se trata de un *mishkal* (equilibrio) porque, además del mismo valor numérico, ambas palabras tienen el mismo número de letras.[32]

Parece que Abulafia volvió a Barcelona enseguida después del incidente, porque se le encuentra dejando esa ciudad en 1281. Lo cual es particularmente significativo ya que el Rashba, el principal oponente de Abulafia, había asumido el puesto de rabino de Barcelona en 1280. Puede muy bien haber sido la denuncia del Rashba a lo que se refiere cuando dice que «fue capturado por gentiles a causa de la denuncia por parte de judíos».

---

30. *Sefer HaJeshek,* p. 26b. Esto se comenta en *HaKabbalah shel Sefer HaTemunah VeShel Abraham Abulafia,* p. 185.
31. *Véase* nota 42.
32. *Or HaSejel* 7:3, p. 92a. *Cf. Jayay Olam HaBah* 7b.

De Barcelona Abulafia trasladó su base de operaciones a Palmira, Sicilia, y allí escribió su *Metzaref LaSejel* (Refinamiento del intelecto) en 1282. También allí ganó como discípulo a Rabbí Ajitov el médico. Fue a este Rabbí Ajitov a quien el Rashba envió una furibunda denuncia de los métodos de Abulafia.[33]

Poco después Abulafia se trasladó a Mesina, también en Sicilia. Él llama a esta ciudad *Mi-Sinaí*, que significa «del Sinaí», para indicar quizá que se trataba de un lugar de revelación. La oposición a su persona se hizo sin embargo aún mayor y alrededor de 1288 se había visto forzado a trasladarse a la pequeña isla de Comino, cerca de Malta. A partir de ese punto muy poco se sabe de su vida personal, aunque algunas de sus obras conservadas parece que datan de este período.

Un excelente relato autobiográfico de su última época, vertido en lenguaje apocalíptico, se encuentra en el *Sefer HaOt* (Libro del signo). En él Abulafia usa otro pseudónimo, Zechariyahu (זכריהו), también del mismo valor numérico que Abraham.

❖ Fuentes

En todo lo que he escrito hasta ahora mi interés principal era llegar a lo que ahora voy a revelar.

Yo [Abraham Abulafia], el individuo mencionado en la introducción, nací en Zaragoza, Aragón, que se halla en el reino de España.[34] Antes de ser destetado, cuando todavía era un bebé alimentándome de la leche de los pechos de mi madre, nos trasladamos toda la familia a [Navarra], a unos dieciséis parsangas de mi ciudad de nacimiento. Crecí así junto al río Ebro, que pasa por ambas ciudades.

Empecé a leer las Escrituras, junto con sus comentarios, y también aprendí gramática hebrea, completando los veinticuatro libros (de la Biblia) bajo la tutela de mi padre, de bendita memoria. De él también

33. *VeZot LeYehudah*, p. 19. Véase *Mafteaj HaJojmot* 1 a, *y Mafteaj HaShemot* (Jewish Theological Seminary, Ms 1897) p. 79a, en donde se cuenta a este Ajivot entre los discípulos más próximos a Abulafia.

34. Reino de Sefarad. En aquella época España todavía no existía. *(N. del E.)*.

aprendí Mishnah y Talmud y la mayoría de mi aprendizaje se realizó bajo su instrucción.

Tenía yo dieciocho años cuando él murió.

Permanecí dos años más en la tierra de mi nacimiento tras el fallecimiento de mi padre. A la edad de veinte años me movió el espíritu de Dios y la abandoné, dirigiéndome directamente a la tierra de Israel por mar y tierra. Mi intención era buscar la tierra de Sambation[35] pero no pude pasar de Acco. Me vi forzado a huir de allí por el conflicto entre Ishmael (los árabes) y Esaú (los cristianos). Dejé [Tierra Santa] y volví [a Europa] vía Grecia.

Fue precisamente mientras atravesaba [Grecia] cuando me casé. Dios me despertó entonces y junto con mi mujer partí en busca de «las aguas del deseo», donde poder estudiar la Torah. Lo cual hallé en Capua, un viaje a cinco días de Roma.

Fue allí donde encontré a un sabio distinguido, filósofo y maestro en medicina, de nombre Rabbí Hillel. Nos hicimos amigos y de él aprendí filosofía, que encontré muy placentera. Día y noche me mantuve explorando esa disciplina con todas mis fuerzas. No me quedé satisfecho hasta haber recorrido muchas veces la *Guía de los perplejos*.

En Capua tuve también cuatro discípulos a los que enseñé ocasionalmente. Eran sin embargo jóvenes insensatos y cuando volvieron a los malos caminos los abandoné. Había también otros diez discípulos, pero ellos tampoco llegaron a beneficiarse y perdieron ambos caminos, el primero y el segundo.

En Agrópoli tuve cuatro discípulos. Tampoco ellos sacaron beneficios de mis enseñanzas. Tenían ideas muy extrañas, especialmente respecto a las profundidades de la sabiduría y los misterios de la Torah. No hallé a ninguno que fuera digno siquiera de recibir los más escasos indicios de la Verdad.

---

35. El Sambation es un río místico más allá del cual fueron exiliadas las Diez Tribus Perdidas. Se dice que hervía y arrojaba piedras cada día salvo el Shabbat. Véase *Sanhedrín* 65a, Targum J sobre Éxodo 34:10, *Yerushalmi* 10:5 (53b). *Bereshit Rabbah* 73:6.

En Roma encontré a dos ancianos, Rabbí Tzadakia y Rabbí Yeshiah, que entraron en mi alianza. Con ellos tuve algún éxito, pero eran muy viejos y pronto murieron.

En Barcelona tuve dos discípulos. Uno se llamaba Rabbí Kalonymos, de bendita memoria, un hombre mayor que era en verdad eminente. El otro era un hombre soltero, un brillante y distinguido sabio, y uno de los líderes de la comunidad, de nombre Rabbí Yauda, también llamado Salomón.[36]

En Burgos enseñé a dos hombres, un maestro y su discípulo. El nombre del maestro es Rabbí Moshe Sifno.[37] El discípulo es Rabbí Sherri Tov, un joven agradable, pero su juventud le impidió dominar el tema. Ambos sólo aprendieron de mí unos pocos puntos externos de la Cábala.

Hubo en Medinaceli dos discípulos. Uno era Samuel el Profeta, a quien enseñé algo de Cábala. El otro era Rabbí José Gikatilla, que Dios le siga guiando. Era de gran inteligencia e indudablemente tendrá un gran éxito si Dios está con él.

Estoy ahora en Mesina que es «del Sinaí» *(Mi-Sinai)*. Aquí encontré a seis hombres e incluso traje conmigo un séptimo. Ellos aprendieron de mí durante un muy corto espacio de tiempo, cada uno sacando lo que pudo, algunos mucho y otros poco. Todos acabaron dejándome, excepto uno. Éste era el líder y el que había traído a todos los demás a aprender de mí.

Su nombre es Rabbí Saadia ben Itzjak Sanalmapi, de bendita memoria. Fue seguido por Rabbí Abraham ben Shalom, y luego por el hijo de éste, Yaakov, y posteriormente por su amigo Itzjak. Ellos a su vez trajeron a otros conocidos, hasta que tuve tres discípulos en un nivel y cuatro en un nivel inferior.[38] El séptimo discípulo fue Natronai

---

36. Es para él para quien *VeZot LeYehudah* fue escrito. Al vivir en Barcelona, el lugar del Rashba, es posible que Abulafia le pretendiera como abogado.

37. Él es el autor de un comentario al *Asara Sefirot HaOmer,* Leipzig, Ms 12.

38. En *Mafteaj HaJojmot,* Abulafia enumera a sus discípulos en Mesina: Saadia ben Itzjak Segalmaas, Abraham ben Shalom Komti y Nathan ben Saadia Jarar. En Palermo (¿Paldes?) sus discípulos fueron Achitor, hijo de Itzjak el médico, su hermano David el médico, Shlomo Jazam, hijo de Yajin *y* Shlomo el médico, hijo de David Itzjak. *Véase* nota 33. *Or*

el Francés, de bendita memoria, que por varias razones nos dejó inmediatamente. Él es el que impidió a los demás llegar hasta donde hubieran podido. Fue aquí en donde algunas cosas deseadas ocurrieron y tuvieron lugar algunos sucesos normales, algunos accidentes y algunas cosas que tenían que suceder.

A la edad de treinta y un años, en Barcelona, Dios me despertó de mi sueño y estudié el *Sefer Yetzirah* con sus comentarios. La mano de Dios vino sobre mí y escribí libros de sabiduría y también algunos maravillosos libros proféticos. Mi alma despertó en mi interior y un espíritu de Dios tocó mi boca. Un espíritu de santidad palpitó a través mío y vi muchas cosas terribles y maravillosas mediante signos y milagros.

Pero al mismo tiempo, alrededor de mí se reunieron espíritus celosos y fui confrontado con la fantasía y el error. Mi mente estaba totalmente confundida, ya que no pude hallar a nadie como yo que me enseñara el camino correcto. Era como un ciego, andando a tientas en pleno mediodía. Durante quince años el Satán estuvo a mi derecha para equivocar mi camino.

Todo este tiempo estuve como loco por las visiones que tenía.[39] Pero fui capaz de guardar la Torah y librarme de la segunda maldición durante quince años, hasta que Dios me concedió sabiduría y consejo. Así, Dios estuvo conmigo desde el año uno (5001 = 1241) hasta el año 45 (5045 = 1285), protegiéndome de todo mal.

Al principio del año «Elijah» (Elyah, 46 = אליה; es decir 5046, o el final de 1285 d.C.), Dios tuvo misericordia conmigo y me llevó al Palacio Santo. Es por entonces cuando completé este libro *(Otzar Eden HaGanuz)*, escrito aquí, en Mesina. Fue escrito para el antes mencionado Saadia, el primero de los siete de que hablé antes. Viendo el afecto con que se ligó a mí [le escribí esto] para que recordara mis enseñanzas, ya que el olvido es algo muy extendido. Cuando lo tenga, sé que también ayudará a sus compañeros porque es muy probable que ellos también aprendan de él.

HaSejel fue dedicado a Nathan y Abraham, mientras que *Sefer HaJeshek* fue escrito para Saadia y Yaakov, hijo de Abraham.

39. Paráfrasis de Deuteronomio 28:34.

Me doy cuenta de que de no ser por ciertos «accidentes»[40] y fantasías, ellos no me habrían dejado nunca. Las fantasías que les hicieron dejarme y mantenerse lejos de mí son precisamente aquellas que yo mismo tuve. Dios me ayudó a mantenerme en mi terreno y soportar la prueba iluminó mi corazón, ya que gracias a ellas guardé mi boca y mi lengua. Guardé mis labios de hablar y mi corazón de pensar, y volví al lugar adecuado.

Seguí guardando la alianza, reconociendo y percibiendo lo que me estaba oculto en aquella época. Y alabo el nombre del Señor, mi Dios y el Dios de mis padres, que no me retiró su amor y su verdad durante toda csa época.

Otzar Edén HaGanuz[41]

Conversión del Papa

Éste es el *Libro de los Testimonios (Sefer HaEdot)*, el cuarto comentario escrito por Raziel (un pseudónimo de Abulafia), el tercer libro del volumen. El primero fue el *Libro del hombre recto (Sefer HaYashar)*, escrito en la ciudad de Monte Patrai en Grecia en el año 5039 (1279). El autor tenía entonces 39 años y éste era el noveno año de su profecía. Él no había escrito libros proféticos hasta ese año, aunque sí libros de sabiduría, algunos relativos a los misterios más profundos de la Cábala.

En ese noveno año Dios le despertó para ir a Roma, como Él le mandó en Barcclona cn csos años.[42] Pasó de camino por Tarni, en donde fue apresado por los gentiles por haber sido denunciado por los judíos. Ocurrió un milagro y escapó.

Entonces se estableció en Capua por un breve período. En el año décimo, después de haber dejado Barcelona, escribió un segundo libro llamado el *Libro de la Vida (Sefer HaJaim)*.

---

40. La palabra *Mikreh* utilizada aquí a menudo se refiere a una emisión nocturna.

41. *Otzar Ede HaGanuz,* p. 164a. Esto se halla publicado al completo en *Bet HaMidrash,* vol. III, p. XL, y en *Ha Kabbalah Shel Sefer HaTemunah VeShel Abraham Abulafia,* p. 193.

42. El término hebreo para «estos», *Eleh,* tiene un valor numérico de 41. Podría ser una alusión al año 5041, ó 1280.

En el quinto mes después de Nissan, el undécimo después de Tishrei, es decir, en el mes de Ab (julio), en el décimo año, se fue a Roma. Había planeado presentarse ente el Papa el día antes del Año Nuevo (hebreo). El Papa se encontraba entonces en Saronno, a un día de viaje de Roma. Había dado instrucciones a los guardas de las puertas de que, si Raziel venía a hablarle en nombre del Judaísmo, debía ser detenido sin concederle audiencia. Se les había dado instrucciones de sacarlo de la ciudad y quemarlo en la hoguera. La madera ya estaba preparada cerca de la puerta posterior de la ciudad.

Se informó a Raziel de todo ello, pero él no prestó atención a los que se lo dijeron. Él meditó (*hitboded*) y vio maravillas, y las escribió en su *Libro de los Testimonios*. Sería un testimonio entre él y Dios que Éste la salvara de sus enemigos.

En el día en que iba a ver al Papa, se le dieron dos recados. Cuando entraba por la puerta exterior de la ciudad, un mensajero le saludó y le informó de que en la noche anterior, el que le buscaba para matarle había fallecido repentinamente, como de una peste. Uno había sido matado aquella noche y [el otro] salvado.

En Roma fue entonces apresado por los «Hermanitos» (Franciscanos) y permaneció en su academia veintiocho días… Finalmente salió libre en el primero de Jeshvan (octubre 18, 1240). Escribo esto para cantar la alabanza de Dios, y sus milagros y maravillas con Raziel y sus verdaderos servidores.

Metzaref LaSejel [43]

Zecharyahu

Y Dios dijo a Zecharyahu (pseudónimo de Abulafia), el proclamador, alza tu voz, tu lengua, con pluma y con tres dedos, escribe las palabras de este libro. Y Dios estuvo con él para ayudarle, y Zecharyahu escribió todo lo que Dios le mandó.

---

43. Munich, Ms. 285, publicado en MGWJ 36:558, y en *HaKabbalah Shel Sefer HaTemunah VeShel Abraham Abulafia*, p. 197. Él escribe que fue capturado en el Ayuno de Gedalia, que es el día después del Año Nuevo.

En seguida fue a declarar y anunciar las palabras vivas de Dios a los judíos, circuncidados en la carne pero incircuncisos de corazón. Pero el pobre al que fue enviado y para el que fue revelado no prestó atención a su venida. Empezaron a hablar de él y su Dios, diciendo cosas que no pueden ser repetidas.

Y Dios le mandó hablar en Su nombre a los gentiles, incircuncisos en el corazón y en la carne. Él lo hizo y creyeron en el anuncio de Dios. Pero no se volvieron a Dios porque creyeron en su propio arco y espada, y Dios había endurecido su incircunciso corazón mancillado. La ira de Dios se encendió entonces contra ellos y Él tuvo misericordia de su pueblo Israel.

Eligió Él entonces un tiempo y una estación para el día de la proclamación… Y fue en ese día cuando Dios vino con alegría y gozo, con siete lámparas y cinco luces brillantes, buscando en todas las cumbres de las montañas. Entre los leones y los osos encontró una oveja perdida, sin pastor, pero ningún león la había desgarrado, ningún oso comido.

Y Dios halló la cumbre de una alta montaña y su nombre es Monte Nápoles. El pastor de su rebaño se sentó allí durante veinte años, hasta que pasara el tiempo de la ira y el instante de la cólera, durante el cual el pastor durmió. Entonces el Dios de Israel despertará el corazón del pastor y éste será levantado de su sueño, y él despertará los corazones que duermen en el polvo. Los muertos volverán a la vida y el rebaño retornará al lugar, para no dispersarse nunca más…

En el año 5045 (1285), en el tercer mes lunar que es el mes de Kislev, a su vez el noveno mes solar (septiembre), en el décimo ciclo, en el quinto año del ciclo, el día primero del mes, en el sexto día (viernes)… Dios despertó el espíritu de Zecharyahu para que revisara y duplicara (hiciera copias) sus libros proféticos y para completar la mitad de este libro. En ese día Zecharyahu el pastor empezó a escribir maravillas…

Y Dios envió un médico a su pueblo para curar el dolor de su herida enseñando Su Nombre a los sabios. Y los sabios de la sabiduría estaban enfermos y heridos con «toda enfermedad y herida que no aparece en este libro de la Torah».[44]

---

44. Paráfrasis del Deuteronomio 28:61.

Y Dios dijo a Zecharyahu, el sanado: «Ve, yo te envío al pueblo que se halla golpeado en el corazón, para que cures su enfermedad. Lleva contigo el remedio de "Mi Nombre" y "Mi Recuerdo"».[45]

Y Dios puso en las manos de Zecharyahu un don de gracia y una porción de amor y éste partió hacia las tierras de las naciones entre las que Israel se halla disperso. Empezó a hablar y, según hablaba, terminó. Porque gritó en el nombre del Señor, el Dios eterno, desde el principio hasta el fin, caminando en línea recta, sin desviarse ni a la derecha ni a la izquierda.

Pero sólo unos pocos de entre los sabios de Israel quisieron oír de su boca la sabiduría de Dios y la excelencia de sus caminos. Dios se apareció a los sanados de entre ellos y les pidió que curasen al enfermo de espíritu por la palabra de Zecharyahu.

Y aquellos que negaron la sabiduría suprema se pusieron en pie, enfermos y alcanzados con heridas mortales. Usaron palabras elevadas contra Dios y su ungido, y contra todos aquellos sanados que le habían acompañado, que habían reconocido la hondura de su enfermedad y buscado una cura. Los corazones de aquellos que les seguían se derritieron y su espíritu se hizo débil, por lo que dejaron de ir tras los que conocían el Nombre y son contados con él.

Por todo ello Dios se irritó contra los que le provocaron y negaron su Nombre. Envió a uno a reprenderlos y sus palabras fueron una vergüenza y un insulto al nombre de ellos. Así que le acosaron de ciudad en ciudad, de lugar en lugar, hasta que él llegó a la tierra de Mastina (Malta), a la isla de Comino. Allí se sentó durante muchos días en contra de su voluntad. Y en aquellos días Dios dijo a Zecharyahu: «Escribe este libro, que será contra los sabios de Israel de esta generación, que se jactan de lo que no deseo. Dicen ellos: ¿por qué tenemos que considerar el Nombre de Dios, cómo nos ayudará el que lo pronunciemos y cómo nos beneficiará el calcularlo?».

Sefer HaOt[46]

---

45. Una alusión al Éxodo 3:15.
46. Publicado en Jellinek, *Ginzey Jojmat HaKabbalah*, pp. 12-14.

3. Escritos

No es por su vida personal por lo que Abulafia resulta tan fascinante,
sino por el notable tesoro de conocimientos místicos incluido en sus
escritos. Mientras que otros maestros de la época conocían esta tradición, ninguno puso por escrito sino los más escuetos indicios respecto
a las prácticas explícitas de la Cábala. El mismo Abulafia establece:
«Ningún otro cabalista antes de mí ha escrito libros explícitos sobre
este tema».[47]

En otro lugar afirma que los autores anteriores se sintieron en la
obligación de ocultar sus prácticas. No hicieron patente que esto era lo
más importante de sus libros, sino que lo mencionaron sólo de pasada.
«Pero yo he hecho de ello la cuestión principal y la raíz de todo lo que
he escrito».[48]

No parece que fuera el orgullo lo que llevó a Abulafia a hacer esto,
sino más bien un sentido de llamada divina. En un lugar establece que,
en una visión, Elías y Enoch le mandaron revelar los secretos.[49] Según
sus cálculos, la profecía estaba destinada a volver alrededor del año
1285, y lo que sus libros pretendían era enseñar los modos de llegar a
ese nivel a aquellos que lo merecieran.[50]

Él escribe que no estaba motivado por razones ocultas, porque él se
considerara mejor que los cabalistas anteriores o porque pensara que si
no lo hacía nadie revelaría nunca esos misterios. Más bien, afirma, lo
hizo por dos razones, una teológica y otra humana. La razón teológica
estaba relacionada con la redención final, para la cual eran necesarios
los misterios.

---

47. *VeZot LeYehudah,* p. 17.

48. *Imrey Shefer,* citado en *HaKabbalah Shel Sefer HaTemunah VeShel Abraham Abulafia,*
    p. 126.

49. *Sefer HaJeshek,* p. 13b.

50. *Otzar Eden HaGanuz,* pp. 96b, 101a, 125a, *Sefer HaJeshek,* p. 34b, *Jayay Olam HaBah,*
    p. 10b.

La razón humana era simplemente la falta de maestros de Cábala en su generación.[51]

Abulafia era totalmente consciente de las críticas que se le harían por sus revelaciones. Ya había sido perseguido por el Rashba y era rechazado por otros cabalistas por revelar los misterios. Pero él escribe que los misterios de las letras fueron revelados a los profetas y que estos, a su vez, los revelaron a todo Israel. Puesto que ello estaba casi olvidado, era importante ponerlo por escrito. Concluye así: «Aunque sé que la gente me denunciará, tanto a mí como a mis libros, no desistiré de escribir».[52]

Todo esto no eran meras palabras. En una carta a Abraham Comti de Messina, Abulafia indica que ya había escrito 26 libros sobre los misterios y 22 libros proféticos.[53] Incluso estos números son significativos, ya que 26 es el valor numérico del Tetragrammaton *(YHVH* יהוה*)*, mientras que 22 es el número de letras del alfabeto hebreo.

Los libros «proféticos» de Abulafia son aquéllos escritos en un estado meditativo cuasi profético. En al menos un lugar establece claramente que el libro en cuestión fue escrito después de haber meditado.[54] El único ejemplo que sobrevive es su *Libro del Signo (Sefer HaOt)* que es asimismo uno de los muy escasos de sus libros jamás publicado. Está escrito en un estilo que intenta imitar al de los profetas bíblicos y en él nos cuenta algo de sus experiencias místicas. La mayoría del resto de sus libros son guías para la meditación o exposiciones de la Cábala, a menudo incluyendo largas filas de palabras o frases numéricamente relacionadas.

Con pocas excepciones muy poco importantes, las obras de Abulafia nunca fueron publicadas. Incluso aquellas que sí lo fueron, lo hicieron en una época relativamente reciente, y además por historiadores o estudiosos «laicos». Sin embargo, sus obras disfrutaron de un amplio grado de circulación en la comunidad mística, y sobrevive en

---

51. *Mafteaj HaJojmot,* p. 1a.

52. *Otzar Eden HaGanuz,* p. 25a.

53. *Sheva Netivot HaTorah,* en *Philosophie and Kabbalah,* p. 23. Fue escrito para Abraham ben Shalom Comti, uno de sus discípulos en Mesina a quien fue también dedicado *Or HaSejel.*

54. *Véase* más arriba, pp. 80, 81.

un considerable número de manuscritos, tanto en bibliotecas como en colecciones privadas.

He aquí una lista de las obras conocidas de Abulafia:

—*La Llave del Lazo (Mafteaj HaRayon)*. Vaticano, M291.

—*El Divorcio de los Nombres (Get HaShemot)*, donde el autor se divorcia del uso de cualquier otro nombre de Dios que no sea el Tetragrammaton. Oxford, Ms. 1658.

—*La Vida del Alma (Jayay Nefesh);* el primero de tres comentarios a la *Guía de los Perplejos* de Maimónides. Escrito en 1279. Munich, Ms. 408, Jewish Theological Seminary, Ms. 96.

—*Misterios de la Torah (Sithrei Torah)*, el segundo comentario a la Guía. Escrito en 1280. Munich, Ms. 32.

—*El Libro de la Redención (Sefer HaGeulah)*, un tercer comentario a la *Guía.* Leipzig, Ms. 39. Existe una traducción al latín por Flavius Mitridates.

—*La Vida del Mundo Futuro (Jayay Olam HaBah)*. El más importante libro de Abulafia enseñando la técnica de meditación como un medio para conseguir la iluminación. Escrito en 1280. En muchos manuscritos, notablemente en Jewish Theological Seminary, Mss. 2158, 2165, 816, Jerusalem, Ms 8.º 540. (Trad. al castellano por Ed. Obelisco. Barcelona, 2025).

—*Libro del Hombre Recto (Sefer Ha Yashar)*. Escrito en Urbino en 1279. No hay copia disponible. Véase # 15.

—*El Libro de la Vida (Sefer Ha Jaim)*. Escrito en Capua en 1280. No hay copia disponible.

—*El Libro de los Testimonios (Sefer Ha Edot)*. Escrito en Roma en 1281. No hay copia disponible.

—*El Libro de la Alianza (Sefer Ha Brit)*. No hay copia disponible.

—*El Libro del Intérprete (Sefer Ha Melitz)*. No hay copia disponible.

—*El Libro del Hombre Humano (Sefer IshAdam)*. No hay copia disponible.

—*El Libro de la Haftará (Sefer Haftarah).* No hay copia disponible.

—*El Sello de la Haftará (Jotem Haftarah).* No hay copia disponible.

—*Refinamiento del Intelecto (Matzaref LaSejel),* un «comentario» sobre los libros # 7-14, todos los cuales parecen ser libros «proféticos» escritos entre 1279 y 1282. Escrito en Sicilia en 1282. Munich, Ms. 285.

—*Tesoro del Edén Oculto (Otzar Eden HaGanuz),* un comentario sobre el *Sefer Yetzirah,* conteniendo un importante material autobiográfico. Escrito en Sicilia en 1285. Oxford, Ms. 606.

—*La Luz del Intelecto (Or HaSejel),* una importante exposición del sistema de Abulafia y sus técnicas meditativas. Escrito en Sicilia en 1285 para sus dos discípulos de Messina, Abraham Comti y Nathan Jarar. Vaticano, Ms 233; Munich, Ms. 92; Jerusalem Ms. 8.° 3009. (Trad. al castellano por Ed. Obelisco. Barcelona, 2019).

—*El que guarda un Mandamiento (Shomer Mitzvah),* un comentario sobre la Bendición Sacerdotal. Escrito en 1287 para un discípulo de Tierra Santa que había venido a Sicilia. París, Ms. 853.

—*El Jardín Sellado (Gan Naul),* comentario al *Sefer Yetzirah.* Escrito en Sicilia en 1289. Munich, Ms. 58. Impreso en parte como una sección en el *Sefer HaPeliyah* (Koretz, 1784), pp. 50c-56c.

—*El Libro del Signo (Sefer HaOt),* una obra profética. Escrita en 1288, después de que Abulafia hubiera huido a Comino, cerca de Malta. Publicada por Jellinek, Leipzig, 1853.

—*La Llave de las Sabidurías (Mafteaj HaJojmot),* comentario sobre el Génesis. Escrito en 1289. JewishTheological Seminary, Mss, 1897, 1686.

—*La Llave de los Nombres (Mafteaj HaShemot),* comentario al Éxodo. Jewish Theological Seminary, Ms. 1897.

—*La Llave de las Ofrendas (Mafteaj HaKorbanot),* comentario al Levítico. Mencionado en la introducción de *Mafteaj Ha-Jojmot,* p. 90b. No se conoce manuscrito.

—*La Llave de las Sefirot* (*Mafteaj HaSefirot*), comentario a Números. Milán (Ambrosiana), Ms. 53.

—*La Llave de la Amonestación (Mafteaj Ha Tojajah),* comentario al Deuteronomio. Oxford, Ms.

—*Palabras de Belleza (Imrey Shefer),* una introducción al sistema de Abulafia. Escrito en 1291. Munich, Ms. 285.

—*La Lámpara de Dios (Ner Elohim).* Munich. Ms. 10.

—*Y esto para Judah (VeZot LiYehudah),* una respuesta a las acusaciones del Rashba. Escrito en Sicilia como una carta a Judah de Barcelona, conocido como Salomón. Publicado por Jellinek en *Philosophie und Kabbalah,* Leipzig, 1854.

—*Siete Senderos de la Torah (Sheva Netivot Ha Torah),* respecto a los métodos de estudio de la Torah. Publicado en Jellinek en Philosophie un Kabbalah, Leipzig, 1854.

—*Una Refinería para la Plata y un Horno para el Oro (Metzaref La Kesef VeKur LaZahav),* debate sobre el Nombre de 42 letras. Sasoon, Ms. 56.

—*El Libro de la Pasión (Sefer HaJeshek),* una obra importante sobre el sistema de meditación de Abulafia, como un paralelo del *Jayay Olam HaBah.* Jewish Theological Seminary, Ms. 1801.

—*El Libro de las Mezclas (Sefer HaTzeruf).* Una obra importante sobre la permutación de letras y palabras. La atribución a Abulafia no es definitiva. Jewish Theological Seminary, Ms. 1887. París, Ms. 774. Además de todos estos, se conocen otros libros, ya en pequeño formato, ya en manuscritos sin nombre. Se piensa que otros también han sido escritos por Abulafia pero su identificación no es segura.

4. Enseñanzas

Hay en la literatura una considerable polémica respecto al término *Kabbalah* (קבלה). La mayoría de las autoridades sostienen que viene de la raíz *Kabal* (קבל) que significa «recibir». Abulafia va un poco más lejos y mantiene que un místico es llamado cabalista porque *ha recibido* (*Kibel,* קבל) la tradición de los profetas o de otros que la han recibido de ellos.[55] Como la mayoría de los cabalistas, él consideraba que su tradición era la de los profetas, y daba por sentado que sus métodos eran los mismos que los profetas usaban para conseguir su elevada experiencia mística.

El empleo de los Nombres Divinos juega un papel muy importante en el sistema de Abulafia. Es ésta una tradición que él veía claramente como derivada de los patriarcas y los profetas. Así, cuando en la Torah se dice que Abraham «invocó en el nombre de Dios» (Génesis 12:8) la mayoría de los comentarios lo interpretan como que él oró o proclamó la grandeza de Dios. Sin embargo, Abulafia y otros cabalistas toman el versículo literalmente, es decir, afirman que Abraham pronunció el Nombre de Dios y que mediante esta práctica pudo llegar a los niveles místicos más altos.[56]

El *Sefer Yetzirah,* atribuido a Abraham, parece apoyar esta interpretación. Dice así:[57]

> Cuando Abraham contempló, él miró, vio, inquirió y entendió. El grabó (*jakak*), talló (*jatzav*) y combinó *(tzaraf)*. Tuvo éxito y el Maestro de todo, hendido sea, se le reveló.

En este párrafo, las tres palabras clave son: grabó (*jakak,* חקק), talló (jatzav, חצב) y combinó *(Tzaraf,* צרף *)*. Según varios cabalistas estos procesos implican la permutación de letras, y es de aquí de donde Abulafia derivó el núcleo de sus sistema. Unos cien años antes, un importante comentarista, Rabbí Yehudah ben Barzilai de Barcelona, había explicado que la palabra «grabó» *(jakak)* denotaba escritura. Asimismo, «talló» *(jatzav)* quería decir la formación de las letras, mientras que «combinó» *(tzaraf)* indicaba que Abraham las había permutado.[58]

---

55. *Sefer HaJeshek,* p. 31a, *VeZot LeYehudah,* p. 15.

56. *Mafteaj HaShemot,* p. 58b. *Cf.* Recanati, Bajya, *ad loc.*

57. *Sefer Yetzirah* 6:4. Véase *Otzar Eden HaGanuz,* p. 81a. *Cf. Sefer Yetzirah* 2:2.

58. Rabbí Yehudah ben Barzilai, *Comentario al Sefer Yetzirah* (Berlín, 1885), p. 226. Abulafia virtualmente cita esto literalmente en *Get HaShemot* (Oxford, Ms. 1658) p. 90a. Véase también *Otzar Eden HaGanuz,* pp. 16a, 17a. Una idea muy similar se encuentra

Abulafia virtualmente parafrasea esta interpretación en uno de sus libros. Parece además que era bien conocida por los cabalistas. Según se reseña en el *Sefer Yetzirah,* el método utilizado por Abraham era primariamente el de escribir y permutar las letras del alfabeto. Esta actividad servía como un método de meditación mediante el cual alcanzaba elevados estados proféticos. Lo mismo constituye el corazón del sistema de Abulafia. Él lo llama la «Cábala de las letras» para distinguirlo de la «Cábala de las Sefirot».[59]

Otra importante enseñanza talmúdica, a menudo citada por Abulafia, está expresada en la frase: «Betzalel sabía cómo permutar *(tzaraf)* las letras con las que Cielo y Tierra fueron creados».[60] Tras el Éxodo, fue a Betzalel a quien se encomendó la tarea de erigir el Tabernáculo en el desierto. Con su capacidad mística de manipular las letras de la creación, pudo construir el santuario de modo tal que actuara como un canal para las energías espirituales de la creación.

Estrechamente relacionado con ello está el hecho de que toda la creación se hizo por medio de alocuciones. En cada estadio de la creación del universo la Biblia presenta el hecho con la frase: «Y Dios dijo». La creación por consiguiente tuvo lugar mediante palabras. Pero las palabras, a su vez, estaban hechas de letras y, por tanto, las letras del alfabeto hebreo son los ladrillos más básicos de la creación.[61] En consecuencia, si un individuo sabe cómo manipular correctamente las letras del alfabeto, se encuentra en disposición de usar las mismas fuerzas espirituales que trajeron originalmente el universo al ser.

Abulafia encuentra un indicio de esto en el versículo: «El camino de Dios es perfecto *(tamim),* la palabra de Dios es permutada *(tzerufah)*» (Salmos 18:31).[62] Aunque en este versículo la palabra *tzerufah*

---

en *Maftejot HaKabbalah* de Baruj Torgami, en *HaKabbalah Shel Sefer HaTemunah VeShel Abraham Abulafia,* p. 234.

59. *VeZot LeYehudah,* p. 14, 15.

60. *Berajot* 55a. Betzalel fue quien construyó el Tabernáculo bajo la autoridad de Moisés (Éxodo 35:30). Véase Raavad sobre *Sefer Yetzirah* 6:4. *Cf. Otzar Eden HaGanuz* 26b, *Sefer HaJeskek* 31b. Abulafia discute el concepto de *Tzeruf* en detalle en *Or HaSejel* 7 (p. 89 a ss.).

61. Véase *Likutey Amarim* (Tanya), *Shaar HaYijud VeEmunah 1, Jesed LeAvraham* 2:11.

62. *Sefer HaJeshek, loc. cit.* Véase Salmos 12:7, 119:140, Proverbios 30:5.

(צרופה) suele interpretarse como significando «refinada» o «purifica-da», Abulafia la emplea en el sentido del *Sefer Yetzirah*, en donde sig-nifica «mezclada» o «permutada». Esto también está indicado por la palabra *tamim* (תמים) que indica una experiencia espiritual y un estado de iluminación.[63] En otro lugar Abulafia establece que la misma per-mutación de letras sirve como prueba o «refinado» para el iniciado. Del modo en que un individuo permuta las letras se puede conocer la naturaleza de su ser más íntimo.[64]

Se tiene así un método de meditación completamente nuevo. En vez de cantar una palabra una y otra vez, como en la meditación tipo mantra, se escribe la palabra y se permutan y mueven cíclicamente las letras de todas las formas posibles. Según el iniciado va prosperando a estados cada vez más elevados, deja de necesitar escribir de hecho las letras y puede permutarlas verbal o mentalmente. Todo esto es una iniciación a los niveles superiores que implican el uso de Nombres Divinos.[65] Se atribuye a Abulafia un manual completo sobre los diver-sos métodos para manipular las letras, y otros miembros de su escuela escribieron libros similares.[66]

Otra palabra relevante con dos significados es *rajav* (רכב), que sig-nifica «cabalgar, montar», pero que tiene también una connotación de «injertar» y «unir». Lo cual es especialmente significativo, puesto que rajav es la raíz de la palabra *Merkavá* (מרכבה), denotativa de las más altas experiencias místicas. Como Abulafia señala, ésta tiene también la connotación de sujetar y combinar y, por consiguiente, el «Misterio de la *Merkavá*» implica la combinación de letras, palabras y Nombres Divinos.

---

63. Véase *Meditation and the Bible*, 3:7.

64. *Otzar Eden HaGanuz*, p. 161a. El texto está después, p. 93.

65. *Shaarey Tzedek* (Jerusalén, Ms 8.° 148), p. 64b. Véase *Jayay Olam HaBah*, citado después, p. 108.

66. Entre ellos están *Sefer HaTzeruf Shaarey Tzedek* y *Sulam HaAliyah*. Respecto a la autoría de *Sefer HaTzeruf*, *véase* nota 11.

En este sentido interpreta Abulafia la frase: El que mira a la visión *(tzefiyat)* de la Merkavá.[67] Él afirma que el significado de esto era conocido por los sabios a través de una tradición de los profetas, y consistía en «la inserción *(harkava,* הרכבה) de una letra en otra, de una palabra en otra, de un Nombre Divino en otro».

Cada una de estas combinaciones-Merkavá une el poder de los Nombres Divinos, las Sefirot y las letras. Cuando éstas influencian a un individuo, le dirigen en la formación de todas las permutaciones posibles. Puesto que su esencia está sellada en esas permutaciones, al individuo que «mira, ve y entiende» le es entregada toda clase de sabiduría.

Cuando se las mira de forma apropiada se puede ver toda la creación. Es como si uno estuviera mirando a un espejo en el que ve su propia cara y la de todos los que pasan por allí.[68] Abulafia escribe que «cuando el poder del influjo comienza a manifestarse y a revelarse al que mira en el espejo, las letras y Sefirot empiezan a aparecer ante él como relámpagos». Es como la visión de las Jayot, según está escrito: «Las Jayot corrían y volvían, como la visión del relámpago» (Ezequiel 1:14).[69]

Éste es también el significado de lo que el *Sefer Yetzirah* dice: «Diez Sefirot de la Nada, su visión *(tzafiyah,* צפייה) es como la del relámpago».[70] La palabra «visión» *(tzafiyah)* es un término con una connotación especial de profecía y visión mística.

Aunque Abulafia consideraba que el «Método de las Sefirot» era diferente del que él enseñaba –el «Método de las Letras»– sí que ocasionalmente habla de ascender por «la escalera de las Sefirot»[71] Sin

---

67. *Hejalot Rabatai* 1:1 - *Bahir* 88; *Otzar Eden HaGanuz* 80, *Sefer HaJeshek* 31b, *Sheva Netivot Ha Torah* (en *Philosophie and Kabbalah*), p. 11.

68. *Otzar Eden HaGanuz, loc. cit.* Respecto a ver el propio rostro, véase *Shoshan Sodot,* citado después, p. 123. *Véase* nota 42.

69. *Otzar Eden HaGanuz, loc. cit.*

70. *Sefer Yetzirah* 1:6. *Otzar Eden HaGanuz, loc. cit.*

71. *Otzar Eden HaGanuz,* p. 7a, *Gan Na'ul* (Munich, Ms. 58) p. 222b, citado en *HaKabbalah Shel Sefer HaTemunah VeShel Abraham Abulafia,* p. 163. Citado más adelante pp. 119, 120 y 121.

embargo, tuvo mucho cuidado de no hacer hincapié en este camino. Pensaba que si se meditaba en las Sefirot era muy fácil verlas como entidades independientes, introduciendo con ello un elemento de pluralidad en la unidad absoluta del dominio divino.[72] Esto, a su vez, podría llevar a la adoración de hecho de las Sefirot y, según al menos una fuente cabalística, éste fue el primer paso que acabó desembocando en el politeísmo pagano.[73]

Otro tipo de meditación al que Abulafia apunta es el de contemplación. Particularmente habla sobre él al referirse al hilo azul en el *Tzitzit,* la borla ritual que lleva el Chal de la oración *(Talit).* La Torah dice a propósito del *Tzitzit:* «Lo mirarás y recordarás todos los mandamientos de Dios» (Números 15:39). El Talmud comenta sobre ello, diciendo: «La hebra azul se parece al mar, el mar se parece al firmamento y el firmamento al Trono de Gloria».[74] Lo que el Talmud hace de hecho es aludir a que este hilo debe usarse como objeto de contemplación meditativa, delineando los pasos del ascenso espiritual.

El hilo se coloreaba con un tinte azul que se extraía del *jilazon,* un molusco relacionado con el múrex. Abulafia señala que la palabra *jilazon* (חלזון) tiene las mismas letras que *la-jazon* (לחזון), que significa «para una visión».[75] Mediante este tinte se podría llegar a una visión próxima a la de la profecía.

Con todo, el método fundamental de Abulafia era el de la permutación de las letras y, en un nivel superior, la pronunciación de las letras de los Nombres Divinos. Tal pronunciación debe ir acompañada de movimientos de cabeza específicos y de ejercicios respiratorios particulares.

La verdadera experiencia mística está más allá de toda descripción y no puede ser explicada a quien no la haya él mismo experimentado. Igual que el ciego de nacimiento no puede comprender el concepto de color, el espiritualmente ciego no es capaz tampoco de captar el bri-

---

72. *VeZot LeYehudah* 19a. *Véase* nota 2.

73. *Brit Menujah* 2a. *Cf.* Malbim sobre Génesis 4:26.

74. *Menajot* 43b. *Bahir* 96.

75. *Sefer HaJeshek* 35a.

llante espectro del mundo espiritual. En este sentido, Abulafia escribe: «El que llega a los niveles superiores no se los puede revelar a nadie. Todo lo que puede hacer es entregar las llaves para que el individuo iluminado pueda abrir las puertas, que permanecen selladas para excluir al indigno».[76]

Tanto las oportunidades como los peligros que aguardan al que entra en los misterios son gráficamente descritos por Abulafia. Éste escribe que la sabiduría divina tiene un lado derecho y un lado izquierdo. Ese misterio constituye el nivel más alto ya que enseña al individuo cómo alcanzar la verdadera iluminación. Pero incluso aunque uno haga uso de todas las técnicas necesarias, no podrá acceder a los niveles superiores a menos que esté propiamente preparado para ello. Abulafia escribe que «muchos grandes hombres y sabios han tropezado y caído, fueron atrapados y sucumbieron, por exceder los límites de su conocimiento».[77]

Abulafia continúa hablando del nivel supremo, que es la Corona. La palabra para Corona es *Keter* (כתר) y Abulafia nota que si se invierten las letras se obtiene *Karet* (כרת), que significa «cercenado».[78] Así, cuando un individuo intenta alcanzar el nivel supremo de la Corona, si no es merecedor de ella, puede terminar siendo «cercenado» espiritualmente. Abulafia advierte, pues, en los términos más enfáticos que el que intente penetrar en los misterios debe prepararse adecuadamente, y que no se debe pretender entrar sin estar plenamente familiarizado con todas las necesarias introducciones.

Una advertencia especialmente fuerte va dirigida contra el diletantismo espiritual. El que penetra en los misterios por capricho, sin preparación, puede resultar destruido tanto psicológica como espiritualmente. Al pronunciar esta advertencia, Abulafia escribe al no iniciado. «Tu mente resultará perturbada, tus pensamientos confundidos y no hallarás modo de escapar de las ensoñaciones de tu mente. El poder de la imaginación te arrollará haciéndote concebir muchas

---

76. *Mafteaj HaJojmot* 90a.
77. *Sefer HaTzeruf* (París, Ms. 774), p. 1a.
78. Ibíd. *Cf. Maftejot HaKabbalah*, p. 230. *Véase* cap. 4, nota 124.

fantasías completamente inútiles. Tu facultad imaginativa se hará más fuerte, debilitándote el intelecto, hasta que tus ensueños te arrojen a un gran mar. No tendrás la sabiduría para poder salir de él y te ahogarás».[79] Advierte de que antes de intentar conseguir la «vocecilla apacible» hay que primero captar con el intelecto los misterios de la Cábala.

El Jardín del Edén alude a los misterios últimos.[80] La Torah relata que después de que Adam pecara y fuera expulsado, el jardín fue protegido con «la llama de una espada giratoria» (Génesis 3:24). Abulafia explica que el modo en que gira la espada depende de la preparación del individuo que intenta entrar. Si éste es digno, aquélla se convierte en el espejo mediante el que él percibe, pero si no lo es resultará quemado y «cercenado» por el fuego de la espada. El que supervisa la espada e impide la entrada al indigno es el ángel Metatrón. La espada giratoria en sí es la rueda o ciclo del intelecto.[81]

Abulafia escribe que las letras, utilizadas por el iniciado, están grabadas en la órbita del intelecto y es mediante esta rueda como se percibe lo transcendental. La fuente de su visión es el Palacio Santo que es el centro preciso de esta rueda.[82]

La esfera del intelecto tiene el poder de viajar a través del dominio espiritual que es el dominio del Intelecto Puro. Cuando se empieza a penetrar en este dominio se puede trepar la esfera giratoria del intelecto como si ésta fuera una escalera. Al ascender de hecho, los procesos pensantes del individuo son puestos del revés y toda su percepción es alterada, de modo que no se retiene nada del estado mental normal.

Entrar en tal estado de conciencia puede ser extremadamente peligroso. Abulafia escribe que «uno debe alterar completamente su naturaleza y personalidad, transportándose de un estado de sentimiento a un estado de intelecto, del sendero de la imaginación a uno de fuego ardiente. En caso contrario se encontrará con sus visiones alteradas, sus procesos pensantes demolidos y sus ensueños confundidos. La es-

---

79. *Sefer HaTzeruf,* p. 1b.
80. *Véase* cap. 2, nota 18.
81. *Sefer HaTzeruf,* p. 2b.
82. Véase *Sefer Yetzirah* 4:3, *Bahir* 70, 117, 154. *Tikuney Zohar* 18 (32a).

fera es lo que refina y prueba, y respecto de ella dice la escritura: "Una refinería *(metzaref,* מצרף) es para la plata, un horno es para el oro, pero Dios prueba el corazón" (Proverbios 17:3)».[83]

Abulafia continúa diciendo: «Dios nos dio la Torah, enseñándonos la vía de las permutaciones y los peldaños de la escalera que comprende el misterio de las letras. Sin esa información es imposible llegar al nivel de conocer a Dios». Él explica que cuanto más alto se asciende, más barreras hay que romper.[84] Comentando sobre las barreras, Abulafia comenta aquellos pasajes bíblicos que parecen indicar que Dios se halla oculto por nube y tiniebla. Puesto que Dios es infinito es imposible que nada le envuelva, por lo que esta «nube y oscuridad» es de hecho el intelecto humano que es incapaz de percibirle realmente.[85]

Así, mientras que hay que traspasar las barreras, hay que tener cuidado también de no entrar demasiado cerca. Si uno va más allá de los límites apropiados puede resultar tragado por la luz y morir de éxtasis, muy a la manera de Ben Azzai. Según Abulafia y otros cabalistas, ésta era la muerte conocida como el «beso de Dios» que, según el Talmud, estaba reservada a los más grandes santos.[86] Una manera de evitar esto es atar la propia alma con un juramento de que no va a dejar el cuerpo.[87] Pero lo que es aún más importante, se debe constantemente apartar la mirada, yendo «atrás y adelante». Éste es el significado de lo que el *Sefer Yetzirah* enseña:[88]

Diez Sefirot de la Nada. Cierra tu boca para no hablar de ellas y tu corazón para no pensar. Y si tu corazón corre, vuelve a su lugar, según está escrito: «Las Jayot corrían y volvían» (Ezequiel 1:14). Respecto a esto se ha hecho una alianza.

83. *Sefer HaTzeruf,* p. 2b.

84. Ibíd. 3a. *Cf. Bahir* 1.

85. Ibíd 4a.

86. Ibíd 4b, *Jayay Olam HaBah,* p. 5b. *Véase* más arriba, cap. 1, nota 6. Véase también *Perush HaAgadot* de Rabbí Azaríah de Goronda, Recanati, citado en el cap. 1, nota 10.

87. *Sulam HaAliyah* 10 (Jerusalén, Ms 8.º 334), p. 98a, en *Kitvey Yad BaKabbalah,* p. 228.

88. *Sefer Yetzirah* 1:8. Véase *Otzar Eden HaGanuz,* p. 9a. *Véanse* notas 68, 111.

Abulafia sostiene que cuando el individuo se halla en los niveles meditativos superiores puede de hecho alterar las leyes de la naturaleza mediante la pura fuerza espiritual.[89] Sin embargo se muestra muy opuesto al empleo de los poderes para un propósito tal, siendo su intención fundamental la de la iluminación espiritual y no la de realizar trucos mágicos. En varios lugares Abulafia describe las técnicas mágicas de la Cábala Práctica y las denuncia sin ambigüedad.[90]

La mejor época para alcanzar los niveles de meditación más profundos es la vejez, cuando el intelecto está bien desarrollado y el tirón del cuerpo es débil. Aunque los jóvenes pueden intentar penetrar en los misterios, Abulafia enseña que no alcanzarán los niveles superiores hasta bien entrados en años.[91] Esto refleja la enseñanza talmúdica de que tales misterios no deben enseñarse sino a un individuo que haya «pasado la mitad de su vida».[92]

Muy controvertida fue la pretensión de Abulafia de haber alcanzado la verdadera profecía, aún sin vivir en Tierra Santa. Según el Midrash la profecía sólo puede conseguirse en Tierra Santa, y en ningún otro lugar salvo en condiciones tremendamente restringidas.[93] Abulafia rehusó tomar esto en sentido literal y afirmaba que la Tierra Santa de la que se habla en esta enseñanza se refiere a un nivel espiritual específico. Si un individuo llegaba a este nivel podía conseguir la profecía sin importar el lugar geográfico.[94]

89. *Or HaSejel* 10:4, p. 125b. *Jayay Olam HaBah*, p. 21a s.

90. *Otzar Eden HaGanuz*, p. 147a. Véase *HaKabbalah shel Sefer HaTemunah VaShel Abraham Abulafia*, p. 179.

91. *Otzar Eden HaGanuz*, p. 61a, *Or HaSejel* 1:4 (p. 20a).

92. *Kiddushim* 71a.

93. *Mekhilta* sobre Éxodo 12:1, *Sifri* sobre Deuteronomio 18:15, *Tanjuma, Bo5, Midrash Tehilim* 132:3, Rashi, Radak, sobre Jonás 1:3. Ramban sobre Deuteronomio 18:15, *Zohar* 1:85a, 1:121a, 2:170b, *Emunot VeDeyot* 3:5, *Kuzari* 2:14, Ibn Ezra sobre Joel 3:1, *Tshuvot Radbaz* 2:842.

94. *Sefer HaJeshek*, p. 32a.

5. El Edén oculto

Muchos tipos de meditación utilizan la repetición o canto de ciertas palabras y frases. Sin embargo, en el sistema de Abulafia, la escritura juega también un papel muy importante. Más que recitar las diversas combinaciones de letras, el iniciado debe escribirlas. Una técnica particularmente efectiva es tomar una palabra y permutar sus letras de todas las formas posibles. A partir de esto, el iniciado procede a manipular la palabra de otros modos, utilizando los diversos códigos cifrados y los valores numéricos de las letras.

A esto se alude en el *Sefer Yetzirah,* que habla del número de formas en que las diversas palabras pueden permutarse. Así, una palabra de tres letras tiene seis permutaciones, una de cuatro letras veinticuatro, una de cinco ciento veinte, y una de seis letras tiene setecientas veinte permutaciones.[95]

Hay una técnica especial que se conoce como movimiento cíclico (*galgal,* גלגל) mediante la que se permutan las letras de una palabra de un modo preestablecido.[96] Escribir de esta forma es un tipo de meditación en el que se hace uso tanto del sendero del cuerpo como del intelecto.

Otra razón importante para la efectividad del método es que las letras son la misma esencia de la creación y, por consiguiente, al escribirlas y permutarlas, uno puede canalizar esas fuerzas a su propio ser espiritual. Abulafia nota que *d'yo* (דיו), la palabra hebrea para tinta, tiene las mismas letras que *Yod* (יוד), la letra inicial (י) del Tetragrammaton *(YHVH* יהוה*)* y la sustancia del dominio espiritual.[97] La tinta con la que uno escribe es entonces la sustancia de su experiencia espiritual, de la que todo lo demás se sigue.

Abulafia escribió mucho sobre la permutación y combinación de letras, dedicando todo su *Sefer HaTzeruf* (Libro de las Mezclas) al

---

95. *Sefer Yetzirah* 4:12. Hay que multiplicar todos los números de uno hasta el número en cuestión inclusive para obtener el resultado. Esta operación recibe el nombre de factorial en matemáticas.

96. *Or HaSejel 7,* 1, p. 90a, *Sulam HaAliyah* 1. Véase *Pardes Rimonim, Shaar HaTzeruf* 1.

97. *Sefer HaJeshek,* p. 20b. *Or HaSejel* 6:1, p. 79a.

tema. En él, sin embargo, escribe muy poco respecto al modo concreto de utilización de sus permutaciones. Hay no obstante un lugar en el que Abulafia se extiende sobre ello y es en su *Otzar Eden HaGanuz* (Tesoro del Edén Oculto).[98]

❖ Un extracto del *Otzar Eden HaGanuz*

Te he explicado lo que necesitas y no te falta nada. Coge pluma, pergamino y tinta, y escribe las letras, permutándolas de modo que denoten el bien. «Apártate del mal, haz el bien, busca la paz y síguela» (Salmos 34:15).[99]

Estas cosas no pueden conocerse a menos que uno conozca a su vez el Nombre… Está escrito: «Cada palabra de Dios es permutada *(tzeruf)*, Él es un escudo para los que en Él toman refugio» (Proverbios 30:5). Esto nos enseña que el conocimiento verdadero depende de los dichos divinos, que deben ser permutados y probados mediante esa permutación. Es la permutación de las letras lo que prueba esas cosas, como está escrito: «Un permutador *(metzaref)* para la plata, un horno para el oro, pero Dios prueba el corazón» (Proverbios 17:3).[100]

El camino de las Permutaciones (*Tzeruf*, צרוף) es el modo que más se acerca al verdadero conocimiento de Dios, más que cualquier otro camino. Aquel que quiera emprender el Camino de las permutaciones, debe de inmediato probar y permutar (purificar) su corazón con el gran fuego, que es el fuego de la oscuridad.[101]

Si uno tiene el poder de soportar el camino del reproche con gran pasión, y si su mente puede controlar sus fantasías, entonces él está en

---

98. *Otzar Eden HaGanuz*, Bodleian Library, Oxford, Ms. Or. bob, pp. 160-162. Quiero agradecer a los Conservadores de la Bodleian Library por su permiso para reproducir esta porción de su manuscrito.

99. Véase ibíd. p. 30b, donde esto se comenta en profundidad.

100. La palabra *Tzeruf* significa generalmente purificar. Aquí Abulafia la usa en el mismo sentido en que el Talmud la emplea respecto de Betzalel. *Véanse* notas 59, 61.

101. Véase *Moreh Nevujim* 2:30. Ramban sobre Génesis 1:2. En muchos lugares el Zohar habla de una *Butzina DeKardenita* y, según muchos comentarios, esto significa «la Lámpara de Oscuridad». *Cf.* HaGra sobre *Tikuney Zohar* 5 (Vilna, 1867) p. 20c. Véase también *Shaarey Kedushah* 3:2, donde el autor habla de una «Luz de Oscuridad».

disposición de cabalgar [sobre su mente] como un caballo. La puede controlar según su deseo, espoleándola hacia adelante o apretando las riendas para que pare donde él quiera. En todo momento, su imaginación permanece sujeta a su voluntad, sin desviarse de su voluntad ni siquiera en el espesor de un cabello.

Una persona con este poder es en verdad un guerrero poderoso… Él es como Uriel, que constantemente mira a la luz de Dios y se deleita en los misterios divinos…

Te diré ahora el misterio de la verdadera disciplina, mediante la cual podrás alterar las leyes de la naturaleza… Éste es el sendero que debes seguir para alcanzar el misterio de la verdadera disciplina.

Ten en la mano una pluma. Escribe con rapidez, dejando que la lengua pronuncie las palabras con una melodía agradable, muy lentamente. Las palabras pueden consistir en cualquier cosa que desees, en cualquier lengua, porque debes hacer volver a todas las lenguas a su substancia original. He aludido a ello en otro sitio,… pero éste es su lugar correcto…

Ya sabes lo que dijo Isaías: «Declara las letras hacia atrás y entonces sabremos que sois dioses, que podéis hacer el bien y el mal, y meditaremos (נשתעה de *Sha'ah*, שעה) y veremos juntos» (Isaías 41:23). También dijo [en nombre de Dios]: «Preguntadme por las letras y ordenadme sobre Mis hijos y la obra de Mis manos» (Isaías 45:11). Y también dijo [en nombre de Dios]: «Diles de las letras que vendrán» (Isaías 44:7).[102] Estos tres versículos son testigos dignos de confianza del poder de las letras.

Ten la pluma en la mano como si fuera la lanza de un guerrero. Cuando pienses en algo y lo pronuncies en tu corazón, exprésalo también con la boca. Escucha con cuidado y «presta atención a lo que emana de tus labios» (Deuteronomio 23:24). Que tus oídos escuchen lo que tus labios hablan y entiende con el corazón el sentido de todas esas expresiones.

---

102. La palabra *Otiot* que aparece aquí se traduce normalmente como «las cosas por venir», de la raíz Ata (אתא), «venir». Sin embargo, la palabra significa generalmente «letras» aunque nunca se encuentra con este sentido en la Biblia.

Escribe inmediatamente cada expresión. Manipula las letras y busca otras palabras que tengan el mismo valor numérico, aun cuando no sigan mi sendero. Y sabe que ésta será tu llave para abrir las cincuenta puertas de la sabiduría…

Debes estar solo cuando practiques esto. Medita (*hitboded*) en un estado de arrobamiento para recibir el influjo divino, que hará que tu mente pase de potencial a actual.

Permuta las letras, atrás y adelante, y de este modo alcanzarás el primer nivel. Como resultado de esta actividad y de la concentración, tu mente se ligará a las letras. Se te pondrán de punta los pelos de la cabeza y temblarás.

Tu sangre vital está en el corazón y respecto a ello está escrito: «la sangre es el alma» (Deuteronomio 12:23). También está escrito: «La sangre el alma expiará» (Levítico 17:11). Esta sangre dentro de ti empezará a vibrar debido a las permutaciones vivientes que la aligeran. Todo tu cuerpo empezará entonces a temblar y escalofríos se apoderarán de tus miembros. Experimentarás el terror de Dios y te envolverá el miedo de Él.

Sentirás entonces como si un espíritu adicional estuviera contigo, despertándote y fortaleciéndote, atravesando todo tu cuerpo y dándote placer. Te parecerá como si hubieras sido ungido con aceite perfumado, de la cabeza a los pies.[103]

Te regocijarás y experimentarás un gran placer. Experimentarás éxtasis y temblor –éxtasis para el alma y temblor para el cuerpo. Es como el jinete cuando va a galope; él se regocija y se siente extático, mientras que debajo de él el caballo tiembla.

No hay duda de que mediante este magnífico método habrás conseguido una de las cincuenta Puertas del Entendimiento.[104] Se trata de la puerta inferior. Pero una vez que hayas entrado por ella serás protegido por el guardián cuyo nombre es AZ (אז). Respecto a este guardián está escrito. «[Dios me adquirió (Sabiduría) al principio de

---

103. *Véase* nota 1.
104. Véase *Rosh HaShanah* 21b, *Zohar* 2:115a, 3:21 6a.

su proceder,] la primera de sus obras de AZ» (Proverbios 8:22).[105] Éste es el misterio de «el principio de Su camino».

La Presencia Divina descansará sobre ti y las Cincuenta Puertas del Entendimiento se abrirán en tu corazón. A partir de ese momento conocerás Quién está contigo, Quién sobre tu cabeza y Quién en tu corazón. Reconocerás el verdadero camino.

El Tesoro del Edén Oculto

6. La luz del intelecto

Una vez dominada la técnica de permutación de letras, el paso siguiente en el sistema de Abulafia consiste en la pronunciación de los diversos nombres de Dios. La técnica más simple utiliza las cuatro letras del Tetragrammaton, YHVH (יהוה), que son combinadas con la letra Alef (א) y con las cinco vocales primarias.

El método es presentado en detalle en el *Or HaSejel* (La Luz del Intelecto) de Abulafia y éste es uno de los muy pocos casos en los que sus técnicas meditativas se han abierto camino a un libro clásico (publicado) de Cábala. Toda una selección es presentada por el Ramak (Rabbí Moshe Cordovero, 1522-1570) en su *Pardes Rimonim* (El Jardín de los Granados), uno de los más importantes clásicos de toda la Cábala.[106]

Sin embargo, en esta selección el Ramak no atribuye el método a Abulafia, sino a un oscuro *Sefer HaNiKud* (Libro de los Puntos). Mientras que se conocen varios libros con ese nombre, no se sabe de ninguno que hable del método. Varios libros con ese título se han perdido y sólo se conocen por ser mencionados en otros textos, siendo el más importante uno atribuido a Rabbí Aarón de Bagdad, un cabalista

---

105. Véase *Bahir* 139, 140, 142.

106. *Or HaSejel* 8:3, p. 108b f., citado en *Pardes Rimonim* 21:1. Es también citado en *Sulam HaAliyah,* 9, p. 95a ss, citado en *Kiryat Sefer* 22:167 ss. El Ramak escribe respecto a la enseñanza de Abulafia: «Esto es, o bien una tradición directa, pasada de boca a boca, o bien ha sido revelada por un *Maggid* (Portavoz angélico)».

del siglo ix.[107] Es perfectamente posible que tanto Abulafia como el Ramak estén de hecho citando de un texto mucho más antiguo conocido como *Sefer HaNiKud,* y el modo en que el material aparece en los manuscritos de Abulafia podría apoyar esta hipótesis. Es igualmente posible, sin embargo, que sólo esta pequeña porción fuera copiada, y que fuera a ella a la que se conociera generalmente como *Sefer Ha-NiKud.* En cualquier caso, está bien establecido que el Ramak estaba familiarizado con el sistema de Abulafia.[108]

Técnicas muy similares a las aquí presentadas son también comentadas por otros cabalistas, incluso por oponentes de Abulafia tales como Rabbí Judah Jayit.[109] Resulta también muy interesante tener en cuenta que un método muy parecido es el prescrito para la creación de un Golem.[110]

Brevemente, el sistema de *Or HaSejel* consiste en la combinación de las cuatro letras del nombre de Dios, Yod (י) Heh (ה) Vav (ו) Heh (ה), con la letra Alef (א), y luego su paso por el ciclo de las cinco vocales primarias. Estas vocales son:

Jolam (·), con el sonido o.
Kamats (ּ), con el sonido a.
Tzeré (ּ), con el sonido e.
Jirek (.), con el sonido i.
Shurek (ו), con el sonido u.

Junto con cada pronunciación hay que mover la cabeza de un modo que recuerda la forma concreta de cada vocal. Al mismo tiempo, hay

---

107. Este *Sefer HaNikkud* es mencionado en el comentario de Moshe Botril al *Sefer Yetzirah* 1:1 (14b). Él es también citado como el autor de un libro llamada *HaPardes.*

108. Véase *Or Yakar* sobre el Zohar, *Shir HaShirim* (Jerusalén, Ms. 4.º 74), citado en *Kitvey Yad BaKabbalah,* p. 232. Aquí el Ramak afirma: «El modo de pronunciar el Nombre se encuentra en el libro *Or HaSejel* de Abraham Abulafia, y este método es el secreto del *Sefer Yetzirah».* *Véase* nota 109.

109. Véase *Minjat Yehudah* sobre *Maarejet Elohut* 14, p. 197b. *Cf. Pardes Rimonim* 21:2.

110. Véase *Emek HaMelej* (Amsterdam, 1653) p. 9c. *Véase* nota 107, cap. 7, nota 1.

que respirar de una forma específica, con cierto número de inspiraciones permitido entre las letras, y un número mayor entre las líneas.

❖ Un extracto de *La Luz del Intelecto*

Como es bien sabido, las letras [consonantes] no tienen sonido por sí mismas. Dios, por consiguiente, dio a la boca el poder de expresar las letras, pronunciándolas tal como se encuentran en un libro. Con este fin proveyó de puntos vocales a las letras, para indicar el sonido con el que deben ser expresadas al ser traducidas del libro a la boca. Las vocales son lo que permite que las letras «suenen» y pueden, a su vez, ser escritas como letras en un libro.

Las vibraciones de esos sonidos deben también ser asociadas al espacio. Una vibración sólo puede tener lugar en un espacio y tiempo definidos.

Los elementos del espacio son las dimensiones y distancias. Los elementos del tiempo son los ciclos, mediante los que es medido. En ellos se incluyen divisiones tales como años, meses y días.

Hay que saber, entonces, cómo extraer el sentido de cada letra según se relaciona con esas dimensiones.

Éste es el misterio de la pronunciación del Nombre Glorioso: prepárate adecuadamente. Medita *(hitboded)* en un lugar especial, donde tu voz no sea oída por otros. Limpia tu corazón y tu alma de todo pensamiento mundano. Imagina que en ese momento tu alma se separa de tu cuerpo y que dejas atrás el mundo físico, para entrar en el Mundo Futuro que es la fuente de toda la vida distribuida a los vivos.

[El Mundo Futuro] es el intelecto, que es la fuente de toda la Sabiduría, Entendimiento y Conocimiento, emanando del Rey de Reyes, el Santo Bendito. Todas las criaturas le temen con gran pavor. Éste es el miedo del que percibe de verdad y es el doble del miedo de uno que sólo ha experimentado amor o temor.

Tu mente debe entonces venir a unirse con Su Mente, la cual te da el poder de pensar. Tu mente debe desvestirse de todo pensamiento que no sea su Pensamiento. Éste llega a ser como un socio, que te une a Él mediante su Nombre glorioso y terrible.

Debes por consiguiente saber con precisión cómo pronunciar el Nombre. Su forma [se da en las tablas].

Ésta es la técnica: al empezar a pronunciar la Alef (א) con cualquier vocal, se está expresando el misterio de la Unidad *(Yijud)*. Hay que entonces hacerlo en una sola espiración y ninguna más. Ésta no debe ser interrumpida en modo alguno hasta haberse completado la pronunciación de la Alef.

Que este aliento dure tanto como extiendas una única espiración. Al mismo tiempo, canta la Alef, o cualquier otra letra que estés pronunciando, mientras describes la forma de punto vocálico.

La primera vocal es la *Jolem* (˙) sobre la letra.

Al empezar a pronunciarla dirige el rostro hacia el este, sin mirar ni arriba ni abajo. Debes estar sentado, llevando túnicas blancas, limpias y puras, sobre el resto de tu ropa, o bien llevando el chal de oración (Talit) sobre la cabeza, coronado con los Tefilin. Debes encarar al este, que es la dirección de la que la luz emana sobre el mundo.

Hay que mover adecuadamente la cabeza con cada uno de los veinticinco pares de letras.

Al pronunciar el *Jolem (o)* empieza mirando directamente al este. Purifica tus pensamientos y con la exhalación levanta la cabeza poco a poco, hasta que al terminar estás mirando hacia arriba. Después de terminar, póstrate en el suelo.

No hagas ninguna interrupción entre la espiración asociada a la Aleph y la espiración asociada a la otra letra del par. Puedes, sin embargo, hacer una respiración completa, y ésta puede ser larga o corta.

Entre cada par de letras puedes hacer dos respiraciones completas sin emitir sonido, pero no más de dos. Si quieres hacer menos de dos, también puedes.

Al terminar cada fila se pueden hacer cinco respiraciones, pero no más. También puedes hacer menos si quieres.

Pronunciación con la Yod (י)

AoYo	AoYa	AoYe	AoYi	AoYu	אֹיְ	אֹיָ	אֹיֶ	אֹיִ	אֹיּ
AaYo	AaYa	AaYe	AaYi	AaYu	אַיְ	אַיָ	אַיֶ	אַיִ	אַיּ
AeYo	AeYa	AeYe	AeYi	AeYu	אֶיְ	אֶיָ	אֶיֶ	אֶיִ	אֶיּ
AiYo	AiYa	AiYe	AiYi	AiYu	אִיְ	אִיָ	אִיֶ	אִיִ	אִיּ
AuYo	AuYa	AuYe	AuYi	AuYu	אֻיְ	אֻיָ	אֻיֶ	אֻיִ	אֻיּ

YoAo	YoAa	YoAe	YoAi	YoAu	יֹא	יֹא	יֹא	יֹא	יֹא
YaAo	YaAa	YaAe	YaAi	YaAu	יַא	יַא	יַא	יַא	יַא
YeAo	YeAa	YeAe	YeAi	YeAu	יֶא	יֶא	יֶא	יֶא	יֶא
YiAo	YiAa	YiAe	YiAi	YiAu	יִא	יִא	יִא	יִא	יִא
YuAo	YuAa	YuAe	YuAi	YuAu	יֻא	יֻא	יֻא	יֻא	יֻא

Pronunciación con la Heh (ה)

AoHo	AoHa	AoHe	AoHi	AoHu	אֹהֹ	אֹהָ	אֹהֶ	אֹהִ	אֹה
AaHo	AaHa	AaHe	AaHi	AaHu	אַהֹ	אַהָ	אַהֶ	אַהִ	אַה
AeHo	AeHa	AeHe	AeHi	AeHu	אֶהֹ	אֶהָ	אֶהֶ	אֶהִ	אֶה
AiHo	AiHa	AiHe	AiHi	AiHu	אִהֹ	אִהָ	אִהֶ	אִהִ	אִה
AuHo	AuHa	AuHe	AuHi	AuHu	אֻהֹ	אֻהָ	אֻהֶ	אֻהִ	אֻה

HoAo	HoAa	HoAe	HoAi	HoAu	הֹא	הֹא	הֹא	הֹא	הֹא
HaAo	HaAa	HaAe	HaAi	HaAu	הַא	הַא	הַא	הַא	הַא
HeAo	HeAa	HeAe	HeAi	HeAu	הֶא	הֶא	הֶא	הֶא	הֶא
HiAo	HiAa	HiAe	HiAi	HiAu	הִא	הִא	הִא	הִא	הִא
HuAo	HuAa	HuAe	HuAi	HuAu	הֻא	הֻא	הֻא	הֻא	הֻא

Si cambias algo o cometes alguna equivocación en el orden de cualquier fila, vuelve al principio de la fila. Continúa hasta que la pronuncies correctamente.

Igual que has encarado hacia arriba a pronunciar *Jolem,* mira hacia abajo al pronunciar el *Jirek (i, .).* De esta forma atraes el poder supremo y lo ligas a ti.

Con el *Shurek (u, ֻ o וּ)* no muevas la cabeza ni hacia arriba ni hacia abajo, sino hacia adelante (sin subirla ni bajarla).

Con el *Tzeré (i, ֵ)* mueve la cabeza de izquierda a derecha. Con el *Kamats* (a, ָ, muévela de derecha a izquierda.

Pronunciación con la Vav (ו)

AoVo	AoVa	AoVe	AoVi	AoVu	אֹוֻ	אֹוִ	אֹוֵ	אֹוַ	אֹוֹ
AaVo	AaVa	AaVe	AaVi	AaVu	אַוֻ	אַוִ	אַוֵ	אַוַ	אַוֹ
AeVo	AeVa	AeVe	AeVi	AeVu	אֵוֻ	אֵוִ	אֵוֵ	אֵוַ	אֵוֹ
AiVo	AiVa	AiVe	AiVi	AiVu	אִוֻ	אִוִ	אִוֵ	אִוַ	אִוֹ
AuVo	AuVa	AuVe	AuVi	AuVu	אֻוֻ	אֻוִ	אֻוֵ	אֻוַ	אֻוֹ
VoAo	VoAa	VoAe	VoAi	VoAu	וֹאֻ	וֹאִ	וֹאֵ	וֹאַ	וֹאֹ
VaAo	VaAa	VaAe	VaAi	VaAu	וַאֻ	וַאִ	וַאֵ	וַאַ	וַאֹ
VeAo	VeAa	VeAe	VeAi	VeAu	וֵאֻ	וֵאִ	וֵאֵ	וֵאַ	וֵאֹ
ViAo	ViAa	ViAe	ViAi	ViAu	וִאֻ	וִאִ	וִאֵ	וִאַ	וִאֹ
VuAo	VuAa	VuAe	VuAi	VuAu	וֻאֻ	וֻאִ	וֻאֵ	וֻאַ	וֻאֹ

Pronunciación con la Heh final (ה)

AoHo	AoHa	AoHe	AoHi	AoHu	אֹהֻ	אֹהִ	אֹהֵ	אֹהַ	אֹהֹ
AaHo	AaHa	AaHe	AaHi	AaHu	אַהֻ	אַהִ	אַהֵ	אַהַ	אַהֹ
AeHo	AeHa	AeHe	AeHi	AeHu	אֵהֻ	אֵהִ	אֵהֵ	אֵהַ	אֵהֹ
AiHo	AiHa	AiHe	AiHi	AiHu	אִהֻ	אִהִ	אִהֵ	אִהַ	אִהֹ
AuHo	AuHa	AuHe	AuHi	AuHu	אֻהֻ	אֻהִ	אֻהֵ	אֻהַ	אֻהֹ
HoAo	HoAa	HoAe	HoAi	HoAu	הֹאֻ	הֹאִ	הֹאֵ	הֹאַ	הֹאֹ
HaAo	HaAa	HaAe	HaAi	HaAu	הַאֻ	הַאִ	הַאֵ	הַאַ	הַאֹ
HeAo	HeAa	HeAe	HeAi	HeAu	הֵאֻ	הֵאִ	הֵאֵ	הֵאַ	הֵאֹ
HiAo	HiAa	HiAe	HiAi	HiAu	הִאֻ	הִאִ	הִאֵ	הִאַ	הִאֹ
HuAo	HuAa	HuAe	HuAi	HuAu	הֻאֻ	הֻאִ	הֻאֵ	הֻאַ	הֻאֹ

En cualquier caso, si ves delante de ti cualquier imagen, póstrate de inmediato ante ella.[111]

Si oyes una voz, alta o suave, y quieres entender lo que dice, responde y di: «Habla mi Señor que tu siervo escucha» (1 Samuel 3:9). No hables en absoluto, mas inclina tu oído a escuchar lo que se te está diciendo.

Si sientes un gran terror y no puedes soportarlo, póstrate inmediatamente, aun en medio de la pronunciación de una letra.

Si no ves ni oyes nada, no emplees otra vez esta técnica durante toda esa semana.

Es bueno el pronunciar esto una vez por semana de una forma que «corre y regresa». Porque respecto a ello se ha hecho una alianza.[112]

¿Qué puedo añadir? Lo que he escrito está claro y si eres sabio entenderás toda la técnica.

Si crees que tu mente es inestable, que tu conocimiento de la Kabbalah es insuficiente o que tus pensamientos están atados a las vanidades del mundo, no oses pronunciar el Nombre, no sea que tu pecado sea mayor.

Entre la tablilla de la Yod y la de la Heh puedes tomar veinticinco inspiraciones, pero ni una más. Pero no debes hacer ninguna interrupción en ese momento, ni de palabra, ni de pensamiento.

Lo mismo es cierto entre la Heh y la Vav, y entre la Vav y la Heh final. Pero si quieres hacer menos de veinticinco respiraciones, también puedes.

Luz del Intelecto [113]

---

111. *Cf.* Génesis 17:3, Josué 5:14.
112. *Véase* nota 87.
113. *Véase* nota 105. Véase *Shoshan Sodot*, p. 72b.

7. La vida del mundo futuro

De todos los libros de Abulafia el que explica sus métodos de forma más completa es *Jayay Olam Ha Bah* (La vida del Mundo Futuro). Los cabalistas lo conocían bien, y en la no publicada sección cuarta de su *Shaarey Kedushah* (Las Puertas de la Santidad), Rabbí Jaim Vital habla de él como la guía más importante para alcanzar la iluminación meditativa. Hasta el día de hoy, *Jayay Olam Ha Bah* es un libro conocido por los cabalistas, y se halla en muchos manuscritos, tanto en bibliotecas como en colecciones privadas. Mientras que sus métodos se considera que son muy avanzados, hay todavía algunos círculos cabalísticos cerrados que los utilizan de hecho.

La técnica fundamental presentada en *Jayay Olam Ha Bah* es muy parecida a la que se encuentra en *Or HaSejel*, involucrando también los mismos movimientos de cabeza y respiraciones controladas. Sin embargo, en vez de utilizar el Tetragrammaton, este libro emplea el Nombre de Setenta y Dos Combinaciones.

Tal Nombre se conocía desde los tiempos más antiguos, y tanto el *Bahir* como el Zohar lo comentan, aunque, significativamente, no aparece en las *Hejalot*.[114] Por el siglo XI ya había sido popularizado en los comentarios de Rashi y es también mencionado en un Midrash tardío.[115] Pero aunque el Nombre se conociera antes, los métodos concretos para usarlo nunca hasta Abulafia habían sido escritos.

El Nombre de Setenta y Dos letras deriva de tres versículos muy interesantes (Éxodo 14:19-21), que se reproducen en la página siguiente. Al contar las letras de los tres versículos, se descubre de inmediato que cada uno consta de exactamente setenta y dos letras. Esos versículos constituyen así la base de los setenta y dos tripletes del Nombre.

El proceso de la construcción actual del Nombre es delineado en el *Bahir* y resulta muy simple. Se toman las letras del primer versículo en el orden directo, las del segundo en el orden inverso y las del tercero en el orden directo.

---

114. *Bahir* 110, *Zohar* 2:270. *Cf. Sefer Hakanah* (Cracovia, 1894) p. 88a, *Pardes Rimonim* 21:5.
115. *Pesikta Zutrata* sobre Éxodo 14:21, Rashi, *Succah* 45a, «Ani».

Derivación del Nombre de Setenta y Dos

Los Tres Versículos: Éxodo 14:19-21

וַיִּסַּע מַלְאַךְ הָאֱלֹהִים, הַהֹלֵךְ לִפְנֵי מַחֲנֵה יִשְׂרָאֵל, וַיֵּלֶךְ, מֵאַחֲרֵיהֶם; וַיִּסַּע עַמּוּד הֶעָנָן, מִפְּנֵיהֶם, וַיַּעֲמֹד, מֵאַחֲרֵיהֶם.

Y el ángel de Dios que marchaba al frente del ejército de Israel se movió y pasó detrás de ellos. Y la columna de nube se retiró de delante y se colocó a sus espaldas.

וַיָּבֹא בֵּין מַחֲנֵה מִצְרַיִם, וּבֵין מַחֲנֵה יִשְׂרָאֵל, וַיְהִי הֶעָנָן וְהַחֹשֶׁךְ, וַיָּאֶר אֶת-הַלָּיְלָה; וְלֹא-קָרַב זֶה אֶל-זֶה, כָּל-הַלָּיְלָה.

Y se metió entre el real de Egipto y el real de Israel, y hubo allí nube y oscuridad, pero daba luz por la noche, de suerte que no se acercaron el uno al otro durante toda esa noche.

וַיֵּט מֹשֶׁה אֶת-יָדוֹ, עַל-הַיָּם, וַיּוֹלֶךְ יְהוָה אֶת-הַיָּם בְּרוּחַ קָדִים עַזָּה כָּל-הַלַּיְלָה, וַיָּשֶׂם אֶת-הַיָּם לֶחָרָבָה; וַיִּבָּקְעוּ, הַמָּיִם.

Y Moisés extendió la mano sobre el mar y Dios retiró el mar mediante un fuerte vendaval que sopló del este durante la noche, y dejó el mar seco y las aguas fueron partidas.

El Nombre de Setenta y Dos

והו	ילי	סיט	עלם	מהש	ללה	אכא	כהת
הזי	אלד	לאו	ההע	יזל	מבה	הרי	הקם
לאו	כלי	לוו	פהל	נלך	ייי	מלה	חהו
נתה	האא	ירת	שאה	ריי	אום	לכב	ושר
יחו	להח	כוק	מנד	אני	העם	רהע	ייז
ההה	מיכ	וול	ילה	סאל	ערי	עשל	מיה
והו	דני	החש	עמם	ננא	נית	מבה	פוי
נמם	ייל	הרח	מצר	ומב	יהה	ענו	מחי
דמב	מנק	איע	חבו	ראה	יבם	היי	מום

Así, uno empieza en la primera letra del primer versículo, que es una Vav (ו). Luego toma la última letra del versículo central, que es una Heh (ה), y finalmente la primera letra del tercer versículo que es una Vav (ו). Combinándolas, se obtiene el primer triplete, VHV (והו).

Para construir el segundo triplete, se procede de forma similar. Se toma la segunda letra, Yod (י), del primer versículo, la penúltima letra del versículo del medio, Lamed (ל), y la segunda letra del versículo, Yod (י). El resultado es el segundo triplete, YLY (ילי). Se continúa así hasta completar los setenta y dos tripletes.

Sin embargo, esto sólo proporciona las consonantes del Nombre. Las vocales a usar son las «vocales naturales» asociadas a cada consonante.[116]

Las Vocales Naturales			**Valor numérico**	
Alef	א ָ	a	*Kamats*	1
Bet	ב ֵ	e	*Tzeré*	2
Guimel	ג ִ	i	*Jirek*	3
Dalet a	ד ַ	a	*Kamats*	4
Heh	ה ֵ	e	*Tzeré*	5
Vav	ו ָ	a	*Kamats*	6
Zayin	ז ָ	a	*Kamats*	7
Jet	ח ֵ	e	*Tzeré*	8
Tet	ט ֵ	e	*Tzeré*	9
Yod	י ִ	o	*Jolem*	10
Kaf	כ ָ	a	*Kamats*	20
Lamed	ל ָ	a	*Kamats*	30

---

116. El mismo sistema se encuentra en *Shaar HaKavanot* (Lvov, 1856), p. 18a. Véase también *Shaar HaKavanot*, p. 89 *Adam Yashar* (Lvov, 5616) p. 5b. *Shmirot U'segulot Niflaot* (Nueva York, 1968) 4b. Véase también *Shemirah LeJaim* (Bagdag, 1898), *Seder Pitum HaKetorez* (Praga, 1615). *Cf. Shnei Lujot HaBrit* (Jerusalén 1960), vol. 2, p. 141b.

Mem	מ	e	*Tzeré*	40
Nun	נ	u	*Shurek*	50
Samej	ס	a	*Kamats*	60
Ayin	ע	a	*Kamats*	70
Peh	פ	e	*Tzeré*	80
Tzadi	צ	a	*Kamats*	90
Kof	ק	o	*Jolem*	100
Resh	ר	e	*Tzeré*	200
Shin	ש	i	*Jirek*	300
Tav	ת	a	*Kamats*	400

Abulafia explica que la «vocal natural» es la primera vocal encontrada en el propio nombre de la letra. Así, por ejemplo, la primera vocal en el nombre de la letra Bet (ב) escrita como בית, es «e» y por consiguiente, «é» o el *Tzeré (..)* es la vocal natural de la Bet.

Similarmente, la primera vocal en Guimel (ג) escrita *Jirek* como (גמל) es «i», de donde «i» o *Jirek (.)* es la vocal natural de Guimel. Lo mismo sucede con respecto a las demás letras.

En general, *Jayay Olam Habah* es un libro que habla por sí mismo de la forma más elocuente. La selección que aquí se trae proporciona una panorámica adecuada del uso del Nombre de Setenta y Dos.

Un extracto de «La Vida del Mundo Futuro»

«Prepárate para encararte con tu Dios ¡Oh Israel!»[117] Prepárate, unifica tu corazón y purifica tu cuerpo. Elige un lugar especial para ti mismo, donde tu voz no pueda ser oída por nadie más. Medita *(hitboded)* solo, sin que haya nadie presente. Siéntate en un lugar, en una habitación o ático. No reveles a nadie tu secreto.

---

117. Paráfrasis de Amos 4:12.

Si practicas esto durante el día, hazlo en una habitación oscurecida. Es mejor, sin embargo, que lo hagas por la noche.

En tal momento, cuando te prepares para hablar a tu Creador y desees ser testigo de su poder, cuida de limpiar tus pensamientos de toda la locura mundana.

Envuélvete en tu Talit. Si el momento es adecuado, colócate también los Tefillin en la cabeza y en el brazo. Esto incrementará tu pasmo y temor delante de la Divina Presencia que te va a visitar en esta ocasión.

Viste ropa limpia. Si es posible todos tus vestidos deben ser blancos. Esto será de gran ayuda para tu concentración en el amor y temor [de Dios].

Si es de noche, enciende muchas velas para tener bien iluminados los ojos.

Coge en la mano una tablilla y algo de tinta. Serán tus testigos de que vienes a servir a Dios con alegría y buen corazón.

Empieza entonces a permutar algunas letras. Puedes utilizar sólo unas pocas o muchas. Transponlas y permútalas con rapidez, hasta que tu corazón esté caliente como consecuencia de esas permutaciones, sus movimientos y lo que deriva de ellas.

Como resultado de las permutaciones, tu corazón se tornará extremadamente cálido. De ellas obtendrás nuevos conocimientos, nunca aprendidos de tradiciones humanas, ni derivados del análisis intelectual. Cuando experimentes todo esto, te hallarás preparado para recibir el influjo (*shefa*, שפע).

Se te concederá éste, entonces, y te suscitará muchas palabras, una tras otra.

Prepara entonces tus pensamientos internos para representarte a Dios y a sus más elevados ángeles. Dibújalos en tu corazón como si fueran seres humanos, sentados o de pie alrededor de ti. Tú estás en medio, como un mensajero a quien el Rey y sus sirvientes quieren enviar en una misión. Tú estás preparado para oír las palabras del mensaje, ya del Rey, ya de alguno de sus sirvientes; de Su boca o de la boca de cualquiera de ellos.

Tras haberte representado todo esto, prepara mente y corazón para que tus pensamientos entiendan las muchas cosas que vendrán a ti a través de las letras que tu corazón imagina. Entiende cada concepto y sus razones, a la vez separado como un todo y en sus partes. Pondéralo, como alguien a quien se le ha revelado en un sueño una parábola o ejemplo, o como el que investiga un concepto muy profundo de un libro de sabiduría.

Considera cada concepto que escuches, e interprétalo con la mejor y más exacta comprensión a tu alcance. Juzga de acuerdo con lo entiendes de él. Y lo que se te dice también se puede referir a otros.

Todo esto te sucederá después de haber arrojado de tu mano la tablilla, y la pluma de entre tus dedos, o tras haberse caído por sí mismas a causa de tus muchos pensamientos.

El influjo divino empezará entonces a prevalecer en ti y debilitará tus órganos externos e internos. Todo tu cuerpo empezará a temblar, hasta que llegarás a creer que estás a punto de morir. La causa es que el alma está separándose del cuerpo por el gran gozo que experimentas al percibir y reconocer esas cosas.

En tu mente, elegirás entonces la muerte en vez de la vida. Porque la muerte sólo implica al cuerpo y en consecuencia el alma vive para siempre al resucitar.

Sabe entonces que has llegado a un nivel en el que estás recibiendo el influjo divino.

En ese momento puede que tu deseo sea honrar al Nombre glorioso y servirle con la vida de tu cuerpo y de tu alma. Cúbrete el rostro y teme el mirar a Dios. «No te acerques más. Descálzate porque el lugar que pisas es santo» (Éxodo 3:5).

Por el contrario, involúcrate en las cosas de cuerpo una vez más. Levántate, come algo, bebe, huele un perfume agradable y que tu espíritu retorne de nuevo a su envoltorio. Que tu corazón se regocije en su parte y sabe que Dios te ama. Te enseña para tu beneficio. Enseña al hombre el conocimiento.[118]

---

118. Paráfrasis de Isaías 48:17, Salmos 94:10.

Tras haber hecho esto muchas veces con éxito, serás un experto en «elegir la vida». Cuando seas fuerte y estable podrás utilizar otro método superior.

Para ello, prepárate en la manera descrita antes, limpia tu mente por completo.

Luego, con una concentración completa y con una melodía apropiada, dulce y agradable, pronuncia el Nombre (de Setenta y Dos). Con las vocales naturales de cada letra, [empieza pronunciando estos seis tripletes]:

VaHeVa YoLaYo SaYoTe	והו ילי סיט
EaLaMe MeHeShi LalaHe	עלמ מהש ללה

Pronuncia estos seis tripletes del Santo Nombre con dieciocho alientos.

Si el influjo divino no te fuerza a parar, continúa pronunciando el Nombre de esta forma hasta llegar al triplete MVM (מום), [el último de los setenta y dos].

Tenemos una tradición que dice que el influjo divino vendrá a un individuo perfeccionado tras completar [el número de letras del] primer versículo, es decir, tras pronunciar veinticuatro tripletes.

A esto se alude con la palabra «mi Amado» –*Dodi* (24 = דודי). Así, está escrito: «La voz de mi Amado *(Dodi)* llamando» (Cantar de los Cantares 5:2).

Puede que entonces veas la imagen de un niño *(Naar* 320 = נער) o la de un *Sheik* 320 = שך). En árabe «Sheik» significa «anciano». Puede que veas la imagen de un anciano *(Zaken,* זקן), puesto que el valor numérico de *Naar* es el mismo que el de «Anciano y anciano» *(Zaken VeZaken,* 320 = זקן וזקן).

El nombre místico del que aparece ante ti es Metatron, cuyo nombre es también Naar.[119]

---

119. Metatrón suma 314 y añadiendo seis por las seis letras de la palabra, se obtiene 320.

Su nombre es también Enoch *(Janoj,* חנוך). A ello se alude en el versículo «Instruye (Janoj) a un niño *(Naar)* en su camino y cuando sea viejo *(Zaken)* no se apartará de él» (Proverbios 22:6).

Combina «instruye» *(Janoj,* 84 = חנוך) y «su camino» *(Darko,* = דרכו 230) y descubrirás su misterio.[120]

Así, «nuestro camino es su fuerza» *(Dark-enu Koj-o* 314 = דרכנו כחו). Igualmente, «nuestra fuerza es su camino» *(Koj-enu Dark-o,* = כחנו דרכו 314). [El valor numérico de Metatrón (מטטרון) es 314].

Cuando le veas, fortalece tu corazón y entiende sus vías. «Guárdate delante de él y oye su voz —no le seas rebelde porque él no perdonará tu pecado— porque mi Nombre está en él» (Éxodo, 23:21).[121]

Contempla el Nombre de Dios, *Shaddai (* 314 = שדי). Éste es Metatron.[122] Él es el «Príncipe de los Nombres» *(Sar HaShemot,* שר הש־מות), que habla con la «autoridad del Nombre» *(Reshut HaShem,* רשות השם). [Ambas expresiones contienen las mismas letras].

Los veinticuatro tripletes contienen setenta y dos letras.

Por consiguiente, cuando él hable, responde y di: «Habla, mi Señor, porque tu siervo *(Avdeja)* escucha» (Samuel 3:9).[123] [Se alude a ambos números en la palabra *Avdeja* (עבדך), que puede romperse en] *Av* (72 = עב) y *deja* (24 = דך).

Gabriel es el ángel que te enseña el misterio de Dios (YHVH, יהוה) y su Nombre. Él habla desde el primer versículo *(pasuk)* del Santo Nombre pronunciado por la boca y te proporciona una visión *(mareh)* de profecía. Éste es el misterio del versículo «me le daré a conocer en una visión *(mareh)*, le hablaré en un sueño *(jalom)*» (Números 12:6).

Una visión *(Mareh,* 246 = מראה) es el misterio del versículo *(Pasuk,* 246 = פסוק). Éste es Gabriel (246 = גבריאל).

Un sueño *(Jalom,* 84 = חלום) es el misterio de «mi Testigo» (Ed-iy, 84 = עדי). Éste es Enoch *(Janoch,* 84 = חנוך).

---

120. Las dos juntas suman 314, como Metatrón.

121. Este versículo se refiere a Metatrón, *Sanhedrín* 38b.

122. Véase Rashi sobre Éxodo 23:21.

123. Véase *Or HaSejel,* citado más arriba, p. 105.

«Mas he aquí que mi Testigo (*Ed*-עד) está en el cielo, y el que testifica por mí está en las alturas» (Job 16:19), que esta tradición cabalística es verdadera.

Si, el cielo lo prohíba, no recibes nada al pronunciar el primer versículo, empieza de nuevo con el segundo versículo.

Pronuncia [el segundo conjunto de tripletes]:

NuThaHe HeAaAa YoReTha	נתה האא ירת
ShiAaHe ReYoYo AaVaMe	שאה רײ אומ

Concéntrate tanto como puedas. Al pronunciar cada letra exhala, mientras por una parte haces sonar la vocal y por otra ejecutas su movimiento correspondiente.

Hay sólo cinco vocales y su orden es o a e i u (אֹ אָ אֶ אִ אֻ). La exhalación para todas es la misma…

El Nombre contiene 21 letras diferentes. [Son todas las letras del alfabeto hebreo, excepto Guimel (ג) que falta].

Las letras que tienen la primera vocal [*Jolem* (o)] son Yod (י) y Kof (ק).

Las letras que tienen la segunda vocal [*Kamats* (a)] son Alef (אָ), Dalet (ד), Vav (ו), Zayin (ז), Kaf (כ), Lamed (ל), Samej (ס), Ayin (ע), Tzadi (צ) y Tav (ת). Son diez en total.

Las letras que contienen la tercera vocal (*Tzeré* (e)] son Bet (ב), Heh (ה), Chet (ח), Tet (ט), Mem (מ), Peh (פ) y Resh (ר). Son siete en total.

La letra que contiene la cuarta vocal especial [*Jirek* (i)] es Shin (ש). Es la única con tal vocal [en el nombre].

También hay una letra única que tiene para sí la vocal [Shurek (u)] y es la Nun (נ).

Hay también otra letra, Guimel (ג), que comparte con Shin la vocal [*Jirek* (i)]. Pero aunque se encuentre en el alfabeto y en los libros, no aparece en el Nombre por la razón ya discutida en otro lugar.[124]

---

124. Véase *Sefer HaJeshek*, p. 4b, donde el autor escribe que el nombre no contiene letras Guimel puesto que el valor numérico de ésta es 3 y la esencia del nombre es triple de por sí. No es necesario por lo tanto incluir la letra misma. *Cf. Magalah Amukot* 179.

Al principio de la pronunciación de cada letra empieza a mover el corazón y la cabeza. Puesto que el corazón es interno, muévelo mentalmente. Pero la cabeza es externa y por tanto hay que moverla físicamente.

Mueve la cabeza siguiendo la forma concreta del punto vocálico asociado a la letra que estás pronunciando.

Ésta es la forma de los movimientos de cabeza:

El punto vocálico que se escribe encima de la letra se llama *Jolem (o,* א). Es el único punto vocálico encima de una letra. Todos los demás se escriben debajo de ella.

Al pronunciar [el Jolem] junto con las letras Yod (י) o Kof (ק) empieza mirando directamente al frente. No inclines la cabeza ni a derecha ni a izquierda, ni arriba ni abajo. Mantén la cabeza derecha y equilibrada, como si se tratara del fiel de una balanza *y* como si estuvieses hablando a alguien exactamente de tu misma estatura.

Entonces, según se saca el sonido de la letra al pronunciarla, debes empezar a mover la cabeza para mirar hacia arriba, hacia el cielo. Cierra los ojos, abre la boca y que las palabras brillen. Límpiate la garganta de toda flema para que no perturbe tu pronunciación. Según vas exhalando levanta la cabeza en la misma proporción, de forma que completes la exhalación y el movimiento de cabeza simultáneamente. Si terminas de mover la cabeza antes de la exhalación, no la bajes hasta haber exhalado completamente.

Puedes descansar y prepararte entre letra y letra. En ese momento puedes tomar tanto como tres alientos, como los asociados con la pronunciación. [Cada triplete conllevará por consiguiente doce respiraciones].

El misterio de esas «doce respiraciones» (YB *Neshimot,* י״ב נשימות 818 =) es «los Setenta y Dos Nombres» *(EB Shemot,* 818 = ע״ב שמות).

Ellos están atados	818 = הם משבעות
Hasta que se elevan	818 = אשר ישאו
Un cambio, un cambio en la naturaleza	818 = שנוי שנוי הטבע
A través de los Nombres cuando construyen	818 = בשמות בבנוי
En el cálculo de atributos	818 = בחשבון מדות
Que están [HH] bajo el Nombre	818 = תחת ה ה

Sin embargo, el misterio de todas las letras   האווית = 828

depende de veintidós alientos   כ״ב נשימות = 828

que están bajo la gloria   תחת ההוד = 828

Además, sus partes se triplica   y חלקים שליש = 828

corren parejas con

las setenta y dos Sefirot   ע״ב ספירות = 828

que en el hombre son setenta y dos pensamientos   ע״ב מחשבות = 828

Pero las doce respiraciones   י״ב נשימות = 818

cuyo misterio es los setenta y dos Nombres   ע״ב שמות = 818

son el sello del Satán   חעתם השטן = 818

[El Satán (השטן), más una unidad adicional por la palabra misma, suma 365, los días del año]. Por este misterio debemos pronunciar los doce meses. La razón es que la palabra para «mes» *Jodesh* (312 = חדש), es igual a doce Nombres Divinos (12 ;(26 = יהוה x 26 = 312]. Por los pecadores de Israel, cuyos cuerpos se juzgan en el Gehinom durante doce meses.[125]

Y dos «casas» (tripletes)   ושני בתים = 818

contienen doce respiraciones   י״ב נשימות = 818

Su misterio es Vav Vav (וו), es decir, seis y seis

como aludí en los

setenta y dos nombres   ע״ב שמות = 818

que son pronunciados

Estos alientos dan lugar a un tercer triplete y esto hace un total de dieciocho [que significa «vida» *(Jai,* 18 = חי)].

Te incrementarán los años de vida   שנות חיים = 824

que son dieciocho respiraciones   י״ח נשימות = 824

de las dos Jayot   משני חיות = 824

en las que está la fuerza vital del aliento   חיות הנשמה = 824

Tienes dos ventanillas de la nariz   שני נחירים = 678

cuyo misterio es el cielo llamado Aravot   ערבות = 678

---

125. *Eduyot* 2:10. *Shabbat* 152b, *Rosh HaShanah* 17a.

Entiéndelo, porque ellos son

las ventanillas del alma נחירי הנשמה = 678

y su misterio es dos Querubines כרובים שנים = 678

que hacen descender la Presencia Divina מבריכי השכינה = 678

La Presencia Divina mora entonces en la Tierra y habla al hombre, «desde encima del arca, de entre los dos Querubines» (Éxodo 25:22).

Porque la sustancia primordial חמר ראשון = 805

está sobre el arca על הכפרת = 805

bajo la forma del arcoíris הקשת = 805

Los dos Querubines aluden a la Presencia Divina (*HaShekinah*, 390 = השכינה). Son causa y efecto, macho y hembra (*Zajar U'Nekevah*, 390 = זכר ונקבה). Fueron entonces forjados (*misksheh*) como un cuerpo único con dos formas.[126] Miran el uno al otro y el Nombre estaba entre ellos.

Todo esto era como un árbol sobre el arca, על הכפרת = 805

y debido al arcoiris (*HaKeshet*) בקשת = 805

tuvo que ser forjado (*Miksheh*) מקשה = 445

Éstos son los supervisores del Nombre על השם = 445

que es el nombre de la categoría שם המין = 445

de la que viene toda alma כל נשמה = 445

Ahora bien, el hechicero המכשיף = 445

depende de esas técnicas y

entonces toda alma כל נשמה = 445

es una bruja מכשיפה = 445

La Torah sin embargo dice: «Que la bruja no viva» (Éxodo 22: 17). Esto significa que no «toda alma» vivirá. Por eso, respecto a la

---

126. *Cf.* Éxodo 25:18.

venganza contra los malos, Dios mandó: «Que no viva "toda alma"» (Deuteronomio 20:16).[127]

Sin embargo, el aliento	הנשימה = 410
que es del segundo	מהשניה = 410
es un santo	קדוש = 410
tabernáculo	משכן = 410
en el corazón	
Uno asciende	
con el Nombre Único	בשם מיוחד = 410
al cielo	לרקיע = 410
para dibujar con unificaciones	לציר ביחודים = 410
la relación	ההקש = 410
entre todo lo que es difícil	הקשה = 410
en esta	בזאת = 410
ciencia de la pronunciación	החכמה מן ההזכרה = 410
Sólo ella es vida en el Nombre	חיים בשם = 410
Es recordada y sellada	
en el Libro de la Vida	בספר החיים = 410
para hacer vivir al individuo	
con pasión	בחשק = 410
que ilumina [al alma]	המשכילה = 410
constantemente, cuando	
todo pensamiento,	כל מחשבה = 410
toda alma se concentra en ella	כל נשמה = 410

Por consiguiente, el que pronuncia el Nombre con ánimo de vivir siempre con él, sirve a Dios con amor y toda la recompensa es sólo suya. Esto es lo que Dios quería en su sabiduría.

El punto vocálico llamado *Kamats* (a̞) se parece a una línea con un punto debajo de ella.

Al pronunciarlo con una de sus diez letras asociadas, canta la letra y mueve la cabeza de izquierda a derecha en una línea recta como para

____

127. Éstos son los únicos lugares de la Torah en los que aparece el versículo «*Lo Te Jayah*» —«Que no viva».

trazar la parte superior de este punto vocálico. Luego vuelve la cabeza a su posición inicial de manera que te encuentres mirando directamente al frente, hacia el este, puesto que es ésa la dirección que encaras al pronunciar el Nombre. Hay que ejecutar esta práctica mirando al este como en el caso de las prácticas religiosas formales.

Concluye inclinando ligeramente hacia abajo la cabeza [como para dar cuenta del punto de debajo de la línea del *Kamats*]. Completa [la exhalación y el movimiento de cabeza] simultáneamente, tal como te instruí con la primera vocal.

La siguiente vocal es *Tzeré* (אֵ) cuya forma es dos puntos próximos entre sí, uno a la derecha y otro a la izquierda.

Al pronunciarlo con sus siete letras asociadas, empieza simultáneamente la exhalación y el movimiento de cabeza. Mueve la cabeza de derecha a izquierda, a la inversa de lo que hiciste con el *Kamats*...

Al pronunciar la Shin, emplearás el *Jirek (i,* אִ*)* que tiene la forma de un único punto debajo de la letra.

Mueve entonces la cabeza hacia abajo, como si estuvieras inclinándote ante Dios, que está delante de ti, y a quien estás hablando. Es el movimiento precisamente opuesto al asociado con el *Jolam.*

Con las cuatro vocales anteriores has coronado a Dios como Rey [sobre las cuatro direcciones].

Haz Rey también a Dios al pronunciar la Nun. Empieza mirando directamente al frente y extiende el cuello hacia adelante tanto como puedas. No levantes ni bajes la cabeza sino mantenla mirando siempre al frente.

Ésta es la forma del *Shurek.* Consiste en tres puntos, uno por debajo del anterior, así (אֻ). Puede también representarse como un único punto en el centro de una Vav, así (אוּ). En ambos casos se implica la misma cosa.

Mediante las cinco vocales has coronado a Dios como Rey sobre las seis direcciones del universo: arriba y abajo, con o (אֹ) e i (אִ), derecha e izquierda con a (אָ) y e (אֵ), y detrás y delante con u (אֻ).

[A menudo se escriben las vocales junto con sus letras asociadas: Ao O (7 = אוֹ), Aa H (6 = הָא), AeY (11= אֵי), AiY (11 = אִי) y Aa U (7= אוּ). Todas ellas suman 42 en total].

Por consiguiente, todas las vocales señalan al hecho de que están «en la mano de Dios» *(Beyad, YHVH,* 42 = ביד יהוה). A esto se alude en el versículo «Caigamos *en la Mano de Dios* porque grandes son sus misericordias, pero no me dejes caer en la mano del hombre» (2 Samuel 24:14).

Su misterio es:

Dios	42 = אלוה
mi Único	42 = יחידי
en ellas	42 = בם
mi corazón	42 = לבי
será digno	42 = יזכה

Y este misterio es

¡Bastante! ¡Bastante! ¡Bastante!   42 = די די די

Y si, el cielo lo prohíba, al pronunciar esos dos versículos no recibes todavía el influjo divino, la palabra, la visión perceptible de un hombre o cualquier otra visión profética, empieza de nuevo y comienza el tercer versículo.

Su forma es ésta:

VaHeVa D aN aYoHeCheShi	והו דני החש
EaMeMe NuNuAaNuYoTha	עממ ננא נית

Cuando completes todo el Nombre, recibe de él lo que Dios quiera concederte; alaba a Dios y dale gracias.

Si has fracasado en conseguir lo que buscabas de Dios, hazte cargo que debes arrepentirte por completo. Llora por tu falta de elevación y por haber pronunciado el Nombre con motivos ulteriores, lo que constituye un extraordinario pecado. No estabas preparado para recibir la bendición de Dios. Dios nos prometió en la Torah que nos bendeciría con su Nombre, como está escrito: «En todo lugar en el que *(asher)* pronuncie mi Nombre vendré a ti y te bendeciré» (Éxodo 20:24). [Dios está diciendo] «Yo pronunciaré mi Nombre cuando tú pronuncies mi Nombre».

[La palabra «en el que» *(Asher,* אשר) tiene las mismas letras que *Rosh* (ראש) que significa «cabeza»]. El misterio aquí indicado es que hay que pronunciar el nombre con la cabeza, tal como te he enseñado.

El sacerdote bendice al pueblo con el Nombre y es él mismo también bendito. El sacerdote que no bendice a su vez no es bendecido.

Con todo esto, «hijo mío, no menosprecies el castigo de Dios y no desdeñes su corrección» (Proverbios 3:11). Espera un poco y haz otro intento de pronunciar su Nombre terrible, hasta que seas digno de algo.

Puedes también intentar utilizar uno de los Diez Nombres [de Dios que aparece en la Biblia. Dios dice. «Vendré a ti y te bendeciré», y el valor numérico de «vendré» *(Aboa,* אבוא) es diez.

Todo esto puede ser también una prueba. Puede que Dios te esté probando para ver si le niegas o si sigues teniendo fe. De modo que ten cuidado y guarda tu alma, no vayas a ver algo de iniquidad o falta de rectitud en Dios… «Si estás vacío, es por causa tuya».[128]

Queda así completada toda la tradición cabalística respecto a la pronunciación del Nombre. Si te acostumbras a hacerlo, tendrás éxito y alcanzarás la iluminación.

La Vida del Mundo Futuro[129]

---

128. Paráfrasis de *Yerushalmi, Peah* 1:1, del Deuteronomio 32:47.

129. Tomado del Jewish Theological Seminary, Ms. 2158, pp. 19a ss. Quiero agradecer al Jewish Seminary of America su permiso para publicar partes de sus manuscritos en traducción. Partes de esta sección ya han sido publicadas en el original en Jellinek, *Philosophie und Kabbalah,* pp. 44, 45; *KitveyYad BaKabbalah,* p. 27; *HaKabbalah shel Sefer HaTemunah VeShel Abraham Abulafia,* p. 210 ss. Una pequeña porción está traducida en Scholem, *Major Trends in Jewish Mysticism,* p. 136 ss.

8. Las puertas de la rectitud

Aunque Abulafia presente él mismo una excelente panorámica de sus métodos, no llega a encajarlos en un sistema único ni discute en detalle la forma de sus experiencias. Esto se deja a un discípulo anónimo, el autor de *Shaarey Tzedek* (las Puertas de la Rectitud), un libro que muy probablemente se escribió en Hebrón en 1295.[130] Otros manuscritos nos dan una pista sobre la identidad del autor, de nombre Shem Tov. Como se dijo antes, Abulafia tuvo un discípulo llamado Shem Tov de Burgos y es muy probable que éste fuera el autor del libro.

Apenas hay dudas de que el maestro que se menciona en él no es otro que el mismo Abulafia. Y en su mayor parte, también el material encontrado en el libro corre parejas con el que aparece en otras obras de Abulafia.[131] De la máxima importancia es la reseña biográfica, en la que el autor narra su experiencia con Abulafia, describiendo su escepticismo inicial y su iluminación final. Sin embargo, esta descripción no se incluirá en este volumen puesto que ya ha sido publicada en inglés en otro lugar.[132]

De este libro se hicieron numerosas copias, siendo una importante influencia en los cabalistas posteriores de Tierra Santa. Doscientos años después, un capítulo aparece copiado casi entero en la obra principal de Rabbí Judah Albotini, de quien se hablará en la próxima sección. Otro importante texto de Cábala, *Shoshan Sodot* (la Rosa de los Misterios), lo cita de hecho por su nombre.

El autor presenta tres modos de despojarse de lo físico: el común, el filosófico y el cabalístico. El modo común implica un método llamado «borrado» *(mechikah)* que consiste en que uno intenta borrar toda imagen de la mente.[133] El autor nota que los sufíes musulmanes

---

130. De él se conocen cuatro manuscritos, Jerusalén, Ms. 8.º 148, Columbia University, Ms. X893 - Sh. 43, Leiden, Ms. Warner 24, 2; British Museum, Ms. Gaster 954. Sólo los dos primeros contienen la narración autobiográfica. Véase *Kitvey Yod BaKabbalah,* p. 34, *Kiryat Sefer* 1:127 ss.

131. Debe compararse con *Or HaSejel y Sefer HaTzeruf.*

132. Scholem, *Major Trends in Jewish Mysticim,* p. 147 ss.

133. *Shaarey Tzedek* (Jerusalén, Ms 8.º 148), p. 59b; citado en *Kiryat Sefer. Véase* cap. 7, nota 99.

también usaban esta técnica y que su procedimiento se servía del canto repetido del nombre «Allah».[134] Aunque los sufíes eran capaces de conseguir un cierto grado de éxtasis de esta forma, escribe el autor que no podían llegar a conocer su significado al no formar parte de la tradición cabalística.

Al hablar del modo filosófico el autor cita a cierto filósofo, de nombre Ben Sina, que escribió muchos volúmenes mientras se hallaba en estado de meditación *(hitbodedut)*. Cuando una idea era particularmente difícil se concentraba en ella y ponderaba sobre ella, a menudo bebiendo una copa de un fuerte vino que le permitía «dormir la idea».[135] Ello es particularmente interesante puesto que un procedimiento muy parecido es también mencionado por Rabbí Isaac de Acco y esto es una indicación de que los dos compartían una tradición común.[136]

Es al discutir el modo cabalístico cuando el autor menciona a su maestro, que es identificado como Abulafia. El maestro estuvo cuatro meses enseñándole los métodos de permutación de letras, diciéndole que borrara todo de su mente. Finalmente le dijo: «La meta es no ponerse ante ninguna forma finita, aun cuando éste sea del máximo orden. Por el camino de los Nombres Divinos se puede llegar a un nivel en el que el poder está fuera del propio control. Cuanto más incomprensibles los nombres, mayor es su ventaja».[137]

El maestro le mostró entonces algunos libros compuestos de Nombres totalmente incomprensibles y de combinaciones numéricas, diciendo: «éste es el Sendero de los Nombres». El autor pasó dos meses meditando profundamente sobre ellos y, finalmente, una noche despertó al ver una luz cuyo brillo procedía de su rostro. Al principio no creyó en lo que estaba viendo, pero fuera a donde fuera en la oscuridad, la luz parecía seguirle, incluso cuando se ocultaba bajo una manta. Se dio cuenta de que esto era algo que no podía explicarse por medios naturales.

---

134. Rabbí Abraham Maimónides también habla de los Sufíes musulmanes, véase *Sefer Ha-Maspik LeOrdey HaShem,* p. 185.
135. *Shaarey Tzedek,* pp. 60a, 60b.
136. *Véase* cap. 4, nota 60.
137. *Shaarey Tzedek,* p. 62b, 63a.

Al informar a su maestro de la experiencia, éste le instó pasar la mitad del tiempo permutando letras, y la otra mitad haciendo uso de los Nombres Divinos. Una noche, mientras permutaba las letras del Nombre de Setenta y Dos, empezó a ver que las letras se expandían delante de sus ojos creciendo hasta que parecían grandes montañas.[138] Se le pusieron los pelos de punta y empezó a hablar automáticamente, diciendo palabras de sabiduría.

En una ocasión posterior, el autor hizo uso de una técnica que utilizaba el Tetragrammaton. Al principio se sintió morir, pero tras recitar una oración sincera sintió de repente como si le estuvieran ungiendo con aceite desde la cabeza hasta los pies.[139] Tuvo entonces una tremenda experiencia espiritual de la que él habla como siendo de una indescriptible dulzura de rapto y éxtasis.

❖ Un extracto de *La Rosa de los misterios*[140]

«El poder de los profetas de asemejar una forma a su Creador» es un misterio muy grande… Encontré una antigua enseñanza que lo explica y que voy a transcribir aquí… Éstas son las palabras del autor:

Lo siguiente me fue dicho por el sabio iluminado Rabbí Nathan, de bendita memoria:[141] Cuando un individuo entra completamente en el misterio de la profecía, ve de repente su propia imagen estando delante de él. Él se vuelve totalmente inconsciente de su propia esencia, como si ésta fuera ocultada. Entonces ve a su propia imagen estando delante de él, hablándole y diciéndole sobre el futuro. Sobre este misterio nuestros sabios dicen: «Grande es el poder de los profetas, puesto que asemejan una forma a su Creador».[142]

---

138. *Véase* cap. 5, nota 56.

139. *Véase* nota 1.

140. *Shoshan Sodot* (Koretz, 1784) p. 69b. Una versión manuscrita ha sido publicada por G. Scholem, MGWJ 77:287. El autor de *Shoshan Sodot* es R. Moshe ben Yaakov de Kiev (1449-1518).

141. Muy probablemente Nathan ben Saadia Jarar de Mesina a quien *Or HaSejel* estaba dedicado. *Véase* nota 37.

142. *Bereshit Rabbah* 27:1.

Rabbí [Abraham] ibn Ezra (1029-1164) igualmente enseñaba: «El que escucha es un hombre y el que habla es un hombre».[143]

Otro sabio escribe respecto a lo mismo:

Mediante combinaciones de letras y meditación *(hitbodedut)* tuve un número de experiencias. Una consistió en una luz que me seguía a donde quiera que fuera, tal como he relatado en *Shaarey Tzedek* (las Puertas de la Rectitud). Sin embargo, nunca fui digno de llegar al nivel de poder ver mi propia imagen estando delante de mí.

Otro sabio más escribe:

Soy consciente de lo insignificante que soy y sé que no soy ciertamente un profeta ni discípulo de profetas. No he conseguido nunca el *Ruaj HaKodesh* (el Espíritu Santo), ni he hecho uso de la voz celeste *(Bat Kol)*. De tales cosas no he sido digno, porque no me he desvestido de mi «túnica» ni he «lavado mis pies».[144] Pero pongo al Cielo y a la Tierra por testigos de que lo que voy a decir es verdad.

Un día estaba sentado escribiendo misterios a la manera de la Verdad. De repente, fue como si hubiera dejado de existir. Vi entonces a mi propia imagen estando delante de mí. Como resultado de ello me vi forzado a dejar de escribir.

En su comentario a la *Guía de los Perplejos,* Rabbí Moshe de Narbona (f. 1362) escribe:[145]

Cuando los sabios enseñan que los profetas «igualan una forma a su Creador», quieren decir que igualan la forma que hay en la propia alma del profeta... a su Creador, es decir, a Dios. Así, está escrito: «encima de la forma del Trono, había una forma como una imagen del Hombre» (Ezequiel 1:26). Estas formas e imágenes existen en el alma del profeta...

---

143. Ibn. Ezra sobre Daniel 10:21. El Talmud dice igualmente que Dios habló «con la voz de Moisés», véase *Berajot* 45a, *Midrash Tehilim* 18:29, 24:11, *BaMidbar Rabbah* 14:21, *Tanjuma, KiTisa* 15. Esto se comenta en *Jayay Olam HaBa*, p. 1b. También es analizado por R. Isaac de Acco, véase *Otzar Jaim,* p. 163a. *Véase* cap. 6, nota 44.

144. Véase Recanati, principio de *VaYera*.

145. R. Moshe de Narbona, *Comentario al Moreh Nevujim* 1:46 (Viena, 1852) p. 5a.

Esto también nos sucedió al escribir este libro. Estábamos una vez al final de la tarde poniendo los puntos vocálicos en el Nombre Explícito, cuando de repente nuestros ojos fueron confrontados con visiones que aparecían como formas definidas hechas de fuego rojo. Esto nos ocurrió varias veces mientras escribíamos este libro.

9. La escalera de ascenso

Se sabe que las enseñanzas de Abulafia llegaron a Tierra Santa a través del autor de *Shaarey Tzedek* y parece que enraizaron firmemente allí. Alrededor de doscientos años después se encuentra a uno de los principales sabios de Tierra Santa, uno de los rabinos jefes de Jerusalem, introducido en esos misterios y siendo autor de un importante libro sobre las enseñanzas de Abulafia. No es otro que Rabbí Judah Albotini (1453-1519), autor de *Sulam HaAliyah* (la escalera de ascenso).

Se conoce a Albotini, entre los eruditos talmúdicos, como el autor de un supercomentario al comentario de Maimónides a la Mishnah. Aquél fue publicado por Rabbí Shlomo Idni (1567-1626), autor de otro importante comentario a la Mishnah.[146] Escrito en 1501, este supercomentario se incluye en la más importante edición de la Mishnah. No tan bien conocido es el monumental comentario de Albotini al código de Maimónides, el cual se halla sólo en manuscrito.[147]

Poco se sabe de la vida personal de Albotini, aparte del hecho de que su padre, Moshe Albotini, era un prominente erudito en Lisboa. Es muy probable que su familia se exiliara en 1496, durante la expulsión general de los judíos de Portugal. Esto es significativo, pues Rabbí Judah Jayit, un fuerte opositor de las enseñanzas de Abulafia, dejó también Portugal durante la misma expulsión. El hecho de que Jayit encontrara necesario denunciar los escritos de Abulafia es indicativo de que estos gozaban de cierta popularidad en su tierra natal.

---

146. Él es el autor del *Malejet Shlemah* a la Mishnah. Se encuentra en la edición de la Mishnah de Vilna, Rom, al principio de *Taharot* (con *Yajin U'Boaz)*.

147. El nombre de este comentario es *Yesod Mishnah Torah,* British Museum, Ms. Add. 19783, Jewish Theological Seminary, Ms. Deinard 398.

Albotini emigró a Tierra Santa y por el año 1509 se le encuentra como un miembro de la academia de Jerusalem, sucediendo posteriormente a Rabbí Jacob de Triel como cabeza de la misma, lo que le situaba oficialmente como el principal de todos los rabinos de Jerusalem.

Parece entonces que la escuela de Abulafia de Cábala meditativa estaba lo suficientemente aceptada en Jerusalem en aquella época como para que un practicante y maestro de esos métodos pudiera ser elegido rabino jefe. Poco tiempo después, otro maestro de los mismos métodos, Rabbí Joseph Tzayaj, es hallado ocupando un puesto rabínico en Jerusalem.

El gran cabalista Rabbí Sasoon bejor Moshe Presiado (f. 1903) tenía en sus manos un manuscrito de *Sulam HaAliyah y* por lo que escribe parece que intentaba publicarlo.[148] Aunque no lo logró, algunos de sus capítulos principales han sido publicados en revistas académicas. Del libro hay varios manuscritos, tanto en bibliotecas como en colecciones privadas.[149]

En él, Albotini habla de los Meditadores Cabalísticos *(MeKubalim HaMitbodedim)* como si se tratara de un grupo bien establecido en su tiempo.[150] Al tratar de otros libros escritos recientemente sobre el tema de la permutación de letras *(tzeruf),* advierte que contienen muchos errores.[151] Se muestra asimismo plenamente familiarizado con el sistema de Abulafia, expandiendo muchas de sus enseñanzas y presentándolas de una forma clara y bien ordenada. En dos lugares, Albotini cita

---

148. Véase *Shemen Sasoon* (Jerusalén, 1869) vol. I, p. 6a. Véase también *Kitrey Yod BaKabbalah, p.* 33, *Kiryut Sefer* 2:272.

149. Los manuscritos importantes en bibliotecas son: Jerusalén, Ms. 8.º 334, discutido en *Kitvey Yad BaKabbalah, p.* 32. Otro manuscrito es Jerusalén, Ms. 8.º 1302 y Jewish Theological Seminary, Ms. 1816, que son de hecho dos mitades del mismo manuscrito. Véase Marx, PAAJR 4:161. La introducción e índice fueron publicados en *Kiryat Sefer* 2:138-141; cap. 7 a 9, en *Kiryat Sefer* 22:161 ss, y cap. 10 en *Kitvey Yad BaKabbalah,* pp. 79a-100b.

150. *Sulam HaAliyah* 9 (Jerusalén, Ms 8.º 1302) p. 13b. *Véase* cap. 4, nota 69.

151. *Sulam HaAliyah* 3 (Jewish Theological Seminary, Ms. 1816) p. 10b.

por el nombre el *Jayay Olam HaBah* de Abulafia (La Vida del Mundo Futuro).[152]

Los primeros capítulos del libro tratan fundamentalmente de la permutación de letras *(tzeruf)* y palabras, apoyándose fuertemente en las enseñanzas de Abulafia. Debido a que esto supone el uso de las letras del alfabeto hebreo, es virtualmente imposible hacer justicia al método en castellano. Aquél interesado en investigar el tema más profundamente puede hallar un excelente resumen en las obras publicadas del Ramak.[153]

Otra idea que Abotini expone en detalle es la de «saltar» *(kefitzah)* y «brincar» *(dilug)*. Aunque estos conceptos son mencionados por Abulafia, y el método fue sin duda empleado por él, en ningún lugar presenta una imagen clara de cómo ponerlo en práctica.[154] Albotini no sólo describe ambas técnicas dentro del sistema de *Tzeruf* de Abulafia sino que además da algunos ejemplos prácticos al respecto.

Brevemente expuesto, «brincar» consiste en una especie de asociación libre usando cualquiera de los métodos estándar de permutación de letras. Éstos pueden consistir en una simple permutación de letras, en el empleo de códigos cifrados, o de encontrar otras palabras con los mismos valores numéricos (guematria). Las palabras pueden expandirse también de varias formas, siendo la más simple el desarrollar las distintas letras de la palabra. En tanto que uno pone en juego un único sistema, tal como por ejemplo guematria, se dice que está brincando. Cuando se mueve de un sistema de permutación de letras a otro, se dice que está «saltando». Todo esto era contemplado como una técnica meditativa importante mediante la cual se podía llegar a un alto nivel de iluminación.[155]

Un prerrequisito importante para conseguir la experiencia meditativa es el estoicismo (*hishtavut*, השתוות), que es discutido en profundi

---

152. *Sulam HaAliyah* 10 (Jerusalén, Ms. 8.º 334), en *Kitvey Yad BaKabbalah,* pp. 229, 230.
153. *Pardes Rimonim* 30.
154. Véase *Jayay Olam HaBah, p.* 96, principio de *Sefer HaTzeruf.*
155. *Sulam HaAliyah* 8 (Jerusalén, Ms. 8.º 1302), p. 8b.

dad por Albotini.[156] Muchos cabalistas posteriores han hablado sobre este concepto, pero Abulafia sólo lo trata de pasada, diciendo: «El que ha conseguido la verdadera pasión *(jeshek)* no se siente influido por las bendiciones o maldiciones de los demás. Es como si estos hablaran un lenguaje que él no entiende».[157] Sin embargo, las enseñanzas de Albotini respecto al estoicismo parecen venir de Rabbí Isaac de Acco, quien trata la idea en detalle. Esto es de un interés particular, ya que indicaría que Albotini fue discípulo tanto de Rabbí Isaac de Acco como de Abulafia.

Albotini también desarrolló la idea de Abulafia respecto a las nociones de tallar *(jatzivah)* y grabar *(jakikah)* mencionadas en el *Sefer Yetzirah*. Cuando se alcanza un nivel meditativo elevado «la mente deja de estar oculta en la prisión de las facultades físicas y emerge... entrando en el dominio espiritual». En esta región el individuo puede tener diversas visiones o contemplar combinaciones de letras, y la connotación de «tallar» es que él «divide» y analiza las visiones mientras se encuentra todavía en estado de meditación. «Grabar» significa que estas revelaciones se imprimen en su alma de forma que nunca se olvidarán.[158]

Aunque Albotini habla de varias técnicas meditativas estándar, mantiene que cualquier enseñanza apropiada puede servir de tema de meditación. Así, escribe: «Los que meditan *(hitboded)*, se concentran en una idea o en una lección muy profunda. Cierran los ojos y virtualmente nulifican todas las facultades para permitir que su intelecto oculto emerja de su estado potencial al de acto. Luego absorben la lección, grabándola permanentemente en el alma».[159]

Mediante el uso de Nombres Divinos en meditación se pueden canalizar fuerzas espirituales extremadamente poderosas. Albotini escribe que Moisés los empleó para salvar a Israel y que «con el poder de los Nombres Divinos, que él pronunciaba en sus oraciones, fue capaz

---

156. Ibíd. cap. 10, en *Kitvey Yad BaKabbalah, p.* 226.

157. *Sefer HaJeshek, p.* 38a.

158. *Sulam HaAliyah* 7 (Jerusalén, Ms. 8.° 1302), p. 8a. *Cf. Sefer HaJeshek, p.* 22a. Véase también *Shaarey Tzedek, p.* 73b, con respecto a los Urim y Thumim.

159. La nota 158 falta en la edición original, seguramente por omisión. *(N. del T.)*

de hacer retroceder la ira y la furia».[160] Lo que es más notable, establece que los Diez Mártires podrían haberse salvado mediante los Nombres y que los sabios podían incluso haber impedido la destrucción de Jerusalem a manos de los babilonios y los romanos. Pero puesto que ése había sido el decreto divino se abstuvieron de hacer nada.

El Talmud habla de tres votos que Israel hizo de no apresurar indebidamente la venida del Mesías. Ello se basa en el versículo «os conjuro, ¡oh hijas de Jerusalem!» (Cantar de los Cantares 3:5).[161] Se ha discutido mucho sobre este juramento y algunos sabios incluso lo han usado como una refutación del sionismo.

Albotini da una interpretación muy novedosa de ese voto, diciendo que los grandes maestros en meditación cabalística se ataban mediante un juramento de no usar sus métodos para apresurar la redención. Así, escribe: «Aun cuando la venida del Mesías es un gran concepto, necesario para la rectificación de todos los Universos, los santos y sabios que conocían el misterio del nombre de Dios, estaban obligados por un juramento a no suscitar la redención hasta saber que Dios quería que ésta tuviera lugar».[162]

En general Albotini previene contra el hecho de pronunciar cualquier Nombre Divino, incluso los discutidos por Abulafia. Anticipándose al Arí, él entiende que mientras que las generaciones antiguas podían haber sido capaces de purificarse lo suficiente como para pronunciar los Nombres, las generaciones posteriores ya no podían hacerlo. Pero sin embargo él mantiene que no es de hecho necesario el pronunciar los Nombres, y que mucho puede conseguirse meramente conociéndolos y ponderando sobre su significado.

Esto se evidencia en el versículo: «Por cuanto a Mí se ha adherido, yo le libraré, le pondré en alto, por cuanto conoce mi Nombre» (Salmos 91:14). Albotini hace notar que el versículo no dice: «él pronuncia mi Nombre», sino más bien «él conoce mi Nombre». Concluye en-

---

160. *Sulam HaAliyah* 9, p. 16a.

161. *Ketubot* 111a. Toda la primera sección de *Va Yoel Moshe* discute esto.

162. *Sulam HaAliyah* 9, p. 16b.

tonces: «De esto se deduce que el asunto principal es el conocimiento de los Nombres Divinos, de su existencia, esencia y significado».[163]

Una explicación similar también la proporciona el versículo: «Antes de que clamen yo les responderé» (Isaías 65:24). «Aun cuando uno se concentre en un nombre dado y sólo piense sobre él, sin "llamar" y pronunciarlo de hecho, será respondido».

---

163. Ibíd. *Véase* cap. 4, nota 28.

CAPÍTULO CUATRO

Otras escuelas antiguas

1. La puerta de la Kavanah

Aunque gran parte del material antiguo explícito respecto a la meditación cabalística proviene de los escritos de Abulafia, hubieron también otras escuelas contemporáneas suyas. La más importante era la escuela de la Provenza, Francia, heredera de las enseñanzas místicas del *Bahir*, que en un momento dado publicó este libro a finales del siglo XII.

Hasta ese siglo, la Cábala había sido un misterio cuidadosamente guardado en las manos de unas pocas, muy pequeñas y restringidas sociedades secretas. Los primeros en romper ese silencio fueron los grandes cabalistas de Provenza.

Los más antiguos miembros conocidos de esa escuela fueron Isaac y Jacob Nazir, ambos de Lunel. El título de Nazir indicaba que se habían separado de toda actividad mundana, dedicando todo su tiempo a la adoración divina y al estudio de la Torah. La comunidad mantenía a un cierto número de tales individuos, creando una atmósfera en la que podía florecer la vida contemplativa necesaria para la enseñanza de la Cábala y sus métodos.

Otro importante miembro del grupo fue Rabbí David ben Isaac, cabeza de la corte rabínica, cuyo hijo fue el famoso Raavad (Rabbí Abraham ben David de Posquieres, 1120-1198), renombrado autor de la glosa estándar al Código de Maimónides. Como maestro de las artes místicas, el Raavad recibió la tradición de su padre y también de su suegro, el célebre Rabbí Abraham ben Isaac de Narbona, más conocido como el autor del *Eshkol*. En sus comentarios sobre leyes, el

Raavad escribe de hecho que su escuela estaba «sujeta a la inspiración divina y a la revelación de los misterios».[1]

El hijo de Raavad, conocido como Isaac del Ciego, heredó el liderazgo de la escuela de su padre y la trajo a Provenza. Aunque ciego, se decía que podía mirar en el alma de una persona y ver sus pensamientos. Rabbí Bahya ben Asher (1276-1340), en su comentario a la Torah, le llama el «padre de la Cábala».[2]

Rabbí Isaac el Ciego tuvo dos discípulos, Rabbí Ezra y Rabbí Azriel, ambos de Gerona. Ellos asumieron el liderazgo de la escuela y escribieron varios libros de Cábala muy interesantes. De ellos la tradición cabalística pasó al Ramban (Rabbí Moshe ben Najman, Najmánides, 1194-1270), uno de los más importantes sabios y líderes religiosos de la época.

Una de las muy escasas obras que describen las técnicas de meditación de la escuela de Provenza se debe muy probablemente a Rabbí Azriel de Gerona. Se trata del *Shaar Hakavanah LeMekubalim HaRishonim (La Puerta de la Kavanah* de los antiguos cabalistas). Se conservan un gran número de manuscritos de este breve ensayo, que además se reproduce íntegro en la no publicada Cuarta Sección del *Shaaray Kedushah* de Rabbí Jaim Vital.[3] Se presenta aquí un sistema de meditación muy distinto del de Abulafia, aunque parece que éste era consciente de él.

El texto habla de la *Kavanah* (כונה) en un contexto muy notable. La palabra misma es muy difícil de entender debido a sus diversas connotaciones importantes. En varias ocasiones *Kavanah* se ha definido como concentración, atención, devoción e intención. De hecho, significa todas esas cosas y más, siendo la suma mayor que sus partes. En muchos lugares de este libro se ha traducido *Kavanah* por

---

1. Comentario a Yad, *Lulav* 8:5, *Bet HaBejirah* 6:14, Introducción al comentario sobre *Eduyyot*. Véase también la introducción de *Sefer HaEshkol* (Halberstadt, 1868) p. XV. *Cf. Shem HaGuedolim*, Alef 10. *Véase* más adelante: cap. 6, notas 13, 14.

2. *Bahya* sobre *Génesis* 32:10. Véase *Avodat HaKodesh* 2:13 (33d), 3:18 (81b), *Shomer Emunim (HaKadmon)*, Introducción 2, *#2, Metzaref LeJojmah* 13, *Minjat Yehudah sobre Maarejet Elohut* 14 (198b). *Véase* cap. 6, nota 12.

3. *Véase* nota 6.

«concentración». Aquí, sin embargo, parece tener la connotación de meditación en sí, y un uso similar del término parece que se encuentra en los escritos del Arí.

La *Puerta de la Kavanah* presenta una meditación que se basa en la luz, en la que se eleva la mente de una luz a otra superior. Es significativo el notar que dos de esas luces reciben el nombre de *Bahir* (brillante) y Zohar (resplandor), aludiendo a los dos clásicos cabalísticos más importantes.[4] Uno asciende hasta que llega al Infinito, llamado *Ein Sof* (אין סוף). Puesto que se alcanza este nivel meditando en la luz, a menudo se habla en la literatura cabalística del nivel supremo como de la Luz Infinita *(Or Ein Sof)*. Hay una considerable especulación respecto al simbolismo de la luz en el dominio espiritual, pero en el presente texto parece que está relacionada en primer lugar con la técnica meditativa mediante la que es visualizada.

Aunque en este breve ensayo se mencionan varios tipos diferentes de luces, no llegan a definirse con claridad. Parece que, sin embargo, la *Puerta de las Kavanot* era bien conocida por Rabbí Moshe de León (1238-1305), célebre por su publicación del Zohar. En su *Shekel HaKodesh* (Santa Moneda), escrito en 1292, explica claramente el significado de esos tipos de luz. Es significativo el que aunque el Zohar habla de diferentes colores con respecto al fuego, su sistema parece bien distinto del de su editor.[5]

---

4. A las luces llamadas *Zohar, Bahir y Tov* se alude en el *Bahir* 147.

5. Respecto a los cuatro colores del fuego, véase *Zohar Jadash* 39b, *Tikuney Zohar* 31 (50a). Véase también Zohar 1:41b, 3:33b, *Tikuney Zohar* 6 (22a), 19 (41a).

Correspondencia entre las Luces y Sefirot

Luz		Sefirah	
Tov	Bien	*Jesed*	Amor
Nogah	Incandescencia	*Guevura*	Fuerza
Kavod	Gloria	*Tiferet*	Belleza
Bahir	Brillantez	*Netzaj*	Victoria
Zohar	Resplandor	*Hod*	Esplendor
Jaim	Vida	*Yesod*	Fundamento

(Véase la Parte Cuarta de *Shaarey Kedushah,* p. 19b)

La Puerta de la Kavanah[6]

Cuando una persona pone la mente en algo, su esencia vuelve a él.

Por lo tanto, si deseas orar, o si deseas captar la verdadera naturaleza de una idea, haz lo siguiente:

Imagina que tú mismo eres luz, y que todo lo que te rodea, por todos lados, es también luz.

En medio de esa luz hay un Trono de luz. Sobre el Trono hay una luz llamada *Nogah* (Brillo incandescente).[7]

Frente a él hay [otro] Trono. Encima [del segundo Trono] hay una luz llamada *Tov* (Bien).[8]

Tú te hallas de pie entre los dos.

Si quieres tomar venganza, vuélvete a la *Nogah.*

Si quieres buscar misericordia, vuélvete al *Tov.*

---

6. Tomado del Jewish Theological Seminary, Ms. 1822:9, p. 43a, b. Quiero agradecer al Jewish Theological Seminary el permiso para publicar porciones de su manuscrito en traducción. También se encuentra en Florencia, Ms. 41, p. 222a, b; Vaticano, Ms. 31, p. 37; Munich, Ms. 240:8; British Museum, Ms. 777:4; Perma, Ms. 86:7. Citado también en la 4.ª parte de *Shaarey Kedushah,* (British Museum, Ms. 749) p. 18b. El texto ha sido publicado, junto con una traducción al alemán por G. Scholem, MGWJ 78:511 (1934).

7. *Cf.* Ezequiel 1:4, 27, Proverbios 4:18. Véase *Hejalot Rabatai* 21, citado antes, p. 65.

8. *Cf.* Génesis 1:4. Se habla de ella como la luz guardada para los justos en el Mundo Futuro.

Las palabras que hables deben estar dirigidas hacia [esta luz]. Vuélvete ahora hacia la derecha de ella y hallarás [otra] luz. Es la llamada *Bahir* (Brillantez).[9]

A su izquierda [también] encontrarás una luz. Es una luz llamada Zohar (Resplandor).[10]

Encima de las dos, directamente entre ambas, hay una luz llamada *Kavod* (Gloria).

Rodeándola hay una luz llamada *Jaim* (Vida).

Encima está la Corona.

Ésta es la luz que corona los deseos de la mente e ilumina los senderos de la imaginación, incrementando el resplandor *(zohar)* de la visión. Esta luz no tiene fin y no puede ser abarcada. De la gloria *(Kavod)* de la perfección viene el deseo, la bendición, la paz, la vida *(Jaim)* y todo el bien *(tov)* de aquellos que guardan el camino de su unificación.

Se halla oculta para aquellos que se extravían del sendero de esta luz y se transforma en su exacto opuesto. [Resulta entonces] en represión y castigo.

[El verdadero sendero es] recto, dependiendo de la concentración *(Kavanah)* del individuo. Éste debe saber cómo concentrarse en su verdad, con adhesión de pensamiento y deseo, derivada de su incomprensible poder.

Según la fuerza de su concentración, él transmitirá entonces poder a través de su deseo, deseo a través de su conocimiento, imaginación a través de sus pensamientos, fuerza a través de su esfuerzo y fortaleza a través de su contemplación.

Cuando no hay ningún otro pensamiento ni deseo entremezclado [con su concentración], ésta puede llegar a ser tan fuerte que puede transmitir una influencia desde el Infinito *(Ein Sof)*.

Se completa entonces conscientemente todo el proceso, de acuerdo con el deseo del individuo. Uno debe saber cómo recortar los suburbios circundantes, los deseos conscientes [que le alejan] del fin prin-

9. *Cf.* Job 37:21; *Bahir 1.*
10. Véase Ezequiel 8:2, Daniel 12:3. *Cf. Kitvey Yad Bakabbalah* p. 209.

cipal. Todos ellos vienen del individuo mismo y éste por tanto puede elevarse por encima de ellos mediante el poder de su concentración.

Puede él entonces inquirir muy profundamente y abandonar el sendero tortuoso.[11] Mediante el poder de su meditación el individuo puede entonces abrir un nuevo camino.

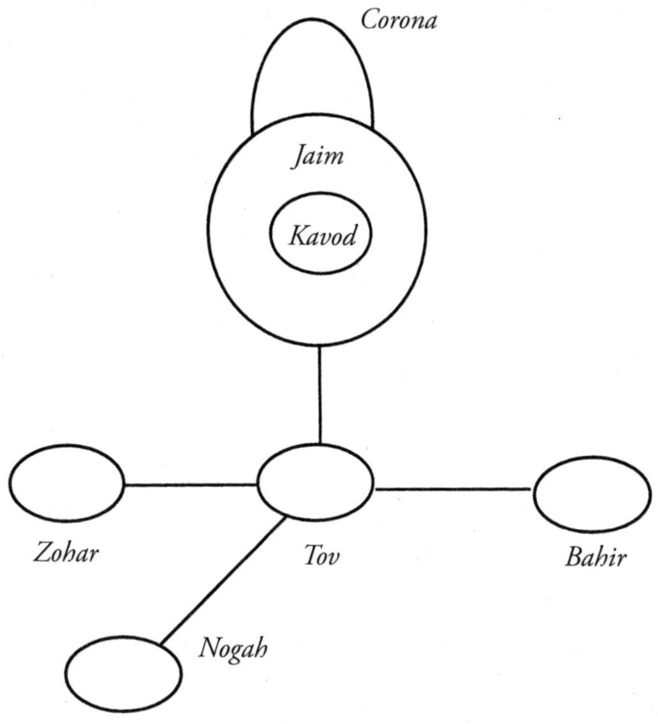

Él se eleva por encima de ellos[12] con el poder de su concentración que viene de la gloria *(kavod)* de la perfección de la Luz Oculta. [Es ésta una luz que] no puede verse, dibujarse, medirse, estimarse o investigarse y ni tiene contorno ni fin. Es infinita en todos los sentidos.

---

11. La lectura en *Shaarey Kedushah* es *MeUkam* (מעוקם), que significa «retorcido». Otros manuscritos tienen sin embargo la lectura *Melkaro* מעקרו)) que significa «del sendero del principio».

12. Estas palabras aparecen sólo en *Shaarey Kedushah*.

Un individuo asciende así con el poder de su concentración desde una cosa a la siguiente, hasta que llega al Infinito *(Ein Sof)*.

Debe entonces dirigir su concentración de una forma apropiada como para perfeccionarla, de modo que la Voluntad Suprema se revista de su voluntad y no sólo que su voluntad se revista de la Voluntad Suprema.

El influjo supremo no desciende salvo cuando el individuo hace esto correctamente. Él debe llevarse a sí mismo hasta la Voluntad Suprema de forma que ésta se revista de la voluntad de su deseo.

Entonces la Voluntad Suprema y la voluntad inferior son unificadas. El individuo se identifica a sí mismo con su adhesión a la Unidad. El influjo divino puede entonces transmitirse para perfeccionarle.

La voluntad inferior no se perfecciona cuando el individuo accede para sus propias necesidades. Más bien hay que aproximarse revestido de la voluntad y del deseo de revelar la identificación que está escondida en el Misterio oculto.[13]

Cuando uno se aproxima de esta forma, la misma Voluntad Suprema se acerca a él. Aumenta su poder y motiva su voluntad de modo que puede lograr cualquier cosa. Esto incluye a cosas que él mismo desea, en las que la Voluntad Suprema no tiene parte alguna.

Respecto a lo cual, está escrito: «El que se esfuerza por el bien buscará la Voluntad» (Proverbios 11:27). Porque de acuerdo al grado de la propia adhesión de forma correcta a la Voluntad Suprema, esta Voluntad se reviste de él. Entonces, mediante el poder de su concentración, le transmite a él todo lo que desea.

Uno es entonces capaz de transmitir el influjo que corona los Ocultos Deseos y Esencias, con el camino de la Sabiduría, el espíritu del Entendimiento y el poder del Conocimiento.[14]

---

13. Es éste un importante concepto debatido extensamente por los cabalistas posteriores, véase *Avodat HaKodesh, Avodah, 10, Toldot Yaakov Yosef Sh'laj*, p. 133b; *Maggid Devarav LeYaakov* (Jerusalem 1971) # 66, 159, *Likutim Yekarim* (Jerusalén 1974) # 224, *Tzavaat HaRivash* (Kehot, New York, 1975) # 73. *Cf. Midrash Tehilim* 20:1.

14. Sabiduría, Entendimiento y Conocimiento *(Jojmah, Binah, Daat)*, son las tres Sefirot superiores. La palabra *Havayot* (חוויות) puede significar «existencias», pero aquí quiere decir Tetragrammatones puesto que el término *Havaya* (הויה) se usa con frecuencia para

El individuo debe entonces revestirse de espíritu (*Ruaj*) expresando su concentración con palabras y haciendo un acto simbólico. Según como haga esto, el influjo será transmitido de potencial a potencial, de causa a causa, hasta que el resultado sea completo de acuerdo con su voluntad.

De este modo los antiguos [santos] se demoraban una hora antes de orar.[15] Durante ese período disipaban todo otro pensamiento, fijando los senderos de su concentración y el poder de su dirección.

Pasaban entonces una hora en oración, expresando verbalmente esta concentración con palabras. Finalmente pasaban una hora después de sus oraciones contemplando cómo el poder de su concentración verbalmente expresada tendría un efecto visible.

[El Talmud enseña entonces que] «Puesto que eran santos (Jasidim), su conocimiento de la Torah les preservaba y su trabajo se bendecía por sí mismo.[16]

»Éste es uno de los modos de la profecía. El que se acostumbra a él será digno de llegar al nivel profético».[17]

❖ Un extracto de las obras de *Rabbí Moshe de León*

Las cuatro apariencias de la luz son las luces radiantes *(Zohar)* que están ocultas y escondidas. Vienen a ser de la misteriosa realidad de la esencia (de Dios) que también está oculta y escondida.

Es como el brillo incandescente *(Nogah)* que rodea a la visión del ojo en la esfera oculta del resplandor *(Zohar)*. No es visto a las claras.

La esfera [de resplandor] se halla entre cuatro [senderos de la concentración *(Kavanah)* respecto de esta incandescencia *(Nogah)*. Éstos

---

el Tetragrammaton. En la misma cita siguiente en *Shaarey Kedushah* (p. 19b) se presenta un sistema en el que cada una de esas «luces» se corresponde con el Tetragrammaton con diferentes puntos vocálicos. La Tabla de correspondencias entre las Luces y las Sefirot se basa en esto. *Véase* p. 142.

15. *Mishvah, Berajot* 5:1 (30b). La discusión aquí es muy parecida a la encontrada en *Sefer Jaredim, Tshuvah* 3 (Jerusalén, 1958) p. 215. *Véase* más arriba, cap. 2, nota 9.

16. *Berajot* 32b.

17. La mayoría de los manuscritos terminan aquí. *Shaarey Kedushah* incluye una sección adicional sobre cómo completar esto.

implican a la luz Centelleante *(Muvhak)*, brillante *(Bahir)*, Radiante *(Zohar) y* como el «resplandor del cielo».[18]

Hay cuatro tipos de resplandor *(Zohar)*. Son la luz *Bahir*, la luz Zohar, la luz *Muvhac* y la luz que recibe Zohar.

La luz física siempre recibe de la luz espiritual.

Así, hay cuatro tipos de fuego que son los que Dios mostró a Moisés. Son el fuego rojo, el fuego amarillo, el fuego blanco y el fuego negro.[19] Dios habló a Moisés sobre esos cuatro tipos de fuego y se los mostró en el Monte Sinaí.

Esos cuatro fuegos son el paralelo de las cuatro iluminaciones que se discuten aquí. En sentido místico las cuatro luces son las cuatro «luces de los ejércitos» [que Dios mostró a Moisés].[20]

La luz de la que se habla aquí, sin embargo, está oculta y escondida. Hace girar a la verdadera luz Zohar cuando gira la luz que el ojo cerrado ve.

Es una luz oculta que nunca es revelada. No puede verse en modo alguno, salvo en una forma oculta.

Es a esta luz oculta y escondida a la que se refería [Moisés] cuando dijo: «Muéstrame tu Gloria» (Éxodo 33:18).

Es la Luz que da lugar a las cuatro iluminaciones en cuestión: luz *Bahir*, luz Zohar, luz *Muvhak* y luz que recibe Zohar. Éstas son las luces que pueden verse.

La luz *Bahir* es el Espejo Brillante *(Ispaklaria)*, que tiene el poder de reflejar.[21]

La luz Zohar es un espejo que absorbe luz. No puede por lo tanto reconocerse excepto cuando es revelada cerca de una luz brillante.

La luz *Muvhak* es un Espejo Brillante en el que se reconoce el color de todas las luces. Mediante sus colores los restantes Espejos son iluminados.

---

18. Paráfrasis de Daniel 12:3.

19. *Cf. BaMidbar Rabbah* 12:8, *Zohar* 2:241a. *Véase* nota 5.

20. El término *Marot Tzabaot* aparece en Éxodo 38:8.

21. *Véase* cap. 2, nota 20.

La luz que recibe Zohar es un Espejo que no brilla. Recibe las demás luces como un reflector que recibe el resplandor (Zohar) del Sol y puede ser reconocido en él.

Lo mismo pasa con la luz que recibe Zohar. Esta luz absorbe todos los demás colores, que entonces son visibles en su interior. Cuando otros colores se le acercan y la iluminan, los absorbe y los reúne en ella. La marca de cada uno es reconocible en ella.

Esta luz se revela con más facilidad, ya que no es muy brillante. La luz Zohar, por otra parte, es tan brillante que el ojo no puede captarla en modo alguno. Es como la luz del Sol, tan intensa *(zahir)* que el ojo carece del poder [dé verla]. La luz que es menos intensa puede, sin embargo, ser captada y revelada y el ojo es capaz [de verla].

Quienquiera que mire a este color puede reconocer los demás, ocultos y escondidos en él y que están sobre él.

Contempla el hecho de que los demás colores superiores pueden ser reconocidos dentro de él. Sin embargo, nunca parecen estar centelleando *(Muvhak)* ni irradiando *(Zohar),* puesto que deben captarse a través de la luz visible.

Los profetas y los individuos iluminados sólo veían a través de esta [luz que recibe Zohar, que es] el Espejo que no brilla.[22] Lo que de hecho veían, sin embargo, era el Zohar, el Espejo brillante.

Cuando se mira a los distintos pasos se observa que todo es uno.

Observa una vela. Fíjate que la luz negra está debajo,[23] y que la luz *Bahir* está arriba. Pero todo es un único misterio y una única luz y no hay ningún tipo de separación.

La Santa Moneda[24]

---

22. Así, aun cuando los profetas veían a través de un «cristal oscuro»; sin embargo, lo que veían era de hecho la Gloria misma. Véase *Derej HaShem* 3:3:5.

23. Ésta es la «luz que recibe *Zohar*».

24. *Shekkel HaKodesh* (Londres, 1911) pp. 123, 124. Trad. al castellano por Ed. Obelisco. Barcelona, 2022).

2. Las Puertas de la Luz

Una de las enseñanzas más importantes de la Cábala es la relativa a las Diez Sefirot (Emanaciones Divinas). Resulta por lo tanto sorprendente que apenas encuentre lugar en la meditación cabalística. Aunque hay algunas alusiones, son, a lo más, tenues. Hay sin embargo indicios de que los grandes cabalistas meditaban en las Sefirot, usándolas como los peldaños de una escalera para ascender a los niveles superiores, pero muy poco se dice del método que usaban. En general, la literatura antigua guarda silencio sobre la relación entre meditación y Sefirot.

Hay, sin embargo, una excepción importante. Se trata de un libro notable, *Shaarey Orah* (Las Puertas de la Luz), de Rabbí José Gikatilla (1248-1323).

Considerado como uno de los más grandes cabalistas de todos los tiempos, Gikatilla nació en Medinaceli, Castilla. Allí, en su juventud, entró bajo la influencia de Abulafia quien parece que le enseñó todo su sistema. Pero después escribió su primer libro, *Ginat Egoz* (el jardín de los nogales), un título sugerido por el versículo: «Al huerto de los nogales descendí» (Cantar de los Cantares 6:11). Además, la palabra *Ginat* (גנת) es un acrónimo de *Guematria Notarikon Temurah,* tres importantes métodos de permutación de letras empleadas por Abulafia. Es significativo que la palabra *Ginat* sea usada del mismo modo por Rabbí Baruj Togarmi, uno de los maestros de Abulafia.[25]

Sin embargo, la obra más importante de Gikatilla es su *Shaarey Orah,* un libro con más de una docena de ediciones publicadas. La obra consiste en una exposición de los Diez Sefirot y los Diez Nombres Divinos asociados con ellas. Está fuertemente influido por el *Bahir* y, de hecho, *Shaarey Orah* puede considerarse como una llave para este antiguo clásico cabalístico. El Arí llama a Shaarey Orah la llave de las enseñanzas místicas.

A primera vista, *Shaarey Orah* parece ser otro libro más de Cábala teórica, sin ninguna aplicación práctica. En ciertos lugares, sin embar-

---

25. Véase *Maftejot HaKabbalah* (en *HaKabbalah shel Sefer HaTemunah VeShel Abraham Abulafia)* p. 230.

go, el autor apunta a las aplicaciones prácticas de su sistema. Al final del libro establece explícitamente: «Te he dado diez llaves y con ellas puedes abrir puertas que si no permanecerían cerradas».

Así, en un examen más atento, el libro puede considerarse como una guía para aquellos que quieran, mediante la meditación, ascender la escalera de las Sefirot. En verdad, en la cuarta parte no publicada de su *Shaarey Kedushah,* Rabbí Jaim Vital presenta dos selecciones de este libro, precisamente bajo esa luz.[26] Puede que Abulafia estuviera aludiendo a este método al hablar de usar los Diez Nombres en meditación.[27]

Por tanto, *Shaarey Orah* puede contemplarse en su totalidad como una guía a la meditación en las Sefirot. Las palabras y Nombres Divinos asociados con una Sefirah pueden considerarse como guías que ayudan a meditar en ella. Proporcionan imágenes mentales o verbales en las que meditar, aunque el método preciso para hacerlo no se define explícitamente. Se da aquí un mapa de las Sefirot tal como aparece en *Shaarey Orah,* junto con los Nombres Divinos asociados cada una.

Es interesante notar que este libro también ejerció una influencia profunda en los «cabalistas cristianos». En 1516, cuarenta y cinco años antes de la primera edición en hebreo, se publicó una traducción en latín. Fue realizada por Paolo Ricci y llamó la atención del místico cristiano, Johann Reuchlin (1455-1522). Cuando un grupo de dominicos intentó convencer al Papa León X de confiscar y quemar todos los libros judíos, Reuchlin utilizó la versión latina de *Shaarey Orah* para convencer al Papa del valor de las enseñanzas judías. Siendo una de las pocas obras cabalísticas publicadas en traducción, es lógico que ejerciera una influencia profunda en muchos grupos ocultos de Europa.

Hay algunos lugares en los que *Shaarey Orah* habla específicamente de técnicas de meditación, y éstas serán aquí presentadas.

---

26. *Shaarey Kedushah,* 4.ª parte, p. 20a. Las dos selecciones son de *Shaarey Orah,* cap. 3, 4, p. 37b y cap. 9, p. 96a.
27. *Véase* más arriba, pp. 119, 120.

Las Sefirot y los Nombres de Dios Asociados

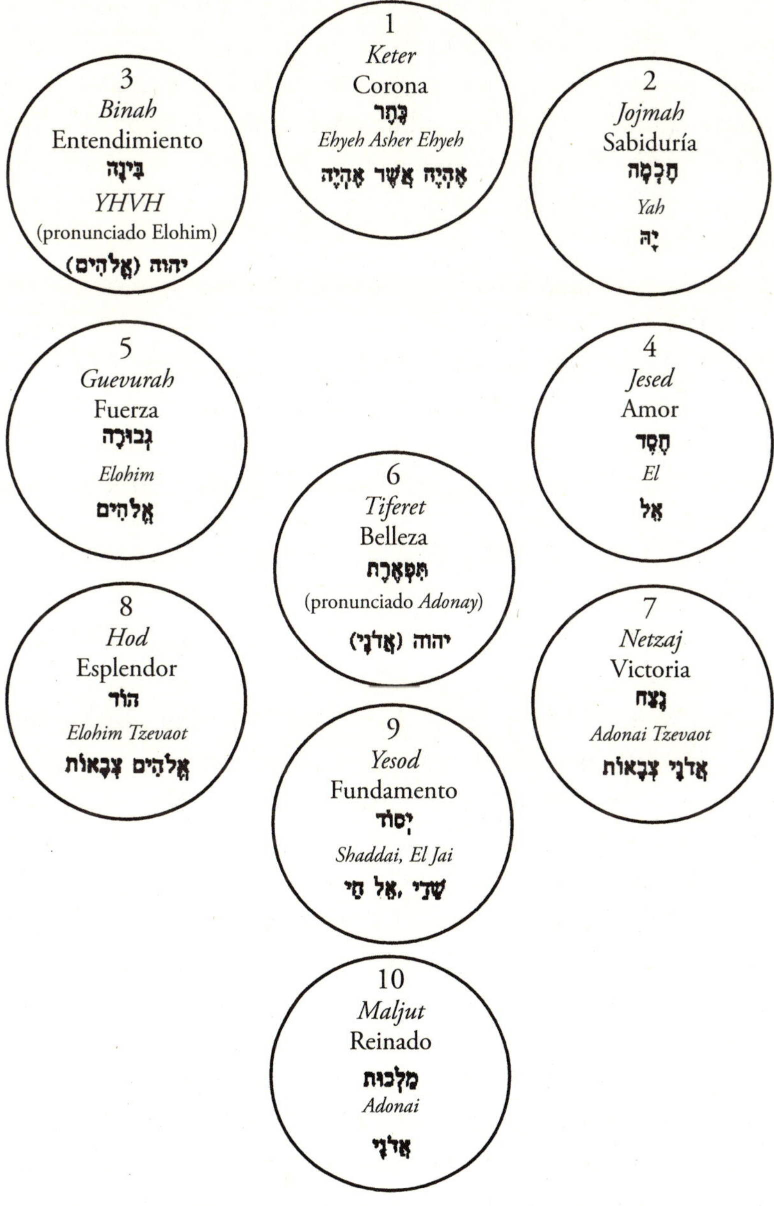

Me has pedido, hermano mío, amado de mi alma, que te ilumine respecto al sendero de los nombres de Dios, para que a través de ellos consigas lo que anhelas y alcances lo que deseas. Puesto que veo que tu intención es recta y buena, voy a ir más allá de tu demanda y voy a mostrarte dónde se encuentra la Luz, explicándote lo que Dios desea y lo que no desea. Cuando llegues a entender este conocimiento te encontrarás entre aquellos próximos a Dios «llamarás y Dios contestará» (Jeremías 58:9).

Los sabios antiguos tenían muchos Nombres Santos recibidos como una tradición de los Profetas. Entre ellos estaban el Nombre de Setenta y Dos, el Nombre de Cuarenta y Dos, el Nombre de Doce y muchos otros. Con ellos eran capaces de realizar milagros y prodigios, pero nunca los usaban para sus propias necesidades. Su uso estaba reservado a un tiempo de decreto maligno o para santificar el santo Nombre de Dios...

El límite de la verdad y de la tradición de la alianza es éste. El que quiera satisfacer sus deseos con el uso de los Nombres de Dios debe primero estudiar con todas sus fuerzas la Torah, para poder captar el significado de cada uno de los Nombres de Dios que en ella se mencionan. Estos son: *Ehyeh* (אהיה), *Yah* (יה), YHVH (יהוה), *Adonai* (אדני), *El* (אל), *Elóah* (אלוא), *Elohim* (אלהים), *Shadai* (שדי) y *Tzevaot* (צבאות). Debe saber y entender que cada uno de estos nombres es como una llave para todas sus necesidades, sean cuales sean.

Cuando una persona contempla estos Nombres verá que toda la Torah y todos los mandamientos dependen de ellos. Si sabe el significado de todos los Nombres, entenderá la grandeza de Aquel que habló y trajo al ser al universo todo. Temerá a Dios, anhelando y consumiéndose por adherirse a Él, por su conocimiento de los Nombres. Estará entonces cerca de Dios y sus oraciones hallarán respuesta.

Respecto a lo cual, está escrito: «Le elevaré, porque conoce mi Nombre» (Salmos 91:14). El versículo no dice: «Le contestaré» sino «le elevaré». No dice tampoco «porque pronunció mi Nombre», sino «porque conoce mi Nombre». Y esto es porque lo principal es el conocimiento.[28]

[Cuando alguien posee tal conocimiento] puede llamar y Dios le responde. Esto significa que si necesita algo y se concentra en el nombre asociado con su necesidad, recibirá respuesta.[29]

El primer Nombre es el más cercano a todas las cosas creadas. A través de este Nombre se entra en la presencia de Dios Rey. Aparte de este Nombre, no hay ningún otro camino para ver el rostro del Rey Bendito.

Este Nombre es Adonai (אדני) [Es el nombre asociado a *Maljut*-Reino, la Sefirah inferior].

El Nombre Único, YHVH (יהוה), denota la esencia de nuestro Creador Bendito, y todo depende de él. Sin embargo, la primera puerta y la abertura por la que se entra para llegar a Dios es el Nombre Adonai.

Es éste el nivel inferior de lo Divino. Desde el nivel de Adonai para arriba se encuentra el misterio de la Unidad… Debajo está el mundo de la separación…

El Nombre de Adonai es como un almacén y un tesoro. Contiene a todo el influjo y a cada emanación trasmitidos por todos los canales espirituales desde YHVH.

Hay tres nombres, cada uno sobre el anterior. Adonai está abajo. YHVH en el medio y *Ehyeh* arriba de todo. De *Ehyeh* emana todo tipo de sustento que viene de la Fuente, el Infinito *(Ein Sof)*. Procede entonces a través de una serie de pasos hasta que alcanza el nombre bendito, YHVH. Todos los canales espirituales fluyen desde el Nombre YHVH y el flujo es transmitido al nombre Adonai. El Nombre Adonai es entonces el almacén que contiene todos los dispositivos del Rey y es la esencia que los distribuye a la creación. Alimenta y sustenta a todas las cosas con el poder de YHVH, que está en él.

---

28. *Véase* cap. 3, nota 162.

29. *Shaarey Orah,* Introducción (Varsovia, 1883) p. 1a.. En varios lugares he corregido el texto de acuerdo con Oxford Ms. 658, p. 165 ss., donde la lectura clarifica numerosos pasajes difíciles.

[Adonai] es entonces el tesoro del Nombre Único [YHVH]. Es el Palacio en el que YHVH mora.[30] Por ello, cada vez que en la Torah aparece el Nombre YHVH, es leído como Adonai. Esto es porque el que busque a YHVH sólo lo encontrará en el nombre Adonai.

Hay en total 54 formas de permutar las cuatro letras de YHVH. [Puesto que cada permutación contiene cuatro letras] se obtiene un total de 216 letras. Esos 54 nombres son el misterio de la transmisión del poder a todo lo que existe en toda la creación. Son como un alma para las 216 letras del Nombre de Setenta y Dos tripletes.[31]

Aquel que se adhiere a [Adonai] es digno de la vida eterna. A esto se alude en el versículo: «Y vosotros, que estáis adheridos a YHVH vuestro Dios, vosotros estáis todos vivos hoy» (Deuteronomio 4:4).

Nuestros sabios cuestionan esto y preguntan: «¿Es entonces posible adherirse a la Presencia Divina?».[32] Aunque su pregunta es válida, sólo es verdad en un sentido homilético. En un sentido místico uno puede en verdad adherirse.

Por consiguiente, Dios dijo: «Temerás a YHVH tu Dios, a él servirás y a él te adherirás» (Deuteronomio 10:20)…

Sabe y cree que hay un método de purificación mística de los miembros mediante el que es posible para un ser humano adherirse a la Presencia Divina, aun cuando ésta sea un «fuego devorador».[33] De hecho, es un fuego que proporciona deleite y éxtasis a aquellos que se adhieren a ella con un alma pura.

---

30. Tanto Adonai (אדני) como *hejal* (היכל), que significa «palacio», tienen el mismo valor numérico de 65.
31. *Shaarey Orah* 1, p. 4b. *Véase* más arriba, cap. 3, notas 113, 114.
32. *Ketubot,* 111b.
33. Ibíd. La alusión es a Deuteronomio 4:24.

Permutaciones del Tetragrammaton

Forma		*Número de Permutaciones*
YHVH	יהוה	12
YYVH	ייוה	12
YVVH	יווה	12
YYVV	ייוו	6
YYHH	ייהה	6
VVHH	וווהה	6
		54

Es por consiguiente llamado la Lámpara de Dios. Es lo que enciende la Lámpara del Alma. El alma entonces se adhiere a él y éste es su deseo.[34]

El que quiera percibir la Vida Eterna debe adherirse al atributo del Jai (Dios Vivo), [asociado con la Sefirah de *Yesod*-Fundamento].

Esto significa que con sus oraciones debe atraer El Jai a Adonai. Sobre esto fue sobre lo que el Rey David tenían pasión y deseo cuando dijo: «Mi alma está sedienta de Dios, del Jai» (Salmos 42:3).

Cuando el atributo *(Yesod)* llamado El Jai es unido a Adonai *(Maljut)*, uno puede hacer descender todo lo que necesita. Puede vencer a sus enemigos y nadie puede resistirle…

Debemos ligar a las Sefirot entre sí, adhiriendo todos los niveles con el atributo de Adonai (*Maljut*-Reino). Por tanto decimos: «Él elige cántico de alabanza, Rey (*Maljut*), Vida *(Yesod)* del mundo».[35] El que quiera buscar una buena vida, debe atarse al atributo del Jai.

Cuando alguien se adhiere a Adonai en pureza, también se adhiere entonces a El Jai. Como está escrito: «Y vosotros, que estáis adheridos a YHVH vuestro Dios, vosotros estáis todos vivos (*Jai*) hoy» (Deuteronomio 4:4).[36]

---

34. *Shaarey Orah*, 1, p. 14b.

35. Éste es el final de la oración *Yishtabach* en el servicio matinal.

36. *Shaarey Orah* 2, p. 18a.

Si uno quiere conseguir estas tres cosas, [vida, alimento o hijos], no puede hacerlo por derecho propio en este mundo. No es una cuestión de mérito, sino que [implica] al Tribunal de arriba.

¿Cómo pueden entonces conseguirse?

Uno tiene que elevar su concentración (*Kavanah*) más y más alto. Tiene que inquirir más hondo que el Mundo Futuro (*Binah*-Entendimiento) hasta que alcanza el nivel de *Keter*-Corona que es *Ehyeh* y que está [asociado con] el Infinito *(Ein Sof)*.

Se alcanza así el nivel de los Trece Atributos de la Misericordia. Uno de ellos se llama Destino *(mazal,* מזל*)*. Por consiguiente, los sabios enseñan que «la vida, los hijos y el alimento no dependen del mérito sino del Destino».[37]

Hay algo que debes saber y entender. Aunque digamos que aquel que quiera conseguir de Dios lo que desea, debe concentrarse en un Nombre Divino particular, esto no significa que tenga que hacerlo en ese nombre y no ir más lejos.

La verdadera intención es ésta: hay que concentrarse en el Nombre asociado con la cosa que se necesita. Se debe entonces elevar la concentración en ese Nombre hasta el punto más alto de las Diez Sefirot. Se alcanza así la Fuente Suprema, que es llamada Fuente del Deseo. Cuando alguien alcanza la Fuente del Deseo, su petición y el deseo de su corazón son satisfechos.

Tal es el significado del versículo: «Abres tu mano *(yadeja)* y satisfaces todo deseo vital» (Salmos 145:16). No leas *Yadeja* (ידך) –«Tu mano»– sino Yod-eja (יודך) –«Tu Yod».[38] Esto significa que Dios abre el misterio de la Yod (י) del nombre YHVH (יהוה), que es la Fuente del Deseo. Él satisface entonces el deseo de todo el que pide.

Quien quiera conseguir de Dios aquello que desea, debe contemplar las Diez Sefirot. Debe transmitir Voluntad y Deseo de lo más alto a lo más bajo, hasta llevarlo al Deseo Final que es el nombre de

---

37. *Moed Katan* 28a. *Cf. Zohar* 1:181a, 2:5a, 3:25a, 216b, 292b.

38. *Tikuney Zohar* 8b. Una exposición similar se encuentra en *Pesikta,* final de 31 (p. 201a); *Otiot DeRabbí Akiba,* Yud (Bet HaMidrash, vol. 3, p. 32; *Batey Midrashot,* vol. 2, p. 372.

Adonai. A través de él las Sefirot son bendecidas y él es bendecido a través de sus Sefirot.

Éste es el misterio del versículo… «El que se bendice a sí mismo en la Tierra (*Maljut*), se bendice por el Dios del Amén» (Isaías 65:16). La palabra *Amén* (אמן) alude al misterio por el que la bendición se transmite desde los nombres *Ehyeh* y YHVH al nombre Adonai.

Aprende de esto que al rezar hay que concentrarse de la forma que te he dicho. Hay que unir las Sefirot y aproximarlas entre sí…

Cuando se reza hay que concentrarse y ascender de Sefirah en Sefirah, de deseo en deseo. Hay que seguir de esta forma hasta que el corazón alcanza la Fuente de la Voluntad Suprema, que es llamada el Infinito *(Ein Sof)*.

En este sentido, el Rey David dijo: «Un cántico por pasos, desde las profundidades te llamo, ¡Oh Dios! (YHVH)» (Salmos 130:1). Está diciendo con ello que está llamando a Dios desde Sus profundidades, es decir, desde la fuente suprema que es llamada el Infinito *(Ein Sof)*. Ésta es la profundidad que constituye el vértice superior de la Yod de YHVH. Por tanto, afirma: «Desde las profundidades te llamo YHVH».

Y ¿cómo se concentra uno?

Lo hace por una serie de pasos en dirección vertical. Se entra por la Heh final (ה) del Nombre [que está asociada con *Maljut*-Reino]. Se asciende luego de atributo en atributo, de Sefirah en Sefirah, hasta que la mente se eleva a sí misma al punto superior de la Yod, que es *Keter*-Corona. Éste es llamado el Infinito *(Ein Sof)* y es el misterio de las «profundidades». [El Rey David por eso llama a esto} «Un cántico por *pasos*»…

Esas «profundidades» denotan todo lo oculto, escondido y difícil de entender. Por lo tanto, está escrito: «Lo que fue, está muy lejos, profundo, profundo, ¿quién puede hallarlo?» (Eclesiastés 7:24). El gran misterio que incluye a todo esto es el versículo: «Muy profundos son Tus pensamientos» (Salmos 92:6). Ya sabes que el misterio del pensamiento es la Yod del Nombre YHVH…

Ahora que te he enseñado esto podemos volver a la idea principal. Cuando uno se concentra, debe focalizar todos sus pensamientos hasta que, con absoluta concentración, alcanza la Fuente de la Voluntad.

Éste es el punto superior de la Yod y es la Profundidad del Pensamiento. Respecto a lo cual está escrito: «Desde las profundidades te llamo, ¡oh Dios!».[39]

* * *

El Tetragrammaton, YHVH, es como el tronco de un árbol, mientras que los demás Nombres divinos son como sus ramas.[40]

* * *

Ocasionalmente el Nombre YHVH está conectado a Adonai.

A veces YHVH viene primero y es seguido por Adonai. Un ejemplo es el versículo: «YHVH Adonai es mi fuerza. Él hace mis pies como de ciervas» (Habacuc 3:19). Otro ejemplo es: «Dios es para nosotros un Dios de salvación y de YHVH Adonai es el librar de la muerte» (Salmos 68:21). Y aún otro: «Para Ti, YHVH Adonai, son mis ojos, en Ti he tomado refugio» (Salmos 141:8).

Cuando se pronuncian juntos ambos nombres, YHVH no se lee como Adonai sino como Elohim. Esto alude al atributo de *Binah* Entendimiento, que se une con el atributo de *Maljut*-Reino, llamado Adonai. Mediante *Binah*, Adonai es unido con YHVH

Cuando alguien pronuncia YHVH Adonai (Elohim Adonai) en este orden, el influjo desciende por todas las Sefirot, desde la más alta hasta la más baja, hasta que el influjo de la bendición y la esencia alcanza el nombre Adonai. Cuando esto sucede todo el mundo es acrecentado con una perfecta bendición.

Otras veces se pronuncia primero Adonai, seguido por YHVH. Un ejemplo es el versículo: «Dijo Abraham: Adonai YHVH, ¿qué me darás?» (Génesis 15:2). Otro ejemplo es: «Adonai YHVH, has comenzado a mostrar a tu siervo tu grandeza» (Deuteronomio 3:24).

---

39. *Shaarey Orah* 3, 4, p. 39b. Citado en *Shaarey Kedushah*.
40. Ibíd. 5, p. 40b.

Todavía otro ejemplo: «Adonai YHVH, no destruyas a tu pueblo» (Deuteronomio 9:26).

Cuando se pronuncia el Nombre Adonai YHVH (*Adonai Elohim*), lo que se denota es el misterio del ascenso de las Sefirot y su unión recíproca, hasta que la concentración de la persona alcanza la Fuente de la Voluntad.

Es como un individuo que quisiera agarrar un lugar en la Luz suprema y adherirse a ella. El nombre Adonai (*Maljut*-Reino) anhela elevarse y agarrarse a *Binah*-Entendimiento. YHVH es entonces vocalizado como Elohim.

Cuando el Nombre se escribe YHVH Adonai, se denota el misterio del influjo divino de *Binah*-Entendimiento, que desciende por los canales y llega al nombre Adonai. Cuando esto sucede todo el universo es bendecido.[41]

* * *

El grande, glorioso y terrible nombre, YHVH, es un nombre que incluye a todos los demás nombres divinos mencionados en la Torah. No hay nombre divino que no esté incluido en el nombre YHVH.

Entendiendo esto, debes darte cuenta de lo cuidadoso que debes ser al pronunciar este nombre. Al pronunciar el nombre YHVH pones en tus labios todos los nombres santos. Es como si tu boca y tu lengua estuvieran llevando todos los nombres Santos, de los que depende el universo y todo lo que contiene.

Comprenderás entonces el misterio del [Tercer] Mandamiento, «no tomarás el nombre de YHVH tu Dios en vano» (Éxodo 20:7). Porque, ¿cómo puede una criatura humilde e insignificante llevar en su lengua el gran nombre YHVH que sostiene a toda la creación, tanto arriba como abajo? Y lo que es más. [¿cómo puede usarlo para sus propias necesidades], como si fuera un hacha para cortar?…

Debes entender que cuando alguien pronuncia el nombre YHVH, haciendo sonar sus letras con el movimiento de la lengua, está agitan-

---

41. Ibíd. 42b.

do todos los universos, tanto arriba como abajo. Todos los ángeles se alzan y se preguntan entre sí: «¿Por qué está temblando el universo? Y se contestan: porque algún malvado está pronunciando el Nombre Explícito, haciéndolo sonar con sus labios. Como resultado de esas vibraciones todo nombre y apelación que de él dependen reverbera, y el Cielo y la Tierra tiemblan».

Entonces dicen «¿Y quién es este malvado que hace que el universo tiemble pronunciando el Gran Nombre sin razón? Es este malvado, el que ha cometido estos pecados en el día de hoy y aquellas faltas el otro día». Como resultado, todos los pecados de este individuo son recordados.

Cuando se agita el tronco de un árbol se hace que todas sus ramas y hojas tiemblen. Igualmente, cuando alguien pronuncia el nombre YHVH todas las multitudes de lo alto y lo bajo tiemblan, ya que todo depende de él.

El único lugar en el que esto no era así era el Templo Santo. Cuando el Sumo Sacerdote pronunciaba este Nombre en el Templo, todas las multitudes del Cielo se regocijaban y recibían el influjo divino.

Porque haciendo esto, el Sumo Sacerdote rectificaba todos los canales superiores y la bendición llegaba a todo en el universo.[42]

* * *

Muchos santos temían tocar el atributo de Adonai cuando aparecía solo. Por lo tanto, transmitían amor y bien desde la más alta Corona-*Keter*, y desde los demás Nombres asociados con la misericordia. El Rey David hizo esto, cuando dijo: «Pero tú Adonai (*Maljut*-Reino) eres Él (*Jesed*-Amor), lleno de compasión y misericordia, lento en la ira, con gran amor y verdad. Vuélvete a mí y ten misericordia de mí» (Salmos 86:15).

Si entiendes esto podrás entrar en muchas cámaras. Entenderás cómo los profetas y santos dirigían al nombre de Adonai los canales

---

42. Ibíd. 46a.

del amor y de la misericordia, no entrando en él cuando estaba seco y vacío.

Es así como los sabios talmúdicos sabían rectificar los canales y dirigir todos los Nombres asociados con la misericordia hasta que todo era transmitido al nombre Adonai. Puesto que sabían cómo concentrar (a través de todos los canales al nombre Adonai), podían hacer cualquier cosa que quisieran en el mundo.[43]

* * *

El nombre bendito, YHVH, que es el misterio del Pilar del Medio, es llamado *Atah* (Tú). Éste es el misterio de todas las banderas y apelaciones de Dios. Él se viste con todas ellas y se enorgullece de ellas, siendo éste el misterio de la palabra *Atah*.

Este misterio nos enseña que todo en el universo, y toda *Mercava*, fueron creados mediante pronunciaciones de las letras del alfabeto. Tal es la tradición cabalística que se encuentra en el *Sefer Yetzirah* y que habla de la permutación y movimiento cíclico de las letras.

Mediante la permutación de los 22 alfabetos se crearon el Cielo y la Tierra y todas sus huestes, en lo alto y abajo. Sábelo y pondéralo cuidadosamente…

Las permutaciones de letras son, por consiguiente, una puerta a las más hondas profundidades. Mediante ellas se puede discernir la profundidad de la Sabiduría y la maravilla de la creación de todo lo que fue formado, cada cosa según su tipo. Se puede discernir también la estructura de toda *Merkavá* y el misterio de todo macho y hembra.

Las permutaciones y movimientos cíclicos de las 22 letras están todos ocultos en el misterio de la palabra *Atah* (אתה) [las dos primeras letras de esta palabra son Alef (א) y Tav (ת)] la primera y la última de las letras del alfabeto, y el principio y el fin de todo *Merkavá*.

---

43. Ibíd. 67b.

Éste es el significado de lo que dice el *Sefer Yetzirah*, «Diez Sefirot de la Nada, su fin está contenido en su principio y su principio en su fin, como la llama unida al carbón ardiente».[44]

Todo esto constituye el misterio de las 22 letras y de los cinco canales de *Binah*-Entendimiento. Mediante ellos se dibujan todas las formas de la *Merkavá* al igual que todas las cosas, tanto arriba como abajo.

Tal es el misterio de la Torah. Está escrita con las 22 letras y consta de cinco Libros [Cinco es el valor numérico del Heh (ה), la última letra de *Atah*]. Todas ellas juntas, la Alef (א), la Tav (ת) y la Heh (ה), deletrean *Atah* (אתה).[45]

* * *

Reflexiona sobre las llaves que te he dado aquí. Con ellas puedes abrir muchas puertas, selladas con muchas cerraduras, puesto que no todo el mundo es digno de entrar por ellas.[46]

* * *

La Sefirah [de *Jojmah*- Sabiduría] es llamada «Algo» en la Torah. La razón es que la primera Sefirah, *Keter*-Corona, se halla oculta a los ojos de todos. Puesto que nadie puede contemplarla, recibe el nombre de Nada…

El que busca [a *Keter*-Corona] encuentra Nada. Nadie puede contemplar la profundidad de su profundidad y excelencia. Por ello no viene connotada por ninguna letra del alfabeto, sino sólo por el punto superior de la Yod.

El principio del pensamiento y la primera revelación del conjunto son la segunda Sefirah, que es llamada *Jojmah*-Sabiduría.[47]

---

44. *Sefer Yetzirah* 1; 7.
45. *Shaarey Orah* 5, p. 68b.
46. Ibíd. 8, p. 84b.
47. Ibíd. 9, p. 93a.

* * *

Mirar a la *Merkavá* es llamado descenso y los sabios hablan por consiguiente de «descender a la *Merkavá*».

El que mira a *la Merkavá* debe ascender primero hasta el nivel supremo que es el lugar de la Luz. Es aquí donde recibe el influjo del discernimiento. Sólo entonces puede descender y mirar a *la Merkavá*.[48]

* * *

La Sefirah [de *Jojmah*-Sabiduría] es llamada Temor. La razón es que cuando los pensamientos de una persona llegan a este alto y profundo lugar, ésta tiene motivos para temer, no sea que sus pensamientos resulten confundidos, corriendo y meditando por encima de la propia medida.

El *Sefer Yetzirah* dice respecto a ello: «Diez Sefirot de la Nada, cierra la boca para que no hable y el corazón para que no piense. Y si tu corazón corre, vuelve a tu lugar». Uno debe volver a su lugar, ya que está entrando en un lugar de temor y terror cuando piensa en su profundidad y esencia…

Contempla, por lo tanto, que dondequiera se halle la palabra Temor, se está hablando de la Sefirah [de *Jojmah*-Sabiduría]. Es un lugar de temor, puesto que no tienen ni medida ni límite, y la mente no tiene entonces el poder de agarrarlo. A esto se alude en el versículo «Él dice al hombre: he aquí que el temor de Dios es la Sabiduría y el apartarse del mal es el Entendimiento» (Job 28:28).

3. Rabbí Isaac de Acco

Contemporáneo de Abulafia y Gikatilla, Rabbí Isaac de Acco es el tercer gran cabalista de esa época que habla de meditación. Aunque no llega a proporcionar ejemplos claros de su metodología, sí habla de muchos importantes principios meditativos, y sus escritos han tenido

---

48. Ibíd. 96a. Citado *Shaarey Kedushah*. *Véase* más arriba cap. 2, nota 39.

una acusada influencia en los cabalistas meditadores. Era renombrado como un maestro en la permutación de letras, aún más que Abulafia y Gikatilla, y Rabbí Jaim Vital enseñaba que cuando Rabbí Isaac de Acco practicaba el arte de *Tzeruf* los ángeles le visitaban.[49]

Rabbí Isaac (1250-1340) nació en Tierra Santa y creció en Acco, que a la sazón tenía una importante comunidad judía. La ciudad estaba bajo la influencia cabalística de Rambán (Rabbí Moshe ben Najman), que había llegado a Tierra Santa en 1267. Estando considerado como uno de los alumnos más brillantes de Acco, Rabbí Isaac pasó a estudiar en la Academia de Rabbí Shlomo Petit y hay cierta evidencia de que también lo hizo con el mismo Ramban.

Es interesante notar que mientras que Abulafia estudio la *Guía de los Perplejos* con Rabbí Hillel de Verona, que era uno de sus defensores a ultranza, Rabbí Isaac de Acco fue discípulo del principal oponente de Rabbí Hillel en la disputa desatada sobre el sistema filosófico de Maimónides.

Viviendo en Acco, Rabbí Isaac estaba rodeado por esa controversia. Su maestro, Rabbí Shlomo Petit, se había agarrado al hecho de que Maimónides citaba y alababa a Aristóteles. Puesto que las obras de Aristóteles son a menudo diametralmente opuestas a las enseñanzas del judaísmo, Petit condenó como heréticas las obras de Maimónides. Viajó entonces a Europa en busca de apoyo, intentando que se prohibiera tanto el aprendizaje como la enseñanza de la *Guía*.

Sin embargo, Maimónides no carecía de defensores y la controversia virtualmente desgarró a la comunidad de Acco en dos facciones opuestas. A la larga vencieron los defensores de Maimónides, y en el verano de 1289 se pronunció un decreto contra Petit, prohibiéndole cualquier otro ataque contra la *Guía*. Se enviaron a Barcelona cartas testimoniales a favor del clásico de Maimónides, muy probablemente dirigidas al Rashba.

---

49. Véase *Shem Ha Gedolim, Yud* 353; *Midbar Kadmut, Jojmah* # 11.

Desde hacía mucho, la ciudad de Acco era un escenario importante del conflicto entre Cruzados y Sarracenos. Había sido finalmente arrebatada a los musulmanes por el Rey Ricardo Corazón de León en 1191, y después había disfrutado de un siglo de paz, durante el cual la comunidad judía había prosperado. Sin embargo, el 18 de mayo de 1291 (18 Sivan, 5051) había sido retomada por el sarraceno Almalek Alshraf, y una buena porción de tanto la comunidad judía como la cristiana había sido pasada por la espada. El resto de la población había sido hecha prisionera, y entre ellos estaba Rabbí Isaac de Acco.

Parece que Rabbí Isaac de Acco permaneció en Tierra Santa algunos años después de esto. Desde allí marchó a Italia, donde le encontramos en 1305. Luego viajó a Toledo y fue durante esa época cuando conoció a Rabbí Moshe de León, el que publicó el Zohar.

Aunque Isaac de Acco no menciona a Abulafia por su nombre, se muestra extremadamente crítico con el *Ginat Egoz* (el Jardín de los Nogales) de Gikatilla, escrito bajo la influencia de Abulafia. Rabbí Isaac se queja del uso extensivo que hace Gikatilla de los Nombres Divinos, y escribe: «Si no hubiera sido porque él es temeroso de Dios, diría que cuando hace esto, es contado entre los que no le temen».[50] Sin embargo, cuando después Gikatilla vivía en Segovia, y probablemente después de haber escrito *Shaaray Orah* (Las Puertas de la Luz), Rabbí Isaac lo cuenta entre los más grandes cabalistas de su generación.[51] Puesto que tanto Abulafia como Isaac de Acco fueron contemporáneos y hablaron de técnicas meditativas, sería interesante buscar una conexión entre ambos. Una posibilidad es que tuvieran el mismo maestro, Rabbí Baruj Torgami. Tengo un fragmento en el que Rabbí Isaac de Acco dis-

---

50. *Meirat Eynayim* (Jerusalén, 1979), p. 318. Véase también *Otzar Yisrael* 2:285a.
51. *Otzar Jaim* (Moscú, Ms. Guenzburg # 775) p. 183a.

cute sobre los Siete Sellos místicos, que él atribuye a Nohaniel Gaón (?) y que son en otro lugar atribuidos al Rambán.[52] Rabbí Isaac dice haber oído una explicación sobre su significado de un cierto Rabbí Baruj.[53] En un comentario a la Torah, Rabbí Isaac habla igualmente de Rabbí Baruj en varios lugares.[54] Parece evidente que se trata del mismo Rabbí Baruj Torgami que fue el maestro de Abulafia.

Hay varios lugares en los que las enseñanzas de Rabbí Isaac parecen correr parejas con las de Abulafia.

Ambos afirmaban que la profecía podía darse en cualquier lugar, y que la doctrina midráshica sobre que la profecía sólo podía conseguirse en Tierra Santa se refería de hecho a un nivel espiritual.[55] Las letras iniciadas de los términos hebreos «Principio, Medio y Fin», *Rosh, Toj, Sof* (ראש תור סוף), constituyen la palabra *Seter* (סתר), que significa «misterio» y esto es también presentado por ambos de la misma forma.[56] El Nombre de Setenta y Dos tripletes contiene un total de 216 letras, el valor numérico de «Temor» *(Yirah,* יראה) y «león» *(Aryeh,* אריה). Esto también aparece tanto en las obras de Abulafia como en las de Isaac de Acco.[57]

Todo esto podría ser coincidencia, bien por un descubrimiento independiente, bien por el producto de tradiciones distintas. Hay sin embargo una guematria que ambos usan y que, puesto que utiliza una palabra extranjera, es difícil imaginar que provenga de dos tradiciones independientes. El Talmud afirma que el ángel Metatrón (מטטרון) es llamado *Naar* (נער), dado que ambas palabras tienen un valor numérico de 320. Tanto Abulafia como Isaac deAcco señalan que éste es tam-

---

52. Moscú, Ms. Guenzburg # 775, 32.º (folio sin numerar al principio) lado b. (p. 64 en mi manuscrito). En la (no numerada) p. 32a, éstos se atribuyen a R. Nohaniel Gaon, pero no hay constancia de la existencia del tal Gaon. Véase *Toldot Adam* # 158 en la que también están dibujados estos sellos y que es atribuido al Ramban. También aparecen en *Shoshan Yesod Olam* (Sasoon, Ms. 290) pp. 268, 322, 460.

53. Ms. Grenzburg, p. 32b (sin numerar).

54. *Meirat Eynayim*, p. 240. Él es también mencionado en el comentario de R. Moshe Botril al *Sefer Yetzirah* 4:2, 4:4. Véase *Otzar Sefarim*, «*Joshem Mishpat*» (Chet 861).

55. *Otzar Jaim*, p. 94a. Respecto a Abulafia, *véase* más arriba, cap. 3, nota 93.

56. *Otzar Jaim*, p. 5b. Véase *Jayay Olan HaBah*, p. 22b.

57. *Otzar Jaim*, p. 16b. Véase *Sefer HaJeshek*, p. 10b.

bién el valor numérico de *Sheik* (שך), que en árabe significa «anciano». Metatrón el «joven» es de hecho un anciano.[58] Sería difícil admitir que dos individuos llegaran independientemente a esta guematria, y por eso parece muy probable que o bien Isaac de Acco la tomó de los escritos de Abulafia, o bien que ambos la recibieron de la misma fuente.

Es muy posible que Rabbí Isaac aprendiera sobre las enseñanzas de Abulafia del autor de *Shaarey Tzedek* (las Puertas de la Rectitud), que vivía enTierra Santa. Ambos residieron allí al mismo tiempo y hay importantes similitudes entre *Shaarey Tzedek* y el *Otzar Jaim* (Tesoro de la Vida) de Isaac de Acco. Así, por ejemplo, al tratar ambos libros de la incapacidad del hombre para percibir lo divino, los dos ponen el ejemplo del murciélago, que puede ver en la oscuridad, pero queda cegado por la luz del día.[59]

Otra idea que es demasiado parecida para ser coincidencia es el caso de los filósofos que utilizaban el vino como ayuda en la resolución de problemas difíciles, tal como se cuenta en Shaarey Tzedek.[60] Rabbí Isaac casi parafrasea del anterior, diciendo: «He oído que cuando uno de los más espirituales de entre los sabios filósofos se enfrentaba a un problema difícil, bebía una copa de vino fuerte y se dormía con sus pensamientos puestos en el tema. Mientras se hallaba en un estado de semivigilia, le venía el entendimiento pleno y entonces se despertaba y lo escribía».[61]

Puesto que *Otzar Jaim* se escribió al menos diez años después de *Shaarey Tzedek,* es muy probable que Isaac de Acco leyera sobre lo anterior en el texto más antiguo.

Una de las enseñanzas importantes de Rabbí Isaac de Acco se refiere a la *Hishtavut* (השתוות), un término derivado de la raíz *Shava (שוה)* que significa «igual». El término denota el hacer todas las cosas iguales para uno, y puede traducirse por ecuanimidad o más exactamente por estoicismo. Implica una total indiferencia a las influencias exteriores,

---

58. *Otzar Jaim,* p. 131b. Véase *Jayay Olam HaBah,* p. 18b.

59. *Otzar Jaim,* p. 123b. Véase *Shaarey Tzedek,* p. 58a.

60. *Véase* cap. 3, nota 136.

61. *Otzar Jaim,* p. 36a. *Cf. Shoshan Yesod Olam* # 545, p. 241.

sean buenas o malas. Rabbí Isaac considera esto como un prerrequisito para cualquier verdadero nivel de meditación, una idea mencionada por Abulafia y discutida en profundidad por Albotini.[62]

La idea de *Hishtavut* aparece también en fuentes más antiguas no cabalísticas, siendo la primera *Jovot Halevavot* (Deberes del corazón) de Rabbí Bahya ibn Pakuda (1050-1120).[63] Sin embargo, el concepto aparece de hecho en el Talmud, donde recibe el nombre de «vencer las propias tendencias [naturales]». Así, el Talmud relata que el gran místico Rabbí Nehunia ben HaKana, la figura central de las *Hejalot*, decía que ésta era una de las causas principales de sus logros.[64] El Talmud también enseña que los misterios del Nombre de Cuarenta y Dos sólo pueden ser revelados a aquel que haya alcanzado este nivel de estoicismo.[65] En otro lugar, el Talmud habla de una oración contestada inmediatamente en una forma mística, y establece de nuevo que la causa fue que el individuo que dirigía las oraciones había sido capaz de «vencer sus tendencias».[66]

El Talmud afirma claramente que los que consiguen este nivel de estoicismo tienen la capacidad de irradiar espiritualmente. Así enseña que: «Respecto a los que son insultados pero no insultan, que oyen cómo les desprecian pero no responden, que sirven a Dios] con amor y se regocijan en el sufrimiento, está escrito: "Los que aman [a Dios] serán como el Sol brillando con [toda] su fuerza" (Jueces 5:31)"».[67]

Esta enseñanza tuvo un efecto profundo en los cabalistas posteriores. Es comentada en extensión en *Sulam HaAliyah* (la escalera de ascenso) y la fundamental enseñanza de Isaac de Acco respecto al tema es citada en su integridad en la no publicada Cuarta parte de *Shaarey*

---

62. *Véase* cap. 3, nota 155.

63. *Véase* nota 83.

64. *Meguilah* 28a. Esto es llamado *Maavir al Midotav* en el Talmud.

65. *Kiddushin* 78a. Elías dice que él sólo se revela a una persona así, véase *Mesejta Kallah Rabatai*, final del cap. 5; *Shaarey Kedushah*, 4.ª parte, p. 15a, *Reshit Jojmah, Shaar HaAnavah* 3 (p. 220a).

66. *Taanit*, 25a.

67. Yoma 23a. *Véase* después, nota 80.

Kedushah de Rabbí Jaim Vital.[68] El maestro angélico de Rabbí Joseph Caro también le enseñó a éste una idea similar.

Es significativo ver que este mismo concepto se encuentra también entre las enseñanzas de los primeros Jasidim. El Baal Shem Tov, el fundador del movimiento, habla en profundidad de la *Hishtavut*-estoicismo y afirma que esa es la intención del versículo que se traduce generalmente como «he puesto *(shivi-ti)* a Dios delante de mí en todo tiempo» (Salmos 16:8). Según el Baal Shem la palabra *Shivi-ti* (שויתי) en lugar de traducirse como «he puesto», debería serlo como «he sido estoico». El versículo quedaría entonces: «He sido estoico, Dios está delante de mí en todo tiempo».

Puede que a primera vista esta traducción les resulte muy forzada a los eruditos de la Biblia, pero de hecho hace mucho más comprensible un buen número de otros versículos difíciles. Así, en vez de «he puesto *(shivi-ti)* y he aquietado mi alma» (Salmos 131:1), podemos ahora leer: «Me he vuelto estoico y he aquietado mi alma». Otro versículo en el que esta interpretación encaja es: «He elegido un sendero de fe, por tus juicios me he vuelto estoico» (Salmos 119:30). Lo mismo es cierto de este versículo de Isaías: «Me he hecho estoico *(shiviti)* como un león hasta la mañana» (Isaías 38:13). En todos estos ejemplos sería muy difícil el poder traducir *Shivi-ti* como «he puesto».

En varios lugares, Rabbí Isaac habla de *Mitbodedim* (מתבודדים) o «meditadores» como si hubiera grupos organizados de tales individuos.[69] El hecho de que tantas escuelas cabalísticas contemporáneas hablan de diversas técnicas de meditación, parece apoyar lo mismo. También en varios sitios Rabbí Isaac habla de la ciencia de la combinación de letras *(tzeruf),* citándolo como un importante medio de conseguir la iluminación.[70]

Isaac de Acco escribió varios libros, ninguno de los cuales ha sido publicado exceptuando algunos fragmentos en revistas especializadas. Su obra más conocida es *Meirat Eynayim* (la Luz de los Ojos), un co-

---

68. *Shaarey Kedushah,* 4.ª parte, p. 17a. *Véase* nota 78.

69. *Otzar Jaim,* pp. 128a, 136a.

70. *Véase* nota 49.

mentario sobre la Torah explicando las enseñanzas del Ramban. Otra obra cabalística importante es su *Otzar Jaim* (el Tesoro de la Vida) que consiste en su mayor parte en misterios que le fueron revelados en estado meditativo.[71] También escribió comentarios al *Sefer Yetzirah* y a *Pirkey Rabbí Eliezer,* un antiguo Midrash. De ellos se han publicado algunas partes en revistas.[72] Muy significativo es su autobiografía *Divrey Yamim* (Crónicas), mencionada en *Otzar Jaim,* pero de la que no se conserva ningún manuscrito.[73] También en este lugar se menciona otra obra, *Jaim DeOraita* (Vida de la Torah), que los historiadores no consideran, pero que podría ser un libro desconocido suyo que es a veces citado por los cabalistas.[74]

❖ Enseñanzas

Yo, el insignificante Isaac, hijo de Salomón, de Acco, proclamo esto tanto ante los individuos como ante las masas, para aquellos deseosos de conocer el misterio del atar la propia alma a lo alto.

Uno puede ligar a Dios sus pensamientos, y cuando lo hace consistentemente, no hay duda de que será digno de Mundo por venir y de que el Nombre de Dios estará constantemente con él, tanto en este mundo como en el próximo.

---

71. *Meirat Eynayim* se encuentra en varios manuscritos notablemente Oxford, Ms. 1619, Munich, Ms. 14, y fue publicado en Jerusalén, 1979. El manuscrito más completo de *Otzar Jaim* es Moscú, Ms. Guenzburg 775. De él hay selecciones en *Leket Shoshanim,* Neubauer, Cat. n.º 1911, y muchos extractos en manuscritos tales como Sasoon, Ms. 919, y Adler Ms. 1589.

72. El comentario al *Sefer Yetzirah* está en Jerusalén, Ms. 8.º 404, pp. 15b-33a y en el British Museum, Ms. Gaster 956, pp. 13a-16a. Ha sido publicado por G. Scholem en *kiryat Sefer* 31:379 ss (1956). Forma parte de una colección llamada *Avrey Zikaron,* p. 83; *Kiryat Sefer* 6:259-276 (1930), 7:457-465 (1931). Véase también British Museum, Ms. Gaster 720. El comentario al *Pirkey Rabbí Eliezer* se encuentra en el Jewish Theological Seminary, Ms. Enelow 2316, y en una traducción al árabe en el comentario de R. Judá ben Nissim ibn Malka al *Pirkey Rabbí Eliezer,* Sasoon, Ms. 919b. Ha sido publicado en la *Revue des Études Juifs* (REJ) 115:27:71 (1956).

73. *Otzar Jaim,* 22a, 49b, 57a.

74. Ibíd. 22a.

Debes mantener de continuo las letras del Nombre Único en la mente como si estuvieran enfrente de ti, escritas en un libro con escritura de la Torah *(Ashurit)*. Cada letra debe aparecer infinitamente grande.

Cuando dibujas de esta forma las letras del Nombre Único (יהוה), el ojo de tu mente debe mirarlas y al mismo tiempo tu corazón debe dirigirse hasta el Ser Infinito *(Ein Sof)*. Tu mirada y tu pensamiento deben ser como uno.

Éste es el misterio de la verdadera adhesión, respecto de la cual dice la Torah: «A él te adherirás» (Deuteronomio 10:20).

[Si eres capaz de hacer esto] ningún mal te acaecerá y no serás víctima de accidentes. Mientras que estés adherido a Dios, estarás por encima de los accidentes y en control de las situaciones.

El Tetragramaton en Caligrafía Ashurita

Debes respetar a Dios y tener cuidado de no adherir tus pensamientos a Él cuando no te encuentres en un lugar limpio. No lo hagas en callejones llenos de basura, ni cuando tengas las manos sucias, ni cuando te halles en presencia de ídolos.

He oído la siguiente historia de un sabio piadoso que había servido a Rabbí Isaac el Ciego, hijo del Raavad (Rabbí Abraham ben David de Posquieres, 1120-1198).

[Rabbí Isaac] era ciego de nacimiento y nunca había visto con sus ojos físicos. Siempre que iba a cualquier lugar decía a su lazarillo: «Cuando pasemos cerca de un lugar de idolatría apresura el paso tanto como puedas».[75]

---

75. Este trozo se cita en MBWJ 78:500.

Me parece que esto lo hacía para gloria de Dios. Sus pensamientos estaban siempre ligados a Él, y debido al espíritu impuro que mora en los ídolos, no podía pensar tales pensamientos [cuando se hablaba en su proximidad]. Un lugar así era de la máxima impureza, mientras que sus pensamientos estaban en la Raíz de la máxima Santidad. Por lo tanto, se alejaba de allí lo más rápido posible para poder regresar a su estado mental normal.

Se puede preguntar el por qué hay que ligar los pensamientos al Tetragrammaton más que a cualquier otro nombre. La razón es que este Nombre es la causa de las causas y la fuente de todas las fuentes. En él están incluidas todas las cosas, desde *Keter*-Corona (la Sefirah más elevada) hasta la más insignificante polilla. Bendito sea el Nombre de la gloria de su reino por siempre y siempre.

El salmista se refería a este nombre al decir «he puesto a YHVH delante de mí en todo tiempo» (Salmos 16:8). Lo cual alude a lo que ya he dicho, que sus ojos y su corazón estaban siempre dirigidos hacia Dios, y esto es como si el Nombre (YHVH) estuviera escrito delante de él...[76]

Cuando un individuo es merecedor del misterio de la Adhesión *(Devekut)*, puede también serlo del misterio del Estoicismo *(Hishtavut)*. Tras ser merecedor del Estoicismo, puede también serlo de la Meditación *(Hitbodedut)*. Y después de serlo de la Meditación, puede ser merecedor del *Ruaj Ha Kodesh* (Espíritu Santo, iluminación). A partir de ahí puede llegar al nivel de la Profecía, en el que de hecho puede predecir el futuro.

Rabbí Abner contaba la siguiente historia para explicar el misterio del estoicismo:[77]

Una vez se llegó un sabio a uno de los meditadores *(Mitbodedim)* y le pidió que le aceptara en su sociedad.

El otro respondió. «Hijo mío, bendito eres para Dios. Tus intenciones son buenas. Pero, dime, ¿has adquirido estoicismo o no?».

---

76. *Véase* cap. 1, nota 3, cap. 6, nota 83.
77. Este Rabbí Abner puede haber sido el discípulo de Ramban mencionado en *Emek HaMelej*, p. 4a, Seder HaDorot 4954.

El sabio dijo: «Maestro, explica tus palabras».

El meditador dijo: «Si un hombre te alaba y otro te insulta, ¿son o no iguales a tus ojos?».

Él respondió: «No maestro. Obtengo placer de los que me alaban y dolor de lo que me degradan. Pero ni me vengo ni guardo resentimiento».

El otro dijo: «Ve en paz, hijo mío. No has conseguido el estoicismo. No has llegado todavía al nivel en el que tu alma no siente la alabanza del que te honra ni la degradación del que te insulta. No estás preparado para atar tus pensamientos a lo alto de forma que puedas venir a meditar *(hitboded)*. Ve y aumenta la humildad de tu corazón y aprende a tratar a todo como igual hasta que te hagas estoico. Sólo entonces serás capaz de meditar».

La Luz de los ojos[78]

Aquél digno de llegar al nivel de meditación *(hitbodedut)* tiene paz en la vida. Para llegar a ese nivel debe adherirse a tres rasgos y mantenerse alejado de sus características opuestas. Tendrá entonces paz en este mundo y ciertamente en el próximo.

Éstos son los tres rasgos: debe alegrarse con su porción, debe amar la meditación y debe huir de la posición y el honor. Esto supone el sometimiento del corazón.[79]

Rabbí Isaac de Acco escribe en el nombre de Rabbí Moshe, un discípulo de Rabbí José Gikatilla:

Si el corazón de alguien le impele a rectificar sus rasgos, perfeccionando su personalidad y actos, debe perseguir la humildad hasta el último grado. Debe «ser insultado pero no insultar, oírse despreciado pero no responder».[80] La Presencia Divina descansará sobre él de inme-

78. *Meir Eynayim*, Ekev (Munich, Ms. 14) p. 140b. Esto ha sido publicado por Jellinek en *Philosophie und Kabbalah*, p. 48. Citado también en la 4.ª parte de *Shaarey Kedushah*, *véase* nota 68.

79. *Reshit Jojmah, Anavah* 3 (p. 59a). Citado también en la 4.ª parte de *Shaarey Kedushah*, p. 15a. *Cf. Reshit Jokmah, Ahavah* 10 (p. 87d).

80. *Véase* nota 67.

diato y no tendrá que aprender de ningún ser humano, porque el espíritu de Dios se encargará de enseñarle.[81]

En otro lugar [Rabbí Isaac de Acco] escribe:

Esto encontramos en los libros de los cabalistas que eran dignos del camino de la verdad:

Una de las grandes rectificaciones para aquel que quiere conocer a Dios es que debe hallarse entre los que «son insultados pero no insultan». Esto debe ser así, incluso con aquellos a los que no teme ni ante los que no siente vergüenza, tales como su mujer e hijos. Incluso si los miembros de su casa le insultan, no debe contestar salvo para corregir sus modos… Pero en su interior no debe sentir ira sino que su corazón ha de estar siempre alegre, adherido [a Dios] suceda lo que suceda.[82]

❖ Paralelismos

Se cuenta que un jasid preguntó a uno de sus compañeros. «¿Has logrado el estoicismo *(hishtavut)?*». Cuando el otro le pidió que explicara el significado de la pregunta, dijo: «¿Has llegado a un nivel en el que la alabanza y el insulto son iguales a tus ojos?». El otro contestó negativamente y entonces él dijo: «Si eso es cierto entonces no has alcanzado el [nivel necesario]. Continúa esforzándote en esa dirección y podrás acceder a él. Se trata del más alto nivel de piedad, y su deseado fin».

Rabbí Bahya ibn Pakudah (1050-1120)[83]

[Esto me ha enseñado mi maestro angélico:] No te preocupes de nada del mundo que no sea lo que influya en tu servicio a Dios. Con respecto a todas las cosas mundanas, todo debe ser lo mismo que su opuesto.

Éste es el misterio de las palabras del sabio que preguntó a un iniciado que quería dedicarse a Unificaciones (*Yejudim*): «¿Has conseguido el estoicismo?».

---

81. *Reshit Jojmah, Anavah,* 3 (119d). Citado también la 4.ª parte de *Shaarey Kedushah,* p. 15a.

82. Ibíd. Véase también Anavah 5 (228b).

83. *Jovot HaLevavot, Shaar Yijud HaMaseh* 4 (Varsovia, 1875) p. 12a.

Si una persona no ve que todo bien del mundo físico es exactamente lo mismo que su mal, es imposible que Unifique todas las cosas.

Rabbí José Caro (1488-1575)[84]

«He sido estoico, Dios está ante mí en todo tiempo» (Salmos 16:8). Esto denota un nivel de estoicismo respecto a todo lo que acontece a la persona. Para él todo debe ser igual, tanto si es insultado como alabado. Lo mismo debe ser respecto de la comida: tanto si come dulces como si hiel, todo debe resultarle igual. De este modo se puede erradicar por completo la inclinación al mal *(Yetzer HaRa)*.

Rabbí Israel Baal Shem Tov (1698-1760)[85]

Se dice que en cierta ocasión se le preguntó a un jasid, «¿cuál ha sido el momento más feliz de tu vida?». Éste contó la siguiente historia:

Estaba en cierta ocasión de viaje en un barco junto con varios comerciantes que llevaban costosas mercancías. Yo quise meditar *(hitboded)* en mi Creador y bajé a las bodegas, tumbándome en el lugar más bajo. El joven hijo de uno de los mercaderes se puso de pie sobre mí, insultándome y escupiéndome en la cara. Luego se descubrió y orinó sobre mí. Me quedé pasmado ante tal descaro.

Pero vive Dios que como consecuencia de ello mi alma no fue abatida y, cuando se fue, me sentí inmensamente feliz al darme cuenta de que mi alma había alcanzado un nivel de verdadera humildad. Comprendí que mediante este rasgo se puede «caminar entre aquellos que aquí están».[86] Este aspecto me dominó tanto que no sentí nada en absoluto.

Rabbí Eliahu de Vidas (siglo xvi)[87]

---

84. *Maggid Mesharim, BeShalach* (Jerusalén, 1960) p. 57a.
85. *Likkutim Yekarim* # 178, *Keter Shem Tov* 220, *Tzavaat HaRivash* 2; *Or Torah* sobre Salmos 16:8 (Kehot, Nueva York, 1974) p. 67a. *Cf.* Hirsch sobre Salmos 119:30, 131:2.
86. Aludiendo a Zacarías 3:7. Esto se refiere a los ángeles.
87. *Reshit Jojmah, Anavah* 3 (p. 222b).

4. Publicación del Zohar

Hacia 1270 ciertos manuscritos empezaron a circular entre los cabalistas creándose una tremenda agitación. Empezaron a propagarse los rumores de que se había descubierto un texto antiguo, que provenía del famoso místico del siglo II, Rabbí Shimon bar Iojai. Este notable manuscrito estaba siendo publicado por un importante cabalista de la época, Rabbí Moshe de León (1238-1305). Hacia 1281, ya había obras místicas que citaban párrafos de este texto, que pronto sería conocido como el Zohar.[88]

Aunque los manuscritos incluían de hecho como unas dos docenas de diferentes textos, se les consideró como un único cuerpo de literatura. Ciertas historias empezaron a circular sobre cómo los manuscritos habían estado escondidos en una cripta durante mil años, y habían sido excavados por un rey árabe que los había enviado a Toledo.[89] Otros decían que el Ramban (Rabbí Moshe ben Najman, 1194-1270) los había enviado a su hijo por barco, pero que éste se había desviado y que al final habían acabado en manos de Rabbí Moshe de León. También algunos decían en voz baja que el mismo Rabbí Moshe había escrito los libros utilizando los poderes místicos que derivan del «Nombre de la Escritura».

El mismo Zohar da una pista, estableciendo que sería revelado como preparación para la redención final, mil doscientos años después de la destrucción del segundo Templo.[90] Puesto que el Templo fue destruido en el año 69, implicaba que el Zohar estaba destinado a ser revelado en 1269. La sociedad secreta que era guardiana de esos misterios confió la tarea a Rabbí Moshe de León, probablemente un miembro del grupo.

Tras ver partes del texto y escuchar los rumores conflictivos que lo rodeaban, Rabbí Isaac de Acco decidió investigar el asunto.

---

88. Así citado en *Mashal HaKadmoni* por R. Isaac ibn Abu Saulah, publicado en muchas ediciones. También se encuentra en *Otzar HaKavod* por R. Todros Abulafia, véase *Kadmut Sefer HaZohar* 1:3. Véase *Tarbitz* 3:181-183 (1932), *Kiryat Sefer* 6:109-118 (1930).
89. *Shem HaGuedolim, Sefarim, Zayin* 8.
90. *Zohar* 2:9b.

Conoció a Rabbí Moshe de León y éste le juró que el manuscrito era un texto auténtico de Rabbí Shimon bar Iojai. Es difícil pensar que un santo de la talla de Rabbí Moshe violara el Tercer Mandamiento y jurase en falso fuera cual fuera su motivo. Excitado, Rabbí Isaac le pidió ver el manuscrito original, petición a la cual Rabbí Moshe accedió con prontitud. De nuevo, parece muy improbable que alguien estuviera dispuesto a mostrar un manuscrito inexistente o falsificado.

Sin embargo, antes de que Rabbí Isaac pudiera verlo, Rabbí Moshe falleció. Investigando sobre los manuscritos, fue informado por David de Pancorbo que la viuda de Rabbí Moshe había sostenido que nunca habían existido, y que todo el texto había sido inventado. Aturdido, Rabbí Isaac decidió investigar más profundamente.

En su búsqueda, fue informado por un cabalista prominente, Rabbí Joseph Haleví, que en cierta ocasión él había puesto a prueba a Rabbí Moshe respecto al Zohar. Afirmando haber perdido un manuscrito, hizo que Rabbí Moshe le escribiera uno nuevo y encontró que era absolutamente idéntico al primero. Esto era una clara indicación de que el autor tenía un manuscrito del que había hecho copias. Animado por ello, Rabbí Isaac de Acco decidió investigar hasta llegar a una conclusión final.

Toda la historia se halla en *Divrey HaYamim* (Crónicas) de Rabbí Isaac y no han sobrevivido manuscritos de este texto. Sin embargo, Rabbí Abraham Zacuto (1448-1515) publicó la pertinente selección en su *Sefer HaYujasin* (Libro de las Genealogías), aunque éste fue suprimido de todas las ediciones excepto de la primera, publicada por el mismo autor en 1510 en Constantinopla.[91] Desgraciadamente, la narrativa termina abruptamente, probablemente porque el autor no disponía de las páginas siguientes. En consecuencia, no se nos llega a informar de la conclusión de Rabbí Isaac de Acco.

---

91. *Sefer HaYujasin* (Constantinopla, 1510) p. 42. Todo el texto aparece citado en Tishbi, *Mishnat HaZohar* (Jerusalén, 1971), vol. 1, p. 29. Véase también *Sefer Yujasin HaShalem* (London-Edinbery, 1857) pp. 88, 89; *Otzar HaSefarim, Zayin* 61; *Jewish Quaterly Review* (JQR) 4:361-368 (1892).

Además, hay otra serie de puntos que quedan colgando. Por ejemplo, si Rabbí Moshe en verdad escribió una copia para sí mismo, ¿qué fue de ella? ¿Por qué nadie afirma haberla siquiera visto alguna vez?

Resulta obvio que ninguno de los contemporáneos de Rabbí Moshe le consideraba capaz de ser el autor del Zohar. Aquellos que afirmaban que él mismo lo había escrito, decían que lo había hecho mediante el «Nombre de la Escritura», que capacitaba a una persona a escribir de un modo muy por encima de sus posibilidades naturales. Además, cualquiera familiarizado con los escritos de Rabbí Moshe, que por cierto son bastante extensos, ve inmediatamente que su sistema es muy diferente del de Zohar.[92]

La historia de David de Pancorbo puede explicarse de muchos modos. En primer lugar le fue dicha a éste de tercera mano, por la esposa de Rabbí Moshe a la de un cierto José, luego a José mismo, y por último a David, que a su vez se la relató a Rabbí Isaac. Todo ello deja mucho lugar para el error. Y ¿cuán digna de confianza era la viuda? El pergamino era muy caro en aquellos días y, como consecuencia de su extremada pobreza, podía haber vendido los manuscritos como pergamino de desecho para ser borrados y reescritos, una práctica común en aquella época. Posteriormente, al ser preguntada, habría sentido vergüenza por haber dispuesto de tan valioso volumen de un modo tal, y simplemente había inventado una historia negando que los manuscritos hubieran existido nunca. Una respuesta perfectamente natural.

Otra posibilidad es que David o José tuvieran vergüenza de admitir que habían intentado timar a la viuda de Rabbí Moshe para conseguir esos documentos de valor incalculable. Podían incluso haberlos conseguido, pero no querían que un extraño supiera que lo habían hecho sin informar a la viuda de su verdadero valor. Bajo la ley judía, esto habría sido un acto de lo más reprobable, e incluso ella podría denunciarles para recuperar los manuscritos. Resulta además sospechoso que David hable de Rabbí Moshe en términos tan poco amistosos, siendo así que entre sus contemporáneos, en general, parece haber disfrutado de una reputación de sabio y santo.

---

92. Véase Rabbí David Luria, *Kadmut Sefer HaZohar* 1 (New York, 1951) p. 27 ss.

Pero, ¿cuál fue la propia conclusión de Rabbí Isaac de Acco?

Ésta es la pregunta más importante. Es crítica para cualquier discusión sobre el Zohar y no ha sido suficientemente explorada. Es sus propias palabras, encontramos que él escribe en su *Otzar Jaim:* «Rabbí Shimon bar Iojai comprendió claramente que las fuerzas espirituales superiores están muy celosas de aquellos que emprenden las Obras de la Creación, que son la sabiduría natural, y las Obras de la *Merkavá,* que son la sabiduría divina. Junto con su hijo Rabbí Eliezer y los diez sabios que con ellos estaban en la cueva (!), escribió entonces el Zohar en arameo en vez de en hebreo [puesto que esas fuerzas no entienden arameo]».[93]

En otro lugar, citando al Zohar, Rabbí Isaac escribe: «éstas son las palabras de Rabbí Shimon bar Iojai y está prohibido desviarse de ellas. Son las palabras vivas de Dios… más dulces que la miel.

»Porque a él se le dio autoridad de lo alto como no se le había dado a nadie más. Comparado con los demás sabios, es como Moisés comparado con los demás profetas».[94]

En varios otros lugares cita igualmente al Zohar como la obra de Rabbí Shimon.[95] El hecho de citar el Zohar no es en sí mismo prueba de que se acepta su autenticidad. Pero es difícil creer que lo atribuyera a Rabbí Shimon Bar Iojai tan abiertamente si no lo consideraba obra suya.

Un punto de la máxima importancia es que *Otzar Jaim* fue escrito después de que Rabbí Isaac hubiera investigado el origen de Zohar. Recordemos que toda la historia de esta investigación se cita en su *Divrey Ha Yamim.* Éste fue claramente escrito antes de Otzar Jaim, ya que en varios lugares de éste menciona de hecho el *Divrey Ha Yamim.*[96] Llegamos entonces a una conclusión altamente significativa. Aquella persona en la mejor posición para investigar la autenticidad del

---

93. *Otzar Jaim,* p. 95a.

94. Ibíd. 65b, 66a.

95. Ibíd. 60a, 102a, 215a. Véase también ibíd. 183a, y compárese con Jewish Theological Seminary, Ms. Adler 1589, p. 123b, citado en Scholem, *Major Trends in Jewish Mysticism,* p. 394, nota 127.

96. *Véase* nota 73.

Zohar, tras una profunda exploración, afirma abiertamente que fue escrito por Rabbí Shimon bar Iojai. Este hecho ha escapado a la atención de los historiadores y puede ser muy eficaz para disipar sus dudas respecto a la autenticidad del Zohar.

❖ Un extracto del *Sefer HaYujasin*

En el mes de Adar, Rabbí Isaac escribe que Acco fue destruida en el año 5050 (1291), y que los santos de Israel fueron asesinados de la manera más brutal. Rabbí Isaac sobrevivió y en el año 5065 (1305) había estado en Navarra, en la provincia de Asti, Italia[97]. En el año 5065 (1315) vino a Toledo.

La siguiente historia se halla en su *Divrey HaYamim*. Él también escribió un texto de Cábala en el año del Ángel (*HaMalaj*, המלאך), [es decir, en el año 5096 (1336)].[98] Fue en su tiempo cuando Acco fue destruida, y muchos cayeron en cautividad, incluidos el nieto del Ramban y el nieto de Rabbí David, hijo de Rabbí Abraham, hijo de Maimónides.

Fue después a España para investigar cómo el Zohar había sido hallado en su tiempo. Éste había sido escrito en la cueva por Rabbí Shimon y su hijo Eliezer. Felices aquellos que son dignos de su verdad, porque en su luz ven la luz.[99]

Él atestiguó de su autenticidad, aunque algunos manuscritos similares habían sido falsificados. Decía que sabía por tradición que todo lo escrito en arameo era de hecho de Rabbí Shimon. Lo que estaba en hebreo, sin embargo, era una adición posterior, puesto que el libro original estaba totalmente escrito en arameo.[100]

Éstas son sus palabras:

---

97. Navarra no pertenecía al Reino de Italia sino que está situada en la Península Ibérica.

98. Muy probablemente se refiere *a Otzar Jaim,* que, de acuerdo con esto, fue escrito en el año 5096 (1336). Hacia el final del libro (p. 238b) el autor habla de una revelación que le vino en un Shabbat, 16 Elul, cuando se leía la porción *Ki Tavo.* ¡Tal Shabbat ocurrió en verdad el 16 Elul del año 5096!

99. Paráfrasis de Salmos 36:10.

100. *Véase* nota 93.

Cuando vi el Zohar me di cuenta de que sus palabras son maravillosas, sacadas de un alto lugar, de la Fuente que da sin recibir, bendito sea el Nombre de la gloria de su Reino por siempre y siempre. Investigué sobre el tema y pregunté a estudiosos que tenían grandes secciones del texto. Se trataba de palabras maravillosas, sabido por la tradición cabalística que habían sido transmitidas oralmente, y que nunca se había permitido que se escribieran en un libro, donde estarían claramente a disposición de todo el que supiera leer.

Pregunté sobre su fuente, pero las respuestas que recibí no concordaban todas entre sí. Algunos decían una cosa y otros contaban una historia totalmente distinta.

Algunos decían que el fiel Ramban se lo había enviado desde Tierra Santa a su hijo en Cataluña, pero que el viento había llevado el barco a la tierra de Aragón. Otros decían que había llegado a Alicante. Al final había llegado a manos del sabio Rabbí Moshe de León, también llamado Rabbí Moshe de Guadalajara.

Otros sostenían que Rabbí Shimon bar Iojai nunca había escrito el libro, sino que Rabbí Moshe conocía el Nombre de la Escritura y con su poder había escrito esas cosas maravillosas. Para conseguir un alto precio y sacar mucho dinero de los manuscritos había «colgado sus palabras de grandes árboles».[101] Por consiguiente dijo que lo había transcrito de un libro escrito por Rabbí Shimon bar Iojai, su hijo Eliezer y su escuela.

Cuando llegué a España fui a la ciudad de Valladolid, donde el rey tenía su capital. Fue allí donde conocí a Rabbí Moshe, nos hicimos amigos y discutimos [sobre el Zohar]. Pronunció un solemne juramento y me dijo: «Que Dios me derribe y que siga haciéndolo siempre si [el Zohar] no es un libro antiguo escrito por Rabbí Shimon bar Iojai. En este mismo instante el manuscrito se halla en mi casa, en Ávila, donde vivo. Venga a visitarme y se lo mostraré».

Al poco tiempo nos separamos y Rabbí Moshe partió para Arévalo, en el camino de Ávila. Allí enfermó y murió.

---

101. Paráfrasis de *Betza* 27a, *Bava Batra 31b*, *Avodah Zarah* 7b.

Al enterarme de la noticia me sentí mortalmente trastornado, pero decidí visitar Ávila. Al llegar allí conocí a un sabio anciano cuyo nombre es Rabbí David de Pancorbo. Hallé gracia a sus ojos y le até con un juramento, diciendo: «Resuélvame el misterio del Zohar. Algunos dicen una cosa y otros lo opuesto. El mismo Rabbí Moshe juró [que el Zohar era auténtico], pero murió antes de poder verificármelo. No sé quién es de confianza y a quién creer».

Me contestó: «La verdad es ésta. He determinado sin ninguna duda que ese libro llamado *El Zohar* nunca ha existido y nunca ha llegado a manos de Rabbí Moshe. Éste era un maestro del Nombre de la Escritura y con el poder de tal nombre escribió todo lo de ese libro. Escucha y te diré cómo llegué a esa conclusión:

»Rabbí Moshe era un gran despilfarrador, derrochando el dinero muy generosamente. Su casa hoy podría estar llena de plata y oro, que le daban los ricos, aquellos que entendían los grandes misterios que él les daba y que había escrito con el Nombre de la Escritura. Pero mañana estaría completamente vacía.

»Su mujer y su hija se hallan en la actualidad virtualmente desnudas, hambrientas y sedientas, y en una completa indigencia.

»Cuando oí que él había muerto en Arévalo, me fui al hombre más rico de la ciudad, cuyo nombre es José de Ávila, y le dije: "Ha llegado al fin la hora de que Vd. obtenga el inapreciable manuscrito [original] del Zohar. Escuche mi consejo":

»Aconsejé a José que dijera a su mujer: "Envía un generoso presente a la viuda de Rabbí Moshe. Que lo lleve tu doncella". Así lo hizo, y al día siguiente le pidió que fuera personalmente a casa de la viuda de Rabbí Moshe y le dijera: "Me gustaría que mi hijo se casara con tu hija. Si das tu consentimiento no te faltará comida ni vestido por el resto de tu vida. No deseo de ti otra cosa que el manuscrito de Zohar, del cual tu marido transcribía las copias que distribuía".

»[José] le dijo a su esposa: "Habla por separado a la madre y a la hija y diles esto mismo. Escucha cuidadosamente su respuesta y mira si ambas dicen o no la misma cosa".

»La viuda de Rabbí Moshe juró a la esposa de José y dijo: "Que Dios me fulmine (si miento), pero mi marido nunca tuvo tal libro. Todo lo que escribió fue inventado, extraído de su propia mente".

»Ella contó que a menudo le veía escribiendo sin ningún otro libro delante de él y le preguntó: "¿Por qué le dices a la gente que esto lo estás transcribiendo de un libro? No tienes ninguno, sino que todo lo sacas de tu cabeza. ¿No sería mejor decir que tú eres el autor y que todo es producto de tu intelecto? ¿No tendrías así más honor?".

»Él contestaba: "Si revelara mi secreto, que todo esto son elaboraciones de mi mente, nadie prestaría atención a lo que escribo. No me darían ni una moneda por mis escritos, puesto que sólo los considerarían un producto de mi imaginación. Pero ahora en cuanto oyen que provienen del Zohar, escrito por Rabbí Shimon bar Iojai, con *Ruaj HaKodesh*, y que yo sólo estoy transcribiéndolo, pagan por todo ello un alto precio. Puedes verlo por ti misma".

»Después de esto, la esposa de José se dirigió a la hija de Rabbí Moshe, repitiendo las mismas coas dichas a la madre. Se le propuso que se casara con su hijo y que se proporcionaría a su madre comida y vestido. Ella respondió lo mismo que su madre, sin añadir ni quitar ninguna cosa.

»¿Necesita Vd. una evidencia más clara que ésta?».

Tras escuchar su relato me sentí confundido y desfallecido. En ese momento estaba convencido de que nunca había existido un manuscrito original. Lo único que había era lo que él había compuesto usando el Nombre de la Escritura y que había distribuido entre la gente.

Dejé Ávila y me acerqué hasta Talavera. Allí conocí a un sabio extraordinario, de buen ojo y corazón generoso, llamado Rabbí Joseph Halevi, hijo del gran cabalista Rabbí Todros.[102] Le pregunté sobre el Zohar.

Me contestó: «Debes saber y creer que el manuscrito del Zohar que Rabbí Moshe tenía, había sido escrito por Rabbí Shimon bar Iojai. Éste era el manuscrito que transcribía y del cual daba copias a aquellos que estimaba dignos. Yo mismo puse a prueba a Rabbí Moshe para ver

---

102. Rabbí Todros Haleví [Abulafia] fue el autor del *Otzar HaKavod*.

si estaba de hecho copiando de un texto antiguo, o si estaba meramente inventando mediante el poder del Nombre de la Escritura.

»Ésta fue la prueba: había escrito para mí muchos grandes volúmenes del Zohar. Muchos días después de haberlo hecho, yo escondí uno de los folios y le dije que lo había perdido, presionándole para que me hiciera otra copia. Él me respondió: "Si me enseñas el final del folio anterior y el principio del siguiente te podré proporcionar una copia exacta".

»Así lo hice y al cabo de varios días me trajo una copia del folio perdido. La comparé con el original y no había ninguna diferencia entre ellos. Nada había sido añadido ni quitado y no había ningún cambio de palabras. Tanto éstas como el contenido eran exactamente los mismos, como si hubieran sido copiados de mi original.

»¿Puede haber mejor prueba que ésta?».

Dejé entonces Talavera y vine a Toledo, donde continué investigando sobre el libro, inquiriendo a los sabios y a sus discípulos. También allí hallé que el tema era controvertido, expresándose sobre él opiniones divergentes.

Yo les hablé sobre la prueba de Rabbí Joseph, pero me contestaron que no era en absoluto concluyente. Era perfectamente posible que [Rabbí Moshe] hubiera usado el Nombre de la Escritura para escribir una copia para sí, y que luego transcribiera de su propia copia. Él tendría así un texto primario y podría parecer que lo estaba copiando de un manuscrito antiguo.

Pero entonces descubrí algo nuevo. Los discípulos me dijeron que habían visto a un anciano, de nombre Jacob, que había sido un sobresaliente discípulo de Rabbí Moshe y a quien éste había amado como a un hijo. [Le hablé y] puso al Cielo y a la Tierra por testigos de que el Zohar que Rabbí Shimon bar Iojai escribió (El texto termina abruptamente en este punto).

5. Escuelas ocultistas

La línea que separa la meditación de la magia es con frecuencia muy débil y en muchas áreas de la Cábala la diferencia es difícil de discernir. ¿Cómo, por ejemplo, describir el proceso en el que un encantamiento mágico es repetido una y otra vez y, para todos los procesos prácticos, se usa como un mantra? ¿A qué adscribimos el efecto? ¿A los poderes sobrenaturales del Nombre (encantamiento), o al estado meditativo inducido por él? Esta cuestión no ha sido nunca plenamente resuelta en la Cábala y, en consecuencia, las escuelas mágica y meditativa aparecen con frecuencia solapadas.

La controversia respecto a este tipo de Cábala Mágica era muy fuerte hacia el año 1200. Maimónides (1135-1204) era plenamente consciente de tales prácticas, denunciándolas sin ambigüedad y juzgándolas apropiadas sólo para el ignorante e iletrado.[103] Abulafia sigue este ideal filosófico, describiendo en detalle esos ritos crípticos y denunciando a sus practicantes como charlatanes de la más baja especie.[104] Isaac de Acco, por otra parte, no sólo parece haber aprobado tales prácticas, sino que incluso él mismo podría haberlas empleado.[105]

La controversia parece haberse prolongado hasta bien entrado el siglo XVI. El Arí intentó abolir esas prácticas por completo y, en general, denunció en términos muy fuertes el uso de la Cábala Práctica *(Kabbalah Maasiut)*, como era llamada. Por otra parte, su principal discípulo, Rabbí Jaim Vital, no sólo estaba familiarizado con el tema, sino que también parece haberlo puesto en práctica.[106] Otro importante cabalista de la época, Rabbí Joseph Tzayaj, describe cierto número de ritos mágicos, pero previene al lector de que debe mantener sus motivos absolutamente puros al hacer uso de ellos.[107] No hay duda de que los ritos eran ampliamente conocidos y utilizados en esa época.

Uno de los principales exponentes de la Cábala Práctica fue Rabbí Joseph Della Reina (1418-1472), que vivió en Tierra Santa. En su nombre se presentan muchas fórmulas mágicas y es obvio que era

---

103. *Moreh Nevujim* 1:42.

104. *Otzar Eden HaGanuz*, p. 147 ss. Véase *HaKabbalah Shel Sefer HaTemunah VeShel Abraham Abulafia*, p. 177 ss.

105. Véase *Otzar Jaim*, pp. 116b, 139a, 140b.

106. Véase *Shivejey R. Jaim Vital (Sefer Jazyonot)* (Brooklyn, 1971) pp. 6, 11, 23, etc.

107. Véase *Sheirit Yosef*, p. 45a. Véase también *Evven HaShoham*, p. 177b.

considerado uno de los más grandes maestros en esas artes ocultistas.[108] La tradición afirma que utilizó sus poderes en un intento de traer la redención final, pero que no tuvo éxito y que resultó dañado espiritualmente en el proceso. Según algunas fuentes se convirtió en apóstata, según otras enloqueció y hay quien dice que cometió suicidio. Su ejemplo aparece en muchos textos como una advertencia contra la práctica de sus métodos.[109]

Muchas técnicas de las escuelas mágicas de Cábala consisten en encantamientos y amuletos que a menudo se utilizaban para satisfacer motivos triviales o incluso cuestionables. Algunos son para lograr cosas prácticas tales como protección en un viaje, tranquilizar un mar tempestuoso o ayudar a una mujer en un parto difícil. Otros son para «abrir el corazón» e iluminaciones similares. También encontramos fórmulas de protección contra los enemigos o incluso para deshacerse de ellos.

Entre los objetos triviales está, por ejemplo, el de tener éxito en la pesca.[110] Entre los cuestionables el de fortuna en el juego.[111] Se tienen fórmulas de amor, algunas de las cuales necesitaban incluso del contacto físico con la mujer deseada.[112] Otras prácticas utilizaban «hierbas» que eran posiblemente drogas psicodélicas.[113] En general no resulta difícil comprender por qué tales prácticas fueron ampliamente condenadas, o al menos desautorizadas, por los cabalistas dedicados a la meditación seria o al análisis filosófico.

Sin embargo, las tradiciones de la Cábala Mágica o Práctica eran muy antiguas y, aunque estuvieran pervertidas, todavía contenían métodos mediante los que se podían conseguir elevados estados meditativos. Textos tales como *Jarba DeMoshe* (La Espada de Moisés), *Sefer HaCasdim* (Libro de los Caldeos), *Sefer HaRazim* (Libro de los Secre-

---

108. Véase *Shoshan Yesod Olam* # 538 (p. 239), # 743 (p. 283), # (726 (p. 495), # 1744 (p. 502). Véase *Temirin* 1:204.

109. *Shaarey Kedushah* 3:6 (citado antes, p. 52). *Toldot Yaakov Yosef, Schlach,* p. 133b.

110. *Shoshan Yesod Olam* # 715 (p. 280).

111. Ibíd. # 381 (p. 156). Aparece borrado en el texto, pero se encuentra en el índice.

112. Ibíd. # 467 (p. 205). Véase también # 1109 (p. 427), # 582 (p. 264).

113. Ibíd. # 1004 (p. 382), # 1017 (p. 386).

tos) *y Sefer haMalbush* (Libro de la Vestidura), han estado circulando desde hace siglos, posiblemente desde el mismo período talmúdico.[114]

Hay muchos textos relativos a la Cábala Práctica que datan del siglo XVI o incluso de antes, pero que en su mayor parte consisten en poco más que fragmentos. En muchos casos, un «libro» no es más que un número de páginas aisladas, incompletas y sin relación entre sí, que han sido agrupadas en un volumen único. Nuestro conocimiento de la Cábala Práctica proviene en su mayor parte de esos fragmentos. Unos pocos librillos conteniendo sus métodos fueron publicados, siendo el más notable *Toledot Adam* (Las Generaciones de Adam) atribuido a Rabbí Eliahu Baal Shem Tov (1537-1653).[115]

Una de las colecciones más completas de tales prácticas se encuentra en un manuscrito notable, *Shoshan Yesod Olam* (La Rosa, Fundamento del Universo), compilado hacia 1550 por un cierto Rabbí Joseph Tirshom.[116] El libro contiene más de dos mil fórmulas mágicas de la Cábala Práctica. Parece deducirse de ciertas notas del redactor, que el texto es una recopilación de muchos manuscritos antiguos que él tenía a mano.[117] Aunque muchas de sus prácticas son puramente mágicas, muchas otras combinan elementos tanto de magia como de meditación, pudiendo ser incluidas en esta última categoría.

---

114. *Jarba DeMoshe (La Espada de Moisés)* fue publicado por M. Gaster (London, 1896). *Sefer Hakasdim* fue también publicado por Gaster como «Sabiduría de los Caldeos, un antiguo texto astrológico hebraico» en *Proceedings of the Society of Biblical Archeology* 22:329-351 (diciembre, 1900). *Sefer HaRazim* fue publicado en Jerusalén, 1967. Otro texto, *Shimusha Rabbah* ha sido publicado por G. Scholem, Tarbitz 16:197-203 (1945). Véase *Temirin* 1:202, 203.

115. Éste ha sido publicado en varias ediciones, siendo las más notables Zolkieve, 1720; Lvov, 1805; Willhelmsdorf, 1734. Libros similares incluyen *Amtajot Binyamin y Refua VeJaim*.

116. Sasson, Ms. 190. Describo en detalle en Meir Benayahu, *Temirin* 1:187-269, donde se publica también la tabla de contenidos completa. Véase también Sasoon Collection, *Descriptive Catalogue* # 290 (1932) pp. 443-446; *Catalogue*, Sotheby y co., Zurich, noviembre 5, 1975, # 1 (donde este manuscrito es titulado como *Jarba DeMoshe*). Se tiene referencia de los siguientes propietarios: David ben Mehalabel (p. 21), Yechiel ben Mehalalel (p. 21), Yechiel ben Shalom ben Mehalelel (p. 21), Eliahu ben Yosef (p. 59), Shabbatai Zví (p. 522), Aaron Altaras (pp. 1, 437). *Véase* más adelante, cap. 7, nota 13.

117. Véase *Temirin* 1:197. Una lista se encuentra en el Catálogo de Sotheby.

Una práctica interesante que aparece con frecuencia en este tipo de literatura es la del sueño inducido. Esto recibe en general el nombre de «Sueño de Petición» *(Shaalat Jalom)* y consiste en que se formula una pregunta y se intenta inducir que una respuesta aparezca en un sueño. La técnica es sí es muy antigua. Se alude a ella incluso en el Talmud y hay ejemplos concretos tan tempranos como del siglo x.[118] Mientras que los métodos usados para inducir los sueños resultan ser puramente mágicos, hay algunos con importantes armonías meditativas. Esto es particularmente significativo por la relación general existente entre profecía, iluminación y sueños.

6. Cuadrados mágicos

Uno de los cabalistas más misteriosos del siglo XVI fue Rabbí Joseph Tzayaj (1505-1573), quien también fue una de las principales figuras rabínicas de la época. Además de sus muchas obras místicas, existe de él en manuscritos un gran cuerpo de *Responsa* y se sabe que mantuvo correspondencia con los principales líderes religiosos de su época.[119] Rabbí Joseph Caro, el gran codificador, cita un buen número de sus responsa en su *Avkat Rojel.*[120]

---

118. Véase *Ta'am Zekenim* (Frankfort und Mein, 1855) p. 54-56, Comentario al *Sefer Yetzirah* de R. Jehudah de Barcelona, p. 104; Ibn Ezra sobre Éxodo 14:19, 28:9; Bahya sobre Deuteronomio 29:28; R. Moshe Boteril, Comentario al *Sefer Yetzirah* 4:3; *Brit Menujah* (Varsovia, 1889) pp. 49d, 55a; *Raziel HaMalaj* (Amsterdam, 1701) pp. 31c, 40a; *Lekutey HaShas MeHaAri* (1783) p. 29a. Véase Reuven Margolies, *She'eLot U'Tshuvot Min HaShamayim* (Jerusalén, 1957) p. 15 ss. Véase *Menajot* 67a; *Bava Metzia* 107 b, Rabenu Jananel, *Shita MeKubetzet ad loc., Aruj, Davan* 2, *Yerushalmi, Kelayim* 9:3.
119. Véase *Tshuvot MaBit* 246, *Tshuvot Mahari BeRab* 2:202, *Korey HaDorot* (Berlín, 1865) pp. 36b, 37a. Podría también ser identificado con el Joseph Tzayag mencionado en *Shivejey R. Jaim Vital,* p. 17, puesto que Guimel y Jet pueden intercambiarse fácilmente. Nótese que aquí Joseph Tzayag es mencionado antes que R. Joseph Caro y de ahí puede decirse que haya sido un cabalista más grande. Véase también S. Assaf, *Kiryat Sefer* 11:492 (1935), C. Hirschensohn, *HaMisderonah* 1:192-201, 1:255-259; Frumkin Rivlin, *Toldot Jajamey Yerushalayim* (1929) 1:67-68, Shlomo A. Rozanis, *Divrey Yemey Yisrael BeTogarma* (Husyatin, 1911) vol. 2, p. 124, M. Benayahu, *Sefunot* 7:103-107 (1963).
120. *Avkat Rochel* 10, 54, 58, 115, 139, 186, 188, 189.

Parece que Rabbí Joseph Tzayaj había nacido en Jerusalem y que de allí había sido elegido para servir como rabino en Damasco. Había entonces en Damasco dos comunidades judías, una emigrante de España, que consistía en unas quinientas familias, y la otra nativa del lugar y que era conocida como «los Mostarabianos», asentados allí desde la Antigüedad. Fue la comunidad Mostarabiana la que eligió como líder a Tzayaj, pero parece que éste también aprendió muchos misterios de ellos.

Tzayaj alternaba con frecuencia entre Damasco y Jerusalem, y le encontramos en la Ciudad Santa en numerosas ocasiones, entre 1538 y 1555. Fue en Jerusalem donde escribió, en 1538, su principal obra cabalística, *Evven HaShohan* (la piedra ónice). Un año después, escribió un segundo libro, *Tzeror HaJaim* (La atadura de la vida), un comentario místico sobre el Talmud.[121] En 1544, y también en Jerusalem, escribió *Sheirit Yosef* (el Remanente de José), una expansión de *Evven HaShohan*.[122] Además, él menciona también otro libro, *Tzafanat Paneaj*, que ya no se encuentra en existencia.[123]

Al menos tres de sus libros están dedicados a Abraham Castro, quien aparentemente sostuvo a Tzayaj mientras que estuvo en Jerusalem. Este Abraham Castro era un líder de la comunidad judía en Egipto, y tenía fama de filántropo, distribuyendo más de tres mil florines de oro cada año. El sultán turco Selim I (1467-1520) había conquistado Egipto en la batalla de Alepo en 1517. Muy poco después nombró a

---

121. *Evven HaShohan* existe en Jerusalén, Ms. 8.º 416, véase *Kitvey Yad BaKabbalah*, p. 90. De acuerdo con una nota al final del manuscrito, éste fue completado en 5298 (1538). *Tzaror HaJayim* es un comentario al *Otzar HaKavod* de R. Todros Abulafia, y existe en Londres, Jews College, Ms. 318. En la p. 85a del manuscrito hay una indicación de que fue escrito en 5299 (1539). *Evven HaShoham* es mencionado en este segundo manuscrito en la p. 12a, 57b, véase *Kitvey Yad BaKabbalah*.

122. En existencia en Viena, Ms. 260; véase A. Z. Schwarz, *Die hebraeischen Handschriften in Oesterreich* (1931), 203, # 260. Mencionado también en *Shem HaGuedolim*, *Yod* 163; *Midbar Kadmut Jojmah 11* (como el libro escrito en 5309); J. Emden, *Torat HaKenot* (Lemberg, 1870) p. 69. Al final del manuscrito hay una nota de que fue completado el 14 Sivan, 5309 (1549).

123. Véase *Tzaror HaJaim*, p. 63b. Éste podría ser el libro mencionado al principio de *Evven HaShohan*, p. 2a, que había sido dado previamente a Abraham Castro.

Abraham Castro, judío de ascendencia española, como Maestro de la Casa de la Moneda, responsable de acuñar la nueva moneda turca en Egipto.

Además de ostentar esta alta posición gubernamental, Castro era un importante líder de la comunidad judía. Fue él quien aseguró el nombramiento de Radbaz (Rabbí David abu Zimra, 1480-1574), una de las más prominentes autoridades de ese período, como rabino principal de El Cairo. De sus dedicatorias parece deducirse que era también un mecenas de Rabbí Tzayaj. Como veremos, el hecho de que Tzayaj mantuviera correspondencia con el Radbaz es también muy significativo.[124]

Aparentemente, Rabbí Joseph Tzayaj fue influido por la escuela de Abulafia, ya que muchas de sus ideas parecen haber sido tomadas literalmente de los escritos de Abulafia. Así, por ejemplo, Abulafia advierte que aquel que pretenda el nivel supremo, que es llamado la Corona o *Keter* (כתר), debe tener cuidado de no ser «desgajado» (*Karet,* כרת) Él hace notar que ambas palabras constan de las mismas letras y exactamente la misma idea se menciona varias veces en las obras de Tzayaj.[125]

Todavía más obvia es una interpretación de la palabra hebrea para «letras» que es *Otiot* (אותיות). Se puede dividir la plabra en dos, deletreándose *Tav Alef (*אות*)*, «línea de Alef», y *Tav Yod (*תו י*)*, «línea de Yod (10= י)». Se dice que esto es indicativo de una fuerte relación entre las letras del alfabeto y los diez dígitos, que son diez unidades. Una discusión virtualmente idéntica de este punto se halla tanto en *Or HaSejel* de Abulafia como en *Tzeror Ha Jaim* de Tzayaj.[126]

---

124. Véase Mordechai Margolies, *Encyclopedia LeToldot Gedoley Yisrael* (Tel Aviv) vol. 3, p. 798.

125. *Evven HaShoham,* p. 177b, *Sheirit Yosef,* p. 168a, *Tzaror HaJaim,* p. 10a. *Véase* cap. 3, nota 77.

126. *Tzaror HaJaim,* p. 77a; *Or HaSejel* 6:2, p. 79a. Respecto a la interpretación guemátrica de la palabra *HaSneh,* véase *Evven HaShohan,* p. 10b y compárese con *Sefer haCheskek* p. 12a. *Cf. Sheirit Yosef,* p. 169b.

Rabbí Joseph Tzayaj menciona el *Bahir* numerosas veces.[127] Parece que también estaba familiarizado con *Shoshan Yesod Olam* o con alguno de sus precursores. En cierto lugar habla de un libro llamado *Yesod Olam,* que cita a un tal Aramas, un discípulo de Jalatino el Mago.[128] Mientras que no hay referencia aparente a este mago en *Shoshan Yesod Olam,* podría ésta haberse encontrado en alguna de las páginas perdidas del manuscrito. También es posible que *Shoshan Yesod Olam* fuera una exposición o suplemento de un libro más antiguo llamado *Yesod Olam,* lo cual ayudaría a explicar su nombre.

Particularmente digno de mención es el hecho de que Tzayaj no mencione al Zohar. Lo cierto es que no sigue el sistema del Zohar en sus disertaciones sobre quiromancia, sino más bien un método alternativo todavía en boga entre los ocultistas modernos.[129] Si se tiene en cuenta que Rabbí Judah Albotini, en su *Sulam HaAliyah,* tampoco menciona al Zohar, el hecho se torna muy significativo. El Zohar era el texto principal de los cabalistas teóricos, pero parece que los cabalistas meditadores seguían una tradición completamente distinta que no incluía al Zohar. Puede que una razón sea que, al menos externamente, el Zohar no haga virtualmente ninguna referencia a la meditación.

La obra más importante de Tzayaj es su *Evven HaShoham,* literalmente «la Piedra ónice». Tal como menciona en su introducción, el ónice corresponde a la tribu de José en el pectoral de Aaron, con lo que el título alude al nombre del autor.[130] También nota que la palabra *Shoham* (שהם) tiene las mismas letras que *HaShem* (השם), que significa «el Nombre», ya que éste es el tema principal del libro.

Tal como el autor establece explícitamente en la introducción, este libro, al igual que *Sheirit Yosef,* fue explícitamente escrito como texto de meditación. De hecho, contiene lo que parece ser un sistema de

---

127. *Evven HaShoham,* pp. 3b, 4a, donde aparecen citas claras del *Bahir,* aunque el libro mismo no se mencione.

128. *Tzaror HaJaim,* p. 38a.

129. Véase *Zohar* 2:74b, *Tikuney Zohar* 132b, *Midbar Kadmut, Jojmah* 13; R. Yisrael ben Aaron, *Or Yisrael* (Frankfort de Adar, 1702). *Cf. Kitvey Yod BaKabbalah. Véase* cap. 6, nota 16.

130. Véase Éxodo 28:20, Targum J. *ad. loc., Sh'met Rabbah* 25:11, *Ba Midbar Rabbah* 2:7.

meditación extremadamente complejo, pero el autor esconde a propósito la clave de su puesta en práctica. Muchas de las ideas que aparecen en el libro son únicas en Cábala y podrían muy bien representar a una tradición que en lo demás se ha perdido.[131] Hay en esta obra muchas manipulaciones numéricas *(guematria),* al igual que una numerología más compleja de lo que yo haya visto en cualquier otro texto cabalístico.

También se encuentran aquí numerosas instrucciones respecto de la conducta humana. Un ejemplo interesante es su comentario de cómo los cinco dedos corresponden a los cinco sentidos y el modo en que ambos conjuntos son inconscientemente asociados. El meñique corresponde al oído y entonces uno se limpia el oído con este dedo. El anular es el paralelo de la vista, por lo que con frecuencia uno lo usa para limpiar el ojo, mientras que el dedo medio se usa para tocar. El índice está relacionado con el olfato, razón por la cual se emplea para limpiarse la nariz. Por último, el pulgar está asociado al gusto, y por ello los niños pequeños a menudo se chupan el pulgar.[132]

Esto podría parecer nada más que una instrucción jocosa, pero el autor a continuación pasa a asociar esos cinco conceptos con las cinco divisiones del alfabeto hebreo que se encuentran en el *Sefer Yetzirah*.[133] Luego pasa a relacionarlos con los cinco modos de manipular letras mediante *Tzeruf.* Y concluye diciendo. «Ya he comentado todo esto, pero no es permisible ponerlo por escrito».

Todavía más interesante, y única que yo sepa, es la asociación de las Diez Sefirot con las líneas de los dedos, tal como se indica en la figura.

---

131. Un buen ejemplo de esto lo constituye la posición profética. *Véase* más adelante.
132. *Evven HaShoham,* p. 12a. *Cf.* Bahya sobre Levítico 8:23, *Sheveiley Emunah* 4.
133. *Cf. Sefer Yetzirah* 2:3. *Véase* más adelante p. 288.

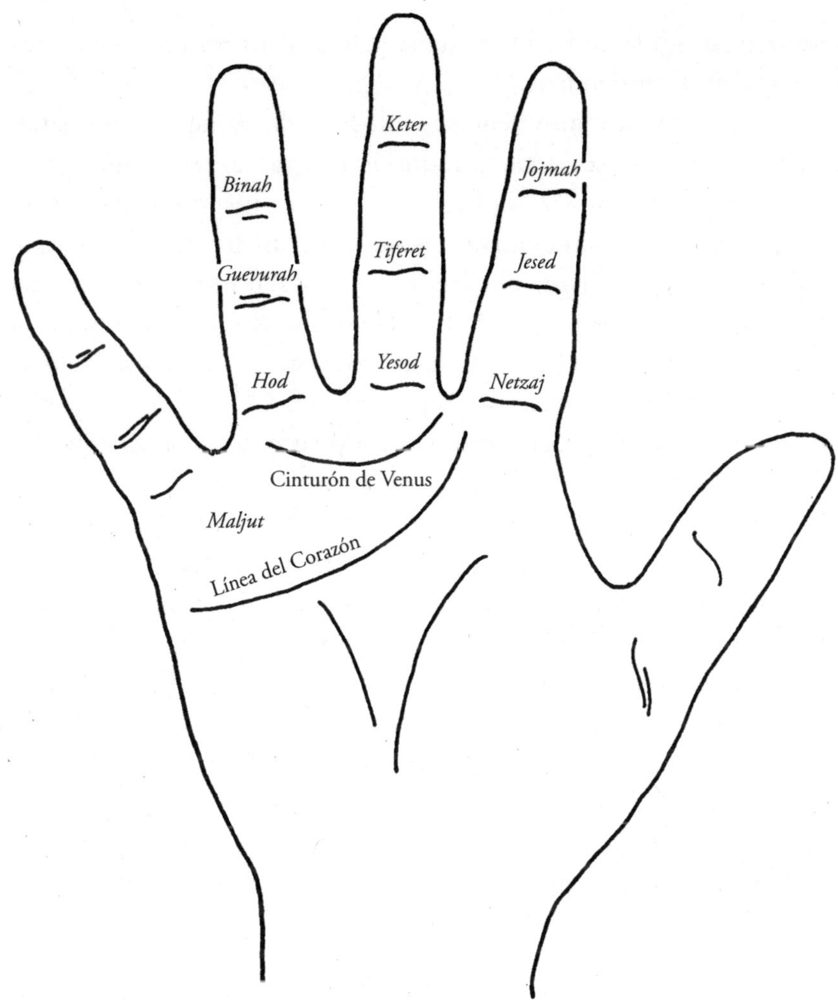

Sistema de Tzayaj de Quiromancia

Éstas dan cuenta de las nueve primeras sefirot y la disposición en tripletes corresponde a la de la Cábala tradicional. La Sefirah inferior, *Maljut*-Reino, viene representada por lo que se conoce como línea del corazón en la quiromancia convencional, o quizá por el cinturón de Venus. Tzayaj concluye: «La línea de la palma que empieza bajo el dedo medio y se extiende hasta el meñique, indica a la Diadema *(Maljut)*. Ésta llega hasta "el este de Ashur" (Génesis 2:14), rodeando a las Diez Santas [Sefirot]. Rodeándolas se hallan las Diez Impuras. A todo esto se alude en las líneas de la palma, y los que conocen estos misterios así lo entienden».[134]

Tzayaj se muestra muy reticente a la hora de explicar cómo poner en práctica su sistema y en la introducción afirma abiertamente que va a «oscurecer esas cosas».[135] Sin embargo, se tiene una fuerte impresión de que él propugna contemplar las líneas en un sentido meditativo. Uno mira a su palma hasta que las líneas empiezan a brillar y empiezan de hecho a parecerse a las Sefirot. Así, el iniciado se sienta, mira a su propia mano y, usando las líneas de los dedos como peldaños, asciende por la escalera de las Sefirot hasta que llega a la Corona suprema.[136]

Aún más fascinante es la exposición de Tzayaj de los cuadrados mágicos. Estas disposiciones numéricas eran bien conocidas en la India antigua y en China, siendo introducidas en el mundo occidental, al principio del siglo xv, por Moschoputus de Constantinopla. Parece que los antiguos cabalistas también las conocían. Se encuentran en un buen número de lugares en la literatura cabalística, y grabados sobre metal o piedra se usaban como amuletos. El mismo Tzayaj discute estos usos y pueden encontrarse muchas referencias de los mismos en *Shoshan Yesod Olam* y en *Toledot Adam*.[137] *En su Sh'nei Lujot HaB'rit* (Las dos Tablas de la Alianza), Rabbí Isaías Horowitz (1560-1630), una gran figura de la Cábala, comenta un cuadrado mágico en relación con los misterios de la creación.[138]

---

134. *Evven Ha Shoham,* p. 5a.

135. Ibíd, p. 2b.

136. Puede que se aluda a esto en Éxodo 33:22, 23. Véase en *Shaarey Tzedek,* p. 57b, 58a, que *kapai* (כפי) «mi mano», tiene el mismo valor numérico que *Dimyon* (דמיון) que significa «imagen».

137. *Evven HaShoham,* p. 33 a ss, *Sheirit Yosef,* p. 18a ss. Véase especialmente *Evven HaShoham,* p. 129b, 137b ss. En una nota marginal en *Sheirit Yosef loc. cit.* parece haber una nota marginal diciendo cómo puede utilizarse en la práctica. Comparar *Shoshan Yesod Olam* # 344 (p. 147), # 505 (p. 221, 222), # 1730 (p. 499). # 1736 (p. 501); *Toldot Adam* # 29, 80, 109, 131. Un cuadrado mágico 4x4 aparece al final de *Shaar Ruaj HaKodesh.*

138. *Shnei Lujot HaBrit, Mesejta Shavuot* (Lvov, 1860), vol. 2, p. 98b.

El cuadrado mágico más elemental es el de tercer orden, es decir, que tiene tres dígitos por lado. Contiene, por tanto, a los nueve primeros dígitos y su forma habitual es

$$2 \ 9 \ 4$$
$$7 \ 5 \ 3$$
$$6 \ 1 \ 8$$

Cuadrados Mágicos

Orden n.º	Correspondencia	Suma del lado $S = (n3+n)/2$
3	Saturno	15
4	Júpiter	34
5	Marte	65
6	Sol	111
7	Venus	175
8	Mercurio	260
9	Luna	369
10	*Keter* - Corona	505
11	*Jojmah* - Sabiduría	671
12	*Binah* - Entendimiento	860
13	*Jesed* - Amor	1105
14	*Guevurah* - Fuerza	1379
15		1695
16	*Tiferet* - Belleza	2056
17	*Netzaj* - Victoria	2465
18	*Hod* - Esplendor	2925
19	*Yesod* - Fundamento	3439
20	*Maljut* - Reino	4010

El lector notará de inmediato que cada fila, columna y diagonal suma lo mismo, a saber, quince. Además, la suma de los dos extremos de una cualquiera de las líneas que pasan por el centro es siempre diez.[139] Éste es el cuadrado mágico más simple, ya que uno de primer orden es un simple dígito y es imposible construir uno de orden dos.

Tzayaj estudia la relación entre cuadrados mágicos y planetas, y su sistema es muy parecido al de la astrología antigua y la alquimia.[140] Esto no es ciertamente una coincidencia, ya que ambas líneas reclaman provenir de una tradición muy antigua.

Sin embargo, el sistema de Tzayaj no se detiene en los planetas, sino que continúa y procede a continuación con las Sefirot. Éstas vienen representadas por cuadrados mágicos de órdenes comprendidas entre diez y veinte.[141] Tales cuadrados mágicos parece que se utilizaban para una meditación muy especial en la que cada fila horizontal es una «casa» y cada número de esta fila una «habitación». Así, en el cuadro mágico de orden 10, que representa a *Keter*-Corona, la primera «habitación» de la primera «casa» es 1, la segunda es 2, la tercera es 98 y la cuarta 97.

En el sistema de meditación, cada número representa «mil miríadas» (10.000.000) de parsangas y «mil miríadas» de luces coloreadas. Según se viaja de habitación en habitación y de casa en casa, siguiendo el cuadrado mágico de *Keter*, parece que uno debe intentar representarse esas luces. El ejercicio le permite entonces a uno elevarse por las Sefirot de una manera muy gráfica.

El cuadrado mágico de *Keter*-Corona se presenta en tres lugares distintos de sus obras.[142] Tzayaj advierte contra el intentar cambiar o

---

139. *Evven HaShoham,* p. 119b. Nótese que el orden de los números es de izquierda a derecha, en vez de a la inversa tal como cabría esperar en hebreo.

140. Se discuten en las obras del Abad Juan Tritemo (1462-1516), Pedro d'Abano, Enrique Cornelio Agrippa von Nettensheim (1468-1535). También aparecen en *The Magus* por Francis Barrett. Véase también Israel Regardie: *Cómo construir y utilizar talismanes.* Para una exposición matemática, véase W. S. Andrews, *Magic Squares and Cubes* (Open Court, 1917).

141. *Evven HaShoham,* p. 29 ss, *Sheirit Yosef,* p. 460 ss.

142. Así un cuadrado de orden diez se presenta en *Evven HaShoham,* p. 33a, y una versión corregida aparece en p. 111b. En *Sheirit Yosef,* p. 46a, se encuentra la versión corregida.

mejorar los cuadrados, tal como algunos pretendían hacer. Así, escribe que «he recibido esto de mi maestro, de bendita memoria. No se debe añadir nada a los cuadrados que he dibujado, ya que aluden a los más elevados y ocultos conceptos, como he explicado. El que intenta mejorarlos, de hecho los disminuye, porque no tiene en cuenta la gloria de Dios… Cada casa y cada habitación tienen una forma específica, pero esto no lo aprendí de mi maestro».[143]

Cuadrado Mágico de orden diez que corresponde a *Keter*-Corona

1	2	98	97	96	5	94	93	9	10
90	12	13	87	86	85	84	18	19	11
80	79	23	24	76	75	27	28	22	71
70	69	68	34	36	35	37	33	62	61
41	59	58	57	45	46	44	53	52	50
51	49	48	47	55	56	54	43	42	60
31	32	38	64	65	66	67	63	39	40
30	29	73	74	25	26	77	78	72	21
20	82	83	14	16	15	17	88	89	81
91	92	3	7	6	95	4	8	99	100

En muchos sitios Tzayaj para justo antes de explicar explícitamente cómo se utilizan los cuadrados. En un lugar afirma: «Si miras cuidadosamente al orden de los números en las casas y en las habitaciones comprenderás un concepto maravilloso respecto al misterio del orden de Atzilut. Pero no tengo autoridad para explicar el misterio de sus

---

143. *Sheirit Yosef*, p. 140a.

luminarias, ni para escribir con mi pluma por qué hay más en unas habitaciones y menos en otras».[144]

En otro lugar repite que carece de autoridad para revelar las razones de los números asociados a cada habitación. Y concluye: «Se halla éste entre los misterios más profundos de la más alta *Merkavá*. No puede ser desvelado por libros ni pergaminos. Y la causa misteriosa de ello es que son puestos en rotación por el Ser Infinito *(Ein Sof)* en el que ningún ojo puede penetrar. Que Él y su Nombre sean benditos. Pero con lo que he escrito el inteligente podrá comprender».[145]

Hay una considerable controversia sobre si uno debe meditar solo o en compañía de un instructor. El Baal Shem Tov enseñaba explícitamente que hay que meditar siempre con un compañero, porque si no, podría resultar muy peligroso.[146] Tzayaj anticipa esto y escribe: «Es necesario que el maestro del iniciado le supervise la primera vez, hasta que se acostumbre (a entrar en esos estados. Su] maestro le puede ayudar a volver a su estado normal de conciencia…Uno debe hacer esto] hasta que se encuentre adecuadamente iniciado en esos nuevos estados [de conciencia], no sea que mire y pierda la mente [como Ben Zoma]».[147]

Por último, Tzayaj fue probablemente el último cabalista en propugnar el uso de la posición profética, en la que se pone la cabeza entre las rodillas. Esta postura fue utilizada por Elías en el Monte Carmelo y, en algunas ocasiones, por los sabios del Talmud. Jai Gaon (939-1038), jefe de la academia babilónica en Pumbedita, también lo menciona.[148] Unos quinientos años después Tzayaj presenta la misma posición. Al hablar de los individuos que meditan *(hitboded)*, dice: «Se doblan como cañas, colocando la cabeza entre la rodillas, hasta que todas sus facultades son anuladas. Como resultado de la falta de sensación, ven la Luz Suprema con visión verdadera y no con alegoría».[149]

---

144. *Evven HaShoham*, p. 33b.

145. Ibíd. p. 42a.

146. *Véase* más adelante, p. 297.

147. *Evven HaShoham*, p. 16, 2a. Respecto a Ben Zoma, *véase* más arriba p. 262.

148. *Véase* más arriba, p. 34.

149. *Evven Hashoham,* p. 1b. «Visión y no alegoría» constituye una paráfrasis de Números 12:8.

La postura se asocia también con la meditación en las casas y habitaciones de los cuadrados mágicos. Escribe: «Si quieres entrar en su misterio concéntrate en todo lo que he dicho. Contempla *(hitbonen)* las habitaciones de las que he hablado, junto con sus luces, colores y combinaciones literales. Medita *(hitboded)* en ello por un tiempo, ya sea breve o extenso. Empieza colocando la cabeza entre las rodillas».[150]

A continuación, incluye él una notable oración para ser dicha mientras se está en la posición profética:

Ehyeh Asher Ehyeh, Coróname *(Keter).*

Yah, concédeme Sabiduría *(Jojmah).*

Elohim Jaim, concédeme Entendimiento *(Binah).*

El, con la mano derecha de su Amor, hazme grande *(Jesed).*

Elohim, del Terror de Su Juicio, protégeme *(Guevurah)* YHVH, con su Misericordia, concédeme la Belleza *(Tiferet) Adonai Tzevaot,* vigílame Eternamente *(Netzaj) Elohim Tzevaot,* concédeme la beatitud de Su Esplendor *(Hod).*

El Jai, haz de su alianza mi Fundamento *(Yesod).*

Adonai, abre mis labios y mi boca dirá Tu Alabanza *(Maljut).*

El lector habrá notado de inmediato que este cántico incluye a las Diez Sefirot junto con sus Nombres Divinos respectivos. Es éste el único lugar en el que se encuentra una práctica meditativa concreta que se sirve de la posición profética. El cántico que involucra a las Sefirot es también único en su género.

El hecho de que Tzayaj hable de un método tan antiguo sugiere fuertemente que era heredero de una tradición primitiva, posiblemente proveniente de Jai Gaon. Tazyach vivía en Damasco, una ciudad que había tenido sin interrupción una comunidad judía desde los tiempos bíblicos. Es muy probable que tales antiquísimas tradiciones se hubieran conservado en el seno de esa comunidad.

---

150. *Sheirit Yosef,* p. 168a.

Capítulo cinco

Safed

1. El Ramak

Rabbí Moshe Cordovero (1552-1570) de Safed fue uno de los más grandes entre todos los cabalistas teóricos y uno de los principales sistematizadores de su filosofía. Era tan respetado que fue el primer cabalista en recibir el honor de ser llamado por sus iniciales, e incluso hoy los iniciados le llaman «el Ramak». Hasta entonces sólo a los mayores maestros talmúdicos se les había dado esa distinción, añadiendo el artículo «el» a sus iniciales para indicar que eran una parte sólida de la tradición. Así, por ejemplo, Rabbí Moshe ben Maimon (Maimónides) fue conocido como «el Rambam», Rabbí Moshe ben Najman (Najmánides) se convirtió en «el Ramban», y Rabbí Sh'lomo ben Adret pasó a ser «el Rashba».

El Ramak nació en Safed, una ciudad que iba a ser famosa como centro de Cábala. A una edad muy temprana ya se había ganado una reputación de genio extraordinario. Además de sus conocimientos de Cábala, poseía una erudición en Talmud y filosofía del máximo rango, siendo ampliamente respetado en ambos campos. Pero su principal interés era la sistematización de la Cábala, dándole una estructura filosófica, una tarea que ya había sido empezada por Rabbí Judah Jayit (1462-1529) y Rabbí Meir Gabbai (1480-1547).

Se había aceptado al Zohar como el fundamento de la Cábala, pero en su mayoría el sistema aparecía tan complejo y falto de estructura como el de la Biblia o el Talmud. Hizo falta un genio de la estatura de Maimónides para descifrar y sistematizar la estructura filosófica de la Biblia y el Talmud, delineando claramente los principios organizativos que subyacen al sistema. El Ramak pretendía hacer para la Cábala lo mismo que el Rambam había hecho para la tradición más convencional.

Igual que Maimónides, el Ramak defendió su sistema contra sus detractores, y en la mayoría de los casos sus palabras fueron dirigidas contra los filósofos que rehusaban aceptar la autoridad de la Cábala. En cierto lugar afirma que los filósofos sólo pueden deducir lo que existe en el domino metafísico, mientras que los cabalistas pueden verlo de hecho.[1] Pero además de ser el filósofo preeminente del mundo cabalístico, el Ramak estaba también plenamente familiarizado con sus elementos místicos. Era un experto en los diversos sistemas de la Cábala meditativa y práctica y, aunque raramente habla de esas áreas, hay lo suficiente en sus escritos como para indicar una íntima familiaridad. Así, en un lugar cita una larga sección del *Or HaSejel* de Abulafia.[2] En otros sitios menciona al autor y al libro por su nombre, y dice que ése es el sistema más importante respecto de la pronunciación del Nombre Divino.[3]

No siendo un mero teórico, el Ramak estaba activamente implicado en la meditación cabalística, a través de un método conocido como *Gerushin* o «Divorcio». Sabemos muy poco de él, aunque se escribió todo un folleto, llamado *Sefer Gerushin* (El Libro del divorcio), sobre el discernimiento que el Ramak obtuvo con este método.[4] Lo más probable es que la técnica consistiera en meditar en una escritura dada, o quizás en repetirla una y otra vez como un mantra, hasta poder entrar en relación con ella en un alto estado meditativo. Entonces se llegaría a una comprensión profunda de su sentido sin tener que analizarla lógicamente.

En este contexto, la palabra «divorcio» probablemente significa divorcio de lo físico, aun cuando también tiene obviamente la connotación de separación y retiro de lugares habitados. En este respecto es muy parecida al término *Hitbodedut*, que se refiere tanto a la reclusión física como mental.

---

1. *Elemah Rabatai,* 1:1:16 (Lvov, 1881) p. 6b.
2. *Véase* cap. 3, notas 4, 104.
3. Ibíd. nota 107.
4. *Sefer Gerushin* se publicó en Venecia, 1600; Sklov, 1796, Jerusalén, 1962. Se comenta en su *Or Ne'erav* 5:2.

El Ramak fundó una academia de Cábala en Safed y hasta la llegada del Arí fue considerado el decano de la escuela de Safed. Entre sus discípulos se encontraron muchas de sus luminarias, incluyendo a Rabbí Eliahu de Vidas, autor de *Reshit Jojmah* (el Principio de la Sabiduría) y Rabbí Jaim Vital, el que luego sería el biógrafo y escriba del Arí. Se cuenta que Elías se reveló al Ramak y que, al morir éste, el Arí dijo haber visto un pilar de fuego siguiendo al féretro.

Fue en gran parte debido al liderazgo del Ramak por lo que Safed se convirtió en el mayor centro de Cábala que el mundo jamás haya conocido, hasta tal punto que el propio nombre de Safed ha llegado a ser sinónimo de Cábala. Pero hubo también otros factores que contribuyeron a ello, y todo parece como si las fuerzas de la Providencia hubieran conspirado para crear esta gran ciudad de santos y eruditos. A finales del siglo XV se dieron tres circunstancias que iban a ser de la máxima influencia.

La primera fue el descubrimiento de la imprenta. Gutenberg había impreso su Biblia alrededor de 1450, y en 1475 ya se había impreso el primer libro judío. En la década de los noventa se habían publicado más de un centenar de títulos hebraicos, poniendo los instrumentos del estudio en manos de casi cualquiera. Mientras que los estudiosos habían tenido hasta entonces que arreglárselas con un número limitado de caros manuscritos, a menudo escasamente legibles, ahora podían utilizar unas bibliotecas personales en rápido crecimiento y tener toda la información necesaria a su inmediata disposición. La explosión de información condujo a la necesidad de sistematización y fue en esas generaciones cuando el interés creció y se vio la necesidad de sistematizar todo el cuerpo de conocimiento judío, incluida la Cábala.

Fue durante ese período cuando terminó la era de *los Rishonim* (codificadores antiguos) y empezó la de los *Ajaronim* (nuevos codificadores). Mientras que se consideraba a los *Rishonim* como fuentes primarias, los *Ajaronim* eran nuevas fuentes secundarias que trataban principalmente de clarificar y escribir comentarios a las obras de los *Rishonim*. Estos estudiaban y publicaban manuscritos, mientras que aquéllos estudiaban y publicaban libros impresos.

El segundo suceso fundamental fue el descubrimiento por parte de Colón del Nuevo Mundo en 1492. Como resultado del cambio de perspectiva mundial, gran parte de la filosofía anterior tuvo que ser reexaminada, y las escuelas filosóficas, que se había opuesto a la Cábala, quedaron significativamente debilitadas. Los descubrimientos de la época expandieron los horizontes humanos y la gente empezó a buscar una expansión semejante para sus vidas espirituales. Esto condujo a muchos a explorar los sistemas de expansión mental enseñados por la Cábala.

Sin embargo, lo más explosivo de todo fue la Inquisición española, que culminó con la expulsión de todos los judíos de España, también en 1492. España había sido en general un importante centro de estudios judaicos durante muchos siglos. En particular de la Cábala y, con la expulsión, sus líderes se vieron forzados a encontrar un nuevo centro. Encontraremos algunos individuos que dejaron España de jóvenes, entre ellos fundamentalmente José Caro, que a la sazón tenía cuatro años, y Jacob Berab, que tenía dieciocho. Pero mucho más importantes para el desarrollo inicial de Safed fueron dos cabalistas maduros, ambos de nombre José: Rabbí José Zaragozano (Saragossí) y Rabbí José Taitatzak.

Hasta ese momento Safed había sido una pequeña comunidad judía que no había ejercido ninguna influencia conocida. En los primeros años de la década de 1490, su líder espiritual, Rabbí Peretz Colobo, tenía que mantener una pequeña tienda de alimentación para poder mantenerse, siendo la comunidad demasiado pequeña para poder pagarle. Todo esto, sin embargo, cambió con la llegada de Rabbí José Zaragozano.

Nacido como Abulafia en Zaragoza, España, Rabbí José la abandonó con sus correligionarios en 1492. Posiblemente siguiendo el camino de Abulafia, se estableció por un tiempo en Sicilia. De allí emigró a Beirut y, en 1496, ya conocido como un «santo absoluto», lo encontramos trasladándose a Sidón, donde acepta el puesto de rabino jefe.[5] De allí asume el papel de rabino de Safed, que empezó

---

5. *Mijtav Masa* 2, en *Otzar Masaot* (Nueva York, 1927) p. 125.

a desarrollar como un centro de Cábala. Una de sus primeras tareas como rabino, fue la de poner en marcha una academia en la que poder enseñar tanto el Talmud como la Cábala.

Zaragozano fue respetado tanto por los judíos como por los musulmanes por su espíritu apaciguador, y fue amado y respetado como un ángel de paz. El autor del *Sefer Jaredim,* un contemporáneo más joven que él, escribe: «José Zaragozano, maestro del Radbaz, siempre trajo la paz entre el hombre y sus vecinos, y el marido y la mujer, incluso entre los gentiles). Él era merecedor de ver al profeta Elías».[6] El Radbaz que aquí se menciona es Rabbí David abu Zimra (1470-1572), que también se había exiliado desde España. Se había establecido en Safed junto con su padre, y pronto se convirtió en un importante discípulo de Rabbí José. Aunque el Radbaz alcanzó posteriormente fama como una de las principales autoridades en legislación judía, también escribió numerosos libros de Cábala. Conocía los escritos de Abulafia y en al menos un lugar menciona su *Jayay Olam HaBah.*[7]

Es muy significativo el hecho de que Rabbí Judah Albotini, el autor de *Sulam HaAliyah* (La Escalera de Ascenso) y uno de los más importantes maestros de los métodos de Abulafia, estuviera todavía vivo en aquel tiempo. Era a la sazón rabino de Jerusalem y continuó enseñando hasta 1519. Parece muy probable que el Radbaz llegara a conocerle y puede que también hubiera comunicación entre Albotini y Zaragozano. Albotini también vivió en la Península Ibérica, en Portugal, y fue probablemente conocido por los cabalistas españoles.

Un discípulo importante de Radbaz en Egipto fue Rabbí Betzalel Ashkenasí, conocido como el autor del *Shitah Mekubetzet,* un comentario talmúdico de la máxima importancia. Pero por encima de ello, y junto con el Radbaz, Rabbí Betzalel fue el que introdujo al Arí en los misterios de la Cábala.

El segundo José importante de entre los exiliados de España fue Rabbí Jose Taitatzak (1477-1545) que se estableció en Salónica. Conocido como uno de los más grandes sabios de su tiempo, contó entre

---

6. *Sefer Jaredim* 8 (Jerusalén, 1958) p. 49.
7. *Véase* cap. 3, nota 5.

sus discípulos a luminarias tales como Rabbí Samuel di Modina (el Maharashdam), Isaac Adrabi y José Caro. Un contemporáneo más joven, Rabbí Eliahu de Vidas, escribe en su *Reshit Jojmah*: «He oído que el sabio Rabbí José Taitatzak, de bendita memoria, no durmió en una cama durante cuarenta años, excepto en el Shabbat. Se dice que solía dormir en un arcón con las piernas colgando, y que se levantaba por la noche. Nadie lo sabía y sólo después de su muerte fue revelado por su esposa».[8]

Uno de los discípulos en Cábala más importantes de Taitatzak fue Rabbí Shlomo Alcabetz (1505-1584), nativo de Salónica, y conocido fundamentalmente por ser el autor del himno *Leja Dodí,* que se recita el viernes por la noche. Fue él el destinado a iniciar al Ramak en los misterios de la Cábala.

En 1522, el año de nacimiento del Ramak, tuvo lugar otro suceso con un profundo efecto en la comunidad judía. Éste fue el peregrinaje de David Reuveni, una críptica figura mesiánica proveniente de Jeybar, en la península arábiga, y que fue capaz de permanecer delante de papas y reyes. Viajando a través de Egipto en 1523, Reuveni reporta el haber solicitado una audiencia con Abraham Castro y es también posible que conociera al Radbaz.[9] Un año después, Reuveni consiguió una entrevista con el Papa Clemente VII (1478-1534), quien parece que se quedó muy impresionado con su visitante de Arabia.

Durante sus viajes, Reuveni llegó a Portugal, siendo aceptado en la corte del Rey Juan III. Allí conoció al escriba del rey, Shlomo Molho (1501-1532), un marrano que había sido bautizado con el nombre de Diego Pires. Como muchos marranos de la época, Molho había estudiado judaísmo en secreto y era competente en Biblia y Talmud. Portugal había sido asiento de una gran escuela cabalística, que había producido luminarias tales como Rabbí Judah Jayit y Judah Albotini, y es muy posible que Molho hubiera también entrado en contacto con un remanente de esta escuela, que hubiera sobrevivido a la expulsión

---

8. *Reshit Jojmah, Kedushah* 7 (154c).
9. *Nesiyat David HaReuveni* 6, en *Otzar Hasaot,* p. 154a.

y se hubiera refugiado en el secreto. Tras encontrarse con Reuveni en 1525, Molho se circuncidó y marchó a Salónica.

Lo que sucedió a continuación resulta algo vago. Molho fue atraído en Salónica al círculo de Rabbí Joseph Taitatzak y parece que aprendió de él mucha Cábala. Por otra parte, da la impresión de que Molho era mucho más adepto de la meditación que Taitatzak, posiblemente en base a los misterios que había aprendido mientras vivía en Portugal. Por medio de las técnicas de meditación que explicaremos, Molho fue capaz de comunicarse con un Maggid, una especie de portavoz angélico. Informado del método, Taitatzak lo puso en práctica y pronto se hallaba también en comunicación con un Maggid.

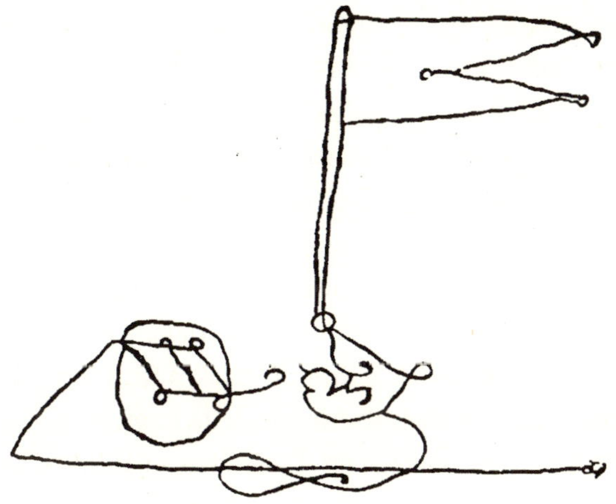

Autógrafo de Rabbí Shlomo Molho

Hay noticias de que Molho viajó también a Tierra Santa, entrando posiblemente en contacto con los cabalistas de Jerusalem y Safed. Se entrevistó con el Papa Clemente VII en 1530 y, habiéndose ganado el respeto del Vaticano, fue reverenciado por los judíos de Roma. Una trampa peligrosa que acecha en la meditación es que, con frecuencia, le hace sentir a uno que tiene poderes sobrehumanos, cuando estos no existen de hecho, y parece que Molho cayó en esa trampa.

En 1532, Molho solicitó una audiencia con Carlos V (1500-1558), Rey de España y Sacro Emperador Romano. Como líder que se había embarcado en muchas guerras de religión, Carlos no se sintió impresionado con ese advenedizo y lo entregó a la Inquisición. Puesto que Molho había sido bautizado como católico en Portugal, fue juzgado como renegado y quemado en la hoguera por hereje. Años después, el ejemplo de Molho se tomaba como una advertencia para aquellos que querían aventurarse demasiado lejos en los misterios de la Cábala meditativa.[10]

Unos años después, a mediados de la década, llegaron a Safed tres individuos que iban a transformar la ciudad en un centro del saber y del misticismo. El primero fue Shlomo AlKabetz, de treinta y un años de edad y proveniente de Salónica, que se había ya ganado una reputación como cabalista brillante. El joven Moshe Cordovero, que acababa de celebrar su Bar Mitzvah, le miraba con temor y admiración, sin adivinar que él algún día sería su discípulo más famoso.

El segundo individuo fue Rabbí Jacob Berab (1474-1546), oriundo de Castilla, que había sido expulsado de España cuando todavía era un adolescente. Tras pasar un número de años en Portugal, Marruecos y Argelia, se estableció en Egipto en 1523, y entró bajo la influencia de Radbaz. Es también posible que conociera a David Reuveni, quien había pasado por Egipto por aquellas fechas. Cuando se estableció en Safed en 1535, Berab tenía casi cincuenta años y era ya reconocido como un sabio importante. Un año después, a la muerte de Rabbí José Zaragozano, fue nombrado rabino jefe de la comunidad.

El tercero en llegar fue Rabbí José Caro (1488-1575), autor del *Shuljan Aruj* (la Mesa puesta), el reconocido Código de la ley judía.

Había nacido en Toledo y tenía sólo cuatro años cuando su familia fue expulsada de España, emigrando a Portugal. Reconocido como un prodigio incluso a tan tierna edad, estudió junto con Rabbí Jacob Berab, que era catorce años mayor que él, mientras que ambos estuvieron en Lisboa. Con la expulsión de Portugal de los judíos en 1498, emigró a Constantinopla y de allí a Adrianápolis, en lo que hoy es la Turquía Europea.

A la edad de veinte años, Caro era ya reconocido como un notable experto en ley judía. En 1522, el año del nacimiento de Ramak y de

---

10. Véase *Shaarey Kedushah* 3:6 (Bnei Brak, 1967), p. 109.

la emergencia de Daniel Reuveni, dio comienzo a su *magnum opus,* el *Bet Yosef* (la Casa de José). Este libro reunía por vez primera en un solo volumen virtualmente todas las decisiones que se habían tomado alguna vez en el terreno de la ley judaica. Caro trabajó en esa tarea durante veinte años y su obra monumental se convirtió más tarde en la base de la mejor conocida, el *Shuljan Aruj.*

Mientras se hallaba en Adrianópolis, Caro conoció a Shlomo Molho, quedando muy impresionado con él. Los dos estrecharon lazos y fue de Molho de quien el gran legalista aprendió las técnicas de meditación relativas a la comunicación con un Maggid.

En 1533, un año después de la ejecución de Molho, Caro se trasladó a Salónica, donde estableció una importante academia talmúdica. Se hizo íntimo amigo de Rabbí José Taitatzak y parece que volvió a reconsiderar con él las técnicas para evocar a un Maggid. Fue durante la fiesta de Shavuot (Pentecostés), probablemente en 1535, cuando un Maggid se reveló por primera vez a Caro y sus revelaciones se hallan reunidas en un libro del máximo interés, *Maggid Mesharim.*

A instancias de su Maggid, Caro emigró a Tierra Santa, estableciéndose en Safed en 1537.[11] Encontró allí una comunidad que había crecido hasta comprender más de mil familias judías, y rápidamente se constituyó como una figura principal en la academia de Rabbí Jacob, su antiguo tutor de los tiempos de Lisboa. No pasó mucho tiempo antes de que las dos mentes brillantes desarrollaran un esquema que, caso de tener éxito, alteraría toda la estructura de la vida judía y posiblemente también apresuraría la llegada del Mesías.

Lo que tenían en mente era nada menos que restablecer el antiguo rito de la ordenación. La ordenación tenía consecuencias legales de largo alcance y había sido transmitida de maestro a discípulo desde los tiempos de Moisés hasta el siglo IV. Entonces, como consecuencia de las persecuciones en Tierra Santa, la cadena se había roto.

El gran Moisés Maimónides había escrito que esta ordenación *Semija* tenía que ser restablecida antes de la llegada del Mesías. También

---

11. Véase *Maggid Mesharim, Toldot,* p. 21a. Esto se dijo en un Shabbat, 4 kislev. Sin embargo, el único año en el que el 4 kislev tuvo lugar en Shabbat fue en 1537 (5277).

escribió que incluso si no había maestro para conferirla podía ser concedida a cualquier sabio con el consentimiento mutuo de todos los rabinos de Tierra Santa.[12] Dado que la mayoría de esos rabinos residían en Safed, Berab y Caro pensaron que las demás comunidades lo aceptarían una vez que el proyecto estuviera iniciado. En 1538 los rabinos de Safed decidieron por unanimidad conferir esa ordenación a Rabbí Jacob Berab. Hubo un rabino, sin embargo, que rehusó aceptar tal ordenación. Se trataba del Ralbaj (Rabbí Levi ibn Jabib, 1480-1541), rabino principal de Jerusalem. Como resultado de esta oposición, la cuestión de la ordenación desembocó en una grave controversia.

Como resultado de ella, Berab se vio forzado a dejar su puesto y huir a Damasco. Poco antes confirió esta ordenación-*Semija* especial a cuatro de sus discípulos más sobresalientes. La *Semija* era el máximo honor académico que le podría ser dado a un individuo, e indicaba que había dominado todas las áreas de los saberes talmúdico y legal. Tres de los recipiendarios eran rabinos maduros ya reconocidos como las principales luminarias de la época. Se trataba de Rabbí José Caro, Moshe de Trani y José Sagis. El cuarto era un joven de dieciséis años —el Ramak.

Rabbí Jacob Berab murió en 1541 y fue sucedido en el puesto de Rabino de Safed por José Caro. Un año después Caro completaba su monumental *Bet Yosef,* obra que le establecería para siempre como una autoridad principal en ley judaica.

Ese mismo año, a la edad de veinte, el Ramak oyó una voz que le urgía a empezar a estudiar Cábala con Rabbí Shlomo Alkabetz. Fue así iniciado en los misterios del Zohar, llegando a dominar el texto por completo. Pero esto no le satisfizo, porque las enseñanzas del Zohar son a menudo vagas y su sistema carece de una estructura discernible. Con la intención de clarificarla en su propia mente, el Ramak empezó a escribir dos libros. El primero, que ha sido publicado recientemente,

---

12. Yad, *Sanhedrín* 4:11; Comentario al *Sanhedrín* 1:3, *Bejorot* 4:3.

fue *Or Yakar* (la Luz preciada), un enorme comentario al Zohar.[13] Fue su segundo libro, sin embargo, el que constituyó su *magnum opus.*

Conocido como el *Pardes Rimonim* (el Huerto de los Granados), o simplemente como el *Pardes,* este libro era una sistematización de todo el pensamiento cabalístico hasta la fecha. Era especialmente importante el hecho de que el Ramak reconciliaba muchas escuelas antiguas con las enseñanzas del Zohar, demostrando la unidad esencial de la Cábala. Utilizando la misma lógica cerrada que Caro había usado en sus obras legales, el Ramak mostraba que el sistema cabalístico tenía una base filosófica autoconsistente. Si no fuera por el hecho de que la filosofía y la Cábala han sido tradicionalmente consideradas como antagonistas, el *Pardes* sería considerado no sólo un clásico de Cábala, sino también de análisis filosófico.

Pronto, tras la terminación del *Pardes* en 1548, el Ramak empezó, junto con otros miembros del grupo de Alkabetz, a dedicarse a la meditación *Gerushin.* Era ése el mismo año en que Rabbí José Tzayaj completaba en Jerusalem su *Sheirit Yosef.* El Ramak estaba familiarizado con los métodos de Tzayaj, así como con los de Abulafia, pero parece que prefería un método diferente conocido como *Gerushin,* y que se piensa que estaba relacionado con el que se empleaba para evocar un Maggid.

❖ Un Extracto del *Maggid Mesharim*

[El Maggid declaró:]

Siempre que te halles en un lugar puro piensa constantemente en la Torah, en el temor [de Dios] y en mi Mishnah. No abandones ni siquiera por un segundo la Torah y el temor, ni siquiera cuando comas o hables. Tu lengua debe ser el miembro más pesado de tu cuerpo, como ha sido durante estos últimos días. Todos tus miembros deben estar constantemente unificados en mi servicio, el temor y la Torah.

---

13. Es mencionado varias veces en el *Pardes Rimonim,* por ejemplo 4:7 (Munkatch, 1906) p. 21a. Se sigue imprimiendo normalmente. Un resumen de este comentario se encuentra en *Or HaJamah.*

Recuerda lo que [el Talmud] dice sobre Rav, que no dijo ni una palabra ociosa en toda su vida.

Esto es lo que la persona debe hacer: debe integrar todos sus pensamientos hacia el temor de Dios y su adoración. Está escrito: «Hijo mío, dame tu corazón y que tus ojos observen mis caminos» (Proverbios 23:26). Esto significa que al guardar un mandamiento o al estudiar Torah, hay que unificar el corazón hacia Dios y no hay que pensar en nada más…

Esto ciertamente debe ser así en la oración. Anula todo pensamiento que entre en tu corazón. [Expulsa] al Impulso al Mal y a sus multitudes, así como a las fuerzas de Samael y de la Serpiente que le acompañan. Unifica tu corazón constantemente, en todo tiempo, de modo que en cualquier momento no pienses en otra cosa que en Dios, su Torah y su servicio.

Éste es el misterio de la Unidad mediante el que una persona se unifica literalmente con su Creador. Así el alma se adhiere a Él y se convierte en una con Él, de modo que el cuerpo se torna morada de la Presencia Divina. Esto es lo que quiere decir la Torah cuando afirma: «Temerás a Dios, tu Señor, y a Él servirás y te adherirás» (Deuteronomio 10:20).[14]

Por lo tanto, hijo mío, completa una unificación perfecta. Si así lo haces, entonces «yo te haré un lugar para que camines entre los (ángeles) que aquí se encuentran».[15] Te haré merecedor de la Tierra de Israel y de venir junto a mi querido Shlomo [Molho].

Maggid Mesharim[16]

---

14. *Véase* cap. 4, nota 33. A esto le sigue la sección citada antes en la p. 159.

15. Paráfrasis de Zacarías 3:6.

16. *Maggid Mesharim, BaShalaj,* 15 Shevat, p. 56c.

2. Colores

Ya se ha expuesto el modo de ascender por las Sefirot utilizando los nombres de Dios, especialmente tal como se expone en *Shaarey Orah* (Puertas de la Luz) de Rabbí José Gikatilla. El Ramak se hace eco de ello y, en su *Pardes,* establece que la razón principal por la que se crearon las Sefirot fue para proporcionar una escalera con la que ascender a los más altos niveles espirituales.[17] El sistema enseñado por el Ramak y otros miembros de la escuela de Safed, apunta a un grado mayor de unificación que el abarcado por la escuela de Gikatilla.

Este sistema, basado en el Zohar, no hace uso de ningún otro nombre que el Tetragrammaton. Las Sefirot vienen entonces representadas por diez puntos vocálicos distintos.[18] Se puede meditar en el Tetragrammaton con esos diferentes puntos vocálicos, ligándose de ese modo a la Sefirah que se desee.

Aunque se puede simplemente meditar en los Nombres tal como aparecen escritos en un libro, la técnica se amplifica mucho cuando se utilizan colores. Cuando cada Nombre se colorea con el tono adecuado a una Sefirah, uno se puede atar a ella de una forma mucho más íntima. El sistema de colores se estudia en profundidad en las obras de Rabbí José Tzayaj y parece que el Ramak conocía estos escritos.[19] Pero mientras que Tzayaj no hace ningún intento de relacionar su sistema al de Zohar, el Ramak muestra que ambos constituyen una misma tradición.

❖ Extractos del Pardes Rimonim

La novena puerta: la puerta de los colores

En varios lugares de los textos de la Cábala y del Zohar encontramos que diversos colores corresponden a las Sefirot. Hay que ser cuidadosos y no pensar que esto hay que tomarlo en sentido literal. El color

---

17. *Pardes Rimonim* 2:6 (p. 10a).

18. *Véase* nota 33.

19. Véase *Evven HaShoham,* p. 93a. En *Tzaror HaJaim,* p. 25a, Tzayaj parece que describe cómo ascender por las Sefirot mediante los colores.

es algo físico, algo que se emplea para describir el mundo físico y [las Sefirot], que son espirituales, no pueden describirse mediante propiedades físicas. El que piense que estos son literalmente los colores de las Sefirot, está destruyendo todo el sistema y sobrepasando los límites establecidos por los antiguos. Por lo tanto, el que ahonde en esta cuestión, debe poner el máximo cuidado en no suponer que hay algo físico implicado.

A lo que aluden los colores de hecho es a los resultados que son transmitidos desde las Raíces supremas. Así, por ejemplo, *Guevurah* Fuerza es responsable de la victoria en la guerra. Puesto que ésta conlleva derramamiento de sangre, en el que se vierte sangre roja, resulta pertinente adscribir el color rojo a esa Sefirah. Del mismo modo, el color rojo expresa odio, ira y furia. Lo cual es obvio.

Adscribimos por lo tanto el color rojo al lugar del Juicio. Además, todo lo que es rojo deriva del poder de esta Raíz. Eso ha sido debatido en detalle en la «Puerta de la Esencia y la Función».[20]

Igualmente, el color blanco indica misericordia y paz. Esto es porque aquéllos con [pelo] blanco son por lo general misericordiosos. Así, por ejemplo, los ancianos y los de edad avanzada no suelen luchar en los ejércitos. Por lo tanto, si se quieren representar la paz y la Sefirah de *Jesed*-Amor, hay que describirlas de color blanco.

No hay duda sobre que las cosas blancas emanan del poder de esta Raíz. También esto ha sido explicado en la Puerta antes mencionada.

Tal es la interpretación adecuada de la relación entre colores y Sefirot. Los colores se utilizan alegóricamente para aludir a las funciones y resultados de las Sefirot.

[Éstas] no existen en un continuo espacial y por consiguiente es imposible diferenciarlas salvo con alegorías. Lo cual sólo puede hacerse cuando se usan los colores alegóricamente para representar [a las Sefirot. Podemos imaginarlas] como siendo distintas, ascendiendo o aumentando, dependiendo de la relación entre un color y otro. Puede así hacerse una completa representación de la dinámica de las Sefirot mediante el juego mutuo de los colores. Todo esto es para «dar

---

20. *Pardes Rimonim, Shaar Mahut VaHanhagah* 8.

facilidades al oído físico»,[21] permitiendo la expresión verbal de esos conceptos.

Colores y Sefirot

Sefirah	Color
Keter-Corona	blanco cegador invisible
Jojmah-Sabiduría	un color que incluya a todos los colores
Binah-Entendimiento	amarillo y verde
Jesed-Amor	blanco y plateado
Guevurah-Fuerza	rojo y dorado
Tiferet-Belleza	amarillo y púrpura
Netaj-Victoria	rosa claro
Hod-Esplendor	rosa oscuro
Yesod-Fundamento	naranja
Maljut-Reino	azul

No hay duda sobre que los colores pueden servir como puerta a la dinámica de las Sefirot. También sirven para transmitir la influencia de una Sefirah dada.

Por ejemplo, si se quiere transmitir la influencia de la misericordia desde la Sefirah de *Jesed*-Amor, [medítese] en el color asociado con esta Sefirah. Píntese el color del atributo [que se desea conseguir]. Si se quiere para misericordia, el color será el blanco. Si la petición supone un grado menor de misericordia, dibuja un blanco más suave,

---

21. *Cf. Mejilta* sobre Éxodo 19:18, *Tanjuma, Yitro* 13. Véase *Etz Jaim, Shaar A,* cap. 2.

como el del «mortero del Templo».[22] Hablaremos de ello después en la «Puerta de la Kavanah».

Se deduce que el individuo que quiera conseguir algo mediante la transmisión del Juicio debe vestir prendas rojas. Medita entonces en el Tetragrammaton dibujándolo en [letras] rojas. Igualmente, en cualquier actividad en la que se desee misericordia y se quiera transmitir el poder de *Jesed*-Amor se deben vestir prendas blancas.

Lo cual claramente queda ejemplificado con los sacerdotes-cohen. Su función era transmitir poder desde el lado de *Jesed*-Amor. Llevaban por tanto vestiduras blancas que indican paz. En Iom Kippur (el día del Perdón) el Sumo Sacerdote se despojaba de sus vestiduras de oro y vestía de blanco. Todo el servicio de ese día era ejecutado en blanco y la razón dada es que «un acusador no se convierte en abogado defensor»[23] [y el oro denota Juicio. Sin embargo, el blanco] indica la [misericordia] que el Sumo Sacerdote estaba buscando.

El mismo principio es el que funciona en los amuletos. Cuando se fabrica un amuleto *(kameya,* קמע*)* para transmitir *Jesed*-Amor, se debe dibujar el Nombre pertinente en [letras] blancas brillantes. Esto aumentará la efectividad del Nombre. Igualmente cuando se busca el Juicio. Hay que dibujar el Nombre asociado con él en rojo. La sangre de cabra se emplea a menudo para tal propósito porque tanto fuente como color aluden al Juicio.[24] Todo esto es bien sabido y resulta obvio a los que escriben amuletos, aunque nosotros no tenemos parte en esas prácticas.

Se sabe así que cuando se dibujan los Nombres en los amuletos, los que implican al Juicio se pintan en rojo, los que implican al Amor en blanco y los que pertenecen a la Misericordia en verde. Todo esto se sabe por Maggidim que enseñaron los métodos de diseño de amuletos.[25]

Todo lo cual nos enseña que los colores pueden servir de canal para las fuerzas transmitidas de lo alto.

---

22. *Cf. Negaim* 1:1.

23. *Berajot* 59a, *Rosh HaShanah* 26a.

24. La palabra *Ez* (עז), que significa cabra, tiene las mismas letras que *Az,* que significa fuerte o bronco. Esto alude al juicio, véase *Pardes Rimonim* 23:16.

25. Véase *Sefer Jasidim* 205, 206; introducción a *Shaarey Kedushah.*

También todo esto se halla en estrecho paralelo con los ritos de algunos idólatras. Así, cuando ofrecen incienso saben cómo influir en el poder de un signo particular del Zodíaco. Y mientras ejecutan el rito llevan vestiduras [cuyo color] corresponde con sus actos.

Una evidencia clara a este concepto puede verse en el Pectoral del Sumo Sacerdote.[26] Éste contenía doce piedras preciosas, cada una [de un color distinto], aludiendo a la transmisión de poder de la fuente espiritual, de cada una de las Doce Tribus.

No rechacéis este concepto. Los alquimistas nos enseñan que cuando alguien mira a una corriente de agua se le suscita en él el Humor Blanco (la bilis blanca). Así, cuando alguien padece insomnio se le ponen delante caños con agua corriente para suscitar a la bilis blanca. Esto incrementa la humedad del cuerpo y entonces puede dormir.

Lo mismo es cierto en nuestro caso. Cuando el iniciado vuela con la mente encuentra esta enseñanza de valor inapreciable. Colores visibles al ojo, o figurados en la mente, pueden tener un efecto sobre lo espiritual, aunque en sí mismos sean físicos.

El Nefesh (alma inferior) puede motivar al Ruaj (espíritu medio) y éste a su vez motivar a la Neshamah (alma superior). La Neshamah asciende entonces de una esencia a la siguiente hasta alcanzar su Fuente. Ésta puede así ser motivada por lo que se imagine.

Tales [pensamientos] son para el Rostro [Divino] como un espejo. Mediante [los pensamientos transmitidos a] la Fuente [de la Naturaleza] puede [hacerse] que el Rostro aparezca rojo. Transmite entonces [una influencia asociada con el color] rojo [de vuelta a esta Fuente].[27] Lo mismo puede suceder con el color blanco. Todo ello se explica en la «Puerta de los Caños», capítulo 1. Toda influencia en el Rostro Inferior es el resultado de la acción humana, tal como se explica en la «Puerta de la Esencia y la Función», capítulo 18.

---

26. Véase Éxodo 28:17 ss.

27. La Fuente de las Almas es la Sefirah *Maljut*-Reino, mientras que el Rostro es Tiferet-Belleza (Zeir Anpin).

La puerta trigésimo segunda: la puerta de la Kavanah

Capítulo 1

En la Puerta anterior, se ha visto cómo el hombre es una «porción de Dios de lo alto». Si se es puro y recto en actos, y si uno se agarra a las cuerdas del amor que hay en las santas raíces de su alma, puede entonces ascender a cualquier nivel en todos los Universos (superiores). Todo ello ha sido explicado en la Puerta anterior.

Cuando se es recto y justo, se puede meditar *(Kaven)* con pensamientos apropiados y ascender por los niveles de lo transcendente. Para ello hay que unificar todos los niveles del alma, uniendo punto con punto, llevando los distintos niveles del alma cada uno a ser vestidura del siguiente. El alma se vuelve entonces como un candelabro único, hecho de partes distintas que se han unido.

El individuo debe entonces unificar las Sefirot, haciendo que se aten entre sí con un poderoso nudo. Él y su alma se convierten así en un canal a través del cual las Sefirot pueden ejercer influencia. [Todas], desde la superior a la inferior, actúan entonces en concierto a través del nudo poderoso que las tiene atadas. Porque cuando alguien ata su alma al Alma [Superior] mediante su Mishnah,[28] hace que las Raíces resulten atadas entre sí con un fuerte nudo...

Capítulo 2

Debemos ahora explicar la idea de la meditación en las Sefirot, ya que hay cierta confusión en esta área.

Comentando sobre el versículo, «[¿Qué otra nación grande tiene a un Dios tan cercano a ellos] como el Señor (YHVH) nuestro Dios, siempre que le llamamos?» (Deuteronomio 4:7), el *Sifri* establece: «[Le llamamos] a Él y no a sus atributos».[29]

---

28. Esto podría referirse a meditar en una Mishnah, *véase* nota 51.

29. Esto se cita en Bahya *ad loc.,* pero no está en nuestras ediciones. En cuanto a las fuertes prohibiciones contra la adoración de las Sefirot, véase *Tshuvot HaRivash* 157, *Elemah Rabatai* 1:1:2; Radbaz, *Metzudot David* 2; *Shomer Emunim (Ha Kadmon)* 2:64, 65; *Kisey Melej* al *Tikkuney Zohar* 22 (p. 94, # 50). Las *Tshuvot HaRivash* se encuentra en el manuscrito de *Otzar Jaim,* p. 121, pero es obviamente una inserción posterior puesto que el

Esto es lógico. ¿Por qué acercarnos a los sirvientes del Rey en vez de al Rey mismo? Es ciertamente lo propio que oremos sólo al Maestro de todos los Tesoros. Y siendo esto cierto, ¿por qué están todas nuestras oraciones asociadas a las diversas Sefirot?

La duda se hace mayor al darnos cuenta de que cada palabra alude a una Sefirah distinta. Por lo tanto, si se mantiene la mente [en la esencia interna de las palabras] el resultado es que todas las oraciones aluden a las Sefirot. No nos queda nada que esté dirigido a la Fuente de las Fuentes.

Además, ¿cómo es posible meditar en las Sefirot? Cualquiera que intente representar en su mente a una Sefirah es inevitable que la delinee y la dibuje como algo físico. La mente sólo puede representar cosas físicas. ¿Cómo puede entonces imaginar un concepto puramente espiritual? El ojo de la mente no puede imaginar una entidad espiritual sin hacerla finita y física. Es entonces imposible meditar en una Sefirah.

Hay también una tercera dificultad. Cuando alguien piensa en cualquiera de los Atributos es inevitable que lo separe [del resto]. En su mente imagina un Atributo separado como distinto de todos los demás. Esto no es conveniente ya que todo debe ser unificado. Lo cual es bien sabido. Procederemos ahora a explicar el significado de todo ello y a clarificar estos conceptos.

Es necesario comprender que el Ser Infinito *(Ein Sof),* el bendito Rey de Reyes, no puede ser abarcado por ningún nombre o palabra.[30] No es correcto hablar de ningún tipo de atributo en su Esencia, puesto que ésta ni cambia ni puede ser descrita. No puede ella alterarse, teniendo primero un deseo y luego otro, o emprendiendo primero una actividad y luego otra.

Por lo tanto, cuando uno medita en el Ser Infinito, no debe llamarle *El, Elo'ah, Elohim,* ni ningún otro nombre ni aplicación. Todos esos nombres sólo pertenecen a las Sefirot.

Rivash (Rabbí Isaac ben Sheshet Barafat; 1326-1408) vivió después de R. Isaac de Acco. El *Sifri* es un Midrash antiguo, escrito una generación después de la Mishnah.

30. La cuestión sobre cómo puede emplearse un término tal como *Ein Sof* es comentada por el autor en *Pardes Rimonim* 3:1.

Pero, como ya hemos dicho, uno no debe dirigir su intención hacia las Sefirot, ¡el cielo lo prohíba!, puesto que el que así hace cae en un pozo profundo. Es con respecto a esto por lo que el *Sifri* dice: «A él, y no a sus Atributos». La verdadera intención, sin embargo, es como hemos explicado en la «Puerta de la Esencia y las Vasijas».

Dios es llamado «Poderoso» mediante el Atributo de *Guevurah* Fuerza. Esto es porque Él es quien da a [la Sefirah de *Guevurah* Fuerza el poder de actuar. [lo mismo es cierto de la «Grandeza», asociada a la Sefirah de *Jesed*-Amor].[31]

Por consiguiente, cuando alguien dice: «El Gran Dios» [en la Amidah], debe meditar en el hecho de que esto alude a la «Grandeza» [la Sefirah de *Jesed*-Amor] y que la palabra misma está en la «Grandeza». Sin embargo, su intención [no] debe [dirigirse a la Sefirah misma, sino al Ser Infinito, que es] la Esencia que permea a la «Grandeza». Lo mismo es cierto de *Guevurah*-Fuerza y de las demás Sefirot.

Las Sefirot y el Tetragrammaton

Sefirah	Vocal			Tetragrammaton	
Keter	*Kamats*	a	אָ	K YaHaVaHa	יְהֹוָה
Jojmah	*Patach*	a	אַ	YaHaVaHa	יַהֲוַה
Binah	*Tzeré*	e	אֵ	K YeHeVeHe	יְהֵוֶה
Jesed	*Segol*	e	אֶ	YeHeVeHe	יֶהֶוֶה
Guevurah	*Sheva*	ʼ	אְ	Y'H'V'H	יְהְוְה
Tiferet	*Jolem*	i	אֹ	YiHiViHi	יֹהֹוֹה
Netzaj	*Jirek*	o	אִ	YoHoVoHo	יִהִוִה
Hod	*Kibbutz*	u	אֻ	YuHuVuHu	יֻהֻוֻה
Yesod	*Shurek*	u	אוּ	YuHuVuHu	יהוּה
Maljut	*No vocal*			YHVH	יהוה

---

31. Véase *Zohar* 2:42b. *Tikuney Zohar* 17a.

Las cuatro letras y las Sefirot

Ápice de la Yod	*Keter*
Yod (י)	*Jojmah*
Heh (ה)	*Binah*
Vav (6 = ו)	*Las Seis Sefirot: Jesed, Guevurah, Tiferet, Netzaj, Hod, Yesod*
Heh (ה)	*Maljut*

Las palabras son lo por tanto nombres [para los distintos atributos] en las Sefirot y adjetivos aplicados a Dios. Sin embargo, la intención se dirige sólo hacia el Ser Infinito que se viste con [las Sefirot] y las usa.

En el *Tikuney Zohar* dice Rabbí Shimon bar Iojai: «Siempre que uno pronuncia una palabra debe tener en mente que el habla es *Adonai* (אדני) y la voz es YHVH (יהוה). Hay que juntarlos, unificándolos en la Unidad Oculta *(Ein Sof)* que los adhiere y los hace uno. La intención debe estar dirigida sólo a eso. Lo cual no es voz ni habla, sino pensamiento».[32]

Se enseña explícitamente que el Tetragrammaton (YHVH) está asociado a la Sefirah *Tiferet*-Belleza. Puesto que la voz que emana de la «boca» [de Dios] se halla también asociada a *Tiferet*, estará en consecuencia en relación [con el Tetragrammaton]. Del mismo modo, el habla está relacionada a Adonai, asociado con la Sefirah de *Maljut*-Reino.

Sin embargo, el pensamiento es el Ser Infinito *(Ein Sof)*, a través del cual ambos Atributos se unifican.

En todo el servicio del culto no hay ninguna alusión al Ser Infinito *(Ein Sof)*, que no sea la del propio pensamiento que el adorador dirige hacia Él. Esto, sin embargo, es todo. El pensamiento unifica a todos los Atributos e Influencias. Tal es el misterio de la Esencia Básica que infunde a todas las Sefirot y a través de la cual éstas tienen el poder de funcionar. Debido a ello la acción misma se adscribe también a [esta

---

32. *Tikuney Zohar*, Introducción 3a (# 50 en Sulam).

Esencia]. Esto se explica en detalle en la «Puerta de la Esencia y las Vasijas».

Ello no significa que haya que meditar en las Sefirot, o que tratar de imaginárselas, ya que, como hemos explicado, eso es imposible. Más bien significa que las Sefirot están asociadas con diez nombres [construidos con las cuatro letras] del Tetragrammaton. Los nombres se diferencian entre sí sólo por las vocales, tal como se explica en la «Puerta del Tetragrammaton»...[33] (Los Nombres se dan en la Tabla adjunta).

El que medita debe concentrarse en esos Nombres. Debe tener en mente que nada puede aludir al Atributo buscado salvo el Tetragrammaton dibujado en su mente. Éste consta de cuatro letras vocalizadas de una forma conveniente. Si obra así puede proceder sin miedo.

Debe también tener en mente que las Cuatro Letras mismas aluden a las Diez Sefirot. Lo cual denota el hecho de que todas las Sefirot están de acuerdo con la acción deseada de una sola Sefirah.

Mejor si se puede uno representar cada Tetragrammaton en el color [asociado con la Sefirah particular]. Su oración se verá entonces mucho más satisfecha. La única condición es que sea consciente de que nada en el mundo puede describir la acción de ese Atributo, que no sea el color con él asociado.

3. Rabbí Jaim Vital

Podría parecer más lógico incluir el capítulo sobre Rabbí Jaim Vital después de haber estudiado al Arí ya que aquél fue discípulo de éste. Sin embargo, Jaim Vital está mucho más estrechamente asociado a las escuelas de Cábala anteriores, mientras que el Arí utilizó el Zohar para alumbrar un camino completamente nuevo. Se estudiará por lo tanto al discípulo antes que al maestro.

La capacidad de Jaim Vital era prodigiosa. De no ser por él muy poco, si algo, se sabría de las enseñanzas del Arí. Pero aun cuando Rabbí Jaim fue influido poderosamente por éste, el hecho es que fue discípulo suyo durante menos de dos años. Antes de que hubiera trans-

---

33. *Pardes Rimonim* 19. Véase *Tikuney Zohar* 70 (126a).

currido una década desde la muerte de su maestro, Rabbí Jaim daba muestras crecientes de independencia y empezaba a ahondar de nuevo en las enseñanzas de las escuelas más antiguas. En cierta ocasión, el Arí lo visitó en un sueño y le preguntó: «¿Por qué me has olvidado?».[34]

De los libros que tratan de la Cábala meditativa, *Shaarey Kedushah* (La Puerta de la Santidad) de Jaim Vital es uno de los más notables, y uno de los pocos que se han editado. Aunque el autor dice haber aprendido esas técnicas del Arí, lo cierto es que gran parte del material proviene de fuentes más antiguas. De hecho, la nunca publicada Sección Cuarta del libro consiste casi en su totalidad de extractos de textos más antiguos.

Rabbí Jaim Vital era un individuo extraordinario. Tenía una mente de una extremada brillantez y ya era reconocido como experto en Cábala incluso antes de su relación con Arí. Cuando se encontraron por primera vez, Jaim estaba escribiendo un comentario al Zohar.[35] Y aunque sólo tenía veintisiete años, era ya un sobresaliente experto en alquimia, astronomía, astrología, magia cabalística y todas las artes ocultas. Al oír sobre el Arí, Jaim Vital dudó si visitarle o no, considerándose a sí mismo mucho mejor cabalista.

No pasó mucho antes de que Rabbí Jaim se diera cuenta de la visión y el discernimiento superiores de Arí, pero éste también vio a su discípulo principal en aquella elevada alma. En una ocasión le dijo a Jaim Vital que había venido a Safed especialmente para enseñarle, y en otra que había nacido en este mundo sólo para enseñarle.[36] El discípulo mismo era un experto en todas las formas de meditación cabalística y conocía todas las escuelas. Su *Shaarey Kedushah,* especialmente su Sección Cuarta, es una antología de esas enseñanzas.

Rabbí Jaim nació en 1543 en Safed. Su padre, Rabbí José Vital, era conocido como el Calabrés, ya que su familia provenía de Calabria, al sur de la península Itálica. Rabbí José era un escriba especializado en la ejecución de Tefillín y las cápsulas de Tefillín de su mano eran las más

---

34. *Shivejey R. Jaim Vital* (Brooklyn, 1971) p. 13.
35. *Shivejey HaAri* (Varsovia, 1875) p. 9a.
36. Ibíd. 3a. *Cf. Shaar HaGuilgulim* (Ashlag Ed., Tel Aviv, 1963) p. 125.

hermosas que podían hallarse.[37] La infancia de Jaim en Safed debió ser fascinante, habiéndose convertido esa ciudad en uno de los centros más importantes del pensamiento judío, tanto cabalístico como de otros tipos. Tenía él cinco años cuando el Ramak completaba su gran *Pardes Rimonim* y a la edad de siete años veía las primeras copias impresas del *Bet Yosef,* la monumental obra legalista de Rabbí José Caro. Como un niño de diez años, fue testigo de la vuelta a Safed del gran Radbaz, después de haber servido como Rabino jefe de El Cairo durante más de cuarenta años.

Safed era una ciudad empapada de Cábala, no sólo en sus formas teórica y filosófica sino también en sus aspectos más ocultos. La ciudad estaba llena de quirománticos, lectores de la gota de aceite y adivinos, y Rabbí Jaim incluso estuvo asociado con místicos árabes adeptos de la bola de cristal y la geomancia.[38] Aunque el Arí desaprobaba esas prácticas, Jaim Vital reconoció su interés por ellas poco después de la muerte del maestro.

Poco después de su Bar Mitzvah, Jaim empezó a estudiar con Rabbí Moshe AlSej (1508-1660). «El AlShej», como generalmente se le llama, es conocido fundamentalmente por ser el autor de *Torat Moshe,* considerado como el comentario homilético a la Biblia más importante jamás escrito. Nativo de Adrianópolis, estudió allí con Rabbí José Caro y después en Salónica con José Taitatzak. En Safed, su Maggid dijo a Caro que hablara con AlShej y le diera instrucciones para que prestara atención el joven Jaim Vital, puesto que era un alma extraordinaria y algún día sería un importante líder.

En 1558, cuando Vital contaba quince años de edad, tuvo lugar un suceso que iba a cambiar para siempre el estatus de la Cábala. Tal fue la primera edición impresa del Zohar en Mantua, Italia. Había habido una polémica considerable sobre lo pertinente de publicar abiertamente un texto que trataba de los misterios más elevados, pero una autoridad principal, el Rabbí Isaac de Lattes (1502-1571), pronunció

---

37. *Tshuvot R. Menajem Azariah Fano* # 38. Se ve aquí que el apellido Vital era también utilizado por el padre y no se trataba de una mera latinización de Jaim, que significa «vida».
38. Véase *Shivejey R. Jaim Vital,* pp. 6, 18, 21, 25, 37.

un veredicto que lo permitía. A partir de ese momento, el Zohar ya no sería la provincia de aquéllos suficientemente bien relacionados como para procurarse una copia manuscrita, sino que estaría a disposición de todo el que quisiera adquirirlo.

Rabbí Jaim se casó a la edad de veintidós años, pero por alguna razón no pudo consumar el matrimonio hasta nueve meses después. Durante ese tiempo experimentó muy serias tentaciones.[39] Fue hacia esa época cuando se hizo discípulo del Ramak en Cábala, y por su mente brillante, dominó con relativa facilidad su complejo sistema. No antes de mucho ya había empezado su propio comentario al Zohar, siguiendo los principios del Ramak. Sin embargo, siguió siendo asaltado por las tentaciones y durante dos años abandonó sus estudios casi por completo.

Buscando consejo del anciano Radbaz, se le informó a Vital de la escuela cabalística de Damasco, posiblemente la de Rabbí José Tzayaj que todavía estaba enseñando allí. Rabbí Jaim se fue a Damasco en 1569 y continuó con su comentario al Zohar. Pronto sería traído de vuelta a Safed por un suceso que la convertiría en una ciudadela de la Cábala: la llegada del Arí.

La relación entre el Arí y Jaim Vital fue de lo más profunda y será comentada en el próximo capítulo. Vital fue discípulo del Arí sólo durante veintidós meses, pero en ese tiempo fue capaz de absorber una prodigiosa cantidad de conocimientos. Se convirtió así en el principal expositor del sistema del Arí y escribió más de una docena de grandes volúmenes sobre el tema.

Tras la muerte del Arí en 1572, Jaim Vital lo veía con frecuencia en sueños, pero con el paso de los años, esas visitas se fueron distanciando cada vez más. Rabbí Jaim pronto empezó a dar sus propias lecciones de Cábala y en 1576 marchó a Egipto, posiblemente para vincularse con la escuela cabalística fundada por Abraham Castro, quien seguía los métodos de Tzayaj. Volvió desde allí a Jerusalem, donde en 1590 recibió la ordenación-*Shemijah* de Rabbí Moshe AlShej, que a su vez

---

39. Ibíd. p. 30. *Shaar HaGuilgulim*, p. 127.

la había recibido de José Caro.[40] Rabbí Jaim Vital se estableció en Damasco en 1594 y, con la excepción de visitas ocasionales a Safed, permaneció allí hasta su muerte en 1620.

4. Las Puertas de la Santidad

Shaarey Kedushah (Las Puertas de la Santidad), de Rabbí Jaim Vital, sobresale como el único libro de texto de meditación cabalística jamás publicado. Y de hecho, la Sección Cuarta, que trata de las técnicas específicas, nunca llegó a imprimirse. El editor de la primera edición, que vio la luz en 1738, establece que por esa razón la sección cuarta debía permanecer inédita, como ya se ha dicho en la introducción. Aunque este libro notable ha tenido más de treinta ediciones, la Sección Cuarta no ha sido jamás publicada.

No se conoce con precisión la fecha en que el libro fue escrito, pero fue obviamente después de la muerte de Arí, cuando la influencia de éste ya no abrumaba a Jaim Vital.[41] En este libro falta el estilo caleidoscópico que distingue las primeras obras de Vital, aquéllas en las que básicamente expone las enseñanzas del Arí. Además, apenas hay ninguna mención del método de Yijudim (Unificaciones), que es, como veremos en el próximo capítulo, la principal técnica de meditación del sistema del Arí.

Sin embargo, aunque se trata de una obra personal de su autor, no deja éste de reconocer su deuda con el maestro. Así, escribe: «En [este libro] voy a explicar misterios no comprendidos por las generaciones anteriores. Los recibí de labios del santo varón, el ángel del Señor de los ejércitos, el divino Rabbí Isaac Luria, de bendita memoria».[42]

Aunque esto podría hacer pensar que los métodos presentados en *Shaarey Kedushah* fueron ensañados por el Arí, hay considerables evidencias de lo contrario. En toda la voluminosa literatura atribuida al

---

40. *Shem HaGuedolim, Chet* 21.

41. En la 4.ª parte de *Shaarey Kedushah* (p. 15b), se cita a Rabbí Eliahu de Vidas como el autor del *Reshit Jojmah*. Éste no se escribió hasta el 1575 y no fue impreso antes de 1579. El Arí murió en 1572. Parece también haber sido escrito tras la muerte de Rabbí Eliahu.

42. *Shaarey Kedushah,* Introducción, p. 9.

Arí no hay trazas de tales métodos, especialmente entre los discutidos en la Sección Cuarta.

Sin embargo Rabbí Jaim deja pocas dudas de que él mismo ha practicado esas técnicas. Dice así: «En la Sección Cuarta [hablaré] de los métodos mismos con los que se consigue el *Ruaj HaKodesh*. Yo mismo los he intentado y probado, encontrándolos auténticos».[43]

Se conservan en la actualidad varios manuscritos de esta inédita Sección Cuarta, algunos en manos privadas y otros en colecciones de biblioteca.[44] Una de las mayores sorpresas con que uno se encuentra, es que empieza propugnando las técnicas de Rabbí Abraham Abulafia enseñadas en su *Jayay Olam HaBah* (La Vida del Mundo Futuro). Después de comentadas, Vital continúa parafraseando una larga porción del *Sefer HaJeshek* (El Libro de la Pasión) de Abulafia sin citar de hecho su nombre.[45]

Puede que esta defensa de los métodos de Abulafia haya sido una de las razones subyacentes de la no impresión de la Sección Cuarta. Autoridades sumamente respetadas como el Rashba, Rabbí Judah Jayit y Yashar de Candia, habían denunciado las obras de Abulafia en términos inequívocos. De saberse públicamente que Rabbí Jaim Vital propugnaba el uso de las técnicas de éste, todo el estatus de sus propias enseñanzas podría resultar socavado.

Una buena parte del material de esta Sección Cuarta ha sido publicado en otros lugares, y en esto se incluyen las citas de las obras del Ramban, de Rabbí Menajem Recanati (1223-1290) y de Rabbí Judah Jayit.[46] Resulta de interés particular el contexto en el que se cita la *Igge-*

---

43. Ibíd.

44. También hemos empleado British Museum, Ms. 749. Otro manuscrito es Moscú, Ms. Guenzburg 691 (antes Coronel 129).

45. *Shaarey Kedushah*, 4.ª parte, p. 12a-13b. Esto se encuentra en el *Sefer HaJeshek* (Jewish Theological Seminary, Ms. 1801) pp. 9a-11a. Hay algunas variaciones entre los textos, pero el de *Shaarey Kedushah* parece más exacto. El nombre citado en *Shaarey Kedushah* es el nombre corriente de 72 con las letras redispuestas, mientras que en *Sefer HaJeshek* es el nombre que aparece en *Jayay Olam HaBah*, p. 12a.

46. Del Ramban: en la p. 14a, una cita de *Shaar HaGamul* (*Kitvey HaRamban*, vol. 2, p. 299), en la p. 14b, citas del comentario del Deuteronomio 13:2 y al Génesis 18:2; en la p. 18a, la misma cita del comentario al Génesis, en la p. 19b, una cita de *Iggeret HaKodesh*, cap. 5.

ret HaMussar (Epístola de Amonestación) del Ramban, que éste había enviado a su hijo en Barcelona.[47] Aunque en general otras referencias a la epístola la consideran como un texto inspirativo, aquí se cita como una importante técnica para lograr la iluminación.

También se encuentran en este lugar varios extractos de las obras de Rabbí Isaac de Acco. El más importante es el relativo a su exposición del estoicismo, tomado de su *Meirat Eynayim,* y que ya hemos considerado antes. Aparecen asimismo otras citas de Rabbí Isaac de Acco que también están incluidas en *Reshit Jojmah* (El Principio de la Sabiduría) de Rabbí Eliahu de Vidas.[48] Rabbí Jaim Vital también da el texto completo de la «Puerta de la Kavanah», que hemos discutido antes, así como otro texto similar que parece propugnar un método muy parecido.[49]

Una de las cosas más interesantes que se encuentran en esta Sección Cuarta es la luz que arroja sobre el Maggid de Rabbí José Caro, el «portavoz» angélico que venía a él y le enseñaba. Está bien establecido que este Maggid se hallaba estrechamente ligado al intenso estudio de la Mishnah (la codificación más antigua de la Torah Oral) por parte de Caro.[50]

Es importante decir algo en este contexto sobre la naturaleza de la Mishnah. La tradición judaica original constaba de dos partes a las que a menudo se les daba el apelativo de dos Torás. La primera era la

---

En la p. 18a hay una cita de *Minjat Yehudah* sobre *Maarejet Elojut 10* (p. 143b) y de Recanati en *VaYeji* (p. 37d). Debe notarse que esta última sección es del comentario de R. Azriel a las *Agadot,* en *Kitvey Yad BaKabalah,* p. 197.

47. En pp. 14b, 15a. Este *Iggeret HaMusar* ha sido impreso en Mantua, 1623, Cracovia, 1625; Amsterdam, 1652. Esto también se encuentra *en Reshit Jojmah, Anavah* 6 (235a), *Kall Bo 66* (Furth, 1783) p. 56a, *Kitvey Ramban,* vol. 1, p. 374; *Anthologya Shel HaSafrut Halvrit SheAcharey HaTanach* (Filadelfia, 1921) vol. 1, pp. 133-136. En *Kitvey Ramban,* R. Jaim Dov Chavel se pregunta dónde se originó la tradición de que el Ramban enviara esta carta desde Tierra Santa. Sin embargo, en la versión aquí en *Shaarey Kedushah* se establece explicitamente que fue enviada «a su hijo de Acco a Barcelona». Véase también *Shem HaGuedolim,* n.º 7.

48. *Véase* cap. 4, notas 79, 81.

49. Ibíd. nota 6.

50. Véase introducción de R. Shlomo AlKavetz en *Maggid Mesharim,* p. 18, citado en *Shnei Lujot HaBrit, Mesejta Shavuot* (288a).

«Torah Escrita», consistente en el bien conocido rollo de pergamino. La segunda era la llamada «Torah Oral» y consistía en la tradición no escrita dada a Moisés en el Sinaí. La Tradición Oral fue transmitida de boca en boca hasta que las duras persecuciones romanas amenazaron con extinguirla por completo. Al fin, alrededor del año 205, Rabbí Judah el Príncipe la recopiló en forma de código escrito. Es interesante señalar que el cuerpo principal de la Cábala, si bien no está incluido en la Mishnah, era también parte de la misma Tradición Oral.

Aquí, en la Sección Cuarta de *Shaarey Kedushah,* el autor habla también de un tipo de meditación *Hitbodedut,* en el que se medita en un pasaje de la Mishnah, a menudo conocido simplemente como «una Mishnah». Se dan instrucciones al iniciado para que se recluya en una habitación, se envuelva en su Chal de Oración y se siente con los ojos cerrados. Debe figurarse entonces que abandona su cuerpo y asciende al cielo.

Una vez alcanzado este estado, el iniciado toma un pasaje de la Mishnah y lo repite una y otra vez a modo de mantra. Eso produce un nivel meditativo muy elevado en el que uno puede de hecho llegar a revestirse del alma del Sabio de la Mishnah. Si se hace correctamente el Sabio podrá hablar a través de la boca del iniciado. Alternativamente, también puede visualizarse un mensaje místico.[51]

Aunque no puede probarse que éste haya sido el método empleado por Caro, es seguro que se halla íntimamente relacionado con él. En cierto lugar Caro menciona que se comunicó con su Maggid después de leer varios capítulos de la Mishnah.[52] Incluso aunque no repitiera de facto el texto una y otra vez, estaba tan familiarizado con la Mishnah que el recitar cualquier parte de ella le serviría como técnica para limpiar la mente.

Es también significativo el que Rabbí Jaim Vital usara también este método. En su diario habla de inducir un estado de meditación-*Hitbodedut* repitiendo una Mishnah tres veces.[53] Aunque esto tuvo lugar

51. *Shaarey Kedushah,* 4.ª parte, p. 16a.
52. *Maggid Mesharim,* p. 4, 5.
53. *Shivejey R. Jaim Vital,* pp. 37-38.

poco después de entrar bajo la influencia del Arí, es evidente del contexto que era consciente del método desde antes. Hay una probabilidad de que lo aprendiera de Rabbí José Caro. Es también importante señalar la aparente similitud entre este método y el de *Gerushin* empleado por el Ramak.

El alfabeto hebreo en caligrafía Ashurita

Según Rabbí José Caro

אֻ וֹ עָ צֶ שַׁ טֹ

Variaciones según el Arí

También muy significativo de esta Sección Cuarta es la discusión sobre cómo meditar mediante *Yijudim* (Unificaciones). Si bien de este aspecto se habla extensamente en las enseñanzas del Arí, que se verán en el próximo capítulo, no hay allí una mención expresa de la técnica precisa. Sin embargo, aquí, en *Shaarey Kedushah,* se presenta un método muy similar y se da en detalle la técnica concreta.[54]

El iniciado debe pasar todo el día en preparación, inmerso en el estudio de la Torah, sin decir palabras innecesarias y concluyendo con una inmersión en el *Mikveh.* Debe entonces recluirse, llevar vestiduras blancas y desvestirse de toda sensación física. Asciende entonces mentalmente de firmamento en firmamento, hasta alcanzar el más alto, que es llamado Aravot.[55]

---

54. *Shaarey Kedushah,* 4.ª parte, p. 16a.
55. Véase *Jaguigah* 12b. *Cf.* cap. 2, nota 18.

Una vez en este nivel, debe representarse el firmamento como una tremenda cortina blanca. En ella está el Nombre o combinación de letras sobre las que se medita. Las letras están escritas en *Ashurita*, la caligrafía para escribir Torah. Cada letra aparece de un blanco resplandeciente pero, al mismo tiempo, con tonalidades del color relativo a la Sefirah particular con que se halla asociado.

Tras dibujar las letras según lo dicho, hay que expandirlas hasta llenar toda la mente. Cada letra debe aparecer como una reluciente montaña blanca que llena todo el campo de visión. Entonces hay que combinar las letras o Nombres, o bien permutar las letras según las reglas de *Tzeruf*.

Este método nos da una profunda visión del sistema de Yijudim, al igual que de las técnicas que consisten en meditación sobre Nombres Divinos, como las enseñadas por Rabbí José Gikatilla y el Ramak. Pero lo que es también altamente significativo es el estrecho paralelismo con los métodos de otros sistemas de meditación cabalística. Abulafia habla de una técnica muy similar en su *Jayay Olam Habah*. Dice así: «Las letras son sin duda la raíz de toda la sabiduría y el conocimiento, y en sí mismas son la sustancia de la profecía. En una visión profética aparecen como cuerpos sólidos que hablan de hecho al individuo. Aparecen como puros ángeles vivos… y a veces el individuo las ve como montañas».[56]

Una idea muy parecida se encuentra también en las enseñanzas de Rabbí Isaac de Acco. En su *Otzar Jaim,* éste habla de la forma de meditar en los Nombres y de recitar las oraciones. Escribe así: «Uno debe imaginar que ante sus ojos se encuentra un libro totalmente hecho de fuego blanco. En él, las letras, palabras y combinaciones leídas, se hallan escritas con fuego negro. Al leer, los ojos físicos se posan sobre las letras, pero los de la mente deben dirigirse hacia el… Ser Infinito *(Ein Sof)*»[57] Esto recuerda mucho a la enseñanza talmúdica que

---

56. *Jayay Olam HaBah,* p. 20b. *Cf. Shaarey Tzedek,* p. 646.
57. *Otzar Jaim,* p. 709. Véase también p. 106b.

dice que la Torah original estaba escrita en «fuego negro sobre fuego blanco».[58]

Las secciones anteriores de *Shaarey Kedushah* tratan en profundidad de la preparación a la que uno debe someterse antes de involucrarse en las formas superiores de meditación. El texto también trata con detalle sobre el estado profético, así como el de las *Hejalot*, y ya se ha presentado la mayoría de este material en otro lugar.[59]

❖ Extractos de *Shaarey Kedushah*

La séptima puerta: en nuestra época

En la puerta anterior hemos advertido al iniciado respecto a las trampas que acechan en el camino a la iluminación. Con todo, no hay que abandonar. El profeta Elías, comentando sobre el versículo, «Débora era una profetisa» (Jueces 4:4), enseñaba a sus discípulos: «Pongo al Cielo y a la Tierra como testigos de que cualquier individuo, hombre o mujer, judío o gentil, libre o esclavo, puede conseguir que el *Ruaj HaKodesh* (el Espíritu Santo) venga a él. Todo depende de sus actos».[60]

Con nuestros propios ojos hemos visto y con nuestros oídos escuchado a individuos distinguidos que han alcanzado el nivel de *Ruaj HaKodesh,* incluso en nuestros tiempos. Algunos pueden predecir el futuro. Otros han dominado una sabiduría nunca revelada a las generaciones anteriores.

Para que no se desanimen aquellos que quieran entrar en el Santuario, voy a explicar algunos conceptos que abren la puerta que es como el ojo de una aguja. «Porque Dios no quitará el bien a los que andan en integridad».[61] Primero, voy a explicar unos pocos principios generales respecto de la iluminación. Segundo, en la Octava Puerta, comentaré algunas prácticas específicas.

---

58. *Yerushalmi; Shekalim* 6:1 (2), *Shir HaShirim Rabbah* 5:9, *Zohar* 2:84b, 2:114a, 2:226b, 3:132a, 3:154b, *Tikuney Zohar* 56 (90b).

59. Antes, p. 47. Véase también *Meditation and the Bible* 2:2, 2:8.

60. *Tanna De Bei Eliahu* 9. *Véase* cap. 6, nota 18.

61. Paráfrasis de Salmos 84:12.

El mejor camino de todos es el enseñado por Elías. Éste era el modo de los santos antiguos *(Jasidim Rishonim)* conocidos como Fariseos.[62] La técnica es la siguiente:

En primer lugar, hay que arrepentirse de todos los pecados y reparar todo el daño espiritual causado. Luego hay que perfeccionar el alma cumpliendo los Mandamientos positivos y con una completa concentración en la oración y el estudio diligente de la Torah sin motivos ulteriores. Hay que continuar así, como un buey bajo su yugo, hasta que se debilita lo físico. Esto debe incluir disciplinas tales como minimizar la cantidad de comida que se ingiere, despertarse a medianoche, desterrar todos los rasgos indignos, separarse de otras personas y no decir palabras innecesarias. Uno debe también purificar constantemente el cuerpo con inmersiones en el *Mikveh*.

Después de todo esto, se debe meditar *(hitboded)* ocasionalmente en el temor de Dios. Se deben dibujar mentalmente las letras del Tetragrammaton. Hay que mantener en esos momentos todos los pensamientos alejados de las vanidades mundanas, atándose el amor de Dios con gran pasión.

Mediante esto se puede ser merecedor del *Ruaj HaKodesh* en alguno de los siguientes aspectos:

El primero consiste en una transmisión al alma del individuo de la Luz Suprema desde la Raíz de los niveles superiores de su alma. Una revelación tal es *Ruaj HaKodesh* en su forma más pura.

El segundo aspecto sobreviene mediante el estudio de la Torah o la observación de algún mandamiento. Nuestros sabios enseñan que «cuando alguien guarda un mandamiento se gana un [ángel] Abogado».[63] Esto significa de hecho que mediante las propias acciones se crea un ángel. Si el individuo obra así consistentemente según la ley, con gran *Kavanah,* entonces este ángel se le revelará. Tal es el significado de esos ángeles llamados *Maggidim* que se mencionan en diversos escritos. Pero si el mandamiento no se cumple de acuerdo con la Ley

---

62. *Véase* cap. 2, notas 6, 7. *Véase* también *Meditation and the Bible,* 2.ª parte, nota 118.
63. *Avot* 4:13. *Véase* cap. 6, nota 42.

(halajah), entonces el ángel estará compuesto de bien y mal, combinando la verdad con la falsedad.

El tercer aspecto es que Elías se revela al individuo como consecuencia de su piedad. Cuanto mayor ésta, mayor será su iluminación.

El cuarto aspecto es superior a [los dos anteriores]. Supone la revelación del alma de un Tzadik (Santo) ya fallecido. Este Tzadik puede compartir la misma raíz anímica que el alma del individuo o puede provenir de otras. También este aspecto puede acaecer como consecuencia de la correcta observación de un mandamiento igual que los dos anteriores. Aquéllos merecedores de él alcanzan un nivel en que consiguen el conocimiento de una alta sabiduría y de los misterios ocultos de la Torah. Todo ello, también, depende de los propios actos.

El quinto aspecto es el inferior. Supone sueños en los que son revelados al individuo el futuro u otros conocimientos. Esto también se halla próximo al *Ruaj HaKodesh.*

El método explicado antes nos lleva en línea recta. El individuo no utiliza conjuros místicos para atar a los Seres Superiores, sino que sólo recurre al poder de sus buenas acciones y de la santificación de sí mismo. Puede entonces estar seguro que el *Ruaj HaKodesh* que consiga será puro, sin mezcla alguna de mal.

Sin embargo, esto no es así cuando la persona intenta coaccionar [a los Seres Superiores. Es cierto que se puede tener éxito] mediante técnicas que utilizan conjuros místicos, acciones específicas, oraciones y *Yijudim.* Pero si se comente el más mínimo error, la revelación obtenida podría estar mezclada con fuerzas del otro lado.

Hay, además de los dichos, otros métodos que conllevan técnicas específicas y que se comentarán en la Sección Cuarta. Su seguimiento puede traer a la persona los efectos mencionados antes, aun cuando estos no se presenten de forma automática. Tales métodos, sin embargo, requieren de pureza y santidad grandes para que no se den lugar a una revelación mixta, como se ha dicho.

Sin embargo, el primer camino presentado es el seguido por las generaciones antiguas. Es el camino al que se refiere el Ramban en su comentario a la Torah.[64] Es también el significado de la experiencia de Ben Azzai, que [simplemente] se ponía a estudiar y era rodeado por ardientes llamas, tal como explica el Ramban en su *Iggeret HaKodesh* (Epístola Santa).[65]

La octava puerta: métodos de santificación

Uno se debe purificar de cuatro modos:

En primer lugar, debe arrepentirse de todos sus pecados, ya sean estos de violación de las prohibiciones de la Torah, de menosprecio de sus mandamientos positivos, o incluso de transgresiones de leyes rabínicas o de adhesión a rasgos negativos de carácter. El arrepentimiento debe incluir una resolución de no repetir nunca el pecado o de volver a los malos hábitos. Tal arrepentimiento es esencialmente importante en aquellos pecados para los que la Torah prescribe un castigo de ser [espiritualmente] «cortado» o los que conlleven una desecración del Nombre de Dios.[66] Entre ellos se encuentran la violación del Shabbat, de las reglas menstruales, las poluciones sexuales, los juramentos –incluso aunque involucren a la verdad– la mirada a los miembros prohibidos del sexo opuesto, los rumores maliciosos, las habladurías y la charla banal. También hay que guardarse del orgullo, la ira, la hipersensibilidad y la depresión, y comportarse con modestia y humildad, regocijándose en la propia porción.

La segunda purificación conlleva una observación meticulosa de los 248 mandamientos de la Torah (que corresponden a las 248 partes del cuerpo humano) así como de los mandamientos legislados. En particular, supone el dedicar tiempos establecidos al estudio de la Torah, a orar con *Kavanah,* recitar todas las bendiciones y acciones de gracias después de las comidas con *Kavanah,* amar a los demás y honrar el Shabbat con todo detalle. Hay que también despertarse a medianoche

---

64. Comentario al Deuteronomio 11:22.

65. *Iggeret HaKodesh* 5, citado en *Kitvey Ramban,* vol. 2, p. 333. *Véase* nota 46. Véase también el Recanati citado en esa nota. La historia está en *VaYikra Rabbah* 16:4, *Shir HaShirim Rabbah* 1:10.

66. *Cf. Yoma* 86a, que esos pecados sólo se expían normalmente con sufrimiento o muerte.

para estudiar la Torah y llorar por Jerusalem. Todo debe ser hecho con amor y en aras del cielo.

Las purificaciones tercera y cuarta consisten en preparaciones específicas mediante las que uno se santifica para el *Ruaj HaKodesh.*

De ellas, la primera es la purificación del cuerpo mediante la inmersión en el *Mikveh* y el portar vestidos limpios.

La segunda debe ejecutarse cuando uno se pepara ya de hecho para recibir el *Ruaj HaKodesh,* una vez que las demás características positivas se han hecho parte de la propia naturaleza.[67]

Se debe estar solo en una habitación, después de la inmersión y santificación. Debe tratarse de un lugar en el que uno no pueda distraerse con otras voces humanas o el canto de los pájaros. El mejor momento para hacerlo es justo después de la medianoche.

Cierra los ojos y desviste tus pensamientos de toda cosa mundana. Debe ser como si tu alma hubiera dejado el cuerpo y estuvieras tan carente de sensación física como un cadáver. Entonces fortalécete con un ansia poderosa, meditando en el universo supremo. En él, debes adherirte a la Raíz de tu alma y a las Luces Supremas.

Debe parecer como si tu alma hubiera abandonado el cuerpo y hubiera ascendido a lo alto. Imagínate presente en los universos superiores.

Si utilizas un *Yijud* (Unificación), ten en mente que estás transmitiendo Luz y sustento a todos los universos. Considera que tú también recibirás tu porción al final.

Medita *(hitboded)* en pensamiento por un corto tiempo y trata de sentir si el Espíritu ha descansado sobre ti.

Si no sientes nada, es de suponer que no estás dispuesto y preparado para ello. Debes por tanto fortalecerte aún más con adoración y santidad. Tras unos días debes meditar otra vez de este modo hasta ser digno de que el Espíritu descanse en ti.

Cuando esto sucede, debes todavía discernir si se trata de un espíritu puro y limpio o, por el contrario, procede del Otro Lado, con mez-

---

67. Véase *Or HaSejel, Jayay Olam HaBah,* citado antes, pp. 100, 108, *Shaarey Tzedek,* p. 72a, *Sulam HaAliyah* (en *Kitvey Yad BaKabbalah)* p. 227.

cla de bien y mal. Ten presente lo que les sucedió a Ben Zoma y a Ben Azzai cuando ascendieron al Huerto.[68] Se puede ejercer este discernimiento por lo que es revelado. Esto puede consistir sólo en verdades, o bien conllevar una mezcla de verdad y falsedad. De vez en cuando la revelación consistirá en conceptos banales, relativos a las vanidades del mundo, o bien en ideas que no se ajustan a las enseñanzas de la Torah. En estos casos hay que separarse por completo de ella. Se debe continuar fortificándose a base de adoración hasta que la revelación sea fidedigna, basada en el temor del cielo.

Al principio, el espíritu [de *Ruaj HaKodesh*] descansará en ti de modo ocasional, a intervalos distantes entre sí. La revelación versará sólo sobre conceptos simples, no sobre ideas profundas. Muy poco será lo revelado, pero con el progreso también aumentará tu poder.

---

68. *Véase* más arriba, p. 29.

Capítulo seis

El Arí

1. Un ángel humano

Hay un número selecto de individuos que viven en un plano tan por encima del resto de la humanidad, que parece como si fueran de una especie de seres completamente diferentes y superiores. Enseñan y entendemos poco, pero con los trocitos que vislumbramos, podemos construir montañas. Uno de tales individuos fue Rabbí Isaac Luria (1534-1572), reconocido como el más grande cabalista de los tiempos modernos.

Se conoce generalmente a Rabbí Isaac Luria como el Arí (אר״י), acrónimo de *Elohi Rabbenu Isaac* (אלהי רבינו יצחק) —el Divino nuestro Rabbí Isaac. Nunca jamás a ningún otro maestro o sabio se le añadió delante del nombre esa letra extra inicial de *Elohi,* Divino. Esto es un signo de lo que pensaban de él sus contemporáneos. Las generaciones posteriores, temerosas de que la apelación pudiera entenderse mal, dijeron que esta Alef representaba la palabra *Ashkenazí,* indicando que su familia provenía de Alemania, lo cual era cierto. Pero el significado original es el correcto, y hasta el día de hoy los cabalistas se refieren a Rabbí Isaac Luria simplemente como el «Santo Arí».

Es relativamente fácil que un gran líder se convierta en figura legendaria después de su muerte. Hay casos en los que un individuo se convierte en leyenda en su propio tiempo, especialmente para las masas que nunca se le han acercado lo suficiente. Pero por lo general, cuanto más se acerca uno a la leyenda viva, más tiende ésta a apagarse, hasta que aquellos de su círculo estrecho no ven al carácter legendario más que como un individuo con talento, si llegan a eso. En el caso del Arí sucede justamente lo contrario. Su discípulo más íntimo, Rabbí Jaim Vital, que pasó con él días y noches, no le veía menos que como un ángel humano.

En cierto lugar aparece un *responsum* que Rabbí José Caro envió al Arí.[1] Éste preguntaba sobre un enrevesado problema legal acerca de una cuasi sociedad en la que un socio muere y se pierde la mercancía. El gran José Caro responde como un estudiante delante de su profesor, agarrándose a cada palabra de la pregunta del Arí. Debe recordarse que entonces ya se había publicado el monumental código de Caro, el *Bet Yosef*, y que él era considerado uno de los más destacados líderes de la época. Por lo general, Caro escribe con la máxima autoridad, incluso cuando se dirige a las principales luminarias de su generación. Pero delante del Arí se halla totalmente sometido, tanto intelectual como espiritualmente. Hay también leyendas sobre que Caro quiso enrolarse como discípulo del Arí en Cábala, pero que fue desanimado. El Arí dijo que Caro estaba destinado a ser una autoridad en Ley, pero no en misticismo.[2]

Las enseñanzas del Arí adquirieron estatus de autoridad primaria, al mismo nivel que el propio Zohar. Las costumbres del Arí fueron escrutinizadas, y muchas adoptadas incluso en contra de la práctica anterior. El gran codificador polaco Rabbí Abraham Gombiner (1635-1683), autor del *Maguen Avraham* (El Escudo de Abraham), considera las costumbres personales del Arí como precedentes que obligan legalmente. Al decidir sobre disputas que habían permanecido durante siglos sin solución, él cita la costumbre del Arí como la autoridad final. El hecho de que el Arí hubiera actuado de determinada forma, era suficiente para convencer a este legalista de mente dura de que ésa era la opinión correcta.

El Arí nació en Jerusalem en1534 y se dice que el propio Elías asistió a la ceremonia de circuncisión. A la edad de ocho años era reconocido como un niño prodigio que ya deslumbraba a las mentes superiores de Jerusalem. En esa tierna edad, cuando la mayoría de los niños están empezando a leer, él ya había dominado los recovecos del Talmud y se había aprendido de memoria docenas de volúmenes. Si

---

1. *Avkat Rojel* 136.
2. *Emek HaMelej,* Introducción 6 (p. 13a), Meir Benayahu, *Toldot HaArí* (Jerusalén, 1967), p. 217. *Cf. VaYajel Mosheh,* Introducción (Zolkiev, 1741) p. 3a.

hubiera permanecido simplemente como un erudito del Talmud, se habría unido al rango de los mayores de todos los tiempos.

Su padre murió cuando él era todavía un niño y la madre, incapaz de sostener a la familia, decidió marchar a Egipto a vivir con su hermano, Mordecai Frances, un rico agente de impuestos. El joven prodigio fue colocado bajo la tutela de Rabbí Betzalel Ashkenazi (15201592), más conocido por su importante comentario talmúdico, el *Shitta Mekubetzet* (Sistema abarcante). Hay también evidencia de que el chico estudió también con el gran Radbaz, a la sazón Rabino jefe de El Cairo.[3] Según una narración fiable, el mismo Arí escribió hacia esa época un gran comentario al Talmud.[4]

Habiendo dominado por el completo el laberinto del pensamiento talmúdico, el Arí descubrió el Zohar a la edad de diecisiete años, obteniendo su propia copia manuscrita. Pero todavía más importantes fueron los quince años que pasó en meditación, primero con Rabbí Betzalel y luego por sí mismo. No se saben los métodos que usó, pero tanto el Radbaz con Rabbí Jaim Vital eran conscientes de las obras de Abulafia y las tenían en alta estima.

Otro vínculo interesante que necesita ser expresado se refiere a Rabbí José Tzayaj, de quien ya se ha hablado antes. Se sabe que al menos dos de las obras principales de Tzayaj estaban dedicadas a Abraham Castro, jefe de la casa de la moneda en Egipto. Del estilo de la dedicatoria se puede deducir que, además de ser un gran filántropo, Castro era considerado un santo y un cabalista de grandes proporciones. Hay también indicaciones de que Castro habría fundado una escuela secreta en Egipto basada en las enseñanzas de Tzayaj.

Si tenemos en cuenta que fue Castro quien consiguió la designación del Radbaz como rabino jefe de El Cairo, y que el Radbaz mantenían correspondencia con Tzayaj, vemos un importante vínculo. El Arí estuvo asociado a la escuela del Radbaz y estudió con su discípulo

---

3. Véase *Shivejey R. Jaim Vital,* p. 25a, donde llama al Radbaz maestro del Arí. Véase también *Korey HaDorot,* p. 40b.

4. *Shem HaGuedolim,* Yod 332.

principal, Rabbí Betzalel Ashkenazi. Esta escuela, sin embargo, parece que tenía una relación íntima con José Tzayaj.

Sería ciertamente muy interesante descubrir una relación entre el Arí y Tzayaj, pero no hay ninguna evidencia directa de ello. Mientras que el estilo del Arí exhibe la misma delicada complejidad que el de Tzayaj, su sistema se basa totalmente en el Zohar, que Tzayaj parece que evita totalmente. Sin embargo, el Arí casi seguro que sabía de las enseñanzas de Tzayaj y la conexión entre ambos debe ser explorada en mayor profundidad.

La más importante práctica meditativa del Arí utiliza el mismo Zohar. Rabbí Jaim Vital presenta evidencias de que el Arí podía pasarse días e incluso semanas con la atención absorbida en un único pasaje del Zohar, permaneciendo en él hasta haber captado su significado más profundo.[5] Mientras que es perfectamente posible que todo ello no fuera más que un ejercicio puramente intelectual, es sin embargo muy probable que el Arí utilizara los pasajes del Zohar a modo de mantra, igual que otros utilizaban la Biblia o la Mishnah. Los estados inducidos por esa meditación habrían resultado en precisamente la conciencia zohárica que se transluce a través de todas las enseñanzas del Arí.

El Arí estuvo dos años meditando solo en una cabaña cerca del Nilo. Al final de ese período recibió el mandato de ir a Tierra Santa, según la leyenda de labios del profeta Elías. Sin descartar la leyenda por completo, se puede especular que el Radbaz ejerciera también alguna influencia en esa decisión. El anciano sabio se había ido a Tierra Santa en 1553 y ya estaba en Safed en aquellos momentos. No hay duda de que habría conocido tanto al Ramak como a Rabbí Jaim Vital, ambos incluidos entre los mejores cabalistas del mundo. Quizá el Rabdaz se diera cuenta de que juntar al Arí con esas fuerzas, tendría el efecto de elevar la Cábala hasta unas alturas sin precedentes, como así sucedió.

En cualquier caso, el Arí llegó a Safed durante el verano de 1570 y empezó ocultando totalmente sus talentos. Había pasado poco tiempo cuando el Ramak murió, el 26 de Junio de 1670 (23 Tammuz, 5330).

---

5. Véase *Shaar Ruaj HaKodesh*, p. 36b, citado más adelante p. 272.

Según la leyenda el Ramak ya había decidido que el Arí le sucedería como líder de la escuela de Safed, y esto fue indicando por el pilar de fuego que siguió al féretro del Ramak.

Hay claras indicaciones de que por aquel entonces Rabbí Jaim se hallaba inmerso en su comentario al Zohar, y que no entabló ninguna relación en absoluto con el Arí.[6] Rabbí Jaim podía haber estado en aquellos momentos en Damasco inconsciente tanto de la llegada del Arí como del fallecimiento del Ramak. Él escribe que no vio al Arí hasta seis meses después de la llegada de éste a Safed y que una razón fue que pensaba que su propio conocimiento de la Cábala era superior al del Arí.[7] Sin embargo, sólo hizo falta un encuentro para que Rabbí Jaim se convenciera de la pavorosa estatura espiritual del Arí. No pasó mucho antes de que le solicitara ser su discípulo.

Según nuestras mejores estimaciones, el encuentro inicial entre el Arí y Rabbí Jaim Vital tuvo lugar en Febrero de 1571.[8] Fue entonces cuando el Arí le informó que había venido de Egipto específicamente para enseñarle y que ésta era una de las tareas más importantes de su vida. A partir de entonces ambos fueron inseparables.

Es difícil imaginar la cantidad de información que pudo haber circulado entre los dos. Según su propia relación, Rabbí. Jaim fue discípulo del Arí durante menos de dieciocho meses y en ese período consiguió un dominio completo del sistema del Arí. Los escritos que Rabbí Jaim produjo en este campo abarcan más de una docena de grandes volúmenes, cada uno intrincadamente recopilado y escrito en un estilo extremadamente conciso. De esto podemos deducir el genio de ambos individuos, así como su elevado nivel espiritual.

---

6. Véase *Shivejey R. Jaim Vital,* p. 34. Los 15 Tammuz y 13 de Ab, antes y después de la muerte de Ramak el 23 de Tammuz, él soñó sobre este comentario. Véase *Toldot HaArí,* p. 162.

7. *Shivejey HaArt,* p. 9a, *Toldot HaArí,* ibíd.

8. Véase en *Shaar HaGuilgulim,* p. 125, que este encuentro fue en la Luna nueva del mes de Adar, 5331 (1571). Véase en *Shaar HaGuilgulim,* p. 148, que aparentemente éste fue su primer encuentro.

El Arí falleció el 15 de julio de 1572 (5 de Ab, 5332), apenas dos años después de su llegada a Safed.[9] Durante esa breve estancia reunió a un grupo de aproximadamente una docena de discípulos, con Rabbí Jaim a la cabeza, los cuales siguieron revisando sus enseñanzas. Fue el propio Rabbí Jaim quien, en su mayor parte, las puso por escrito. Las principales obras fueron *Etz Jaim* (El Árbol de la vida) *y Pri Etz Jaim* (El Fruto del Árbol de la Vida), así como las Ocho Puertas, que tratan de todo, desde comentarios bíblicos hasta la inspiración divina y la reencarnación.

❖ Fuentes

El padre [del Arí] murió cuando éste todavía era un niño. Por su pobreza fue a Egipto donde vivió con su tío rico. Su brillantez siguió deslumbrando en dialéctica *(pílpul)* y lógica.

A la edad de quince años era tan experto en el Talmud que arrollaba a todos los sabios de Egipto. Por entonces se casó con la hija de su tío.

Después de casarse, estuvo meditando *(hitboded)* durante siete años con su maestro, Rabbí Betzalel Ashkenazi. Luego meditó en solitario durante otros siete años.

Pero todavía añadió a esto, meditando y alcanzando niveles de santidad más altos. Lo hizo durante dos años seguidos en una casa cerca del Nilo. Allí permaneció en soledad y aislamiento completos, sin hablar con ningún ser humano.

Sólo volvía a casa en la víspera del Shabbat, justo antes de la oscuridad. Pero incluso entonces no hablaba con nadie, ni siquiera con su esposa. Cuando era absolutamente necesario que él dijera algo, lo hacía con el menor número posible de palabras y hablando sólo en la Lengua Santa (hebreo).

De este modo progresó y fue digno del Ruaj HaKodesh. A veces se le aparecía Elías y le revelaba los misterios de la Torah.

---

9. *Shivesjey R. Jaim Vital,* p. 27. Véase *Toldot HaArí,* p. 204. En *Korey HaDorot,* p. 41a, nos encontramos sin embargo con que él murió en 1573. Véase Shechter, *Studies in Judaism,* Segunda Serie (Filadelfia, 1945) p. 237, nota 163.

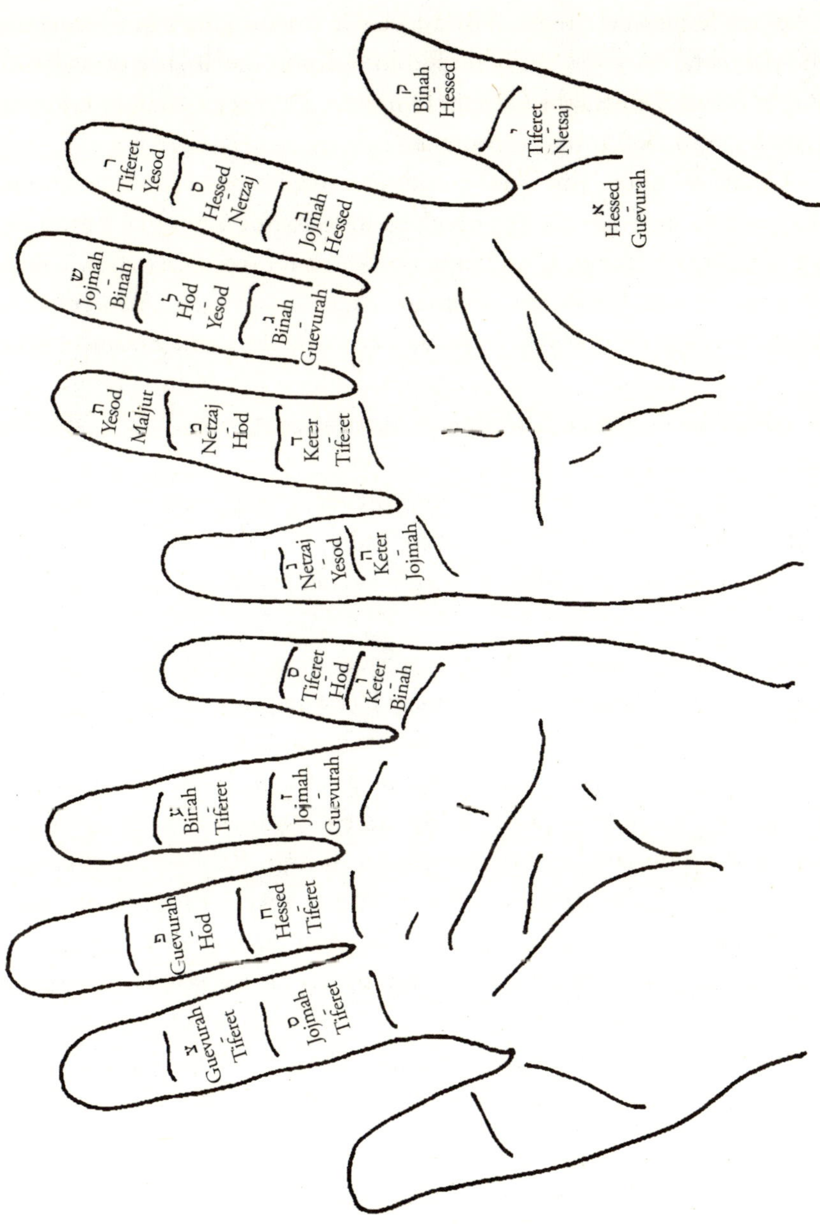

Quiromancia del Arí

También fue digno de que su alma ascendiera cada noche, y tropas
de ángeles le saludaban para salvaguardar su camino y le conducían

a las academias celestiales. Los ángeles le preguntaban qué academia quería visitar. A veces era la de Rabbí Shimon bar Iojai y otras las de Rabbí Akiva o de Rabbí Eliezer el Grande. De vez en cuando también visitaba las de los antiguos profetas.[10]

Cuando Rabbí Jaim Vital empezó a estudiar con el Arí, no entendía nada de sus enseñanzas y olvidaba todo lo que aprendía. Entonces, un día, ambos tomaron un pequeño bote para ir a Tiberíades. Cuando pasaban por los pilares de una antigua sinagoga, el Arí llenó una copa con agua de mar y se la dio a beber a Rabbí Jaim. Entonces dijo: «Ahora que has bebido de esta agua entenderás la sabiduría puesto que el agua es del pozo de Miriam». A partir de entonces Rabbí Jaim fue capaz de entender las enseñanzas del Arí.[11]

En cada generación ha habido individuos excepcionales dignos de *Ruaj HaKodesh*. Elías se reveló a esos individuos y les enseñó los misterios de la Sabiduría (Cábala). Esto se encuentra en muchos lugares en los libros de los cabalistas.

En su comentario a la Bendición Sacerdotal, [Rabbí Menajem] Recanati (1228-1290) escribe: «Elías se había revelado a Rabbí [David], jefe del tribunal rabínico, y le había enseñado la sabiduría de la Cábala. Éste, a su vez, se la enseñó a su hijo, el Raavad [Rabbí Abraham ben David de Posquieres: 1120-1198), quien también experimentó una revelación de Elías. La tradición pasó a su hijo, Rabbí Isaac el Ciego, invidente de nacimiento, y a él también se reveló Elías. Rabbí Isaac dio la tradición a sus dos discípulos, Rabbí Ezra, autor de un comentario al Cantar de los Cantares, y Rabbí Azriel. Ellos se la entregaron al Ramban».[12]

En su comentario al Código de Maimónides, el mismo Raavad escribe: «*Ruaj HaKodesh* ha sido revelado en nuestra Academia durante

---

10. *Shivejey HaArí*, p. 2a. *Emek HaMelej.* Introducción 2 (10b). *Toldot HaArí*, p. 152.

11. *Shuljan Aruj HaArí* (Jerusalén, 1961), p. 97a. *Cf. Nagid U'Metzavah* (Lublin, 1929), p. 2b. Véase *Toldot HaArí*, p. 163.

12. *Recanati, Naso*, p. 36d. *Véase* cap. 4, nota 2.

muchos años…».[13] En otro lugar escribe igualmente: «Esto me fue revelado, como un misterio de Dios a los que le temen».[14]

Pero debo también cantar alabanzas porque en cada generación el amor de Dios está con nosotros… En esta generación tampoco el Dios del primero y del último nos ha escatimado un líder tal… Nos envió un ángel… el grande y piadoso Divino Rabbí, mi profesor y maestro, nuestro mentor, Rabbí Isaac Luria Ashkenazi, de bendita memoria.

[El Arí] rebosaba Torah. Era plenamente experto en Biblia, Mishnah, Talmud, Pilpul, Midrash, Agadah, Obras de la Creación y Obras de la Merkavá. Era experto en la conversación de los árboles y de los pájaros y en la lengua de los ángeles.[15] Podría discernir todo lo que un individuo había hecho y podía ver lo que haría en el futuro. Podía leer los pensamientos a menudo antes que el pensamiento entrara en la mente del individuo.[16] Conocía los sucesos futuros y tenía conciencia de todo lo que sucedía aquí en la Tierra y de lo que era decretado en el Cielo.

Conocía los misterios de la reencarnación, quién había nacido ya alguna vez y quién estaba aquí por vez primera. Podía mirar a una persona y decirle cómo se hallaba conectado con el Hombre Supremo y cómo estaba relacionado con Adam. Podía leer cosas maravillosas en la llama de una vela o en un fuego.

Miraba con sus ojos y era capaz de ver las almas de los justos, tanto de los que habían muerto hacía poco como de los que habían vivido en la Antigüedad. Con ellos estudiaba los verdaderos misterios.

Por el olor de una persona podía saber todo lo que ella había hecho, una capacidad que el Zohar atribuye al Niño Santo.[17]

---

13. Comentario a Yad, *Lulav* 8:5. *Véase* cap. 4, nota 1.

14. Comentario a Yad *Bet HaBejirah* 6:14. Paráfrasis de Salmos 25:14.

15. *Véase* más arriba, p. 39.

16. *Zohar* 2:74b. *Véase* más arriba, cap. 4, nota 128. Una de las cosas que el Arí no enseñó a R. Jaim Vital fue el misterio de la Quiromancia, véase *Toldot HaArí*, p. 167. Véase en ibíd, p. 156, que el Arí era experto en este tema.

17. *Zohar* 3:188a.

Era como si todos esos misterios estuvieran ahí, en su regazo, dispuestos a ser utilizados a voluntad. No tenía que meditar (*hithboded*) para acceder a ellos.

Todo esto lo hemos visto con nuestros propios ojos. No son cosas oídas. Eran maravillas no vistas en la Tierra desde los tiempos de Rabbí Shimon bar Iojai. Y nada fue conseguido por medio de la Cábala Práctica, que el cielo lo impida. Hay una fuerte prohibición que atañe al empleo de esas artes.

Más bien todo le vino automáticamente, como resultado de su piedad y ascetismo, y tras muchos años de estudio de los textos cabalísticos, tanto antiguos como modernos. Entonces todavía incrementó su piedad, ascetismo, pureza y santidad hasta que llegó a un nivel en el que Elías se le revelaba constantemente y le hablaba «por su boca», enseñándole todos los misterios anteriores.

Es lo mismo que le había sucedido al Raavad, tal como cuenta Recanati. Aun cuando ya no existe la verdadera profecía, el *Ruaj HaKodesh* todavía está aquí y se manifiesta a través de Elías. Es tal como el profeta Elías enseñaba a sus discípulos, comentando sobre el versículo, «Débora era profetisa» (Jueces 4:4): «Pongo al Cielo y a la Tierra por testigos de que a cualquier individuo, hombre o mujer, judío o gentil, libre o esclavo, le puede ser conferido el *Ruaj HaKodesh*. Todo depende de sus actos».[18]

Rabbí Jaim Vital[19]

No ha habido nadie como [elArí] desde los días de Rabbí Shimon ban Iojai. Él nos reveló además que era una reencarnación de Rabbí Shimon ban Iojai y que sus discípulos eran reencarnaciones de los de Rabbí Shimon.

Por esa razón cuando iba a [la cueva de Rabbí Shimon en] Meron, los colocaba en el orden correspondiente. Él mismo se sentaba en el lugar de Rabbí Shimon ban Iojai, Rabbí Jaim Vital era colocado en el lugar de Rabbí Eliezer, hijo de Rabbí Shimon, y Rabbí Benjamín

---

18. *Véase* cap. 4, nota 60.
19. Introducción a *Etz Jaim* (Tel Aviv, 1960) p. 18 ss.

Cohen en el lugar de Rabbí Abba. Los otros siete discípulos eran situados en los lugares de los «siete Ojos de Dios», cada uno en su sitio correspondiente de acuerdo con su encarnación.[20]

Él nos reveló más que cualquier otro profeta o vidente. Incluso Ezequiel sólo reveló el misterio de la *Merkavá* en el Universo de Beriyah. Pero el Arí reveló los misterios de Atziluth, llegando incluso hasta los Universos del Infinito que son «lazos, puntos y rayas».[21] «¡Cuán grande es el bien que tienes escondido para los que te temen!» (Salmos 31:20).

Su nivel era superior al de cualquier ángel o Maggid. Sabía todo lo que era arriba y abajo, así como todo lo que se decretaba en el Tribunal de lo alto y podía anular esos decretos.

Era capaz en muchos casos de indicar en dónde se habían equivocado los cabalistas anteriores. Como ejemplo valga lo relativo a los siete Años Sabáticos.[22]

Incluso el Maggid que se revelaba a Rabbí José Caro no conocía el significado interno del Zohar y se equivocaba a veces. Esto es porque un ángel o un Maggid pertenecen sólo al Universo de Yetzirah mientras que el alma proviene del Universo de Beriyah… Sin embargo, el alma de un Tzaddik (santo) puede también ser del Universo de Atzilut.

El alma de nuestro Maestro (el Arí) era de un nivel del Partzuf de Arij Anpin [que es el nivel de *Keter*-Corona, el más alto de Atzilut].

Rabbí Mosheh de Praga (1630-1705)[23]

---

20. *Emek HaMelej,* Introducción 3 (10d), *Toldot HaArí,* p. 179.

21. Aludiendo a Génesis 31:10. Se trata de universos en los niveles superiores de Adam Kadmon. Véase *Etz Jaim, Shaar Shevirat Hakelim* 4 (p. 129), *Shaar Akudim* 1 (p. 75).

22. Es ésta una enseñanza que dice que la creación descrita en la Biblia es sólo el último «Sabático» y que fue precedida por varias otras. Véase *Sefer Temunah,* Introducción a Temunah 3 (Koretz, 1784), p. 31a ss., *Tshuvot Rashba 423, R. Moshe Cordovero, Shiur Komah 83,* Radbaz, *Magen David, Guimel, Dalet; Metzadot David* 298; *Isaac de Acco, Otzar Jaim,* p. 86b, R. Joseph Tzayaj, *Tzaror HaJaim,* p. 83b, 85b; *Shaarey Gan Eden, Oraj Tzadikim 1:1* (Cracovia, 1881) p. 1b. Véase también Bajya, Recanati, Tzioni, al Levítico 25:8, Ramban al Génesis 2:3, *Sefer HaJinuj* 330, Ibn Ezra al Génesis 1:5, 8:22. Para una discusión filosófica, véase *Drush Or HaJaim* 3, al final de *Tiferet Yisrael* sobre *Mishnayot Nezikin.* Sin embargo, el Arí no aceptaba esta enseñanza y de ella no hay tampoco mención en el Zohar.

23. *VaYajel Mosheh,* p. 3a.

Los Universos Superiores

Universo	Habitantes	Contrapartes
Adam Kadmon (Primer «Hombre»)	Tetragrammatons	Vértice superior de Yod
Atzilut (Cercanía)	Sefirot, Partzufim	Yod (י)
Beriyah (Creación)	El Trono, las Almas	Heh (ה)
Yetzirah (Formación)	Ángeles	Vav (ו)
Asiyah (Acción)	Formas	Heh (ה)

2. El sistema

El sistema cabalístico del Arí cubre literalmente miles de páginas y permea virtualmente a todas las áreas del pensamiento. Es del todo imposible resumirlo adecuadamente y los intentos de hacerlo son por lo general unilaterales y resultan fallidos. Aun así, hay algunos principios generales que son dominantes y de una importancia particular para entender el sistema de meditación del Arí.

Los elementos básicos del sistema del Arí son las diez Sefirot, los cuatro Universos y los cinco niveles del Alma. Estos conceptos son ampliamente discutidos en el Zohar y juegan un papel importante en las enseñanzas de maestros tales como el Ramak. El Arí construye sobre esos sistemas anteriores.

El *Sifra DeTzeniuta* (Libro Oculto) y las *Idras* Mayor y Menor se encuentran entre los tres libros más opacos del Zohar. En ellos hay ideas a las que en el resto de la literatura zohárica se alude sólo en los términos más vagos. Mientras que otras fuentes hablan primariamente sobre las Sefirot, en éstas, las disquisiciones giran sobre diferentes entidades espirituales –los *Partzufim* (Personas Arquetípicas). El Arí clarifica su significado revelando la relación uno a uno que hay entre Partzufim y Sefirot. (*Véase* Tabla).

Mientras que la Cábala más simple respecto de las Sefirot parece hablar de la estática de los Universos superiores, el sistema de Partzufim pone de manifiesto sus interacciones dinámicas. En el momento de su creación, las Sefirot eran simples puntos que no podían interaccionar entre sí. Nada, por lo tanto, podían dar los unos a los otros. Lo único que podían hacer era recibir del ser Infinito *(Ein Sof),* razón por la cual, en este estadio, reciben el nombre de «vasijas».

Sin embargo, para poder recibir la Luz de Dios, una Vasija debe de algún modo estar conectada con Él. La diferencia fundamental entre lo espiritual y lo físico es la no existencia de espacio en el dominio espiritual. No hay por lo tanto modo de que las Sefirot estén conectadas con Dios físicamente. La única relación posible es entonces la semejanza. Para poder recibir la Luz de Dios, la Vasija, debe, al menos hasta cierto punto, parecerse a Dios.

Surge de inmediato una dificultad. Si Dios es el Dador absoluto, entonces la Vasija es el receptor absoluto y los dos son opuestos extremos. Para que una Vasija pueda recibir apropiadamente debe ser también un donante.

Lo que se necesita entonces es una «vasija» que pueda tanto dar como recibir. La expresión definitiva de una vasija tal es el hombre. Para que el hombre reciba la Luz de Dios debe asemejarse primero a Él siendo un dador. Esto se consigue guardando los mandamientos de Dios, lo que proporciona sustento espiritual a los Universos espirituales. Pero antes de que el hombre pueda hacerlo tiene que parecerse a Dios teniendo libre albedrío y libre elección. Lo cual sólo es posible cuando existen tanto el bien como el mal.

El primer estadio de la creación es llamado Universo del Caos *(tohu).* En él, las Vasijas, que son las diez Sefirot primitivas, podían recibir la Luz de Dios, pero no podían dar ni interaccionar. En tanto que no eran semejantes a Dios, esas Vasijas eran incompletas y por tanto no podían retener la Luz. No pudiendo cumplir su propósito, fueron entonces arrolladas por la luz y «hechas añicos». Ésta es la idea de la «Ruptura de las Vasijas».

Las vasijas originales estaban en lo que es ahora el Universo de Atzilut. Cuando fueron quebradas, los trozos rotos cayeron a un nivel espiritual inferior que se convirtió en el Universo de Beriyah. Es en este nivel en el que el mal empieza a manifestarse y su fuente está en los fragmentos de las Vasijas rotas.

La razón por la que se crearon originalmente las Vasijas sin la capacidad de retener la Luz es que el Mal debía existir. Esto, a su vez, daría al hombre libertad de elección, condición necesaria, como hemos visto, para la rectificación de las Vasijas. Además, puesto que el mal tiene su origen en las Vasijas superiores originales, puede ser rectificado y reelevado a ese nivel.

En el Midrash se alude a la «Ruptura de las Vasijas» diciendo que «Dios creó universos y los destruyó».[24] También en la Torah se alude a este proceso en el relato de los Reyes de Edom, al final del capítulo 36 del Génesis. Se dice que la muerte de cada uno de esos Reyes significa la destrucción de una Vasija particular y su caída a un nivel inferior. Esta caída es lo que recibe el nombre de «muerte».

Los Partzufim

Partzuf		Sefirah	
Atika Kadisha	El Santo Anciano	*Keter* Superior	
Atik Yomin	El Anciano de los días		
Arij Anpin	El Gran Rostro	*Keter* Inferior	
Abba	El Padre	*Jojmah*	Yod
Imma	La Madre	*Binah*	Heh
Zir Anpin	El Pequeño Rostro (El Macho)	Las Seis Siguientes	Vav
Nukva	La Hembra	*Maljut*	Heh

---

24. *Bereshit Rabbah* 3:7.

Los cuatro Tetragrammaton

Valor			Nombre		Nivel
72	*Ab*	עב	*YOD HY VYV HY*	יוד הי ויו הי	*Jojmah*
63	*Sag*	סג	*YOD HY VAV HY*	יוד הי ואו הי	*Binah*
45	*Mah*	מה	*YOD HA VAV HA*	יוד הא ואו הא	*Los Seis*
52	*Ben*	בן	*YOD HH VV HH*	יוד הה וו הה	*Maljut*

Niveles de Expresión

Universo	Expresión	
Asiyah-Acción	*Otiot*	Letras
Yetzirah-Formación	*Tagin*	Ornamentos
Beriyah-Creación	*Nekudot*	Puntos vocálicos
Atzilut-Cercanía	*Ta'amim*	Signos de entonación

Tras haber sido destruidas, las Vasijas fueron entonces rectificadas y reconstruidas en los Partzufim. Cada Partzuf consiste en 613 partes, que corresponden a las 613 partes del cuerpo y a los 613 mandamientos de la Torah. Los Partzufim fueron ya capaces de interaccionar entre sí. Lo que es más importante, se asemejaban entonces tanto al hombre como a la Torah y por tanto se convirtieron en dadores al tiempo que receptores.

Las Vasijas son entonces capaces de recibir la Luz de Dios en su estado rectificado como Partzufim. Este estado se llama, en la terminología del Arí, Universo de la Rectificación *(Tikkun)*. El Arí decía que los demás cabalistas sólo habían hablado del Universo del Caos, mientras que él era el primero en revelar los misterios de los Partzufim que se hallan en el Universo de la Rectificación. Los Partzufim interaccionan constantemente entre sí de una forma antropomórfica. Por esa razón el simbolismo del sexo, del nacimiento y crecimiento, juegan un papel tan importante en el sistema del Arí.

Los cabalistas anteriores habían hablado de cuatro Universos, Atzilut, Beriyah, Yetzirah y Assiah, correspondientes a las cuatro letras del Tetragrammaton *(véase* tabla pág. 250). Había también indicios de un universo por encima de ellos correspondiente al punto superior de la Yod en el Tetragrammaton. El Ramak habla de este quinto universo y lo llama el Universo de los *Tzajtzajim* (Esplendores), pero resulta muy forzado encontrar alguna referencia a él en el Zohar.[25]

Sin embargo, el Arí identifica este quinto universo con el dominio de otro misterioso Partzuf que se menciona en el Zohar –Adam Kadmon (El Primer Hombre)– el Partzuf primordial. En este quinto Universo hay otros cuatro niveles que de nuevo son el paralelo de las cuatro letras del Tetragrammaton. En este caso son las cuatro expansiones del Tetragrammaton a las que normalmente se alude por su valor numérico: Ab (72 = עב), Sag (63= סג), Mah (45 = מה) y Ben (בן 52 =). (*Véase* tabla pág. 253).

Son estos cuatro niveles los que finalmente se manifiestan en las cuatro letras del Tetragrammaton, en los cuatro Partzufim inferiores de Atzilut y por último en los cuatro Universos mismos. En el lenguaje escrito volvemos a encontrar los cuatro niveles, esta vez representados por los signos de acentuación, los puntos vocálicos, las decoraciones de las letras *(tagin)* y por las letras mismas.

3. Kavanot

Aunque el grueso de los escritos luriánicos tratan de la Cábala teórica, sus enseñanzas no se reducen en absoluto a la teoría. Un importante aspecto meditativo del sistema del Arí es el relativo a las Kavanot, que son meditaciones específicas relacionadas con prácticas particulares. Éstas pueden referirse al vestido, al ponerse el Talit o los Tefillin, o a

---

25. *Pardes Rimonim* 11:1, citando a R. Jai Gaon.

las diversas acciones en fiestas, tales como comer Matzah en la Pascua, o tomar las Cuatro Especies en Succot. Dado que la persona se hallaba constantemente involucrada en esas prácticas religiosas, las Kavanot le llevarían a un estado meditativo constante en sus actividades diarias. De importancia particular es el servicio formal de la oración, en el que cada palabra tiene un significado cabalístico y es el foco de todo un sistema de meditaciones.

Los cabalistas anteriores también explican muchas Kavanot y la mayoría de éstas se basan en el Zohar, aunque las alusiones zoháricas son con frecuencia muy vagas. Pero una parte importante de la grandeza del Arí es su habilidad para extraer el significado más pleno de cada palabra del Zohar y, por tanto, donde el Zohar sólo apunta, el Arí es capaz de presentar una meditación totalmente estructurada. En su mayoría esas Kavanot encajan perfectamente en el sistema teórico del Arí.

Es una gran medida, las Kavanot llevan a una persona a los Universos Superiores y utilizan combinaciones de Nombres Divinos y muchas guematriot (numerología). Llenan dos grandes volúmenes, el *Pri Etz Jai* (El Fruto del Árbol de la Vida) y el *Shaar Hakavanot* (La Puerta de las Kavanot), además de varios textos menores. Esas Kavanot abarcan virtualmente todos los aspectos de la vida, tanto religiosos como mundanos.

Para tomar sólo uno de entre miles de ejemplos posibles, se presentará aquí el conjunto de meditaciones que el Arí prescribe al sumergirse en el *Mikveh* (piscina ritual) antes del Shabbat. Como se ha visto, esa inmersión juega un importante papel en virtualmente todos los sistemas de meditación, siendo un paso esencial para conseguir la pureza espiritual. Se puede comparar esta meditación con otra parecida del Baal Shem Tov que se presentará en el próximo capítulo.

Expansiones del Nombre *Ehyeh*

El Nombre *Ehyeh* (אהיא) se deletrea Alef *(א)* Heh (ה) Yod (י) Heh (ה).

Valor	Expansión		Letra
161	*ALePh HeY YOD HeY*	אלף הי יוד הי	Yod
151	*ALePh HeH YOD HeH*	אלף הה יוד הה	Heh
143	*ALePh HeA YOD HeA*	אלף הא יוד הא	Alef

Meditación para la Inmersión[26]

Ésta es una meditación para la inmersión que se realiza antes del Shabbat.

Después de introducirse en el lago, río o *Mikveh,* pero antes de sumergirse, medita en la palabra *Mikveh:*

MKVH   מקוה

Medita en que la *Mikveh* es el misterio del Nombre *Ehyeh* (אהיה) expandido mediante la letra Heh (ה):

ALePh HeH YUD HeH   אלף הה יוד הה

Esta expansión tiene un valor numérico de 151, el mismo que el de la palabra *Mikveh.* [Igual que las aguas se reúnen en un *Mikveh,*] las expansiones del Nombre *Ehyeh* se reúnen [en la expansión anterior].

Medita ahora en la palabra *Najal* (נחל), que significa corriente (de agua).

---

26. *Shaar HaKavanot* (Tel Aviv, 1962), vol. 2, p. 25. Véase *Pri Etz Jaim, Inyan Shabbat* 4.

Este río supremo consiste en [siete Nombres]. Son éstas las cuatro expansiones del Tetragrammaton, *Ab, Sag, Mah* y *Ben*, junto con las tres expansiones de *Ehyeh*, respectivamente con la Yud, la Heh y la Alef. (*Ehyeh* es AHYH, אהיה).

Lleva el *Mikveh* a este Río.

Medita en los siete Nombres cuando no están expandidos:

YHVH	יהוה
YHVH	יהוה
YHVH	יהוה
YHVH	יהוה
AHYH	אהיה
AHYH	אהיה
AHYH	אהיה

Cada uno contiene una sola Yod. Hay por lo tanto en los siete Nombres un total de siete Yod.

Estos siete Nombres son el misterio de los Siete Nombres del Shabbat.

Y éste es el misterio de las siete letras AHYH YHV (אהיה יהי) que el Zohar menciona.[27]

Debes meditar en la forma simple de escribir los nombres conteniendo las siete Yod. Al mismo tiempo debes también meditar en las formas expandidas.

[A los siete Nombres] añade ahora el nombre YaH (יה).

Este Nombre es el misterio del mismo Shabbat. Se tiene entonces un total de ocho Yod.

Las ocho Yod [cada una con un valor numérico de diez] suman 80. Éste es el valor numérico de las letras Nun y Lamed (נל) de la palabra *Najal* (נחל), el Río. Entonces incluye [la letra Jet (ח), la cual representa] a las ocho Yod mismas. Ya tienes *Najal* (נחל), el Río.

---

27. *Rayeh Mehemna, Zohar* 2:92a. Véase la nota de Jaim Vital a. 1. # 1.2.

Medita ahora en las Yod por grupos. Hay dos de tales, [los de YHVH y los de AHYH]. Debes por lo tanto meditar en el número dos.

[La palabra *Najal* (נחל) tiene un valor numérico de 88]. Añádele el dos y tendrás [90. Éste es el valor numérico de] *Mayim* (מים), que significa Agua.

De este modo has traído el Agua a la *Mikveh*.

Medita ahora en que todo esto debe hacerse «en honor del Shabbat» *(Likevod Shabbat,* לכבוד שבת) [Medita en esas dos palabras]. Hemos utilizado ocho Nombres. Éstos son los cuatro Tetragrammaton, las tres expansiones de *Ehyeh* y Yah. [Los siete Nombres originales, siendo cada uno de cuatro, contienen un total de 28 letras. Añade a ellas las dos de Yah y] se tienen un total de 30 letras [Tal es el valor numérico de la letra Lamed]. Ésta es la Lamed (ל) de la palabra *Likevod* (לכבוד), que significa «en honor de».

Suma de los ocho Nombres

Expansiones del Tetragrammaton:	Ab = 72
	Sag = 63
	Mah = 45
	Ben = 52
Expansiones de *Ehyeh*:	161
	151
	143
	———
Yah (יה)	15
	702

Divide ahora los ocho en dos grupos, los siete Nombres originales y el nombre añadido YaH. [Esto nos da el número dos. Súmaselo al 30 de antes y se obtiene 32]. Éste es el valor numérico de *Kavod* (כבוד), que significa «honor».

[Considera ahora las expansiones de los Siete Nombres junto con YaH]. La suma total de los ocho es [702, que es el valor numérico de la palabra] *Shabbat* (שבת), el Shabbat.

[Ahora sumérgete]. Al emerger del agua recita el versículo. «Si descansaras tu pie para el Shabbat» (Isaías 58:13).[28]

Im Tashiv MiShabbat Ragleja   אִם־תָּשִׁיב מִשַּׁבָּת רַגְלֶךָ

4. Yijudim

La esencia del sistema de meditación del Arí es la técnica de Yijudim (Unificaciones), en la que se manipulan las letras de los diversos nombres de Dios. La palabra misma indica una unificación, y en general esas meditaciones consisten en la unificación de dos o más nombres. A veces los nombres se entremezclan y se añaden diversos puntos vocálicos. Puesto que los Nombres divinos reflejan fuerzas espirituales y esas fuerzas tienen sus contrapartes en la mente humana, los Yijudim pueden tener efectos poderosos en la integración de la psique. Esto puede a veces ser también extremadamente traumático.

Como en el caso de las Kavanot, se alude en la literatura zohárica a muchos Yijudim, pero no se dan en ella apenas indicaciones, aunque sí alguna, de que esas manipulaciones son de hecho técnicas de meditación. Hacían falta el genio y la inspiración del Arí para revelar explícitamente cómo debían ser utilizadas.

La idea de unificar el Nombre de Dios es muy antigua. El *Shma*, la declaración de fe, «escucha Israel, el Señor es nuestro Dios, el Señor es Uno» (Deuteronomio 6:4), recibe a menudo el apelativo de «Unificación del Nombre».[29] Como hemos visto antes, el Zohar nos da un Yijud específico asociado a este versículo.[30] Un antiguo Midrash

---

28. «Pie» en hebreo es *Regel* (רגל) que tiene un valor numérico de 223. Éste es también el valor numérico de la suma de Ab, Sag, Mah y Ben cuando se añade una unidad adicional por el todo. Es también la suma de Ab (72) y la expansión de *Ehyeh*, que es 161.

29. Véase *Bereshit Rabbah* 20.

30. *Véase* más arriba, pp. 40 y 41.

establece que el versículo, «[Te] adherirás a [Dios]» (Deuteronomio 30:20), es una «Unificación del Nombre», indicando que es mediante esa unificación como uno se liga a lo Divino.[31] Entre los cabalistas anteriores hay referencias específicas a Yijudim que emplean combinaciones de Nombres Divinos, siendo un ejemplo claro los escritos de Rabbí Isaac de Acco.[32]

También hemos visto que el Ramak propugna el meditar en los diversos nombres de Dios, especialmente en el Tetragrammaton con diferentes puntos vocálicos que corresponden a las diez Sefirot. En el sistema del Arí ya no se consideran las Sefirot como entidades independientes sino como complejos de Partzufim con interacciones entre sí. En consecuencia, su sistema de meditación implica la manipulación de esos nombres de un modo que corresponda a sus interacciones en lo alto.

El método exacto para representar esos Nombres no es dado, pero hemos hablado ya de ello en el capítulo anterior. Se vacía la mente por completo y las letras se ven entonces como enormes cuerpos sólidos que la llenan totalmente. Diversas guematriot, poniendo en juego el valor numérico de las letras, desempeñan también un papel importante.

El Arí vio el método de las meditaciones Yijudim como el más importante para conseguir la verdadera iluminación. Aunque hay otros métodos, el único especificado en el Zohar, aunque sólo sea por alusiones, era el de los Yijudim, y en consecuencia era el más puro y efectivo de todos. Mientras que otros sistemas de meditación precisaban de la pronunciación de Nombres Divinos, el sistema de Yijudim era puramente mental y por consiguiente no entrañaba los peligros inherentes a la pronunciación efectiva de nombres.

Sin embargo, los Yijudim pueden producir estados meditativos muy elevados y canalizar corrientes poderosas de energía espiritual. Si se usan indebidamente pueden producir efectos a la vez traumáticos y peligrosos. Incluso alguien tan avanzado espiritualmente como Rabbí

---

31. *Pesikta Zutrata* al Deuteronomio 30:20 (52a).
32. *Otzar Jaim*, p. 102a.

Jaim Vital resultaba a menudo totalmente sobrepasado por esas experiencias.

❖ Fuentes

Esto sucedió en Tammuz de 5331 (Agosto, 1571). Había pedido a mi maestro (el Arí) que me enseñara un Yijud para poder conseguir la iluminación. Me replicó que no estaba preparado. Seguí presionándole hasta que me dio un corto Yijud y me levanté a media noche para ponerlo en práctica.

Me sentí de inmediato lleno de emoción y todo mi cuerpo se puso a temblar. La cabeza se me hizo muy pesada, mi mente empezó a oscilar y la boca se me torció hacia un lado. Dejé de inmediato de meditar en ese Yijud.

Por la mañana, al verme mi maestro me dijo: «¿No te advertí? Si no fuera porque eres una reencarnación de Rabbí Akiba te habrías vuelto [loco] como Ben Zoma. No habría habido modo de ayudarte».

Me tocó entonces los labios utilizando una Kavanah que conocía. Hizo lo mismo durante tres mañanas y me curé.

El día antes de la Luna nueva de Elul (Septiembre) me dijo: «Ahora ya estás preparado». [Me dio entonces un Yijud y] me envió a la cueva de Abbaye [(278-338, un importante sabio del Talmud].[33]

Me envió, como digo, el día antes de la Luna nueva de Elul en 5331 (septiembre, 1571) a la cueva de Abbaye y Rava. Caí sobre la tumba de Abbaye y medité con el Yijud relativo a la boca y a la nariz de Atika Kadisha (El Santo Anciano).[34]

Me dormí y al despertarme no vi nada. Caí entonces de nuevo sobre la tumba de Abbaye e hice uso de otro Yijud que había encontrado en un manuscrito escrito por la mano de mi maestro.[35] Este Yijud se refiere al entrelazamiento de las letras YHVH (יהוה) y Adonai (אדני), tal como es bien sabido. Al hacerlo, mis pensamientos se tornaron tan

---

33. *Shaar HaGuilgulim,* p. 158. *Cf. Shivejey R. Jaim Vital,* p. 25.

34. *Véase* nota 79.

35. *Véase* nota 78.

confusos que no podía integrarlos. Inmediatamente dejé de meditar en ese apareamiento.

Me pareció entonces como si una voz en mi mente me estuviera diciendo, «¡Vuelve en ti! ¡Vuelve en ti!», una y otra vez. Pensé para mí mismo, «Éstas son las palabras que Akavya ben Mehalelel dijo a su hijo».[36] Me sentí entonces capaz de meditar de nuevo en la yuxtaposición de letras y pude completar el Yijud.

Me pareció en mi mente como si una voz me estuviera recitando el versículo: «Dios se proveerá un cordero para el holocausto, hijo mío» (Génesis 22:8). Parecía como si esta voz estuviera explicando el significado del versículo. Había estado preocupado porque mi primer Yijud parecía no haber logrado nada, y esa voz me estaba diciendo que lo había completado con éxito y que me había beneficiado de él. Tal era el significado del versículo «Dios se proveerá de un cordero».

Me parecía en mi mente como si la voz me estuviera explicando que ese versículo aludía al primer Yijud que había empleado. [Éste se basaba en los nombres] YHVH (יהוה) y *Ehyeh* (אהיה) y la suma de los dos juntos es 47. Las iniciales del versículo «Dios se proveerá de un cordero» *(Elohim yireh lo ha-seh,* [אילה] ,(אלהים וראה לו השה), suman 46 [*y* añadiendo una unidad extra se obtiene del mismo número 47].

Las letras iniciales de «un cordero para el holocausto, hijo mío» *(Ha-seh, le-olah, b'ni,* השה לעלה בני) son las mismas que *Hevel* (הבל), aliento. Éste es el misterio del Aliento supremo sobre el que había meditado. También pareció como si las letras iniciales de «para sí mismo un cordero para el holocausto» *(Lo ha-seh le olah,* לו השה לעלה deletrearon el nombre Hillel (הלל), [el principal sabio del siglo i a. C.]. Sin embargo, no entendí lo que esto significaba.

Todo esto imaginé en mi mente. Empecé a temblar y un escalofrío recorrió todos mis miembros. Las manos me vibraban una contra otra, y también los labios de una forma inusual. Temblaban muy fuerte y muy deprisa.

Me pareció como si una voz estuviera asentada en mi lengua, entre los labios. Muy rápidamente repetía las palabras. «¿Qué dice? ¿Qué

---

36. *Edduyot* 5:7.

dice?». Esas palabras fueron repetidas más de cien veces. Intenté forzar para que mis labios no se movieran pero no pude pararlos.

Pensé entonces en inquirir sabiduría. La voz literalmente me explotó en la boca y en la lengua y repitió más de cien veces: «¡La Sabiduría! ¡La Sabiduría!». Luego empezó a decir una y otra vez. «La Sabiduría y la Ciencia te son dadas desde el Cielo, como el conocimiento de Rabbí Akiba». Después dijo: «¡Y más que el de Rabbí Akiba!». A continuación: «¡Como el de Rabbí Yebi el Viejo!». Finalmente dijo la voz: «La paz sea contigo». Y luego: «Desde el cielo te desean paz».

Todo esto sucedió muy deprisa y mientras me hallaba bien despierto. Fue un fenómeno maravilloso. Caí entonces de bruces, postrado en la cueva de Abbaye.

Cuando se lo conté a mi maestro, me dijo que me había beneficiado en gran medida por haber meditado en ambos Yijudim en sucesión, ya que éste era el procedimiento correcto. No me habían contestado después del primer Yijud, simplemente porque habían esperado a que completara los dos.

Mi maestro me dijo después que al volver yo a casa ese día había visto que el alma de Benaiah ben Yohoiada me acompañaba. Me explicó que éste no compartía conmigo la misma raíz anímica, pero que se revela a todo el que completa un Yijud elevado. Esto era lo que hacía cuando estaba vivo, tal como hemos explicado en otro lugar.[37]

Rabbí Jaim Vital[38]

5. La Puerta del Espíritu Santo

La porción principal de las enseñanzas del Arí está incluida en un conjunto de ocho volúmenes titulado «Las Ocho Puertas». Fueron escritos por Rabbí Jaim Vital y redactados por su hijo, Samuel Vital.

De ellas, la séptima puerta es la que expone el sistema de Yijudim del Arí. Se llama *Shaar Ruaj HaKodesh* (La Puerta del Espíritu Santo).

---

37. *Véase* más adelante, p. 278.
38. *Shaar HaGuilgulim*, p. 140.

Como se ha dicho ya, la expresión *Ruaj HaKodesh* (Espíritu Santo) es un término general para la iluminación y la inspiración. Es en este volumen en el que se describen los Yijudim enseñados por el Arí como un medio para conseguir *Ruaj HaKodesh*.

En su mayor parte los Yijudim presentados en el libro no se enseñaban en términos generales, sino que se les daban a los individuos particulares. Normalmente era a los discípulos del Arí, las más de las veces al mismo Rabbí Jaim Vital. Además de los Yijudim, también se presenta en el libro un sistema general de disciplinas, que deben ser cumplimentadas antes de poder utilizar con éxitos los Yijudim.

De éstos, muchos son para fines específicos, tales como la rectificación de los pecados, o para ritos esotéricos, como exorcismos u otros. Su propósito en general es la canalización de poder espiritual hacia fines específicos. Esto es cierto también cuando se busca la iluminación, puesto que entonces se está canalizando energía espiritual hacia uno mismo. Los demás usos de los Yijudim no serán dados aquí al estar fuera del marco de este libro. Sólo se tratarán en este lugar aquellos Yijudim diseñados específicamente para la iluminación.

Un concepto muy interesante sobre el que se comenta en profundidad es del Maggid, el portavoz angélico del que ya se ha hablado antes. Aquí no sólo se encuentra una descripción de un Maggid, sino además una explicación del marco general en el que funcionan.

De la misma importancia es la idea de ligarse a los santos de la Antigüedad. Ésta es la razón de por qué muchos Yijudim se realizan mejor cerca de las tumbas de esos santos, como en el ejemplo citado en la sección anterior. La teoría subyacente se debate en considerable extensión.

❖ Extractos de *La Puerta del Espíritu Santo*

Empezaremos explicando los conceptos de profecía y de Ruaj HeKodesh, así como sus diversos niveles.[39]

---

39. Introducción, p. 9.

Cuando una persona es justa y piadosa, estudia Torah y reza con Kavanah, todo ello ciertamente debe producir algo sustancial. Como establece el Zohar, ni siquiera el sonido producido al golpear un palo carece de efecto.[40] Las buenas acciones ciertamente producen efecto y resultan en la creación de ángeles y espíritus buenos. La Torah dice que estos sobreviven y perduran.[41] El Talmud enseña igualmente: «El que realiza una buena acción se gana un Abogado».[42]

Del habla de una persona se crean tanto ángeles buenos como malos, según sean sus palabras, tal como establecen los *Tikkuney Zohar*. Cuando la persona estudia Torah, las palabras y el aliento que emanan de su boca se tornan en vehículo para las almas de los santos antiguos. Estos pueden descender y enseñar misterios a la persona, como dice el Zohar.[43]

Todo esto, sin embargo, depende de la intención. Si la persona estudia Torah sin motivos ulteriores, el ángel creado como consecuencia de su estudio será muy santo y elevado, y puede confiarse en que diga la verdad absoluta. Si uno lee sin error, el ángel también carecerá de error y será absolutamente fidedigno.

Lo mismo es cierto de la observancia de un mandamiento. Si se hace correctamente, se crea un ángel muy santo… Aquello que falte en la propia observancia faltará también en ese ángel.

Es verdad que el poder de un ángel creado a partir del estudio de la Torah es mucho mayor que el que se crea con la observancia de un mandamiento, pero no se deben discutir esos detalles en demasía.

Estos ángeles son los Maggidim de que se habla en numerosos libros. Se revelan a los individuos, les enseñan misterios y les informan de sucesos futuros. Son ángeles creados por la propia observancia y estudio de la Torah.

---

40. *Zohar* 1:168b, 169a.
41. *Zohar* 2:59a.
42. Avot 4:13. *Véase* más arriba, cap. 5, nota 63.
43. *Zohar* 2:100b.

La mayoría de las veces los Maggidim no se revelan a los individuos, pero a veces lo hacen. Depende de la naturaleza del alma de la persona, así como de sus actos. No hay necesidad de tratar esto en detalle.

Algunos Maggidim son absolutamente verdaderos, los creados de Torah y mandamientos cumplidos con perfección. Otros a veces dicen falsedades, mezclando la verdad con el error. La razón es que cuando hay algo de falsedad, o algún motivo ulterior en la observancia, el ángel creado consta tanto de bien como de mal. El buen aspecto de ese ángel dice la verdad, pero el mal en él habla falsedad.

Algunos Maggidim se crean sólo en el Universo de Asiyah. Estos lo hacen mediante hechos relativos a la acción practicada sin Kavanah. Otros son del Universo de Yetzirah, creados del estudio de la Torah. Hay también Maggidim del Universo de Beriyah y estos se crean a partir de las meditaciones y pensamientos de la persona, cuando ella se dedica al estudio de la Torah y al cumplimiento de los mandamientos. En cada Universo hay muchos detalles distintos, pero no hay necesidad de tratar esto en profundidad.

Mi maestro (el Arí) nos dio un signo [para reconocer a un verdadero Maggid]. Éste tiene que decir siempre la verdad, incitarle a uno a hacer buenas obras y no equivocarse en ninguna predicción. Si es capaz de explicar los secretos y misterios de la Torah, es ciertamente digno de confianza. De sus palabras se puede reconocer su nivel.

Éste es el misterio del *Ruaj HaKodesh:* es una voz enviada de lo alto para hablar a un profeta o a alguien merecedor de *Ruaj HaKodesh.* Pero la voz es puramente espiritual y no puede entrar en el oído del profeta a menos que se revista de una voz física.

La voz con la que se cubre es la propia del profeta, cuando éste se halla inmerso en la oración o en el estudio de la Torah. Así, aquella voz se viste con la suya y se adhiere a ella. Entonces entra en el oído del profeta de modo que éste pueda oírla. Lo cual no puede ocurrir sin el concurso de la voz física del individuo.

La explicación es como sigue:

Hay primero una voz, de la que el ángel o santo espíritu fue creado. Ésta es la voz de la profecía. Cuando viene la voz para revelar la profecía, debe cubrirse con la voz física del individuo. Debe ser una voz expresada por él, en el mismo momento de experimentar la profecía.

Éste es el misterio del versículo: «El espíritu de Dios habla en mí y su palabra está en mi lengua» (2 Samuel 23:2). El «espíritu» y la «palabra» son la voz original creada mediante sus actos. Se halla ahora descansando en su lengua. Está literalmente emanando de su boca, expresándose en su palabra, y por tanto hablando por su boca.[44] Sólo entonces él puede oírla. Esto tiene muchos detalles.

También todo puede ocurrir de otra forma. La voz superior puede vestirse con las voces de santos de generaciones anteriores. Ambas voces se presentan entonces juntas y hablan al individuo…

Es imposible que la voz de un santo hable al individuo a menos que los dos compartan la misma raíz anímica. A veces, sin embargo, puede también ocurrir cuando el individuo ha realizado alguna acción asociada con ese santo en particular…

Cuando la voz aparece revestida de la palabra del propio individuo, el nivel es ciertamente mucho más alto que cuando se presenta vestido con la palabra de otro santo. El que se necesite otro santo es una indicación de que la propia habla no tiene el poder de inducir la profecía.

Esto explica la diferencia entre profecía y *Ruaj HaKodesh*. La profecía viene del aspecto Masculino y *Ruaj HaKodesh* del Femenino.

* * *

El alma inferior *(nefesh)* pertenece al Universo de Asiyah, que está asociado al nombre Adonai (אדני). Hay que meditar entonces en el nombre Adonai (אדני), atándole al nombre YHVH (יהוה) en el Universo de Asiyah. Luego se debe atar esto al nombre *Ehyeh* (אהיה) en el Universo de Asiyah.[45]

A continuación, se debe meditar en éste, elevando el nombre *Ehyeh* de Asiyah y atándole a Adonai de Yetzirah. Adonai de Yetzirah debe entonces atarse a YHVH de Yetzirah.

---

44. *Véase* más arriba, cap. 3, nota 141.
45. *Véase* más arriba, p. 155.

[Hay que proceder de este modo a través de los Universos de Yetzirah, Beriyah y Atzilut], paso a paso, hasta alcanzar *Ehyeh* de Atzilut.
Debe entonces atarse *Ehyeh* de Atzilut al mismo nivel supremo que es
el Ser Infinito *(Ein Sof)*.[46]

* * *

Hay otro Yijud que debes constantemente tener delante de los ojos.
Medita en el nombre Elohim (אלהים) con las letras extendidas, [y la
Heh] mediante Yod (י), הי.

ALePH LaMeD HeY YOD   אלף למד הי יוד מם

Esto tiene un valor numérico de 300. Es el mismo que el valor de
MTzPTz (מצפץ), que es YHVH (יהוה) transformado mediante el código cifrado Atbash (אתב״ש).

א ב ג ד ה ו ז ח ט י כ ל מ נ ס ע פ צ ק ר ש ת
ת ש ר ק צ פ ע ס נ מ ל כ י ט ח ז ו ה ד ג ב א

El código cifrado Atbash

Medita en que *Maljut*-Reino recibe el nombre de Elohim y que incluye trece atributos. Son el paralelo de las trece letras de la expansión
de Elohim.

Los trece atributos se introducen con el Tetragrammaton (YHVH)
según su escritura habitual, «YHVH, YHVH, un Dios clemente y mi-
sericordioso» (Éxodo 34:6).[47] Las letras YHVH son entonces transfor-
madas en MTzPTz (מצפץ).[48]

---

46. *Shaar Ruaj HaKodesh*, p. 29.

47. Sin embargo, el Arí mantenía que esos dos Tetragrammaton no están incluidos en los
Trece Atributos. Véase *Etz Jaim, Shaar Arij Anpin* 9; *Zohar* 2:4b, 3:13 lb. Para otras opi-
niones, véase Rashi, Ibn Ezra, Tamban, etc. *ad loc., Tosefot, Rosh HaShanah* 17b «Shalosh»,
Sefer *Jasidim* 250, *Makor Jesed ad loc.* 250:3.

48. *Shaar Ruaj HaKodesh*, p. 30.

(Éstas son las cualidades que se deben cultivar para conseguir la iluminación):[49]

Al rezar, estudiar Torah o guardar un mandamiento, hay que estar alegre y gozoso. Se debe obtener más placer que si se hubiera conseguido una gran ganancia o encontrado mil monedas de oro. El Talmud enseña que el sabio Abbaye estaba delante de Rava y se sentía muy gozoso simplemente porque se acababa de poner los Tefillin.[50]

La Torah afirma [que el pueblo fue castigado, «por cuanto no serviste al Señor tu Dios con alegría y gozo de corazón, por la abundancia de todas las cosas» (Deuteronomio 28:47).[51] Hay que regocijarse en el servicio a Dios más que si uno se beneficiase con «la abundancia de todo» el dinero del mundo.

La cualidad de la tristeza es muy mala, especialmente para el que quiere alcanzar la sabiduría y el *Ruaj HaKodesh.* No hay nada que impida la iluminación más que la depresión, incluso en aquellos dignos de conseguirla. De ello encontramos evidencia en el versículo: «Ahora traedme un tañedor, y cuando el tañedor tocaba, la mano de Dios vino sobre él» (2 Reyes 3:15). [La música era necesaria para disipar su tristeza].[52]

Lo mismo sucede con la ira, que puede impedir totalmente la iluminación… Por eso los sabios enseñan que «si alguien se torna iracundo y es un profeta, la profecía se le retira».[53]

El estudio de la Torah es muy importante. Mi maestro, de bendita memoria, me dijo que la intención principal al estudiar Torah debe ser el traer para sí la iluminación y la máxima santidad posible. Todo depende de esto.

Hay entonces que concentrarse en atar, mediante la Torah, la propia alma a su raíz suprema y adherirla a ella. La intención debe ser que mediante esto pueda completarse la rectificación del Hombre Supre-

---

49. Ibíd. p. 33. Véase *Shaar HaGuilgulim,* p. 131.
50. *Berajot* 30b.
51. *Cf. Yad, Lulav* 8:15.
52. Véase *Shabbat* 30b, *Pesajim* 117a. Véase en *Shaarey Kedushah,* 4.ª parte, p. 15b, que la música sólo se tocaba para iniciar el proceso meditativo, pero que luego cesaba.
53. *Pesajim* 66b.

mo. Tal fue la intención última de Dios al crear al hombre y ordenarle estudiar la Torah.

Hay otras cualidades que se deben cultivar. Entre ellas la humildad, la modestia y el miedo al pecado. Éstas deben cultivarse hasta el último grado.

También hay rasgos que deben evitarse al máximo. Éstos son el orgullo, la ira, el mal genio, la frivolidad y la charla maliciosa. Hay que evitar mostrarse enfadado, incluso aunque se tengan buenas razones para ello.

Hay que evitar también la charla banal, si bien ésta no es tan perjudicial como las cinco cosas mencionadas antes. No se debe mostrar el enfado ni siquiera ante los miembros de la propia familia.

Hay que guardar el Shabbat en acto y palabra, con todos sus particulares. Esto es muy útil para la iluminación.

Hay que sentarse en la sinagoga con temor y respeto. La meditación especial para ello es de gran ayuda para conseguir el *Ruaj HaKodesh*.[54]

Mi maestro también me enseñó que el primer camino del *Ruaj HaKodesh* es el cuidado y la kavanah en la bendición de la comida. De este modo se neutraliza el poder de las Cáscaras (*Klipot*) que tienen un asidero en la comida y se adhieren a la persona que la consume. Al recitar con kavanah una bendición sobre los alimentos, se separan esas Cáscaras [espiritualmente malignas]. El individuo así purifica su cuerpo y le hace [espiritualmente] transparente, preparado para recibir la santidad. Mi maestro enfatiza mucho todo esto.

Es también importante despertarse a medianoche y recitar el Salmo 111. Al hacerlo, hay que meditar en las letras MNTzPJ (מצפך), como se dice en otro lugar.[55] Esto es muy útil para la iluminación...

Al llevar los Tefillin hay que meditar que los cuatro pergaminos del Tefillin de la cabeza son el paralelo de las cuatro letras del Tetragrammaton...

---

54. Véase *Shaar HaKavanot*, vol. 1, p. 20a.

55. Ibíd. p. 76b. Estas letras cambian de forma al final de una palabra. Véase *Meguilah* 2b, *Shabbat* 104a, *Bereshit Rabbah* 1:15, *BaMidbar Rabbah* 18:17, *Tanjuma, Korach* 12.

Es también importante tener establecido cada día un orden de estudio y seguirlo. Éste debe incluir Biblia, Mishnah, Talmud y Cábala, junto con las meditaciones pertinentes, tal como se discute en otro lugar.[56] Es importante el ser muy cuidadoso respecto a esto.

Mi maestro también decía que es bueno que la persona viva en una casa con ventanas abiertas a los cielos, para que siempre pueda elevar los ojos y contemplarlos. Puede entonces meditar en el milagro de la creación de Dios, como está escrito: «Cuando miro a los cielos, la obra de tus dedos…» (Salmos 8:4). La Torah también dice esto respecto de Nabucodonosor, quien dijo: «Al final de los días, yo, Nabucodonosor, elevé los ojos al cielo, y el entendimiento me volvió, y bendije al Altísimo]» (Daniel 4:31).[57] Es por lo tanto bueno mirar constantemente a los cielos. Es algo que traerá a la persona sabiduría, santidad y temor de Dios.

Mi maestro también me dijo que la raíz de todo en lo referente a la iluminación es el estudio de la Ley *(Halajah)*. Me dio esta razón:

Cuando alguien investiga profundamente una cuestión de ley, debe meditar en cómo la cáscara *(klipah)* de una nuez cubre el fruto. El fruto es el concepto de Santidad. La Cáscara consiste en las preguntas que uno tiene respecto a esa cuestión de Ley. Esta Cáscara rodea la Ley y no permite que la persona la entienda.

Al resolver entonces la cuestión, el individuo debe pensar en que está rompiendo el poder de esa Cáscara y separándola de la Santidad. El fruto, que es la Ley, aparece entonces revelado.

Si una persona no estudia la Ley y rompe con ello las Cáscaras, ¿cómo podrá llegar al núcleo, que consiste en la Sabiduría de la Cábala y en los secretos de la Torah? Hay entonces que esforzarse muchísimo estudiando y meditando en la forma descrita.

También he oído que mi maestro interpretaba cada Ley de seis modos. Luego le daba una séptima interpretación que implicaba a su

---

56. *Shaar HaMitzov, VeEtJanan* (Tel Aviv, 1962) p. 84 ss. *Shuljan Aruj HaArí*, p. 80 ss.

57. *Zohar* 1:113a en Midrash Neelam. La ley es que una sinagoga debe tener ventanas, véase *Berajot 34b*, Rashi *ad loc., «Chalonot».*

misterio oculto. Esto se relaciona con el misterio de los seis días que preceden al séptimo, el Shabbat…

Rabbí Jonathan Sagis me dijo también, en nombre de mi maestro, que nada es más importante para el que busca la iluminación que la inmersión [en el *Mikveh*], ya que hay que estar purificado en todo tiempo. Sin embargo, me di cuenta de que mi maestro generalmente no se sumergía durante los seis meses invernales. Tenía una hernia y era dado a ponerse enfermo, por lo que su madre no se lo permitía. De eso estoy seguro. Pero no perdió como consecuencia de ello nada de iluminación…

Rabbí Abraham HaLeví [Berujim] me dijo que mi maestro le dio en cierta ocasión consejo respecto de la iluminación. Le dijo que evitara la conversación vana, que se levantara a medianoche y que llorara por su falta de conocimiento. También le prescribió que leyera el Zohar con un nivel de duda justo para entender el texto, pero sin investigarlo en profundidad. De este modo sería capaz de abarcar cuarenta o cincuenta páginas al día hasta haber leído todo el Zohar muchas veces.

En cierta ocasión le pregunté a mi maestro por qué él era digno de toda esta sabiduría. Me contestó que había trabajado muy duro para conseguirla. Yo repliqué: «El Ramak y yo, Jaim, también hemos trabajado muy duro». Él respondió: «Sí, habéis trabajado muy duro, más que cualquier otro de esta generación, pero no tanto como yo».

En muchas ocasiones se mantenía toda la noche en vela reflexionando sobre un único pasaje del Zohar. A veces se pasaba toda una semana meditando *(hitboded)* en una sola enseñanza del Zohar. En tales ocasiones virtualmente no dormía.

También escuché de mi maestro el misterio de «encomendar el alma». Esto significa el ascenso del alma por la noche en el misterio de «en tu mano encomiendo mi espíritu» (Salmos 31:6).[58] No hay duda de que si uno es un Tzadik (santo) y es perfecto en todos sus actos, su alma asciende a lo alto cada noche. Esto se dice explícitamente en el Zohar.[59]

---

58. Véase *Zohar* 3:119a, 3:120b, 3:198b. *Zohar Jadash* 18b, 88b, etc.
59. *Zohar* 1:83a, 1:122a *(en Midrash Ne'elam)*, 1:130a, 1:200a, 2:198b.

Pero incluso si no se es perfecto, hay algunas prácticas que tienen el poder específico de elevar el alma por la noche. No se necesitan todas. Basta con hacer una apropiadamente. Entonces el alma sube a lo alto únicamente esa noche. La única ocasión en que esto no funciona es si se ha cometido un pecado importante [y no ha habido arrepentimiento], lo que impide el ascenso. Pero aquí se habla sólo del individuo que sigue los caminos de Dios y no peca a propósito.

Hay seis métodos, y cada uno es suficiente por sí mismo si se pone en práctica correctamente.

El primero consiste en que el individuo tenga en ese día específico una perfecta kavanah en sus oraciones. Entonces, en la «Caída del Rostro» de la oración de la mañana el individuo causará el acoplamiento supremo.[60] Éste es el misterio del versículo: «¿Quién subirá al monte de Dios?» (Salmos 24:3). Se habla aquí de la persona capaz de ascender por la noche al Jardín del Edén superior que es «el monte de Dios». El versículo entonces responde. «El de manos limpias y corazón puro, que no eleva su alma en vano». Se refiere a la persona que «eleva su alma» a través del misterio de las Aguas Femeninas en la «Caída del Rostro», cuando [en esa oración] dice: «A ti, ¡oh Dios!, elevo mi alma» (Salmos 25:1). El individuo que hace esto con kavanah] no «eleva su alma en vano». Él está, literalmente, elevando en verdad su alma y con ello causando la cópula suprema.

Ese individuo ciertamente hace que su alma se eleve en la noche y ascienda al «monte de Dios, su santo lugar». Y esto por haber llevado a efecto la cópula suprema entre Jacob y Leah, la cual tiene lugar cada día después de la medianoche. Entonces, a través del misterio de las Aguas Femeninas, su alma asciende a ese sitio, tal como hemos explicado en otro lugar.[61]

El segundo método consiste en practicar debidamente la caridad en ese día. Eso significa que no se debe saber a quién se está dando, ni éste

---

60. *Nefilat Apayim* (caída del Rostro) es una oración breve que se dice después de la Amidah, cuando uno oculta el rostro bajo el brazo. En el ritual Sefardí parte de esta oración consiste en el Salmo 25 (en el ritual Ashkenasí es el Salmo 6).

61. *Shaar HaKavanot,* vol. 1, p. 349.

de quién está recibiendo. También es necesario que la caridad se haga con el individuo debido, aquel que en verdad lo necesita o merece.

El tercer método consiste en llevar los Tefillin todo el día. Además, la mente no debe apartarse de ellos durante todo ese tiempo. Al llevarlos, se debe realizar la «meditación breve» para los Tefillin que hemos presentado en otro lugar.[62]

El cuarto método consiste en «conseguir mérito para el culpable». Hay que impedir en ese día que un malvado cometa algún pecado y llevarle al arrepentimiento. Alternativamente, se debe hablar a esa persona sobre el arrepentimiento. Esto dará un fruto que será de gran beneficio.

El quinto método consiste en concentrarse en recordar todos los pecados que uno haya podido cometer en ese día. El momento para hacerlo es cuando se está ya tumbado en la cama. Todos los propios pecados deben estar presentes y hay que arrepentirse de ellos. Tras decir la *Sh'ma* de después de acostarse, se deben confesar verbalmente, tal como se explica en nuestros escritos... el Zohar habla de los individuos que utilizan este método llamándoles «maestros de las cuentas nocturnas».

Es importante no omitir ni un solo pecado, ni punto delicado que uno haya podido transgredir en ese día particular. Al irse a dormir hay que confesarlos todos [delante de Dios] y no olvidarse de nada. Sin embargo, me parece haber oído a mi maestro que no es necesario revisar todo lo hecho durante el día ya que eso sería interminable. Basta con esforzarse en ello, poniendo el corazón en recordar todo lo malo que se haya podido hacer. Es suficiente con eso.

* * *

Mi maestro también me enseñó una meditación que puede utilizarse con [cualquier práctica, como] la caridad o la oración. [Consiste en meditar en el Tetragrammaton (YHVH, יהוה), y] en la unión del nombre YH (יה) que está separado de VH (וה).

---

62. Ibíd. p. 69a.

Antes de cualquier práctica hay que decir: «[Hago esto] para unir el Nombre del Santo Bendito (Masculino) y su Divina Presencia (Femenino), con reverencia y amor, con amor y reverencia, en nombre de todo Israel».

Se debe a continuación meditar en la combinación de las letras YH (יה), que representan amor y reverencia, con las letras VH (וה), que representan el Santo Bendito *(Zeir Anpin,* el Macho) y su Divina Presencia *(Shejinah,* la Hembra).

Cuando una persona va a hacer una caridad toma una moneda, que en hebreo se dice *Perutah* (פרטוה). Debe meditar en esta palabra y contemplar que las letras de *Perutah* y de *PRaT VH* (פרט וה, un detalle de VH) son las mismas.

La raíz de todos los Juicios estriba en las 288 Chispas [que cayeron de Atzilut a Beriyah cuando las Vasijas fueron quebradas].[63] Añádase [una unidad representativa del todo y se tendrá 289, [el valor numérico de PRaT (פרט].

Los Juicios mismos están en *Maljut-*Reino (la Hembra), que es la Heh final (ה) del Tetragrammaton. Cuando una persona liga esta Heh a la Vav (ו) [que representa *Zeir Anpin,* el Macho] los Juicios son aminorados en todo detalle *(P'rat,* פרט). Esto se consigue por la caridad.

Cuando alguien se quiere arrepentir, es bueno que lea el Salmo 20 y medite en el nombre místico YBK (יבק), que aparece en él dos veces. La primera referencia se encuentra en el versículo inicial, «Dios te responderá en el día del conflicto» *(Ya'anja YHVH B'Yom Tzara,* יענך יהוה ביום צרה), en el que las letras iniciales [son YYBTz ייבצ]. Su suma [es 112, el valor numérico de] YBK (יבק). La segunda referencia es más explícita y aparece en el versículo final del Salmo: «[El Rey] nos responderá en el día que le invoquemos» *(Ya'ane'nu B'Yom Kare'nu,* יעננו ביום קראנו). Ahora las iniciales mismas conforman directamente YBK (יבק).[64]

---

63. Véase *Etz Jaim, Shaar RaPaJ Netzutzim* 1 (p. 255), *Mayo Shaarim* 2:2:9, *Shaar HaPesukim, Bereshit,* p. 3. El número 288 es cuatro veces 72 y de ahí indica el poder de *Ab* (72) en los cuatro Tetragrammaton. *Véase* cap. 7, nota 64.

64. *Shaar Ruaj HaKodesh,* p. 38b.

(Respecto a la Cábala Práctica).[65]

En cierta ocasión pregunté a mi maestro por qué la Cábala Práctica se prohíbe en todos los últimos textos cabalísticos. ¿Cómo es que entonces Rabbí Ishmael, Rabbí Akiba y los demás sabios de las *Hejalot* utilizaron Nombres temibles para abrir sus corazones?

Replicó que en aquellos tiempos todavía estaban disponibles las cenizas de la Vaca [Roja], con las que podían purificarse de toda inmundicia. Sin embargo, ahora estamos todos contaminados por los muertos y no tenemos cenizas de la Vaca [Roja], el único modo de anular esa impureza. No sirve que nos purifiquemos de otras contaminaciones, si la que resulta del contacto con un cadáver permanece como estaba. En consecuencia, no se nos permite ya el utilizar esos Santos Nombres y el que lo haga puede ser castigado muy severamente.[66]

Rabbí Eliahu de Vidas me dijo que había hecho también a mi maestro la pregunta. «¿Cómo es que las generaciones anteriores han utilizado los Nombres Divinos?». Contestó que uno puede utilizarlos si puede realizar en sí mismo el versículo «las doncellas *(Alamot)* te aman» (Cantar de los Cantares 1:3). El Talmud dice que no hay que leer *Alamot* (doncellas), sino *Al mot* (sobre la muerte), [con lo que el versículo diría: «El que está sobre la muerte te ama»]. Esto significa que hay que ser tan justo como para ser amado incluso por el Ángel de la Muerte.[67]

Si no se tiene ningún pecado, el Acusador no puede llegar delante del Santo Bendito y decir. «He aquí que esta persona está utilizando tus Nombres y en tal día cometió tal pecado».[68] [Siempre que se hace esa acusación] la persona es castigada por el cielo por hacer uso de los Nombres de Dios. Pero si carece absolutamente de pecado no hay modo en que pueda ser denunciado. El Ángel de la Muerte [que se identifica con el Acusador] se convierte en amigo suyo. Una persona así puede utilizar los Nombres Divinos sin ser castigada.

---

65. La Tercera Rectificación, ibíd. p. 41a.

66. *Véase* cap. 2, nota 52.

67. *Ayodah Zarah* 35b.

68. Véase *Shaarey Orah,* citado antes, p. 134. El Satán es identificado con el Ángel de la Muerte, *Bava Batra* 16a.

A esto se alude en las *Hejalot,* donde se establece que no se debe entrar en el Huerto (*Pardes*) a menos que no se haya violado nunca ningún mandamiento negativo de la Torah.

Se tiene también el caso de cuando Rabbí Nehunia ben HaKana que estaba meditando *(hitboded)* y mirando dentro del Huerto (*Pardes*). Rabbí Ismael y Rabbí Akiba le tocaron con la túnica de una mujer que estaba sólo dudosamente impura y fue despedido inmediatamente de delante del Trono de Gloria.[69]

Vemos entonces pruebas de las dos respuestas de mi maestro.

En otra ocasión, este mismo [Rabbí Eliahu de Vidas] recibió una respuesta de mi maestro algo distinta. Le dijo que los nombres y amuletos que se encuentran en los diversos manuscritos todos contienen errores. Incluso nombres y amuletos que han sido probados y hallados efectivos están todavía llenos de errores. Por consiguiente, está prohibido usarlos. Sin embargo, si supiéramos correctamente los nombres estaría permitido el hacer uso de ellos.

[Aquel que se sirve de la Cábala Práctica desecra por lo tanto su alma]. Su penitencia es rodar por la nieve nueve veces. El individuo debe desnudarse totalmente y en ese estado rodar por la nieve adelante y atrás. Esto debe hacerse nueve veces. [Y en un lugar totalmente aislado].

A ello se alude en el versículo: «Cuando el Todopoderoso es articulado, Reyes hay en ella, [nevará en las sombras profundas]» (Salmos 68:15). Se está hablando de la persona que articula los Nombres del Todopoderoso, que son llamados Reyes. Por esta razón, las letras iniciales de las palabras, «cuando el Todopoderoso es articulado, Reyes» (*B'Paresh Shaddai M'lajim,* בפרש שדי מלכים), forman la palabra *Ba-Shem* (בשם) que significa «con el Nombre».

Cuando una persona articula los Nombres Divinos y los pronuncia con los labios, es castigado en el Gehinom de Nieve. Se sabe que el Gehinom tiene dos cámaras, una de nieve y la otra de fuego.[70] Por ello

---

69. *Véase* más arriba, pp. 59, 60.

70. Véase *Yerushalmi, Sanhedrín* 10:3 (53a), *Tanjuma Re'eh* 13. *Zohar* 1:6b, 1:62b. *Cf. Sh'mot Rabbah* 51:7.

el versículo concluye, «Nevará en la sombra profunda», indicando que la persona será condenada al Gehinom de Nieve. Por consiguiente, su penitencia debe ser también a través de la nieve.

Cuando un individuo utiliza los Nombres Divinos se causa un gran daño a sí mismo. [Con los Nombres] ata a los ángeles mediante conjuros, obligándoles a hacer su propia voluntad. Entonces esos mismos ángeles vienen y le hacen pecar, destruyéndole por completo. [Puesto que él utiliza el nombre de Dios incorrectamente,] le harán que tome el nombre de Dios en vano en otras cuestiones, tales como las bendiciones, ya que un pecado trae otro consigo.

❖ Introducciones para el uso de Yijudim[71]

Primera Introducción

Cuando el individuo medita utilizando un Yijud, las almas de los justos se adhieren a él y se revelan. A veces un alma lo hace porque proviene de la misma Raíz que el meditador. Otras veces sucede porque el individuo hace alguna buena obra que pertenece particularmente a ese santo. El santo viene entonces a él a través del misterio de la preñez (*Ibbur,* עבור).

Uno de los santos que se revelan es Benaiah ben Yehoiada.[72] Él viene en particular cuando se medita con un Yijud que eleva las Aguas Femeninas, [que consisten en la energía espiritual que asciende desde abajo].

Éste es el misterio. Hay muchos santos que meditaron con Yijudim durante su vida, y que conocían los tiempos para que fueran aceptados por la Voluntad Suprema. En tales tiempos utilizaban Yijudim y transmitían para sí grandes beneficios.

Cuando un individuo utiliza un Yijud, generalmente sólo puede hacerlo a través del aspecto correspondiente de su Raíz Anímica. Pero si se usa el Yijud en un tiempo propicio, entonces se pueden llevar a unión todas las Raíces Supremas, y esto constituye una gran ventaja.

---

71. *Shaar Ruaj HaKodesh,* p. 74.
72. Véase *Zohar* 1:6a. *Cf.* nota 37.

En general, cuando un santo muere, es causa de unión de todos los universos. Pero hay santos que sabían cómo utilizar Yijudim en tiempos propicios y que podían hacerlo incluso durante su vida. Ellos eran capaces de conseguir todavía en vida lo que otros santos sólo podían realizar después de la muerte.

Uno de tales santos fue Benaiah ben Yehoiada. Por ello era llamado «hijo de Hombre Vivo» (2 Samuel 23:20) aun después de su muerte. Esto indica que incluso cuando estaba vivo era capaz de unificar todos los universos. Por consiguiente, se decía que era «de Kabtziel», [que significa «Reunión de Dios»] porque reunía y unía a todos los universos.

Se le llamaba Benaiahu (בניהו) por el Yijud mediante el que meditaba y elevaba las Aguas Femeninas. Se puede leer su nombre como Ben (בן) y YHV (יהו). Las letrasYHV denotan la Sefirah de *Tiferet* Belleza *(Zeir Anpin,* el Macho), que da Ruaj (Espíritu) a las Aguas Femeninas. Las Aguas Femeninas mismas son llamadas Ben, [que es la cuarta expansión del Tetragrammaton], cuando están en la Hembra [el Partzuf]. Por esta razón se llama *Benaiah–Ben* YHV.

También es llamado «Hijo de Hombre Vivo» *(Ben Ish Jai).* «Ben» (בן) denota el Tetragrammaton expandido con Heh que entonces el llamado Ben (52). Este Tetragrammaton es derivado de la Sefirah de *Yesod*-Fundamento, que es llamado *Ish Jai* («Un Hombre Vivo» u «Hombre de Vida»).

Hubo otros santos que se parecieron a él en este aspecto. Entre ellos, Moisés, Rabbí Hamnuna el Viejo, Rabbí Yebi el Viejo, y otros como ellos.

Esos santos fueron dignos de un nivel muy alto durante su vida. Por lo tanto, incluso después de muertos, siempre que ven a sabios estudiando la Torah y meditando en *Yijudim* elevados, se unen a ellos y se revelan a sí mismos. A veces están ahí, pero permanecen ocultos.

Tales santos pueden adherirse a individuos incluso que no compartan la misma Raíz Anímica. La razón es que unen a todos los universos y por tanto los incluyen a todos.

Esos santos revelan los misterios de la Torah a ciertos individuos. El concepto general explica cómo Rabbí Hamnuna el Viejo y Benaiah ben Yehoiada se revelaron a Rabbí Eliezer [hijo de Rabbí Shimon] y Rabbí Abba, tal como aparece en el Zohar. [También explica por qué el Viejo dijo] «Dondequiera que encuentro a sabios, les sigo».[73]

Cuando el alma de un santo se revela a un individuo que comparte la misma Raíz Anímica, éste consigue una iluminación muy grande. Aun cuando los santos pueden también revelarse a individuos que no comparten su Raíz Anímica, la influencia es mayor cuando sí lo hacen, porque entonces sus almas son rectificadas a través de la rectificación de aquella.

Si alguien empieza a meditar con un Yijud particular y no lo completa, se causa un gran daño a sí mismo. «Si lo abandona un día, lo abandonará dos».[74] Las almas deseosas de ligarse a él le abandonan y le repelen.

Que no se diga que el estudio de la Torah es más importante, y que no es propio descuidarlo [para meditar en Yijudim]. Porque los Yijudim que aquí se mencionan son más importantes que el estudio de la Torah. Con ellos se pueden unificar los Universos Superiores. Lo cual se considera una combinación, que incluye tanto el estudio de la Torah como la meditación.

Incluso si no se revela ninguna alma, no hay que preocuparse y dejar de meditar. La intención no debe ser la de atraer almas para sí, sino la de rectificar los Universos Superiores.

Segunda Introducción

Es muy beneficioso meditar en un Yijud mientras se yace postrado en la tumba de un santo. Al hacerlo, hay que contemplar que, mediante la propia posición, se está causando que el santo postre su alma y la infunda a los huesos de la tumba. Esto hace que en cierto sentido venga a la vida, puesto que los huesos se convierten en un tipo de cuerpo para el alma que los infunde. Esta alma es la que permanece en la tumba, siendo éste el misterio del versículo: «Su alma llora por

---

73. *Zohar* 2:95a.
74. *Taanit* 5a.

él» (Job 14:22). En ese momento, [como resultado de tu Yijud], es como si tanto el alma como el cuerpo del santo estuvieran vivos.

Si no se está en una tumba, sino que se medita con Yijudim en la propia casa, no es necesario tener esa intención. Pero en todas las ocasiones, ya en una tumba, ya en el hogar, es beneficioso contemplar que la propia alma y la del santo están unidas, con la propia incluida en la suya, y que las dos están ascendiendo juntas.

Se debe también meditar en la Raíz mediante la que la propia alma y la del santo están ligadas a Adam. Contémplese sobre la estimulación de ese lugar, que es el miembro mediante el que el santo está ligado a Adam. Por medio de ese miembro se puede elevar el alma del santo a través del misterio del Agua Femenina.

Así, por ejemplo, imagínese que la raíz del santo está en el brazo derecho de Adam y que uno también comparte esa misma raíz. El santo, después de su muerte, ascendió del brazo a la cabeza. La propia alma, sin embargo, está todavía en el brazo.

Todas y cada una de las raíces contituyen un *Partzuf* completo (forma humana).

Niveles del alma

	Nivel anímico	Universo		Letra
Yeiidah	Esencia Única	*Adam Kadmon*	Primer Hombre	
Jai	Esencia viviente	*Atzilut*	Cercanía	Yod
Neshamah	Pneuma	*Beriyah*	Creación	Heh
Ruaj	Espíritu	*Yetzirah*	Formación	Vav
Nefesh	Alma	*Asiyah*	Acción	Heh

Si, por ejemplo, la propia alma deriva de la suela de ese Partzuf, contémplese que se la está elevando desde el talón hasta la cabeza. La propia alma entonces se ligará a la del santo. Las dos almas juntas se motivan y así uno también puede ascender a través del misterio de las Aguas Femeninas.

Si se ha alcanzado el nivel de Neshamah, se debe motivar a la propia Neshamah para que ascienda con la del Santo. Si se ha conseguido sólo Ruaj, se debe motivar sólo a la propia Ruaj. Lo mismo si se tiene sólo el nivel de Nefesh…

Lo más importante es que esto se debe hacer con un poderoso anhelo y gran alegría. El alma debe estar completamente desvestida de lo físico.

❖ Yijudim[75]

El Primer Yijud

Ésta es una Unificación de *Jojmah*-Sabiduría y *Binah*-Entendimiento.

Medítese en el nombre YHVH (יהוה) en *Jojmah*-Sabiduría. Medítese a continuación en el nombre *Ehyeh* (אהיה) en *Binah* Entendimiento.

Únanse ahora los dos nombres meditando en su combinación, que es YAHHVYHH (יאההויהה). Ésta es la Unión Superior.

Medítese entonces en el Nombre que une los dos. Se trata de Ab (72), el Tetragrammaton expandido con Yods:

YOD HY VYV HY   יוד הי ויו הי

Esta expansión [tiene un valor numérico de 72], el mismo que el de *Jesed*-Amor (חסד). Se trata del *Jesed* superior, el que lleva a cabo la Unión Superior. Es llamado Destino *(Mazla, מזלא)* y se crea mediante la Neshamah del santo, cuando éste asciende a lo alto en *Binah*-Entendimiento. Esto implica a las Aguas Femeninas de *Binah*-Entendimiento. Es el misterio de la afirmación: «Así se ha elevado en el Pensamiento»[76] [puesto que el Pensamiento es *Binah*-Entendimiento].

Medítese ahora en YHVH (יהוה) en *Tiferet*-Belleza. Luego medítese en Adonay (אדני) en *Maljut*-Reino.

---

75. *Shaar Ruaj HaKodesh,* p. 110. Se han omitido aquellos *Yijudim* diseñados más para propósitos específicos que para una iluminación general.

76. *Menajot* 29b, *Bahir* 16, 88, 160, 172.

Únanse los dos nombres y después medítese en su combinación, que es YAHDVNHY (יאהדונהי). [Ésta es la Unión Inferior].

Medítese entonces en el Nombre que une a los dos. [Se trata de Mah (45)] el Tetragrammaton expandido con Alefs:

YOD HA VAV HA   יוד הא ואו הא

Esto se hace mediante el Ruaj del Santo. El Nefesh del santo proporciona las Aguas Femeninas [para esta unión].

Así, la Unión Inferior requiere Ruaj y Nefesh. El Ruaj motiva la Unión y el Nefesh proporciona las Aguas Femeninas.

Sin embargo, para la Unión Superior sólo se requiere Neshamah. Esto es porque la Neshamah también incluye a la Neshamah de la Neshamah [que es la Jayah]. La Neshamah de la Neshamah, que está asociada a la *Jojmah*-Sabiduría, motiva la Unión. La Neshamah misma, asociada con *Binah*-Entendimiento, es el misterio de las Aguas Femeninas.

El proceso, por consiguiente, semeja a la Unión Inferior. En la Unión Inferior, el Ruaj, asociado con *Tiferet*-Belleza, motiva la Unión. El Nefesh, asociado con *Maljut*-Reino, estimula entonces a las Aguas Femeninas.

Hay cuatro maneras de expandir el Tetragrammaton. Puede hacerse con Yods [para formar *Ab*, con un valor numérico de 72], de la siguiente manera:

YOD HYVYV HY   יוד הי ויו הי

Puede expandirse [para formar Sag, que tiene un valor numérico de 63], de la siguiente manera:

YOD HY VAV HY   יוד הי ואו הי

Puede expandirse con letras Alef [para formar Mah, que tiene un valor numérico de 45], de la siguiente manera:

YOD HA VAV HA   יוד הא ואו הא

Puede expandirse en letras Heh [para formar Ben, con un valor numérico de 52], de la siguiente manera:

YOD HH VV HH   יוד הה וי הה

El Tetragrammaton expandido con letras Yod, cuya suma es 72 (Ab), motiva la unión de *Jojmah*-Sabiduría (Padre) y *Binah*-Entendimiento (Madre) mediante la Neshamah de la Neshamah del santo. Está asociado con *Jojmah*-Sabiduría.

El Tetragrammaton cuya suma es 63 (Sag) eleva entonces las Aguas Femeninas mediante la Neshamah del santo. Está asociado con *Binah*-Entendimiento.

El Tetragrammaton que suma 45 (Mah) motiva entonces la unión entre *Tiferet*-Belleza (Macho) y *Maljut*-Reino (Hembra) mediante el Ruaj del santo. [Está asociado con *Tiferet*-Belleza *(Zeir Anpin)*].

El Tetragrammaton que suma 52 *(Ben)* eleva entonces las Aguas Femeninas mediante el Nefesh del santo. Está asociado con *Maljut*-Reino (el *Partzuf*-Hembra).

Revísese esto cuidadosamente y compréndase bien.

En resumen, colóquense las cuatro letras del Tetragrammaton (יהוה) delante de los ojos y medítese en ellas. Contémplese que se está uniendo al Santo Bendito (Macho) con su Divina Presencia (Hembra). Ésta es la unión de las letras Vav Heh (וה) [del Tetragrammaton]. Esta unión tiene lugar con Amor y Reverencia, que son las letras Yod Heh (יה).

Medítese entonces sobre YHVH en *Jojmah*-Sabiduría, en donde tiene el punto vocálico Patach (a, אַ):

Ya Ha Va Ha   יַהֲוַהֲ

Luego medítese en el nombre *Ehyeh* (אהיה) en *Binah*-Entendimiento. A continuación, líguense ambos:

YAHHVYHH   יאההוייייהה

Esto se hace mediante [Ab, que es] el Tetragrammaton expandido con Yods, y es motivado por la Neshamah del santo. La cual está asociada con *Jojmah*-Sabiduría, que es la primera letra (י) del Tetragrammaton.

Contémplese entonces que se están elevando las Aguas Femeninas de *Binah*-Entendimiento, lo cual es una motivación desde abajo.

Esto se hace mediante el Tetragrammaton expandido como Sag y está motivado por la Neshamah del santo. La cual está asociada con *Binah*-Entendimiento, que es la segunda letra (ה) del Tetragrammaton.

Luego medítese sobre YHVH en *Tiferet*-Belleza, en donde tiene el punto vocálico Jolam (o, אֹ).

YoHoVoHo   יֹהֹוֹהֹ

A continuación, medítese en el nombre Adonay (אדני) en *Maljut*-Reino. Líguense ambos nombres de la siguiente manera:

YAHDVNHY   יאהדונהי

Esto se hace mediante [Mah, que es] el Tetragrammaton expandido con letras Alef, y es motivado por el Ruaj del santo. El cual está asociado con *Tiferet*-Belleza, que es la tercera letra (ו) del Tetragrammaton.

Contémplese entonces que se están elevando las Aguas Femeninas de *Maljut*-Reino.

Esto se hace mediante [Ben, que es] el Tetragrammaton expandido con letras Heh, y es motivado por el Nefesh del santo. El cual está asociado con *Maljut*-Reino que es la cuarta letra (ה) del Tetragrammaton.

Al meditar en un Yijud que involucre a la Neshamah del santo, téngase presente que hay que ligar la propia Neshamah a la suya. Lo mismo es cierto con respecto al Ruaj y al Nefesh.

Se se hace así, se estará completamente adherido al santo y se será merecedor de saber todo lo que se quiera y de recibir respuestas a todo lo que se pregunte.

Esto, sin embargo, requiere una gran concentración. Se debe vaciar la mente de todo pensamiento y desvestir al alma del cuerpo. Si esto no se hace correctamente se puede ser culpable de muerte, ¡que el cielo lo impida!

Si uno mismo es digno de la Neshamah de la Neshamah, al igual que de los niveles inferiores de Neshamah, Ruaj y Nefesh, entonces los cuatro niveles se adherirán a los del santo. De ese modo se conseguirá un extremadamente alto nivel de iluminación. Si se tienen sólo los niveles inferiores del alma, la iluminación será correspondientemente menor. Mediante la devoción se puede incrementar el grado de adhesión e iluminación. De este modo Dios revelará al individuo las maravillas de su Torah y le llevará más cerca de Él en adoración, amor y reverencia.

El Zohar enseña que el Nefesh de un santo permanece en la tumba, su Ruaj está en el Jardín del Edén y su Neshamah bajo el Trono de Gloria. Sin embargo, esto sólo se refiere al individuo cuyo Nefesh viene de Asiyah, su Ruaj de Yetzirah y la Neshamah de Beriyah.

Pero hay santos dignos de que los tres niveles de su alma, Nefesh, Ruaj y Neshamah, sean de Atzilut. En tales casos no hay duda de que su Nefesh asciende a *Maljut*-Reino [en Atzilut], su Ruaj asciende a *Tiferet*-Belleza y su Neshamah asciende a *Binah*-Entendimiento. Porque todas las cosas retornan a su Raíz.

Entonces el Nefesh que permanece en la tumba es sólo el Nefesh de Asiyah.

Los *Tikkuney Zohar* establecen que el Tetragrammaton expandido como Sag es el misterio de las Aguas Femeninas de *Binah*-Entendimiento. A través suyo, el Hijo *(Zen Anpin)* asciende al [Partzuf del] Padre.[77]

Las almas de los santos son las Aguas Femeninas de *Maljut*-Reino [el Partzuf Hembra]. De forma similar, [Zeir Anpin y la Hembra, que son] los Hijos de *Binah*-Entendimiento (Madre), actúan como las Aguas Femeninas de ésta.

Tiferet-Belleza (ZerAnpin) asciende entonces mediante el misterio de *Daat*-Conocimiento para unir a *Jojmah*-Sabiduría y a *Binah*-Entendimiento mediante [Ab, אב] el Tetragrammaton expandido con letras

---

77. *Tikuney Zohar* 13 (29b).

Yod. *Maljut*-Reino permanece entonces en el misterio de las Aguas Femeninas de *Binah*-Entendimiento mediante el Tetragrammaton expandido como Sag. Entiéndase esto bien.

He copiado todo lo anterior de un manuscrito escrito por mi maestro.[78]

Lo que sigue fue transmitido por él de palabra.

El tercer Yijud[79]

El nombre Mah es el Tetragrammaton expandido con letras Alef. Cuando este nombre se «cuadra» adquiere el valor de 130.

El Cuadrado de Mah

Mah en sí, con un valor numérico de 45, es:

YOD HA VAV HA   יוד הא ואו הא

Su «Cuadrado» es:

YOD	יוד = 20
YOD HA	יוד הא = 26
YOD HA VAV	יוד הא ואו = 39
YOD HA VAV HA	יוד הא ואו הא = 45

130

Ésta es la boca de Atika Kadisha (El Santo Anciano). [Atika Kadisha es el Partzuf que corresponde a la parte superior de *Keter*-Corona. Se trata de Partzuf supremo de Atzilut].

Yes el misterio del versículo: «El que puso una Boca en el Hombre (Adam)» (Éxodo 4:11). El nombre Mah tiene un valor numérico de 45, el mismo que el de Adam (אדם), que significa «hombre».

El «cuadrado» de Mah es 130. Substráigase de él el número 45, el propio valor de Mah. Se obtiene 85, el valor numérico de Peh (פה),

---

78. Éste es el segundo Yijud mencionado antes. *Véase* nota 35.

79. Éste es el primer Yijud, *véase* nota 34. Este Yijud se describe también en detalle en *Benayah ben Yehoyada* (Jerusalén, 1911), 2.ª parte, p. 30.

que significa «boca». Por tanto, sumando «boca» (85) a «hombre» (45), se obtiene 130.

Hasta aquí la Esencia Externa [de esta Boca].

Sin embargo, la Esencia Interna de la Boca es el Tetragrammaton expandido como Sag.

De enseñanzas anteriores se sabe que hay una Unión en la boca misma. Lo cual implica a la Garganta, que da lugar a las letras AHChE (אהחע), y al Paladar, que produce las letras GYJK (גיכק).

Esto produce entonces los otros tres grupos fonéticos, haciendo un total de 22 letras.

Los grupos fonéticos (Según el *Sefer Yetzirah*)

Guturales	אחהע	*Alef Jet Heh Ayin*
Labiales	במפ	*Bet Vav Mem Peh*
Palatales	גיכק	*Guimel Yod Kaf Kof*
Dentales	דטלנת	*Dalet Tet Lamed Nun Tav*
Silbantes	זסשרצ	*Zayin Samej Shin Resh Tzadi*

La Esencia Interna de la Nariz de Atika Kadisha es el Tetragrammaton expandido como SAG. Pero su Esencia Externa consiste en los tres nombres *Ehyeh* (אהיה). Éstos emanan de las tres Alef que hay en el nombre Mah.

El nombre Mah, como se ha dicho antes, está en la boca de Atika Kadisha. Las tres Alef se transmiten hacia arriba y se convierten en la Esencia Externa de la Nariz.

Podemos ahora escribir el Yijud en pocas palabras. Así es como hay que meditar:

Primero medítese en el nombre Mah, el Tetragrammaton expandido con letras Alef:

YOD HA VAV HA   יוד הא ואו הא

Ésta es la Boca de Atika Kadisha. Luego medítese en las tres Alef del nombre que se llevan hacia arriba:

```
    A   A   A
YOD H  V  V H        אה ואו אה יוד
```

Ahora cada una de esas Alef forman el nombre *Ehyeh* (אהיה):

```
    AHYH AHYH AHYH       אהיה אהיה אהיה
YOD H     V  V  H        יוד הו וה
```

Llévense estos tres nombres hacia arriba para formar la Esencia Externa de la Nariz de Atika Kadisha.

A continuaión se medita en los tres nombres *Ehyeh* (אהיה) [con la vocal Kamats (q). Kamats corresponde a *Keter*-Corona. el paralelo de Atika Kadisha].

```
AaHaYaHa AaHaYaHa AaHaYaHa        אֱהָיֶה אֱהָיֶה אֱהָיֶה
```

Hay que contemplar que el nombre *Ehyeh* (אהיה) [tiene un valor numérico de 21]. Los tres nombres juntos suman por consiguiente [63, lo mismo que] Jotem *(חוטם)*, que significa Nariz

El Kamats tiene la forma de una Vav y una Yod. Vav tiene un valor de 6 y Yod de 10, de modo que el valor de Kamats es 16.

Medítese en los Kamats de los nombres *Ehyeh* (אהיה). Puesto que hay cuatro de tales vocales en el nombre el valor total es de 64, el mismo que el de Jotem (חוטם) añadiendo una unidad por la palabra misma.

Medítese en las vocales y contémplese que de esta Nariz emana una gran fuerza vital para el Macho y la Hembra.

La Kamats como una Vav y una Yod

De la ventanilla derecha emana esencia espiritual *(Ruaj)* a Zeir Anpin (el Macho). De la ventanilla izquierda emana esencia espiritual a la Hembra. Esto motiva su Unión.

Sin embargo, la motivación de la Hembra por este medio sólo tendrá lugar en la Era Mesiánica. En ese tiempo ella se motivará por la esencia de la ventanilla izquierda de la Nariz. Su motivación actual debe realizarse mediante las almas de los justos. Los puntos vocálicos aluden a las dos esencias, la derecha y la izquierda. Las cuatro vocales Kamats tienen en cada uno de los tres nombres un valor de 64.

Medítese sobre ello y contémplese que eso alude a la expansión del Tetragrammaton como Sag [que tiene un valor de 63] más una unidad adicional por el todo. Esto motiva la esencia espiritual para Zeir Anpin (el Macho).

Medítese de nuevo en las cuatro vocales Kamats, de valor conjunto iguala 64. Añádase la unidad representativa del todo y se obtendrá 65, el valor numérico de Adonay (אדני), nombre asociado a la Hembra. Esto alude al hecho de que de esas vocales se transmite un espíritu de vida a la Hembra de Zeir Anpin.[80]

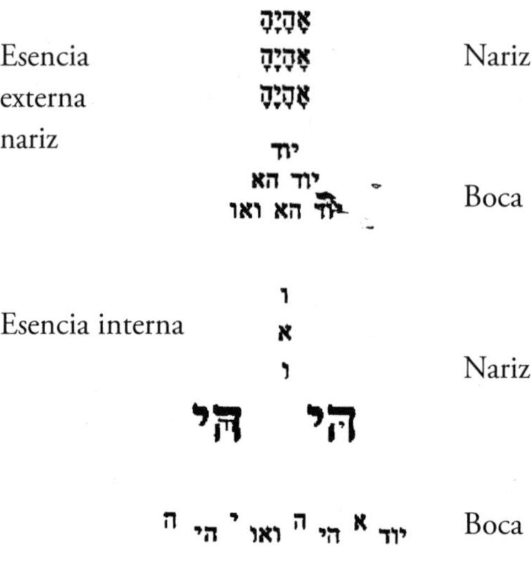

El «rostro» de Atika Kadisha

---

80. Véase *Sifra DeTzeniuta 2, Zohar* 2:177b.

A continuación ת hay que meditar en la Esencia Interna de esta Nariz, que es el nombre Sag:

YOD HY VAV HY   יוד הי ואו הי

La primera HY (הי) de esta expansión es la Hembra de la Ventanilla derecha. [En este par] la Heh (ה) oculta a la Yod (י) porque [Heh es femenina y] todo esto tiene lugar en un aspecto de las Aguas Femeninas.

La segunda HY (הי) en Sag es la Hembra de la Ventanilla izquierda. La VAV (ואו) es el Septum que separa ambos orificios.

Todo lo que queda es YOD (יוד). Corresponde a las dos Yod ocultas en los dos orificios de la Nariz. La letra Yod (י) inicial [de YOD (יוד)] es la esencia espiritual oculta en la Ventanilla derecha. [Es la Yod (י) oculta] dentro de la primera HY (יה). De ella deriva la fuerza vital que motiva a Zeir Anpin (el Macho) hacia la Unión.

Las dos letras OD (וד) en YOD (יוד) tienen también un valor numérico de 10. Ésta es [la segunda Yod (י)] oculta en la Ventanilla izquierda, que es la HY (הי) final. De ella proviene la fuerza vital a la Hembra, [la Esposa] de Zeir Anpin, para motivar la Unión.

Medítese de este modo hasta completar las Esencias Interna y Externa [de la Nariz].

Luego hay que meditar en llevar a cabo la Unión en la Boca de Atika Kadisha, de la siguiente manera:

Primero hay que contemplar que le Esencia Interna del Aliento de esta Boca es el nombre Sag:

YOD HY VAV HY   יוד הי ואו הי

Luego se entrelaza este nombre con *Ehyeh* (אהיה) así:

YOD A HY H VAV Y HY H   יוד א הי ה ואו הי ה

Contémplese el hecho de que [Sag tiene un valor de 63 y *Ehyeh* tiene un valor de 21, lo que hace un total de 84]. Éste es el valor numérico de [las guturales en conjunto] AChHE (גיככק).

Estas letras se pronuncian con ayuda de la garganta que corresponde a la hembra.

Medítese a continuación en las Palatales, GYJK (גיככ). Se pronuncian con ayuda del paladar que corresponde al Macho.

[Hay que meditar en GYJK (גיככ) y] entrelazadas con AJHE (אחהע), de la siguiente manera:

GAYJKhHKE   גאיחכההקע

Contémplese el hecho de que [AJHE (אחהע) tiene un valor de 84 y GYJK (גיככ) tiene un valor de 133, lo que suma en total 217]. Se substrae una unidad por el todo y se tiene 216. Este número [es tres veces 72, y] da lugar a los otros tres grupos fonéticos, [las dentales, las labiales y la silbantes].

El primer grupo corresponde a [las dentales] DTLNTh (דטלנת) que se pronuncian con la lengua. Esto representa la Unión del Padre (*Jojmah*) y de la Madre (*Binah*), YHVH (יהוה) y *Ehyeh* (אהיה). Tiene lugar mediante *Daat*-Conocimiento que es la Lengua.

Considérese luego las Silbantes, ZShSRTz (זשסדצ), producidas por los dientes. Representan la unión de YHVH (יהוה) y Elohim (אלהים). [Elohim tiene cinco letras que corresponden a las] Cinco Fuerzas, y éstas son las cinco silbantes.

Luego se toman las labiales, BVMPh (בומף), producidas con los labios. Representan el misterio de la unión de YHVH (יהוה) y Adonai (אדני). Ésta es la Unión externa opuesta a la Boca producida por la Unión de los [dos] labios.

Medítese ahora en que cada una de esas tres categorías corresponde al nombre YHV (יהו):

DTLNTh -YHV   דטלנת - יהו
ZShSRTz -YHV   זשסרץ - יהו
BVMPh -YHV   בומף - יהו

[Cada nombre YHV (יהו) tiene un valor numérico de 21. Los tres juntos suman 63], el valor numérico del nombre Sag. Pero, como se ha visto, ésta es la Esencia Interna de la Boca y de ahí es de donde emanan esos sonidos.

Contémplese ahora que cada uno de los tres nombres YHV (יהו) se expanden de la misma forma que Sag:

YOD HY VAV　　　　　יוד הי ואו

[Esta expansión tiene el valor numérico de 48, que es) la suma de YHVH (26 = יהוה) y *Ehyeh* (21 = אהיה), añadiendo una unidad por el conjunto. De ese modo estamos constantemente uniendo a los dos nombres YHVH (יהוה) y *Ehyeh* (אהיה).

[Hay que meditar en estos tres nombres:]

YOD HY VAV　　　　　יוד הי ואו
YOD HY VAV　　　　　יוד הי ואו
YOD HY VAV　　　　　יוד הי ואו

[Medítese también en las guturales AJHE (אחהע) y en las palatales GYJK (גיכק), que tienen un valor numérico de 216, como antes].

Cuando los tres nombres emanan de 216, son atraídos a la Boca. Se convierten entonces en el Vapor (Hevel, הבל) que emana de la boca.

Sin embargo, en este momento no pueden emanar todavía, sino que son sólo traídas a la boca.

Se debe entonces meditar en cada uno de los tres nombres antes mencionados, YHV (יהו), pero expandidos con Yod [como Ab].

YOD HY VYV　　　　　יוד הי ויו

Ahora se colocan debajo de cada letra los dos puntos vocálicos, Kamats (ָ) y Shva (ְ):

Y'aO'aD'a H'aY'a V'aY'aV'a　　　　　יְוָד הְיָ וְיָוְ

[Se debe tener entonces delante de los ojos una columna de tres nombres como el anterior].

Medítese ahora en que las dos letras HY VYV (הי ויו) en cada uno de esos nombres tienen un valor numérico de 37. Éste es el mismo que el de Hevel (הבל), Vapor, porque representan el Vapor que emana de la Boca.

[La Shva (ְ) consiste en dos puntos y cada uno de ellos puede verse como una Yod. La Shva entonces consiste en dos Yod. Como se dijo antes, la Kamatz (ָ) consiste en una Yod y una Vav] El punto vocálico de cada letra es Shva con Kamats, lo que hace tres Yod y una Vav. La suma de ellas es 36, y añadiendo una unidad por el conjunto, se obtiene 37. De nuevo, es el valor numérico de Hevel (הבל), Vapor, por la misma razón dada antes. Medítese ahora en esos tres nombres:

Y'aO'aD'a H'aY'aV'aY'aV'a	יוֹד הֵי וֵיו
Y'a O'a D'a H'a Y'aV'a Y'a V'a	יוֹד הֵי וֵיו
Ya O'a D'a H'a Y'aV'aY'a V'a	יוֹד הֵי וֵיו

Hay que llevarlos a la Boca de Atika Kadisha y fijarlos allí. Medítese en la esencia de esta boca, el «cuadrado» del nombre Mah, YOD HA VAV HA (יוד הא ואו הא) del que el propio Mah es sustraído.

YOD	יוד
YOD HA	יוד הא
YOD HA VAV	יוד הא ואו

Este resultado tiene un valor numérico de 85, el mismo que Peh (פה) que significa Boca. Como se dijo al principio del Yijud, esto corresponde a la Esencia Externa de la Boca.

Se debe ahora meditar en la Esencia Interna de la Boca que es el Tetragrammaton expandido como Sag:

YOD HY VAV HY	יוד הי ואו הי

Añádase a este Nombre, de valor 63, el número de las 22 letras del alfabeto. Se obtiene un total de 85, de nuevo el valor numérico de *Peh* (פה), la Boca.

Hay que meditar ahora en que se llevan los tres nombres YHV (יהו) de dentro de la boca al exterior. Éste es el misterio del Vapor *(Hevel)* que emana de la Boca. Es también un aspecto de la Luz Circundante

(Or Makif). Está bien establecido que todo Vapor que proviene de la Boca es Luz Circundante.

No se debe sin embargo sacar todo él al exterior. Un nombre YHVH (יהוה) debe permanecer dentro de la Boca. Éste se construye a partir de los tres nombres YHV (יהו) de la siguiente manera:

Yod (י) se toma del primer nombre YHV (יהו)
Heh (ה) se toma del segundo nombre YHV (יהו)
Vav Heh (וה) se toma del tercer nombre YHV (יהו)

[Éstas permanecen dentro]. El resto emana en el misterio del Vapor *(Hevel)*. Las letras que emanan son:

HV (הו), que es lo que queda del primer nombre YHV (יהו).
YV (יו), que es lo que queda del segundo nombre (יהו).
Y (י), que es lo que queda del tercer nombre YHV (יהו).

[Estas letras juntas, HVYVY (הו יו י), tienen un valor numérico de 37. El mismo que *Hevel* (הבל) que signifca Vapor].

Medítese ahora en esas letras, HV YV Y (הו יו י), que deben expandirse [con Yod] junto con los puntos vocálicos shva (ְ) y Kamats (ָ):

H'a Y'a Via Y'a V'aY'a O'a D'aV'a Y'a V'aY'a O'a D'a
הי ויו יוד ויו יוד

Contémplese que se están llevando afuera en el misterio del Vapor que emana de la Boca, el cual es la Luz Circundante. Éste entonces rodea a la Nariz.

Tanto la Esencia Interna como la Esencia Externa [de la Nariz] se traen a este lugar que está fuera de la Boca de Atika Kadisha. La Esencia de la Nariz se convierte entonces en la Luz Interna *(Or Penimi)*, que se reviste del Vapor de la Boca que es la Luz Circundante.

Hay que meditar que se están realizando las siguientes tres Uniones:

YHVH (יהוה) y *Ehyeh* (אהיה)
YHVH (יהוה) y Elohim (אלהים)
YHVH (יהוה) y Adonai (אדני)

La primera Unión, [YHVH (יהוה) y *Ehyeh* (אהיה)], es la del Padre y la Madre. Medítese en ambos nombres de la siguiente manera:

Padre: Y'a H'a V'a H'a   יְהֹוָה
Madre: Aa Ha Ya Ha   אָהָיָה

Ahora medítese en las dos expansiones:

H'a Y'a V'a Ya Va   הֵי וִיו

Éstas provienen del primer nombre YHV (יהו). Hay que meditar que se extraen del Vapor de la Boca que es la [Luz] Circundante. Todas las letras deben tener los puntos vocálicos Kamats (ָ) y SHVA (ְ).

Hay que hacer descender esas dos expansiones y atraerlas al nombre YHVH (יהוה) que representa al Padre, puesto que eso le motivará hacia la Unión. Por ello, cuando se medita en el nombre YHVH (יהוה) representando al Padre, las letras deben tener los puntos Kamats y Shva. Estas vocales representan, como se ha dicho antes, el Vapor (הבל).

Medítese ahora en que se hace descender la Esencia Interna de este Vapor que es la Esencia Externa de la Nariz.

[Tal como se explicó antes, la Esencia Externa de la Nariz consiste en los tres nombres *Ehyeh* (אהיה) con la vocal Kamats]. Medítese en el primero de estos tres nombres:

AaHaYaHa   אָהָיָה

Hágase descender este nombre llevándolo al nombre *Ehyeh* (אהיה) que representa a la Madre, puesto que eso la motivará hacia la Unión. Cuando se medite en el nombre *Ehyeh* (אהיה) representando a la Madre éste debe asumir el punto vocálico Kamats.

Hay que meditar ahora en la expansión:

H'aY'aV'aY'aV'a   הֲיְ וְיְוְ

Motivación de la unión del padre y la madre

El Vapor de la Boca   הֲיְ וְיְוְ
es transmitido al Padre   יְהֹוָה

La Luz de la
Esencia Externa de la Nariz   אָהְיָה
es transmitida a la Madre   אָהְיָה

Ésta deriva del primer nombre YHV (יהו). De nuevo es el Vapor de la Boca.

Medítese entonces cómo esas letras representan el Vapor *(Hevel)*. Las letras mismas [HY VYH (הי וויו) tienen un valor numérico de 37, el mismo que el de Hevel (הבל). Los puntos vocálicos Kamats y Shva también tienen el valor numérico del Hevel, como se explicó antes.

Hay que meditar en que de esos dos Vapores [el Interno y el Externo], se transmite la motivación al Padre y a la Madre, que son YHVH (יהוה) y *Ehyeh* (אהיה), de forma que ambos se vienen a unir.

Contémplese ahora que se está elevando la Neshamah del santo con quien se desea comulgar, a través del misterio de las Aguas Femeninas. Contémplese que se está despertando el lugar del cuerpo de Adam al que está ligada esta alma Neshamah. Hay que ligar la propia alma a su alma de la forma descrita antes.

Medítese ahora en los dos nombres que representan al Padre y a la Madre:

Ya H'a Va H'a AaHaYaHa   יְהֹוָה אָהְיָה

Hay que entrelazarlos de la siguiente manera:

Ya Aa H'a Ha V'a Ya H'a Ha   יָאֲהְֹדֶנֶ יְהָ

Se está ahora preparado para llevar a cabo la segunda Unión. Medítese en los dos nombres YHVH (יהוה) y Elohim (אלהים) de la siguiente manera:

Y'a H'a V'aH'a   Aa La Ha Ya Ma   יְהֹוָה אֱלֹהִים

Luego se medita en las letras YOD VYV (יוד ויו) del siguiente nombre YHV (יהו) tal como:

Y'aO' aD'a V'a Y'a V'a   יוֹד וָיו

Éste es el Vapor de la Boca que es la [Luz] Circundante. Hágase descender al nombre YHVH (יהוה) en Tiferet (Zeir Anpin). Cuando se medite en este nombre YHVH sus vocales deben ser Shva y Kamats:

Y'a H'a V'a H'a   יְהוָה

Esto motiva [a Zeir Anpin] hacia la Unión.

Contémplese que se extrae la Esencia Interna de este Vapor que es la Esencia Interna de la Nariz. Medítese en que esto se hace de la Yod de la Ventanilla derecha, mencionada antes, a este nombre YHVH en Tiferet (Zeir Anpin), motivándole hacia la Unión.

Luego hay que meditar en que se hace descender la Esencia Interna de este Vapor que es la Esencia Externa de la Nariz. Contémplese el segundo de los tres nombres *Ehyeh* (אהיה) [que comprende la Esencia Externa de la Nariz] con la vocal Kamats:

Aa Ha Ya Ha   אֶהְיָה

Llévese éste al nombre Elohim (אלהים), meditando en este nombre con la vocal Kamats:

Aa La Ha Ya Ma   אֱלֹהָים

Luego medítese en extraer la Esencia Interna de la Nariz de las letras OD (וד) en la Ventanilla Izquierda. Llévense al nombre Elohim (אלהים) para motivar a la Hembra [Partzuf] hacia la Unión.

A continuación, medítese en elevar el espíritu-*Ruaj* del santo junto con el propio espíritu-*Ruaj*, de la misma forma mencionada antes respecto de la Neshamah.

Luego hay que entrelazar los dos nombres YHVH (יהוה) y Elohim (אלהים).

Ya Aa H'a La V'a Ha H'a Ya Ma   יְהֹוָהָאֱלֹהִיםָ

Se está preparado ahora para llevar a cabo la tercera Unión. Se medita en los dos nombres, YHVH (יהוה) y Adonai (אדני) de la siguiente manera:

Y'a H'a Va H'a AaDaNaYa   יְהֹוָה אֲדֹנָי

A continuación, medítese en la letra YOD (י) del tercer nombre YHV (יהו) en la siguiente forma:

Ya O'a D'a   יוֹד

Éste es el Vapor de la Boca que es la [Luz] Circundante. Hágase descender al nombre YHVH (יהוה) [representando a Zeir Anpin] como antes. Cuando se medita en el nombre YHVH sus vocales deben ser todas Kamats Shva:

Ya H'a V'a H'a   יְהֹוָה

Contémplese que se extrae la Esencia Interna de este Vapor que es la Esencia Externa de la Nariz. Contémplese el tercero de los tres nombres *Ehyeh* (אהיה) [que comprende la Esencia Externa de la Nariz] con la vocal Kamats:

AaHaYaHa   אֶהְיֶה

Ésta se lleva al nombre Adonai (אדני), como se ha dicho, para motivar [al Partzuf Hembra] a la Unión.

Entonces se medita en elevar el alma-*Nefesh* del santo junto con la propia Nefesh, en la forma descrita antes con respecto a la Neshamah.

Luego se entrelazan los dos nombres YHVH (יהוה) y Adonai (אדני) de la siguiente manera:

Y'a Aa H'a Da Va Na H'a Y'a   יָאֲהֲדֹנָהִי

Finalmente, medítese en las dos letras OD (וד) que se han atraído a la Hembra desde la Ventanilla izquierda. [Tómese la Vav (ו) y transfórmese en la pierna izquierda de la Heh. Luego llévese bajo la Dalet (ד) para formar justamente una Heh (ה). Esto indica que el [Partzuf Hembra] ha quedado preñado con esta Unión.

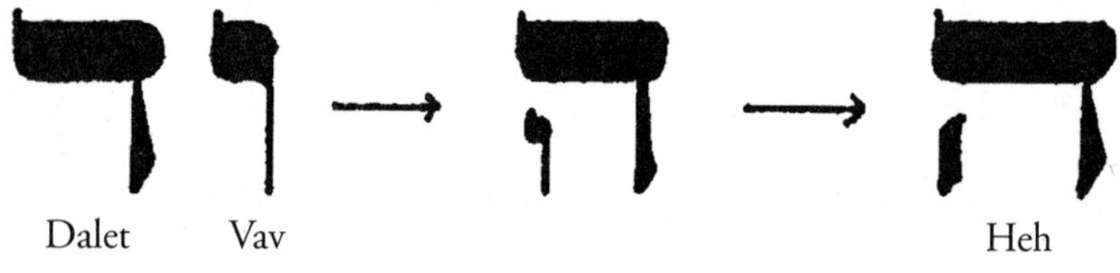

Dalet   Vav   Heh

La preñez

El Quinto Yijud

La intención del presente Yijud es repeler y expulsar a las fuerzas del Otro Lado. Se puede meditar en él después de cualquier otro Yijud.

Medítese en los dos nombres Elohim Elohim de la siguiente manera:

ALHYMALHYM   אלהים אלהים

Luego se entrelazan los dos nombres con las vocales indicadas:

Ae Ae LeLe HeHe YeYe MaMa   אָאֱ לֵלְ הֵהֶ יֵיַ מַס

Hay que contemplar [que cada nombre Elohim (אלהים) tiene un valor numérico de 86, y por lo tanto ambos nombres suman 172]. Añádase a este número un 10 adicional por las diez letras de los dos nombres y se obtiene 182, el valor numérico de Jacob (יעקב).

Contémplese también que los puntos vocálicos tienen el mismo valor numérico que Jacob. Las primeras ocho letras tienen todas las vocal Tzeré (ֵ) excepto la segunda Lamed, (ל), que lleva Segol (ֶ). [La Tzeré consiste en dos puntos o letras Yod con lo que su valor numérico es 20. La Segol consiste en tres puntos o letras Yod con lo que su valor numérico es 30. Las siete Tzeré juntas suman por tanto 140 y añadiendo los 30 de la Segol] se obtiene 170. Éste es el valor numérico de AC (עב) de Jacob.

Las dos letras Mem (מ) llevan la vocal Pataj (ַ). [Ésta tiene la forma de una Vav (ו) (sin cabeza) y por tanto tiene el valor de 6. Las dos juntas tienen] un valor numérico de 12. Corresponde a la parte JB (יב) de Jacob.

Combinando AC (עק) y JB (יב) se obtiene Jacob (יעקב).

El Sexto Yijud

Este Yijud está diseñado para aquel que haya meditado y merecido la experiencia de su alma hablándole. Si él no puede de hecho expresar esta comunicación con los labios, debe meditar con este Yijud previamente a cualquier otro. Eso le permitirá hacer pasar su iluminación del estado potencial al actual.

Empiécese meditando en las tres expansiones del nombre *Ehyeh* (אהיה).

ALF HY YOD HY	אלף הי יוד הי	Yod	161
ALF HY YOD HY	אלף הא יוד הא	Alef	143
ALF HY YOD HY	אלף הה יוד הה	Heh	151

La primera se hace con Yod [y tiene un valor numérico de 161]. La segunda con Alef [y su valor es 143]. La tercera expansión es con Heh [y tiene un valor de 151].

A continuación, se medita en la triangulación de *Ehyeh (mrx):*

AHYH	אהיה	= 21
AHY	אהי	16
AH	אה	6
A	א	1
		———
		44

Contémplese que ésta tiene un valor numérico de 44. Añádase este número al 455 obtenido de las expansiones anteriores y el resultado será 499.

Hay que meditar ahora en el nombre Tzevaot (צבאות) [que significa «Ejércitos», como en «el Señor de los Ejércitos»]. Este nombre se encuentra en *Yesod*-Fundamento en su aspecto de «Alianza de la Lengua».[81]

Contémplese que el valor numérico del nombre Tzevaot (צבאות) es también 499.

Tras completar lo anterior se puede utilizar cualquier otro Yijud.

El Séptimo Yijud

Éste es muy parecido al anterior. Si se empieza a percibir algo con la boca a través de un Yijud, pero tan sólo se pueden mover los labios sin poder expresar sonido alguno, hágase uso del presente Yijud. Medítese primero en éste y luego puede utilizarse cualquier otro Yijud que se desee.

Hay que meditar en primer lugar en los nombres *Ehyeh* (אהיה), YHVH (יהוה) y Adonai (אדני). Entrelácense en orden directo de la siguiente manera:

AYADHHNVYYHH   איאדההנוייהה

---

81. Véase *Sefer Yetzirah* 1:3.

Luego se medita en los mismos tres nombres combinados en orden inverso:

AYAHHDYVNHHY   איאההדיונההי

Contémplese esto bien y luego puede hacerse uso de cualquier otro Yijud que se quiera.

El Décimo Yijud

Hay que empezar cerrando los ojos y mantenerlos fuertemente apretados. Medítese (*hitboded*) de esta forma durante una hora. Luego hágase uso del siguiente Yijud.

Se debe meditar en el nombre [del ángel] Metatrón (מטטרון). Se divide el nombre en tres partes así:

MT TR ON   מט טר ון

Contémplese que el valor numérico del primer par de letras, MT (מט), es 49. Corresponde a las cuarenta y nueve puertas del Entendimiento (*Binah*). Esto es la esencia total del Metatrón.

Medítese en que esto se relaciona con la combinación de los dos nombres YHVH (יהוה) y *Ehyeh* (אהיה) entrelazados de la siguiente manera:

YAHHVYHH   ואההויהה

[El nombre YHVH (יהוה) tiene el valor de 26, mientras que *Ehyeh* (אהיה) suma 21] lo que hace un total de 47. Si se añade 2, en representación de los dos nombres, el resultado es 49, el valor numérico de MT (מט).

A continuación, se medita en el segundo par, TR (טר).

Éste se asocia con las dos combinaciones, la primera de YHVH (יהוה) y Elohim (אלהים) y la otra de YHVH (יהוה) y Adonai (אדני). Los nombres deben entrelazarse de la siguiente manera:

YAHLVHHYM   יאהלוההים

Los cuatro nombres en conjunto arrojan un valor numérico de 203. Éste es el valor de Be'er (באר) que significa «pozo».

[El valor de TR (טר) es 209,] de forma que se requiere un seis adicional. Éste lo proporcionan las primeras seis letras YAHHVY (יאההוי) de la combinación anterior de YHVH (יהוה) y *Ehyeh* (אהיה).

Hay dos letras HH (הה) sobrantes de las ocho originales de la combinación. Contémplense éstas conjuntamente con las dos finales [de Metatrón], ON (ון).

En otro lugar se ha explicado cómo las letras ON (ון) están relacionadas con el misterio del Juicio.[82] [Hay cinco letras que cambian de forma al final de una palabra]. MNTzPJ (סןץף). En conjunto, las cinco letras tienen un valor numérico de 280. Este número es cinco veces 56, que a su vez es la suma de ON (ון). Tales son las Cinco Fuerzas [del Juicio].

Y ése es el significado de las dos letras HH (הה). El valor numérico de Heh (ה) es cinco, denotando las cinco Fuerzas del Juicio. [La primera Heh (ה) denota las cinco Fuerzas representadas en MNTzPJ (סןץף), mientras que la segunda Heh (ה) representa las de las cinco combinaciones ON (ון)].

El Vigésimo Primer Yijud

Consiste en tres Yijudim beneficiosos junto con seis buenas meditaciones.

(El escriba añade: estos son los Yijudim sobre los que la persona debe meditar de continuo).

Es muy bueno dibujar las letras del nombre YHVH (יהוה) delante de los ojos de la mente. Esto lleva al corazón de la persona al temor de su Creador y también purifica el alma. Tal es el significado del versículo. «He puesto a YHVH (יהוה) delante de mí en todo tiempo» (Salmos 16:8).[83]

---

82. *Shaar HaKavanot,* vol. 2, p. 246.
83. *Véase* más arriba, cap. 1, nota 3.

Siempre se debe meditar en cómo uno ha sido creado en la «Forma de Dios». Éste es su significado.

En el hombre físico hay una Esencia Interna y una Esencia Externa. Lo cual tiene su contrapartida en el Hombre Superior (Zeir Anpin). La Esencia Interna consiste en las Mentalidades *(Mojin)* mientras que la Esencia Externa es la carne.

Las Mentalidades permean todo el cuerpo. Esto se corresponde con la «Forma *(tzelem)* de YHVH».

Las dos letras YH (יה) corresponden a las dos Mentalidades en la cabeza del hombre. La letra V (ו) es el cuerpo del hombre permeado por las Mentalidades. La H (ה) final es la «coronilla del Fundamento», que es la compañera del hombre.

La Esencia Externa alude a la «Forma *(tzelem)* de Elohim (אלהים)». ([Jaim Vital escribe:] He olvidado el concepto preciso pero esto es lo máximo que recuerdo).

La Alef *(א)* [de Elohim (אלהים)] representa [la réplica de la Sefirah] *Keter*-Corona en el hombre. Éste es su Cráneo.

El cráneo tiene dos cavidades en las que las Mentalidades (sesos) descansan. Ésta es la Alef que es *Keter*-Corona.

La Lamed (ל) [en Elohim (אלהים) tiene un valor numérico de treinta. Puesto que asignamos un valor de diez a cada Mentalidad, ésta] representa a las tres Mentalidades: *Jojmah*-Sabiduría, *Binah*-Entendimiento y *Daat*-Conocimiento.

La Heh (ה) [de Elohim (אלהים) tiene un valor numérico de cinco. Esto] representa a las cinco «esquinas» del hombre, de *Jesed* a Hod. [*Jesed* es el brazo derecho, Guevurah el izquierdo, Tiferet el cuerpo y Netzaj y Hod las dos piernas].

La Yod (י) [en Elohim (אלהים)] representa a *Yesod*-Fundamento.

La Mem final (ם) [en Elohim (אלהים)] es *Maljut*-Reino. Es la Coronilla del Fundamento, la Hembra, la compañera del hombre.

Éste es el misterio del versículo: «Dios (Elohim) creó al hombre a su imagen, a imagen de Dios (Elohim) le creó» (Génesis 1:27). [La palabra «imagen» aparece dos veces en este versículo,] aludiendo a las dos Formas. La primera es la «Imagen deYHVH», aludida en la palabra *Tzalmo* (צלמו) que se traduce como «a su imagen». Esta palabra también se puede leer como *Tzelem O* (צלם), es decir, la Imagen de la Vav. La letra Vav (ו) [de valor numérico seis, representa las Seis Sefirot que componen] el Partzuf de Zeir Anpin.

Éste es YHVH y por tanto «su imagen» es la «imagen de YHVH». La segunda imagen es mencionada explícitamente y es la «imagen de Elohim».

Las Sefirot y el hombre

Mentalidades

Keter-Corona	Cráneo	YaHaVaHa	יְהָֹוָה
Jojmah-Sabiduría	Cerebro derecho	YaHaVaHa	יַהֲוַה
Binah-Entendimiento	Cerebro izquierdo	YeHeVeHe	יֱהֱוֱה
(*Daat*-Conocimiento)	Cerebro medio		

Cuerpo

Jesed-Amor	Brazo derecho	YeHeVeHe	יְהֵוֵה
Guevurah-Fuerza	Brazo izquierdo	Y'H'V'H'	יְהִֹוִה
Tiferet-Belleza	Torso	YoHoVoHo	יֹהֹוֹה
Netzaj-Victoria	Pierna derecha	YiHiViHi	יְהִוִה
Hod-Esplendor	Pierna izquierda	YuHuVuHu	יֻהֻוֻה
Yesod-Fundamento	Órgano sexual	YuHuVuHu	יהוּה
Maljut-Reino	Compañera	YHVH	יהוה

Se debe meditar constantemente, convirtiéndose en vehículo para el Santo Atzilut. Está así escrito, «a imagen de Dios le hizo [al hombre]» (Génesis 5:1), y «a imagen de Dios hizo al hombre» (Génesis 9:6).

Es especialmente conveniente y necesario meditar de este modo al rezar. Así, las oraciones serán escuchadas y se tendrá respuesta. Mediante estas meditaciones se ligan entre sí todos los Universos y entonces la Santidad Suprema descansa sobre uno y le pertenece.

Así es como se debe meditar.[84]

Se prepara la cabeza para que sea un Trono para el Nombre YHVH con vocales Kamats: יְהָוָה

En ella, la mentalidad de *Jojmah*-Sabiduría debe ser YHVH: יַהֲוַה

La mentalidad de *Binah*-Entendimiento debe ser YHVH: יֶהֱוֶה

La mano derecha debe ser con Segol: יֶהֶוֶה

La mano izquierda debe ser con Shva: יְהְוְה

El torso debe ser con Jolem: יֹהֹוֹה

La pierna derecha debe ser con Jirek: יִהִוִה

La pierna izquierda debe ser on Kubbutz: יֻהֻוֻה

El *Yesod*-Fundamento debe ser con Shurek: יהוּה

Su Coronilla no lleva vocal en absoluto: יהוה

Luego se contempla que el popio oído es el Tetragrammaton expandido como Sag, pero dejando aparte la Heh final de la siguiente manera:

YOD HY VAV Y   יוד ה ואו הי

La razón es que esta Heh final desciende a la Nariz. La expansión Sag [tiene un valor numérico de 63 y si se quita la Heh se queda en 58]. Éste es el valor numérico de Ozen (אזן) que significa Oído. Puede que con esta meditación se sea digno de que el oído oiga alguna elevada santidad mientras se reza.

---

84. *Véase* más arriba, p. 220.

A continuación, se medita en la propia nariz, contemplándose que es la expansión Sag:

YOD HY VAV HY   יוד הי ואו הי

Ésta tiene un valor numérico de 63, el mismo que el de Jotem (חוטם), Nariz, como ya se ha explicado en otro lugar en detalle.[85] A través de esto se puede ser digno de sentir la fragancia de la Santidad.

Luego se medita en la boca, contemplándose que es la expansión de Sag junto con las 22 letras que son expresadas por la boca. [Sag tiene un valor de 63 y añadiendo 22] la suma da 85, el valor numérico de Peh (פה), que significa Boca. En las oraciones hay que llegar a ser digno del nivel mencionado por el Rey David cuando dice:

«El *Ruaj*-espíritu de YHVH habla por mi boca y su palabra está en mi lengua» (2 Samuel 23:2).

Ésta es la meditación para los ojos:

Si uno se halla en el Universo de Asiyah… se debe meditar en cinco Tetragrammaton simples:

YHVH   יהוה
YHVH YHVH YHVH   יהוה יהוה יהוה
YHVH   יהוה

[Cada uno tiene un valor de 26, de manera que los cinco tienen un valor de 130] el mismo que *Ayin* (עין) que significa Ojo.

Si uno se halla en el Universo de Yetzirah… se medita en esos mismos cinco Tetragrammaton simples. Luego se expanden con Alef para formar la expansión Mah.

Si se está en el Universo de Beriyah se expanden como Sag. Si se está en Atzilut se expanden con Yod como Ab.[86]

---

85. *Etz Jaim, Shaar A,* cap. 4.

86. La referencia aquí es a las diversas partes del servicio matinal que se corresponden con esos cuatro Universos. Véase, p. 225 ed. ingl.

Al caminar por la calle, medítese en que los dos pies son las Sefirot *Netzaj* y *Hod*. Al mirar a algo, medítese en que los ojos son *Jojmah* y *Binah*. Medítese de este modo con respecto a cada una de las partes del cuerpo. Contémplese también que se es un vehículo para la Santidad Suprema. Éste es el significado del versículo: «Conócele en todos tus caminos» (Proverbios 3:6).

No hay duda de que si se hace un uso constante de estas meditaciones, uno se convertirá en un ángel del cielo. Se conseguirá una iluminación tal que se será capaz de conocer todo lo que se quiera. Esto será especialmente cierto si no se interrumpe la meditación, pensando en esto constantemente, y no separando la mente de ello. Todo depende de la intensidad de la concentración y del grado de adhesión a lo alto. ¡Que no se aparte por tanto todo esto de delante de los ojos!

La Quinta Kavanah

Los martes y los jueves se debe meditar en el Universo de Yetzirah utilizando el nombre de El YHVH (אל יהוה).

También se debe meditar en el Nombre de Cuarenta y Dos Letras puesto que ese nombre está en Yetzirah. El nombre consta de siete partes. Hay que meditar en ellas para, a través suyo, poder elevar la propia alma-*Nefesh* de Asiyah a Yetzirah.

El Nombre de Cuarenta y Dos Letras

1. ABG	Y Th Tz	אבג יתץ	Domingo
2. KRE	Sh TN	קרע שטן	Lunes
3. NGD	Y Kh Sh	נגד יכש	Martes
4. BTR	Tz Th G	בטר צתג	Miércoles
5. ChKB	TNE	חקב טנע	Jueves
6. YGL	PZK	יגל פזק	Viernes
7. ShKV	Tz Y Th	שקו צית	Sábado

Medítese el lunes que el [segundo] grupo KRE ShTN (קרעשטן) domina a las demás letras. Se puede entonces ascender mediante este grupo.

El jueves medítese en que domina el [quinto] grupo ChKBTNE (חקר צית).

Es necesario entonces atar el grupo asociado con el último, ShKV TzYTh (שקו צית). Este grupo pertenece al Shabbat y en la meditación se debe intentar conseguir [un nivel de iluminación que es] el Añadido del Shabbat.

El lunes se debe entrelazar el nombre asociado KRE ShTN (קרע שטן) con ShKV TzYTh (שקו צית) de la siguiente manera:

K Sh R KEVSh Tz TYNTh   קשרקעושצטינת

El jueves se debe entrelazar el nombre asociado ChKB TNE (חקב טנע) con Sh KV TzYTh (שקו צית) de la siguiente manera:

ChShKKBVTTzNYETh   חשקקבוטצניעת

El hacerlo así permite que el nombre asociado a ese día particular reciba iluminación del nombre correspondiente al Shabbat.

La Sexta Kavanah

Es ésta una meditación para elevar el alma-*Nefesh* de Asiyah al Universo de Yetzirah.

Contémplese el misterio de las Alas.[87] Mediante las Alas el hombre puede volar y ascender a lo alto. Es lo mismo que el pájaro que vuela gracias a las alas. Lo correspondiente a las alas del pájaro son los brazos del hombre.

Hay cinco amores *(Jasadim)* que permean las seis direcciones del cuerpo [correspondients a las seis Sefirot: *Jesed, Guevurah, Tiferet, Netzaj, Hod* y *Yesod]*.

---

87. Véase *Reshit Jojmah, Kedushah* 7 (154c, arriba).

Los Amores están ocultos en los brazos y en el tercio superior del torso. En la parte inferior del cuerpo son revelados.

Por esta razón el hombre vuela con los brazos, que son sus Alas, y no con las piernas ni con otros miembros.

Los Amores de los brazos está ocultos y no se pueden expandir ni escapar. Por lo tanto, ejercen una presión y oscilan en su esfuerzo por escapar. Esto hace que los brazos vibren.

La Raíz superior de esos Amores es *Daat*-Conocimiento y ésa es la fuente. Los amores que permean [el cuerpo] son luces producidas [por aquéllos en *Daat*-Conocimiento].

Por consiguiente, [los Amores que permean el cuerpo] intentan su vuelo ascendente. Como no pueden escapar llevan al hombre junto con ellos. Por ellos, las Alas son el paralelo de los brazos más que cualquier otro miembro del cuerpo.

Ésta es la Kavanah sobre la que meditar. Todo ascenso es mediante el Nombre de Cuarenta y Dos.

Medítese en el brazo derecho (*Jesed*). Contémplese que es el nombre ABG YThTz (אבג יחצ).

Luego medítese en el brazo izquierdo (*Guevurah*). Contémplese que es el nombre KRE ShTN (קרע שטן).

Finalmente medítese en el tercio superior del tronco donde [los amores] están ocultos. Contémplese que es NGDYKSh (נגד יכש).

Mediante estos tres nombres, los amores [que están en los brazos y en el torso superior] ascienden volando a su raíz que es *Daat*- Conocimiento. Al ascender llevan consigo al hombre y le elevan al Universo de Yetzirah. Uno será como un pájaro, volando por los aires.

Si se quiere fortalecer esta capacidad, medítese en hacer descender nuevos Amores del *Daat*-Conocimiento del Partzuf de Zeir Anpin para el propósito de la Unión. Con ello se añadirá fuerza a los amores. Esto causará el volar con mayor fortaleza y se será capaz de ascender de Asiyah a Yetzirah.

Capítulo siete

Los Jasidim

1. El Baal Shem Tov

De entre todos los movimientos místicos ninguno ha captado tanto la imaginación popular como el jasidismo. En su momento álgido, el movimiento tenía literalmente millones de seguidores. Pero aunque mucho se ha escrito sobre el jasidismo, sus aspectos relativos a la meditación por lo general se ignoran o se omiten. Una razón es que este aspecto de la cuestión no resulta fácilmente aparente, a menos que uno haya investigado los métodos más antiguos de meditación cabalística. Sin embargo, fueron sus prácticas meditativas, más que cualquier otra cosa, lo que dio su gran ímpetu al jasidismo y atrajo a sus filas a muchos importantes cabalistas.

El movimiento jasídico fue fundado a mediados del siglo XVIII por Rabbí Israel, conocido como el Baal Shem Tov (1698-1760). Cincuenta años después, el movimiento contaba con la adhesión de la mayor parte de la judería de la Europa Oriental y los rabinos jasídicos dominaban muchas comunidades importantes. Bajo la égida de este movimiento se imprimieron muchos textos cabalísticos, a menudo por vez primera. La vida comunitaria sufrió importantes cambios y países enteros cambiaron sus hábitos del culto para adaptarse a la norma cabalística. Mientras que la Cábala había sido antes la provincia de sólo los mayores estudiosos, ahora se hacía parte del folklore popular e incluso lo individuos más sencillos se familiarizaban con su terminología.

En el período anterior, la Cábala teórica había ido en ascenso. El Ramak y otros de su escuela habían acertado en la formulación de la Cábala como una filosofía fuertemente razonada. El Arí había expandido el sistema enriqueciéndolo enormemente. En Europa gigantes de la talla de Rabbí José Ergas (1685-1730) y Rabbí Moshe Jaim Luzzatto

(1707-1747) habían elevado la Cábala hasta el nivel desde el que podía competir con sistemas filosóficos rivales en su propio terreno lógico. Pero con la gran concentración en los aspectos teóricos y filosóficos de la Cábala, sus aspectos místicos y meditativos habían sido virtualmente olvidados. Éste era el fallo que el jasidismo había venido a rectificar, y lo hizo con notable éxito.

Incluso durante los tiempos del Ramak y del Arí, la Cábala había alcanzado una considerable popularidad en Europa. La expulsión de España no sólo había enviado a Tierra Santa un significativo número de grandes pensadores. También había enriquecido enormemente la vida judía de Europa Oriental, particularmente en Polonia y Bohemia. Rabbí José Caro había escrito su *Shuljan Aruj* como el código autorizado de la Ley judía, pero sus contemporáneos europeos, el Rama (Rabbí Moshe Israeli, 1520-1572) y el Maharshal (Morenu HaRav Sh'lomo Luria, 1510-1573), le habían desafiado y habían eventualmente escrito sus propias revisiones del Código. Fue más o menos alrededor de esta época cuando se hizo fuerte la vida de las comunidades de la Europa Oriental, y ciudades como Lublin, Cracovia y Praga se convirtieron en importantes centros de la actividad intelectual.

Al mismo tiempo hubo también un buen número de importantes cabalistas en la Europa Oriental. El Maharal de Praga (Rabbí Judah Liva, 1512-1609) escribió varios importantes libros en gran parte basados en la Cábala. Sin embargo, la fama del Maharal se debió principalmente a su creación del legendario Golem (גלם). Un Golem es un tipo de androide hecho y llevado a la vida con los misterios del *Sefer Yetsirah.* La confección de un Golem requiere la canalización de una intensa energía espiritual mediante poderosas técnicas de meditación, que guardan más que un parecido superficial con las de Rabbí Abraham Abulafia. En 1653, el cabalista de Frankfort, Rabbí Neftalí Bacharach, tuvo el coraje de incluir la fórmula en una edición impresa de uno de sus libros cabalísticos.[1]

Otro importante cabalista de la época fue Rabbí Isaiah Horowitz (1560-1630), frecuentemente citado como una autoridad en Ley ju-

---

1. *Emek HaMelej, Shasney HaMelej* 55 (Amsterdam, 1653) p. 9d. *Véase* cap. 3, nota 109.

día. Pasó diez años de su vida en Tierra Santa, donde se familiarizó con las enseñanzas del Arí y de la escuela de Safed. Es también posible que fuera consciente de las enseñanzas de Rabbí José Tzayaj. En su obra principal, *Sh'nei Lujot HaB'rit* (Las dos Tablas de la Alianza), se encuentra una importante discusión sobre los cuadrados mágicos.[2]

Rabbí Matathias Delecreta, un nativo de Italia que estaba a la sazón viviendo en Cracovia, publicó en 1594 un importante comentario al libro *Shaarey Orah* (Puertas de la Luz) de José Gikatilla. Su principal discípulo en Cábala fue Rabbí Mordejai Jaffe (1530-1612), más conocido como el autor de la *Levush* («La Túnica»). Este libro fue también escrito como alternativa al Código de Caro y, aunque no suplantó al *Shuljan Aruj*, se convirtió en una importante fuente estándar sobre Ley judía. Rabbí Mordecai también escribió un gran comentario a la exégesis cabalística de Rabbí, Menajem Recanati (1223-1290). En general, durante este período muchos importantes rabinos de comunidades principales fueron también cabalistas famosos. Sin embargo, la mayoría trataba sólo de la teoría y no de la práctica.

Aunque se sabe muy poco sobre el origen del sistema jasídico de meditación del Baal Shem Tov, hay tradiciones, particularmente bien preservadas por la dinastía Lubavitcher, que hacen remontar la historia del movimiento a este período.[3] Aunque ha habido algunas dudas sobre la autenticidad de esas tradiciones, y como tales han sido ignoradas por los historiadores, tienen sin embargo suficiente consistencia histórica como para merecer seria consideración. De la máxima importancia aquí es la tradición respecto a los Nistarim, una sociedad secreta de cabalistas. Incluso la misma existencia de esa sociedad era algo totalmente desconocido para los no miembros, hasta que finalmente afloró a la superficie bajo el liderazgo del Baal Shem Tov.

Según esta tradición, la Sociedad de los Nistarim (los ocultos) fue fundada en 1621 o 1623, poco después de la muerte de Rabbí Jaim

---

2. *Véase* cap. 4, nota 137.

3. Éstas se encuentran en *HaTamin*, 1935-1938. Están publicadas en traducción inglesa de M. Mindel como *Lubavitcher Rabbi's Memoirs* (Kehot, New York, 1971). Véase cartas impresas en *Guedulat Rabenu Yisrael Baal Shem Tov* (Jerusalén, 1959), p. 95f.

Vital. Su fundador fue Eliahu de Chelm (1537-1653), conocido como Eliahu Baal Shem. Éste fue el tatarabuelo de Jajam Zvi (1660-1718) quien escribió que su ancestro había creado un Golem.[4] Eliahu Baal Shem fue contemporáneo y amigo del Maharal de Praga y es posible que los dos juntos se implicaran en la construcción del Golem.

Eliahu Baal Shem nació en Cracovia y era hijo de Rabbí José Jospa, quien había abandonado España durante la expulsión de 1492. A los siete años ya tenía fama de niño prodigio y acompañaba a su padre a la sala de estudio, bebiendo de las palabras de los sabios cuando estos enseñaban. Poco después de su Bar Mitzvah en 1550, murió su padre y dejó el hogar. No se volvió a oír nada de él en cuarenta años. De repente, en 1590, apareció en Worms y se ganó una rápida reputación como hacedor de milagros.

Desde allí, Rabbí Eliahu se trasladó a Chelm en Polonia oriental, donde fundó una gran academia. Uno de sus más famosos estudiantes fue Rabbí Yom Tov Lipman Heller (1579-1654), más conocido como el autor de las *Tosefot Yom Tov,* y que también fue discípulo del Maharal. Hacia 1624, Rabbí Eliahu se fue a Praga, en donde permaneció hasta su muerte en 1653, a la edad de 116 años.

El liderazgo de la Sociedad de los Nistarim fue entonces asumido por Rabbí Joel de Zamoshtch, otra críptica figura de la época, cuya biografía también se conoce sólo por esta tradición. Su padre, Rabbí Israel Joseph, había sido discípulo de Rabbí Mordejai Jaffe, de quien ya se ha hablado antes. Fue en 1613, un año después de la muerte de Rabbí Mordecai, cuando nació Rabbí Joel. Fue enviado siendo muy

---

4. *Tshuvot Chajam Zvi* 93, *Tshuvot R. Yaakov Emdin* 2:82. Jajam Zvi era nieto de Rabbí Ephraim Katz (1616-1678), autor de *Shaar Ephraim,* que a su vez estaba casado con una biznieta de R. Eliahu de Chelm. Este Rabbí Ephraim también discute el dicho Golem, véase *Shem HaGuelodim, Alef* 163. Véase Jaim N. Dembitzer, *Klilath Yofi* (Cracovia, 1888), p. 78b en nota, para una aclaración sobre si R. Eliahu Baal Shem de Worms es el mismo que el de Chelm. Según la tradición Lubavitcher, sin embargo, ambos eran el mismo individuo. De acuerdo con su *Haskamah* sobre el *Guedulat Mordechai* de R. Baruj Genezen de 5375 (1615), él se encontraba en esa época todavía en Worms y estaba asociado con el Maharal. Hubo otro R. Eliahu Luantz, también conocido como Eliahu Baal Shem, que no llegó a Worms hasta 1630, al menos seis años después de la partida del primer Baal Shem.

joven a la academia de Brisk, bajo la tutela de su tocayo Rabbí Joel Sirkes (1561-1640), conocido como el autor del *Bet Jadash* («Casa Nueva»). A la edad de veinte años, su padre le mandó a la academia de Eliahu Baal Shem en Praga donde llegó a ser el principal alumno. Cuando murió Rabbí Eliahu en 1653, Rabbí Joel asumió el liderazgo de la Sociedad de los Nistarim, permaneciendo como director durante cincuenta años, hasta su propia muerte en 1703. Se había asentado en Zamoshtch y se le conoce generalmente como el Baal Shem de Zamoshtch.[5]

El título de *Baal Shem* significa literalmente «maestro del Nombre». En general parece haberse utilizado para referirse a aquellos que conocían el uso de los Nombres Divinos en la Cábala Práctica.[6] Pero posteriormente el título parece haberse asumido particularmente por los líderes de la Sociedad de Nistarim, quizá porque sólo ellos tenían la autoridad de decidir cuándo se podían utilizar esos Nombres. Durante todo este período las actividades de la sociedad permanecieron absolutamente secretas, y salvo por los fragmentos que nos han llegado por tradición, casi nada se sabe de ellas.

Los métodos de estos dos Baal Shem serían igualmente crípticos de no ser por un notable librito, *Toledot Adam* (Las generaciones de Adam), atribuido a ellos. En él se encuentran todo tipo de remedios místicos claramente influidos por la escuela que produjo el *Shoshan Yesod Olam,* analizado en el Capítulo Cuarto. En el *Toledot Adam* se hace uso de los cuadrados mágicos, estudiados en profundidad por Rabbí Joseph Tzayaj, y es aquí donde se encuentra una de las pocas versiones impresas de los Siete Sellos Místicos, que se analizaron antes en relación con Rabbí Isaac de Acco.[7] Uno tiene la clara impresión de

---

5. Véase *Haskama* sobre *Mifaalot Elohim,* de fecha 5485 (1725), donde Rabbí Yoel Haprin de Zamoshtch escribe que él es nieto de Rabbí Yoel Baal Shem.

6. Véase *Kuzari* 3:53 (64a); *Sheva Netivot HaTorah* (en Jellinek, *Philosophie und Kabbalah*) p. 22. El primero en tener este título fue R. Benjamin ben Zeraj (1010-1070), véase Eliezer Landshut, *Amud HaAvodah* (Berlín, 1587) p. 72. Otro fue R. Eljanan Baal Shem que vivió en el siglo XVII, véase Klilat Yofi, p. 78b; *Shem HaGuedolim HeJadash, Sefarim, Ayin 71.*

7. *Véase* cap. 4, nota 52.

que, mientras que la mayoría de los cabalistas europeos se ocupaban de los aspectos teóricos de su disciplina, este grupo se dedicaba primariamente a las facetas meditativa y práctica.

Una actividad importante de la sociedad de los Nistarim fue la de la elevación del estatus social y nivel educativo de las mujeres. En esa época a la mayoría de las mujeres judías no se les enseñaba ni siquiera a leer. En las raras ocasiones en que las mujeres iban a la sinagoga, la *Zagaka,* una anciana que se sabía el servicio de memoria, las dirigía y lideraba en el culto. Los miembros de la Sociedad establecieron el primer y rudimentario sistema educativo para chicas, un sistema que con el tiempo se extendería a la mayor parte de Europa. Se animó a las mujeres e hijas de los Nistarim a estudiar, y muchas llegaron a ser distinguidas eruditas y místicas por derecho propio.

Bajo el liderazgo de Rabbí Joel, la Sociedad tuvo que superar algunos de sus desafíos más grandes. El primero fue el levantamiento del líder cosaco Bogdam Chmielnitsky (1593-657), quien dirigió las infames masacres de 1648, en las que fueron aniquiladas cientos de comunidades judías de Polonia. La judería polaca fue una completa ruina durante una década. Los que no fueron asesinados, fueron expulsados de sus casas sin un céntimo. Bibliotecas acumuladas durante siglos fueron presa de las llamas y los tesoros del pasado destruidos sin misericordia. En esa época en la que la vida espiritual se estaba desintegrando, la Sociedad de los Nistarim se comprometió hasta el fondo en la reconstrucción de las aplastadas comunidades de la Europa oriental.

Un segundo desafío amenazó la misma existencia de la Sociedad, puesto que sus enemigos no desaprovecharon ninguna oportunidad de asociarla con el falso mesías de Esmirna. Shabbatai Zvi (1626-1676) había estado desde muy joven profundamente inmerso en las escuelas de meditación cabalística, y se especula con que incluso entró en contacto con algunos discípulos de Eliahu Baal Shem. Es bien sabido que uno de los peligros de la meditación practicada sin aprendizaje y supervisión adecuados es la adquisición de ilusiones de poder. Esto parece ser lo que sucedió a Shabbatai Zvi. Habiendo alcanzado niveles muy altos, él empezó a especular sobre si sería el Mesías prometido y, durante las matanzas de Chmielmitsky, anunció que él sería el redentor de Israel.

Shabbatai Zví daba la impresión de estar en un nivel espiritual muy elevado y mucha gente empezó a aceptar su proclamación. Al principio dudó, pero al fin, en 1654, anunció que él era el Mesías prometido. Llegó a reunir una multitud de seguidores en toda Europa y en cientos de sinagogas se introdujeron oraciones en su nombre. El supuesto Mesías había establecido su residencia en Abydos, cerca de Constantinopla y el sultán Mahomet IV pensó que podía resultar políticamente peligroso. En 1666, Shabbatai Zví fue apresado y se le dio a elegir entre convertirse al Islam o ser condenado a muerte. No estando dispuesto a aceptar el martirio, abandonó el redil del judaísmo. El resultado fue devastador para la comunidad judía mundial y el nombre de Shabbatai Zví se convirtió en una maldición para sus coetáneos.

Sin embargo, muchos de sus seguidores rehusaron creer que su líder había hecho mal y siguieron creyendo en su misión. Acosados sin misericordia por las autoridades rabínicas, esos seguidores tuvieron que esconderse y crearon una tupida red internacional. Incluso se descubrió que algunos rabinos prominentes eran secretamente miembros de este culto.

Como resultado de todo ello, cualquier cosa que incluso remotamente estuviera asociada con Shabbatai Zví se volvió sospechosa. Puesto que él estaba fuertemente introducido en la meditación cabalística, todos los que servían de esas técnicas se volvieron objeto de escrutinio. La Sociedad de los Nistarim era una de las principales escuelas que enseñaban tales métodos y era particularmente vulnerable. La Sociedad tenía muchos oponentes y estos no perdieron ni un instante en asociar al grupo con el falso mesías, proclamando que éste había sido discípulo de Eliahu Baal Shem. En algunos casos se llegó incluso a falsificar cartas y correspondencia, dando crédito a esas acusaciones. Teniendo a muchos de sus miembros bajo extrema sospecha y con sus mismos fundamentos objeto de ataque, la sociedad empezó a hacer su trabajo aún más secretamente.

Fue entonces cuando el liderazgo de la Sociedad pasó a su maestro más críptico, Rabbí Adam Baal Shem de Ropshitz (1655-1734). Aparte de las tradiciones, no hay ningún registro histórico de este individuo, y parece que su única aparición en público fue en Slutzk en 1710.[8] No dejó ningún tipo de escrito y debido a esta falta de evidencia directa, algunos historiadores han puesto en duda su existencia.

Otra razón para esa duda es su poco corriente nombre. Hasta esa época no hay casos registrados de utilización de Adam como nombre judío y algunas autoridades anteriores incluso lo habían prohibido.[9] Sin embargo, lo mismo sucede con el nombre Noé hasta mediados del siglo XVII. Sin embargo, hacia el año 1700, Noé se había convertido en un nombre muy corriente y hay también evidencias de que se utilizaba el nombre de Adam.[10]

Puede que haya habido importantes razones para ello. Según nuestros mejores cálculos Adam Baal Shem había nacido en 1655, un año después del anuncio de Shabbatai Zví de su mesianismo, pero más de una década antes de que se le reconociera como fraude. Incluso entre aquellos que rechazaban a Shabbatai Zví, fueron esos unos tiempos de nueva esperanza en los que el pueblo veía la reconstrucción de Europa después de las matanzas de Chmielnitski. Si el Mesías no había llegado, no andaría lejos. Así, anticipando una nueva edad, la gente empezó a utilizar los nombres de Adam y Noé, individuos ambos que

8. *Lubavitcher Rabbi's Memoirs,* vol. 2, p. 150. Aquí se establece que él había sido líder del movimiento durante 7 años, había sido discípulo de R. Joel durante 15 años y había empezado su Yeshiva a la edad de 33. Tenía entonces 55 años en esa época. En p. 145 vemos que esto tuvo lugar alrededor de 1710. Había nacido por tanto en 1655. Algunos identifican a este Adam con R. David Moshe. Abraham (cuyas iniciales son Adam) de Troyes, autor de la *Merkavá HaMishna* sobre *Mejilta.* Otros le identifican con Adam Zerweiker. Es también posible que el nombre de Adam fuera un seudónimo para proteger su identidad.

9. *Tshuvot Mabit* 1:176.

10. Vemos que se utilizaba el nombre Adam, *Birkey Yosef Yoreh Deah* 265:6 (Livorno, 1774); *Shem HaGuedolim, Alef* 34 (publicado por primera vez en Livorno, 1774), *Yosef Ometz* 11 (Livorno, 1798). Véase *Tshuvah MeAhavah* 1:35, *Pitjey Tshuvah, Yoreh Deah* 265:6. El nombre Noé no aparece en *Najalat Shivah,* publicado en 1667, pero se encuentra en *Bet Shmuel, Shemot Gittin,* publicado por primera vez en 1689. Entre los primeros sabios con ese nombre se tienen Noé Mindes de Vilna, nacido alrededor de 1720, y Noé Jaim Zvi Berlín, nacido alrededor de 1730.

habían visto el principio de un mundo nuevo. En el caso de Noé, el nombre sigue en uso hoy en día.

Esto no significa en absoluto que Rabbí Adam estuviera en persona en relación alguna con el falso mesías. Al contrario, de joven fue discípulo de Rabbí Salomon Samuel de Polotzk, un vigoroso oponente de todas las formas de misticismo. Sin embargo, Rabbí Adam mantuvo una mente abierta, y resultó particularmente impresionado por el famoso exorcismo de Joel Baal Shem que tuvo lugar en Posen en 1682.[11] Su curiosidad siguió en aumento y, finalmente, en 1688, a la edad de 33 años, Adam visitó a Rabbí Joel para ver por sí mismo. Quedó tan impresionado que permaneció allí en su academia durante quince años, hasta la muerte de Rabbí Joel en 1703.

El liderazgo de la Sociedad pasó entonces al discípulo favorito de Rabbí Joel Baal Shem, es decir, al propio Rabbí Adam. Sin embargo, en aquella época, la suya no era la única sociedad secreta en existencia. Los seguidores de Shabbatai Zvi constituían un importante grupo que había pasado a la ocultación y que por entonces era muy influyente. Ellos enseñaban que, aunque el falso mesías había apostatado, esa desafortunada experiencia era necesaria para la consecución de la verdadera redención final. Aunque el bando de excomunión para los seguidores de Shabbatai Zvi ya había sido dictado varias veces, los grupos subterráneos todavía tenían mucho éxito en reclutar seguidores para sus filas. Por consiguiente, los líderes religiosos de la época mantenían una estrecha vigilancia sobre cualquier atisbo de relación con esos grupos heréticos.

Todo esto entrañaba un grave peligro para la Sociedad de los Nistarim. Si sus enemigos podían asociarlos de algún modo con los seguidores del falso mesías, su eficacia quedaría completamente destruida. El único modo de evitarlo era mantener la misma existencia de la Sociedad como un secreto celosamente guardado. Así, durante su período de liderazgo, Rabbí Adam Baal Shem no permitió el más mínimo tipo de publicidad, ni respecto de sí mismo, ni respecto de las actividrodrigo_

---

11. *Kay HaYashar* 69.

des de la Sociedad. Nada se publicó en el nombre de Rabbí Adam y su nombre mismo nunca se pronunció fuera del círculo de los elegidos.

La Sociedad no hizo pública su existencia hasta que estuvo bajo el liderazgo de su último maestro, Rabbí Israel, conocido generalmente simplemente como El Baal Shem Tov. Había nacido el 25 de agosto de 1698 (18 Elul, 5458) en Okop, una pequeña población en la frontera ruso polaca. Como muchas otras aldeas, ésta ha sido olvidada por el tiempo o quizá cambiada de nombre. El hecho es que los historiadores encuentran difícil la identificación de su localización exacta. Los padres de Israel eran muy ancianos cuando él nació y murieron cuando todavía era un niño muy pequeño.

Habiendo sido adoptado por la sinagoga, recibió la educación habitual de las comunidades judías de la época. Tenía una mente brillante y una naturaleza espiritual profunda, pero aprendió a una edad temprana a mantener en secreto sus dones. No pudo sin embargo permanecer oculto a los ojos de los verdaderos místicos y fue contactado por la Sociedad de los Nistarim a los diez años de edad. Cuando tenía catorce años, Rabbí Adam envió a su hijo para que le enseñara e iniciara en los misterios de la Sociedad. A la edad de dieciocho años Rabbí Israel ya había asumido un papel de liderazgo en la sociedad, pero para todos los efectos exteriores no era más que un simple cuidador de la sinagoga.

De Okap, Rabbí Israel se trasladó a una población cerca de Brody, donde fue empleado como maestro de niños pequeños. Allí entró en contacto con Rabbí Efraím de Brody quien, casi inadvertidamente, se dio cuenta de los dones únicos de ese joven. Poco antes de morir, Rabbí Efraim arregló el compromiso de Rabbí Israel con su hija Hannah.

El hijo de Rabbí Efraim, Gershon de Kitov (1696-1760), era uno de los principales rabinos de Polonia y se quedó estupefacto cuando se le presentó Israel para pedirle la mano de su hermana. Considerando que aquel joven era un patán, Rabbí Gershon estaba a punto de echarle cuando Israel le enseñó una carta de compromiso firmada por el padre de la doncella. Y aunque el famoso erudito estaba muy en contra de boda, accedió de mala gana, enviando lejos a la pareja con un caballo y un carro como regalo de boda.

Junto con su mujer, Rabbí Israel vivió en una pequeña aldea de montaña entre Kitov y Kasov, en los Cárpatos. Mantenido por su esposa, él pasaba los días y noches en estudio, oración y meditación, volviendo a casa sólo en el Shabbat. Igual que el Arí, pasó siete años de meditación recluida, mientras que al mismo tiempo estudiaba un conjunto de escritos que le había confiado Adam Baal Shem.

Se ha especulado mucho sobre la naturaleza de esos escritos, pero es casi seguro que, al menos en parte, consistían en el *Sefer HaTzoref* (Libro del Herrero), escrito por Rabbí Heschel Tzoref (1623–1700). Aunque en las tradiciones de la Sociedad no hay mención de él, parece que Rabbí Heschel había sido discípulo de Elihau y Joel Baal Shem, y que era una figura importante entre los Nistarim. Se le conoce como santo, trabajando como platero de día y pasando las noches en oración, meditación y estudio de la Cábala.

Rabbí Heschel mantenía que la Sociedad debía salir a la luz del día y refutar abiertamente las acusaciones de sus detractores. Enfatizando este punto, en 1666, el año de la apostasía de Shabbatai Zvi, empezó a enseñar Cábala públicamente en Vilna. De allí se trasladó a Cracovia, donde creció su reputación de santo. En los archivos de la sociedad funeraria de Cracovia se encuentra una nota que dice: «Tenga Dios presente el alma de... Rabbí Joshma Heschel Tzoref, que sabía como mezclar *(tzaref)* las letras de la Torah. Su alma le dejó en literal santidad y pureza. Murió como por el Beso [de Dios] el 27 de Iyar de 5460 (16 de mayo de 1700)». Sus enseñanzas también aparecen citadas en el *Kay HaYashar* (La Recta Medida), uno de los textos devocionales más populares, publicado por primera vez en 1705.[12]

Junto con muchos místicos de la época, Tzoref fue acusado de tener relaciones con los seguidores de Shabbatai Zvi, e incluso se falsificó correspondencia para probarlo. Tales cazas de brujas eran muy corrientes por entonces y todo lo que se refería a la Cábala estaba bajo sospecha. Hay un manuscrito de *Jayay Olam HaBah* (La Vida del Mundo Futuro) de Abulafia en el que se cita como su autor a Shabbatai Zvi, y

---

12. Ibíd 102. Véase también *Yijud Chernoble* 1:7; *Tzion* 5:122-131 (1940), 6:80-84, 89-93 (1941).

su nombre aparece también en un importante manuscrito de *Shoshan Yesod Olam*.[13] Dado que el *Sefer HaTzoref* de Heschel seguía los métodos de Tzeruf propuestos por Abulafia, se hizo también sospechoso.

Este *Sefer Hatzoref* existe todavía en forma de manuscrito en las manos de los Jasidim Karliner. Tiene unas 1400 páginas y consiste en revelaciones, al estilo de Rabbí Isaac de Acco, y también una considerable cantidad de manipulaciones de palabras que recuerdan los métodos de Abulafia. El manuscrito tiene una interesante historia. A la muerte del Baal Shem Tov fue a parar a las manos de su nieto, Rabbí Aarón de Tutiev. Rabbí Isaías Dinovitz, discípulo del Maggid de Mezricher, hizo una copia, la cual eventualmente fue entregada a la dinastía Karliner.

Tras finalizar su período de retiro, Rabbí Israel sirvió como maestro y como carnicero ritual en Koslowitz. En 1734, a la muerte de Rabbí Adam, fue elegido por la Sociedad como su nuevo jefe. Anunciando a su cuñado, Rabbí Gershon, que le había llegado la hora de manifestarse, se estableció en Talust, en donde su fama se extendió con rapidez. Después se trasladó a Medzyboz, en Ucrania occidental, permaneciendo allí hasta su muerte en 1760.

Fue en Medzyboz donde sus enseñanzas empezaron a extenderse y tuvo sus principales discípulos. Atrajo no sólo al hombre corriente, sino que pronto entre sus discípulos se encontraron algunas de las mentes más grandes de Europa. Destacan fundamentalmente Rabbí Dov Baer, el Maggid de Mezricher (1704-1772), y Rabbí. Jacob Joseph de Polonoye (1703-1794), el más fiel escriba de las enseñanzas del Baal Shem Tov.

Está bien establecido que el Baal Shem Tov estaba fuertemente dedicado a la meditación y la ascensión espiritual. Uno de los documentos más notables al respecto es una epístola escrita a su cuñado, Rabbí Gershon, que se hallaba entonces en Tierra Santa. Mientras que en ella no se describen métodos, se obtiene sin embargo una buena idea del tipo de niveles alcanzados por el Baal Shem Tov.

---

13. *Shoshan Yesod Olam*, p. 522. *Véase* cap. 4, nota 115.

❖ La Epístola[14]

En Rosh Hashanah de 5507 (15 de Septiembre de 1746) hice un voto y elevé mi alma en la forma por ti conocida. Vi cosas de las que nunca había sido testigo desde el día en que nací. Lo que vi y aprendí entonces no se puede comunicar, ni incluso aunque pudiera estar hablándote en persona.

Cuando regresé al Jardín del Edén inferior vi innumerables almas, tanto de vivos como de muertos, algunas por mí conocidas y otras no. Ellas subían y bajaban, yendo de universo en universo por la Columna conocida por aquellos que investigan en los misterios. Se encontraban en un estado de gozo tan grande que los labios no pueden expresarlo y el oído físico resulta demasiado tosco para oír sobre ello.

También había muchos malvados arrepintiéndose y sus pecados eran perdonados, puesto que ése era un tiempo especial de gracia. Incluso a mis ojos resultaba maravilloso ver cuántos eran aceptados como penitentes, a muchos de los cuales conoces. También reinaba entre ellos una gran alegría y ascendían en la forma antes dicha.

Todos me suplicaban y pedían incesantemente: «Sube más con la gloria de tu Torah. Que Dios te conceda un entendimiento mayor para percibir y conocer esas cosas. Asciende con nosotros para que puedas ser nuestro soporte y ayuda».

Decidí ascender con ellos a causa de su gran gozo. Pero debido a lo grandemente peligroso que resulta el ascenso a los Universos superiores le pedí a mi maestro que me acompañase.[15] Desde que empecé con esto nunca había subido a un nivel tan alto.

---

14. Publicado al final de *Ben Porat Yosef* (Koretz, 1781), y en *Keter Shem Too* (Kehot, New York, 1973) # 1.

15. El maestro espiritual del Baal Shem Tov era Ahiyah el Shilonita, véase *Toldot Yaakov Yosef Balak* (koretz, 1780) p. 156a. arriba, *Keter Shem Tov* 143. Ahiyah aparece en 1 Reyes 11:29, 14:2, y se dice que perteneció a la generación del Éxodo. También se dice que fue el maestro del profeta Elías (aquel que se revela normalmente a los que son dignos de ello). Véase *Bava Batra* 12 lb, Introducción a Yad; *Zohar* 1:4b, 3:309a.

Ascendí paso a paso hasta que entré en la cámara del Mesías. Allí el Mesías estudia Torah con todos los sabios y santos, y también con los siete Pastores.[16]

Había una gran alegría en aquel lugar, pero yo no conocía su causa. Al principio pensé que era por mi fallecimiento, ¡que el cielo lo impida! Después me dijeron que no había muerto, dado que ellos experimentan un gran placer en lo alto, cuando yo llevo a cabo abajo Unificaciones mediante la santa Torah. Pero incluso hoy sigo sin saber la causa de ese gozo.

Me dirigí al mismo Mesías y le pregunté: «¿Cuándo vendrá vuestra majestad?».

Me contestó: «Éste será tu signo. Será en un tiempo en el que tus enseñanzas se extiendan por el mundo y tus fuentes rebosen hacia el exterior.[17]

»Será cuando las cosas que te he enseñado y que tú mismo has percibido sean conocidas, de modo que otros también efectúen Unificaciones y se eleven como tú haces. Entonces todas las Cáscaras serán aniquiladas y será un tiempo de gracia y salvación».

Me quedé muy sorprendido y angustiado, ya que pasaría mucho tiempo antes de que eso fuera posible.

Pero mientras estaba allí, aprendí tres remedios específicos y tres santos Nombres que son fáciles de aprender y explicar. Mi mente se relajó entonces, ya que pude darme cuenta de que era posible para aquéllos de mi generación alcanzar mi mismo estado y nivel. Ellos tendrían entonces la capacidad de ascender, aprender y percibir, igual que yo.

Durante toda mi vida no tuve permiso para revelar esto. Por ti hice una petición especial de que se me permitiera enseñártelo, pero el permiso fue denegado. Estoy todavía atado por ese voto, pero algo te puedo decir y que Dios te ayude:

Que tu camino sea hacia Dios.[18]

---

16. Según el Talmud éstos son Adán, Seth, Matusalén, Abraham, Jacob, Moisés y David. *Sukkah* 52b.

17. Paráfrasis de Proverbios 5:16.

18. *Cf.* Jueces 18:6, Proverbios 5:21.

Cuando ores y estudies, que [mis palabras] no te abandonen.[19]

Ten en mente llevar a cabo una Unificación con cada palabra y expresión que salga de tus labios. Cada letra en solitario contiene universos, almas y santidad, y cuando ellas ascienden, unos se atan a los otros y todo se unifica. Las letras entonces se unen y atan para formar una palabra. Ellas entonces se unifican de hecho con la Esencia Divina y, en todos estos aspectos, tu alma está incluida en ellas.

Todos los universos se unen y unifican y de ello resultan inconmensurables alegría y deleite. Considera el gozo de esposo y esposa en este inferior mundo físico y te harás una idea de lo grande que puede ser tal deleite.

Dios ciertamente te ayudará. Todo lo que emprendas prosperará y tendrá éxito. «Dale sabiduría al sabio y se volverá aún más sabio».[20]

2. Meditación

Una parte importante de las enseñanzas del Baal Shem Tov es la relativa a la meditación Hitbodedut. Ésta constituía también una parte integral de su vida personal. Se cuenta que de niño faltaba a sus clases para irse a meditar (*hitboded*) a los bosques.[21] Durante sus siete años de reclusión, él meditaba tanto en las montañas como en una cueva especial.[22] Cuando estudiaba junto con el hijo de Rabbí Adam, lo hacían en un «Cuarto de meditación» *(Bet Hitbodedut)* especial. Allí se ponía a meditar en un intento de comulgar con el Ángel de la Torah.[23] Posteriormente, siendo ya un famoso líder, también se pasaba muchos horas en el «Cuarto de Meditación».[24]

La mayoría de las enseñanzas especiales del Baal Shem Tov respecto a la meditación se encuentran en los escritos de su más grande discí-

---

19. Paráfrasis de Proverbios 4:21.
20. Proverbios 9:9.
21. *Shivejey HaBaal Shem Tov* (Jerusalén, 1969) 1:43.
22. Ibíd. pp. 48, 50, 53.
23. Ibíd. p. 34.
24. Ibíd. p. 58.

pulo, Rabbí Dov Baer, el Maggid de Mezricher. Unas pocas también se hallan en el testamento ético del Baal Shem.

Tenemos en nuestras generaciones una inteligencia limitada y debemos fortalecer el amor y la reverencia a Dios.

En la mente se debe constantemente meditar (*hitboded*) en el amor y la reverencia a Dios. Incluso cuando se está estudiando es bueno parar ocasionalmente para meditar internamente. Esto es cierto incluso aunque quite tiempo a los estudios sagrados.[25]

En tu interior, medita (*hitboded*) constantemente en la Presencia Divina. No tengas en tu mente otro pensamiento que tu amor, pretendiendo que [la Presencia Divina] se te adhiera. Mentalmente no dejes de repetir: «¿Cuándo seré digno de que la Luz de la Presencia Divina more en mí?».[26]

Puede que parezca que, cuando estás en la cama, estés durmiendo, pero en ese momento puedes de hecho estar meditando (*hitboded*) en Dios.[27]

Si quieres entrar en un estado de meditación (*hitbodeddut*) elevado debes tener a alguien que esté contigo. Hacerlo solo entraña un grave peligro.

Debe haber dos personas juntas y una de ellas meditar, [recluido mentalmente] con su Creador.[28]

3. Un Yijud

Entre las técnicas de meditación del Baal Shem Tov, el sistema de Yijudim enseñado por el Arí juega un papel muy importante. Además, el Baal Shem tenía también su propio sistema de Yijudim, pero muy

---

25. *Likuyim Yekarim* (Jerusalén, 1974) # 29.
26. Ibíd. # 38.
27. *Tzavaat HaRivash* (Kehot, New York, 1975) # 133.
28. *Likutim Yekarim* # 13. *Véase* cap. 4, nota 145.

poco de esto se ha conservado. En otros casos, el Baal Shem Tov hizo uso de los métodos del Arí, pero los amplió en gran medida.

Uno de los pocos ejemplos conocidos de los Yijudim del Baal Shem es la siguiente meditación para el *Mikveh*. Se ha presentado antes la Kavanah para la inmersión del Arí, y es instructivo compararla con la meditación del fundador del jasidismo.

Un Yijud para la Inmersión[29]

Al entrar en el *Mikveh,* medítese en el nombre KNA (קנא) [Su número es 151, y es] el nombre *Ehyeh* (אהיה) expandido con letras Heh, de la siguiente manera:

ALF HH YOD HH   אלף הה יוד הה

Su valor numérico es 151, el mismo que el de *Mikveh* (מקוה). Es importante contemplar que el *Mikveh* físico en el que uno se está sumergiendo, es de hecho el nombre KNA, durante toda la secuencia de descenso espiritual.

Hay que sumergirse una vez y, mientras se está bajo el agua, meditar en el nombre KNA.

A continuación, se medita en el nombre Agla (אגלא). Es éste el nombre relacionado con las Fuerzas. Emana de [las letras iniciales de la frase de la Amidah], «Tú eres fuerte para el mundo, Señor» *(Atah Gibor LeOlam Adonai,* אתה גבור לעולם אדני).

Al sumergirse por segunda vez, se medita en este nombre.

Después se medita en ALD (אלד) [que es el décimo triplete del Nombre de Setenta y Dos. El nombre puede leerse como *Eled* (אלד), que significa «daré a luz», indicando que se nace de nuevo cuando se emerge del *Mikveh*].

Contémplese que en el nombre AGLA (אדלא) [la Alef (א) tienen un valor de uno, mientras que la Guimel (ג) tiene un valor de tres.

---

29. Rabbí Menahem Mendel de Vitebsk, *Pri HaAretz, Lej Leja* (Jerusalén, 1970) p. 3b. Véase también *Keter Shem Tbv* 2; *Siddur* [Rabbí Schneur Zalman de Liadi] (Kehot, New York, 1971), pp. 147a, 315a. *Véase* más arriba, p. 215 ed. ingl.

Juntas suman cuatro, el valor de Dalet (ד)]. Por tanto, la Alef y la Guimel de AGLA (אגלא) se combinan para formar la Dalet de ALD (אלד).

Hay que sumergirse por tercera vez meditando en el nombre ALD (אלד).

Luego la cuarta vez y, con la cabeza bajo el agua, meditar en los dos nombres ALD (אלד) y *Ehyeh* (אהיה) entrelazados de la siguiente manera:

ALF A HH L YOD D HH   אלף א הה ל יוד דהה

Se medita a continuación en la intención de la oración. Se contempla que está dentro del nombre y que, según se eleva, es atendida.

Luego se sumerge uno por quinta vez y se medita en los dos nombres ALD (אלד) y *Ehyeh* (אהיה) simple, entrelazándolos tal como sigue:

AAHLYDH   אאהלידה

Luego se medita en que se está elevando la intención de la oración hasta el nivel superior de *Binah*-Entendimiento. Entonces todo se transforma en puro amor y misericordia.

4. Estados de conciencia

Aunque los cabalistas meditadores antiguos a veces hablan de sus experiencias, aportan muy poca teoría relativa a los estados de conciencia. Uno de los primeros en hablar específicamente sobre ellos parece haber sido el Baal Shem Tov.

Los dos estados de conciencia que considera son *Mojin DeGadlut* y *Mojin DeKatnut,* o en términos más simples, *Gadlut* y *Katnut.*

Estos términos resultan algo difíciles de traducir. La palabra *Mojin* significa literalmente «cerebros» y, en la terminología del Arí, se refiere a las «mentalidades». Sin embargo, en el contexto en el que Baal Shem los emplea, deben traducirse como «estados de conciencia».

Gadlut significa «madurez» o «grandeza», mientras que *Katnut* es «inmadurez» o «pequeñez». Por tanto, el mejor modo de traducir *Mojin DeGadlut* es como «conciencia expandida», mientras que *Mojin*

DeKatnut sería «conciencia restringida». Se sabe que, en la teoría general de la meditación, una de las metas importantes de esta práctica es llevar a la persona a un estado de conciencia expandida.

Los términos son de hecho prestados. Al hablar del Partzuf de Zeir Anpin, el Arí profundiza sobre su desarrollo, el cual es delineado en los más misteriosos textos zoháricos, las *Idras* Grande y Pequeña. El Partzuf de Zeir Anpin atraviesa en su desarrollo por estados de nacimiento y crecimiento. Igual que un ser humano, este Partzuf puede entonces hallarse en un estado de inmadurez o de madurez. El estado inmaduro es llamado *Katnut*, y el de madurez *Gadlut*.

Al madurar el Partzuf lo hacen también sus mentalidades. Éste es el contexto en que encontramos los términos de *Mojin DeKatnut* y *Mojin DeGadlut* en su significado original. Por *Mojin DeKatnut* se denotan las mentalidades inmaduras de Zeir Anpin, mientras que por *Mojin DeGadlut* se denotan las mentalidades maduras.

Este antropomorfismo debe tomarse simbólicamente más que en sentido literal. Los estados de madurez e inmadurez no existen en diferentes períodos de tiempo. Ambos se dan en todo momento y son responsables de diferentes efectos en el mundo inferior. El Arí lo expresa de la siguiente manera:[30]

> En el hombre, el poder del olvido es el resultado de esas Mentalidades Inmaduras *(Mojin DeKadnut)*.
>
> Uno debe transmitir Mentalidades Maduras *(Mojin DeGadlut)* [a Zeir Anpin]. Cuando esto se consigue, mediante los propios actos, se hace que [las Mentalidades Inmaduras] desciendan [al Partzuf Hembra. Las Mentalidades Inmaduras derivadas del nombre] Elohim son así expulsadas y desaparecen por completo de Zeir Anpin.
>
> El que pueda hacer esto tendrá una memoria maravillosa y comprenderá todos los misterios de la Torah.

Dado que Zeir Anpin es el «Hombre Superior», todo en ese Partzuf tiene su contraparte en el hombre. Por eso el Baal Shem Tov enseñaba que los estados de inmadurez y madurez de Zeir Anpin corresponden

---

30. *Etz Jaim, Shaar Mojin DeKatnut* 3, p. 314.

a distintos estados de conciencia de la mente humana.[31] Éstos son los estados de conciencia expandida y de conciencia restringida.

Cuando una persona está en un estado de conciencia expandida, se ilumina en todos los ámbitos de la vida. Se ha dado cuenta de la vanidad de lo mundano y la grandeza de lo espiritual. Todo lo hace con una conciencia diferente, tanto el comer como el beber, la oración como el estudio. Esta idea se comenta a menudo en las enseñanzas del Baal Shem Tov.

❖ Fuentes

La conciencia Expandida y Restringida pueden explicarse del siguiente modo. Cuando la persona aprende algo, pero no lo entiende profundamente, se halla en un estado de Conciencia Restringida, al no ser completa su imagen mental. Pero cuando entiende algo con entusiasmo y comprensión total se halla en el nivel de Conciencia Expandida, unido a los niveles superiores.

Igualmente, hay estados de Conciencia Expandida y Restringida en la oración y en todas las demás prácticas.[32]

Cuando uno se halla en un estado de Conciencia Expandida, se experimenta una gran alegría con el estudio de la Torah y la adoración a Dios.[33]

Cuando uno se halla en un estado de Conciencia Restringida, no puede adorar con reverencia y amor, sino que debe forzarse a hacerlo, sin alegría. Este estado es el misterio de la Conciencia Restringida.[34]

Cuando se siguen los deseos y los caminos del propio corazón uno se halla en estado de Conciencia Restringida. Éste es el secreto del versículo: «Te he hecho pequeña (restringida) entre las naciones. Eres muy despreciada» (Abdías 1:2).

---

31. *Toldot Yaakov Yosef Tazria*, p. 84b (abajo).
32. *Likutim Yekarim* 74.
33. *Tzafnat Paneaj* (Pieterkov, 1884) 2b; *Sefer Baal Shem7by, Bereshit* 46.
34. *Ketonet Passim* (Lvov, 1866) 11b; *Sefer Baal Shem Tov, Bereshit* 68.

La Conciencia Expandida se presenta cuando uno se introduce en los grandes misterios del Mundo Futuro y desprecia todas las cosas mundanas.[35]

Incluso cuando alguien cae de nivel debe intentar seguir adherido a Dios con un pensamiento pequeño. Porque a veces hay un nivel de Conciencia Restringida en lo alto, incluso en Zeir Anpin. Pero a través de la conciencia Restringida se puede alcanzar la Conciencia Expandida.

Es como con un carbón. En tanto permanezca una pequeña brasa, ésta se puede avivar hasta conseguir una gran llama. Pero cuando la brasa se apaga, soplar no sirve de nada. Del mismo modo, si uno no permanece apegado [a lo alto] en todo momento, al menos con un pequeño pensamiento [el fuego en] su alma divina puede extinguirse por completo.

A veces, la santa chispa de la Presencia Divina del alma de la persona se expande hasta literalmente poner palabras en su boca. El individuo no habla voluntariamente, sino que su boca expresa automáticamente las palabras. Éste es un nivel muy alto.

Sin embargo, el fenómeno puede venir también del Otro Lado. Cuando esto sucede la persona se vuelve loca.[36]

A veces sólo se puede adorar con Conciencia Restringida. Entonces no se entra en absoluto en los mundos superiores. Sin embargo, aún se puede tener conciencia de que Dios está cerca y «toda la Tierra está llena de su gloria» (Isaías 6:3).

En tales ocasiones se es como un niño pequeño cuyo intelecto acaba de empezar a desarrollarse. Pero incluso aunque se esté adorando en estado de Conciencia Restringida, esto se puede hacer con una gran adhesión.

Aun cuando uno se halle en estado de Conciencia Restringida, si se liga estrechamente a la Presencia Divina, puede transportar instantáneamente sus pensamientos a un universo superior. Se está entonces de hecho en ese universo superior, puesto que la persona está donde

---

35. *Toldot Yaakov Yosef, Emor,* p. 103b.
36. *Likutim Yekarim* # 171, 172.

están sus pensamientos. Si no se estuviera en ese universo superior tampoco los propios pensamientos estarían en él.[37]

El hombre consta de materia y forma, cuerpo y alma. El alma tiene siempre un deseo ardiente de adherirse a Dios. Si embargo, se halla envuelta por un [cuerpo] físico que hace de barrera para esa adhesión.

El ser físico del hombre desea cosas materiales tales como comida y sexo. Sin embargo, estas cosas también se requieren en lo alto para conseguir cosas tales como la separación [y elevación] de las [Santas] Chispas.

Pero hay ocasiones en las que la forma debe anular por completo a la materia y adherirse a Dios.

Éste es el secreto de «los Ángeles Vivientes (*Jaiot*) corrían y retornaban» (Ezequiel 1:14).

Hay dos niveles: Conciencia Expandida y Conciencia Restringida, [«Correr» denota el estado de Conciencia Expandida y «Retornar» el de Conciencia Restringida].

He oído de mi maestro [el Baal Shem Tov] que éste es el misterio de la Restricción, que era «de Él y en Él».[38]

---

37. Ibíd. # 17, 19, *Tzavaat HaRivash* # 67, 69.

38. *Toldot Yaakov Yosef Yitro,* p. 48b. Respecto a la Constricción, véase *Bereshit Rabbah* 21:5, *Yafah Shaah sobre Etz Jaim* (Tel Aviv, 1960), p. 1.

ברוך יא להוריד י' דהויה ולהטלות א דאדני.

יכוין להמשיך ו"ק דאחור דאחור דחכמה דכתר דבינה (כחזרה דחכמה) דנכ'
דתכונה עם ו"ק דללמי המו' יו"ד כ"י דקס"א עם הגרגח"י לו"ק דאחור דאחור
דחכמה דכתר דבינה (בחזרה דחכמה) דנה"י דבינה דז"א.וכם אוה ן דהויה.

ן

אהיה	אהיה אהוה	(ה)אהיה
יהוה	יהוה יהוה	יהוה
אהיה	אהוינוהו אוהויונהו	אהיה
יהוה	יורהוונהו יורהוונהו	יהוה

(כ) יון דקס"א

לג' כלי גבורה דז"א	לג' כלי חסד דז"א	לג' כלי ח"ת דז"א	לג' כלי חסד דז"א
י			
א אל אלו אלוה	יוד הא ואו הא		
אלף אלף למד אלף			
למד הי אלף למד הי			
יוד אלף למד הי יוד מם	ה ו ל א	י ר ה יתו יהוה	
הוד	אלף למד	י ה ו ה	

אהיה	אהוינוהו אוהויונהו
יהוה	יהוונהו יורהוונהו

דקס"א

לג' כלי הוד דז"א	לג' כלי נצח דז"א	לג' כלי יסוד	
יהוה	יאהדונהי		
אדני			
צ צב צבא	שין דלת שין דלת יוד	צבאו צבאות	
צבא	שין דלת יוד	אות	
א ו ת			

ומשם לחב"ד חג"ת דחכמה דכתר דבינה או דחכמה דבינה דרחל דאחור דאחור
את ה ך אחרונה דהויה שורש הכ' של העוק הטימרת כאחורי יסוד דז"א (ה)

אהיה	אהיה אהיה	אהיה
יהוה	יהוה יהוה	יהוה
אהיה	אהוינוהו אורהיונהו	אהיה
יהוה	יורהוונהו יורהוונהו	יהוה

יוד הי דקס"א

י"כ דמוחין עם ו"ה ססס סו"מ

נ' מ"ז

	יוד הי	י ה ו ה
	וד הי יו	ה הי וה

לכתמיך מילוי רפ"כ זה מאבא

ומחכמה דז"א לנוקבא

5. El camino de la oración

Uno de los logros más importantes del Baal Shem Tov fue el de revelar un método seguro de meditación, que podía ser puesto en práctica incluso por la persona más simple. Las técnicas anteriores implicaban el uso de Nombres Divinos, y podían liberar fuerzas espirituales potencialmente peligrosas. El Camino de la Oración, tal como fue enseñando por el Baal Shem Tov, no utiliza más que el servicio devocional ordinario, cuyas oraciones recita todo judío tres veces al día.

El punto focal de este servicio devocional es la *Amidah* o *Shemonah Esreh,* una colección de dieciocho (o diecinueve) bendiciones que se repite tres veces al día. Esta oración fue compuesta por la gran Asamblea justo antes del cierre del período profético. Hay una considerable polémica sobre por qué se prescribió una sola oración para ser repetida una y otra vez cada día. Sin embargo, hay muchas evidencias de que lo que se pretendía era que toda la Amidah se usara como un recurso meditativo, muy en la línea de un mantra largo.

Tras haber repetido la Amidah todos los días durante años, la persona se sabe tan bien las palabras que éstas han pasado a formar parte de sí mismo. No se necesita ya esfuerzo mental alguno para recitarlas y esto no es muy distinto del hecho de repetir una única palabra o frase una y otra vez. Si la persona limpia su mente de todo pensamiento ajeno, entonces la simple repetición de la Amidah puede producirle un estado mental muy elevado. Esto se corrobora en la práctica. Y lo mismo es cierto de otras partes del servicio devocional que se recitan a diario.

El Talmud, en una importante enseñanza, establece lo siguiente: «El que ora debe dirigir hacia abajo los ojos y hacia arriba el corazón».[39] En uno de los comentarios antiguos más importantes, Rabbí Jonah Gerondi (1196-1263) explica que lo anterior «significa que se debe imaginar en el propio corazón que uno se halla en el cielo. Se deben desterrar del corazón todos los deleites mundanos y placeres corpora-

---

39. *Yebamot* 105b.

les. Los sabios antiguos enseñaban que si se quiere tener una verdadera Kavanah, se debe despojar al cuerpo del alma».[40]

Algunas décadas después, el mismo concepto aparece enfatizado aun más explícitamente por Rabbí Jacob ben Asher (1270-1343). En su *Tur,* un importante código antiguo de Ley judía escribe:

> Se enseña que al rezar hay que concentrar el corazón… Esto significa que hay que concentrarse plenamente en las palabras que los labios expresan. Se debe tener en mente que la Divina Presencia se halla ante uno, tal como está escrito: «He puesto a Dios delante de mí en todo tiempo» (Salmos 16:8). Se debe suscitar la concentración y desterrar todo pensamiento perturbador, de modo que los pensamientos y la intención sean puros en la oración… Ésta era la práctica de los sabios y hombres de fama. Meditaban *(hitboded)* y se concentraban en sus oraciones hasta alcanzar un nivel en el que se despojaban de lo físico. El espíritu trascendental se fortalecía en ellos hasta alcanzar un nivel próximo al de la profecía.[41]

Es significativo el que este mismo pasaje haya sido citado literalmente por Rabbí José Caro en su *Shuljan Aruj* y que también aparezca mencionado en las enseñanzas del Baal Shem Tov.[42]

La idea de usar el servicio devocional como instrumento de meditación no tiene su origen en el Baal Shem. Muchos de los cabalistas anteriores hablaron de la importancia de la concentración en la oración, y muchos desarrollaron extensas Kavanot asociadas a las diversas partes del servicio. Este método juega un papel particularmente importante en el sistema del Arí y muchos libros de oraciones incorporan las Kavanot diseñadas por él.

Este sistema de Kavanot alcanzó su cénit entre los judíos sefarditas bajo el liderazgo del famoso cabalista Rabbí Shalom Sharabi (1702-1777). Rabbí Shalom diseñó elaborados mapas, que casi parecen mandalas, para muchas de las palabras clave del servicio de oración, expandiendo así muchísimo el sistema del Arí. Sus métodos están todavía

---

40. Comentario en R. AlFasi, *Berajot, Rif* 22b. Véase *Nefesh HaJaim* 2:14 en nota; Ramban sobre Levítico 18:4.
41. *Tur, Oraj Jaim* 98, citado en *Shuljan Aruj, Oraj Jaim* 98:1.
42. *Toldot Yaakov Yosef, Ajarey,* p. 88c.

en uso por los miembros de la Academia Bet El de Jerusalem, quienes emplean tanto tiempo como cuatro horas en el servicio matinal diario.

Mucho más simple fue el método propuesto por el Baal Shem Tov. Todo el mundo, desde el más grande cabalista hasta el individuo más simple, podía ponerlo en práctica. En vez de concentrarse durante la oración en los diversos conceptos cabalísticos, hay que usar la oración misma como un mantra, focalizando la mente totalmente en las palabras. Al orar, uno se eleva entonces mentalmente de un universo al siguiente, de un palacio al siguiente, hasta alcanzar el nivel supremo. Aunque este sistema no se presenta en lugar alguno, se comenta en profundidad tanto en las propias enseñanzas del Baal Shem, como en las de sus discípulos.

Niveles de la Oración

Universo	Parte del servicio
Asiyah	Lecturas Sacrificiales *(Korbanoth)*
Yetzirah	Cantos bíblicos de Alabanza *(Pesukey De Zimra)*
Beriyah	El *Sh'ma* y sus Bendiciones *(Birkat Sh'ma)*
Atzilut	La Amidah

Al rezar, uno se debe hallar totalmente divorciado de lo físico, no consciente en absoluto de la propia existencia en el mundo. Entonces, al alcanzar el nivel en el que no se sabe si se está o no en el mundo físico, no se debe tener ningún miedo de pensamientos extraños. Los pensamientos extraños no pueden venir cuando uno está despojado de lo físico.[43]

Si se quiere orar debe hacerse con temor. Ésta es la puerta por la que uno entra a presentarse ante Dios.

Que uno se diga: «¿A quién quiero atarme? A Aquel que ha creado todos los mundos con su palabra, que les da existencia y los sustenta».

---

43. *Likutim Yekarim* # 41, *Tzavaat Ha Rivash* # 62.

Piénsese en su elevación y grandeza, y se será entonces capaz de entrar en los universos superiores.[44]

Adhesión significa que al decir una palabra, ésta se alarga y no se la deja ir. A causa de la adhesión a cada palabra, ésta se hace durar.

Si se tienen pensamientos ajenos durante la adoración, eso significa que las Cáscaras cabalgan sobre las propias palabras. Porque el pensamiento cabalga sobre cada palabra…[45]

No hay que rezar para pedir por las propias necesidades, porque entonces la oración no será aceptada. Pero si se quiere pedir, que sea por la abundancia de la Cabeza. Porque de aquello que se carece también la Divina Presencia carece de ello.

Esto es debido a que el hombre es una «porción del Dios de lo alto». La carencia de cualquier parte también existe en el Todo, y el Todo siente la carencia de la parte. Se debe entonces rezar por las necesidades del Todo.[46]

Pónganse todos los pensamientos en el poder de las palabras hasta ver su luz. Puede entonces verse cómo una palabra brilla en otra y cuántas luces se producen en su medio.

Éste es el significado del versículo: «Luz está sembrada para el justo y alegría para el recto de corazón» (Salmos 97:11).

Las luces en las letras son los palacios divinos, a los que Él transmite sus emanaciones.[47]

Sepárese el alma del cuerpo. El alma puede vestirse entonces con el pensamiento contenido en las palabras que se pronuncian, pudiendo percibir muchos universos de lo alto.

Uno tiene muchos poderes, algunos requeridos para un universo y otros para el siguiente. Cuando el alma asciende a todos los mundos que debe elevar, es examinada en cada universo, para ver si resulta apta para ir más arriba. Si no, es expulsada afuera.

---

44. *Likutim Yekarim* # 16, *Tzavaat Ha Rivash* # 66.
45. *Likutim Yekarim* # 21, *Tzavaat Ha Rivash* # 70, 71.
46. *Likutim Yekarim* # 224, *Tzavaat Ha Rivash* # 73.
47. *Maguid Devarav LeYaakov* (Jerusalén, 1971) # 52.

Cuando un pensamiento extraño viene a ti, esto es una señal de que estás siendo expulsado. Pero si se es sabio, se puede usar ese mismo pensamiento para atarse aún más a Dios. El pensamiento consiste en letras que son parte del cuerpo de la Presencia Divina, pero que cayeron como consecuencia de la ruptura (de las Vasijas). La combinación de esas letras se torna entonces mala, entremezclada con las Cáscaras.

Es como considerar dulces mezclados con otras cosas. Cada cosa por separado es buena, pero mezcladas resultan desagradables y repulsivas. Así sucede con el mal.

Pero cuando se comprende la idea del pensamiento [que cae en la mente, entonces éste se puede elevar]. Si implica deseo y lujuria es que ha caído desde el universo del Amor. Si es una fobia debilitante, es del Universo del Temor. Si supone orgullo viene del Universo de la Belleza. Lo mismo es cierto del resto de tales pensamientos, puesto que han caído (los atributos correspondientes a) los siete días de la creación.

Cuando se ligan los pensamientos a Dios mediante el amor y el temor del Creador, esto hace que se retornen a su Raíz. Lo mismo sucede con los demás atributos, y cada pensamiento debe ser elevado al Atributo del cual ha caído. Se puede de nuevo atarle a ese Atributo y transformar a las Cáscaras que cayeron de él en una combinación buena…

Dios experimenta un gran deleite cuando esto se hace. Es como un príncipe que ha sido raptado. El rey se alegra cuando está de vuelta, aún más que con un hijo que nunca se ha ido de su lado.[48]

Resulta ciertamente sorprendente el que un ser humano mortal sea capaz de adherirse a Dios. Además de su cuerpo físico, muchas Cáscaras le separan de Dios. Aun cuando «toda la Tierra está llena de su gloria», Dios está todavía oculto tras muchas barreras.

Pero todas las barreras que separan y restringen pueden ser derribadas por la palabra que se pronuncia. Las palabras, por lo tanto, deben estar adheridas a Dios. Esto significa que se debe sentir íntimamente que se está en verdad hablando a Dios.

---

48. Ibíd. #53.

Si pudiéramos decir (a Dios) sólo una línea, o incluso dos o tres palabras, de la manera mencionada antes, eso sería suficiente.[49]

La razón por la que se requieren el amor y el temor es ésta: si una persona tuviera sólo amor a Dios se acostumbraría a estar siempre con Él y eso llegaría a ser parte de su naturaleza. Pero como resultado de su temor, no osa acercarse demasiado.[50]

El Talmud habla de «cosas que están en los más altos lugares del universo y son tomadas a la ligera por la gente».[51]

El Baal Shem Tov explicaba que los resultados de la oración se manifiestan a menudo en «los más altos lugares del universo», y no en el mundo físico.

Por esta razón «la gente toma la oración a la ligera», porque piensan que su oración es en vano.

Sin embargo, lo cierto es que toda oración tiene efecto.[52] Nuestro vínculo principal con Dios es mediante las palabras: palabras de la Torah y de la oración.

[En esas palabras] cada letra tiene una esencia espiritual interna. Se debe adherir el pensamiento y el propio ser más íntimo a esa esencia.

Éste es el misterio de: «Béseme con los besos de su boca» (Cantar de los Cantares 1:2); la adhesión de espíritu a espíritu.[53] Es también el misterio de «si te echas entre mis labios» (Salmos 68:14).[54]

Cuando se alarga una palabra y no se la deja ir, entonces uno se halla en tal estado de adhesión.[55]

Cada palabra es un concepto completo y se debe poner toda la fuerza en ella. Si no se hace así, permanece incompleta.[56]

---

49. *Likutim Yekarim* 22.

50. Ibíd. 73.

51. *Berajot* 6b.

52. *Toldot Yaakov Yosef, Shlaj* p. 134b, *Keter Shem Tov* # 138.

53. *Zohar* 2:254a, 2:266b. Véase *Berajot* 8a.

54. *Cf. Tikuney Zohar* 18:34a. La palabra *Shajav* (שכב) contiene las letras *Kaf Bet* (כב) que en hebreo es el número 22. Esto alude a las 22 letras del alfabeto hebreo. Véase *Tikuney Zohar* 70 (132b), *Etz Jaim, Shaar Ha Yareaj* 3.

55. *Keter Shem Tov* # 44.

56. *Likutim Yekarim* 2, *Tzavaat HaRivash* 34.

Puede que a veces se rece muy deprisa. Esto es porque el amor de Dios arde muy intensamente en el corazón. Entonces las palabras dejan la boca de propio acuerdo cuando se reza en silencio.

Cuando uno se adhiere a lo alto, se puede ser digno de ser elevado por la misma oración todavía más alto. Así, nuestros sabios enseñan que «cuando uno viene a purificarse, se le ayuda desde arriba».[57] Por medio de la oración se pueden adherir los pensamientos a lo alto. Con el poder de esa oración se pueden alcanzar niveles aun mayores. Entonces, aun cuando no se esté orando, se puede estar adherido a lo espiritual.[58]

> A veces se debe adorar en el pensamiento, sólo con el alma.
>
> A veces se puede rezar con amor y temor y con gran intensidad, sin moverse en absoluto. Cualquier persona que lo vea puede pensar que se están recitando meramente las palabras, sin ningún sentimiento. Porque cuando se está estrechamente ligado a Dios, se le puede servir con gran amor, con el alma sólo.
>
> Éste es el mejor tipo de adoración. Asciende con rapidez y le puede llevar a uno más cerca [de Dios] que la oración cuya intensidad se puede ver externamente a través del cuerpo. Esta oración es toda interior y por lo tanto las Cáscaras no pueden agarrarse a ella.[59]

Rabbí Israel Baal Shem Tov decía que una persona puede leer la Torah y ver luces en las letras, incluso aunque no entienda plenamente lo que está escrito. Al estar leyendo con gran amor y entusiasmo, Dios no presta atención al hecho de que puede no estar haciéndolo correctamente.

Esto es muy parecido al caso de un niño muy querido por sus padres. Aun cuando parece que no sepa hablar bien, sus padres experimentan un gran placer cuando les pide algo.

---

57. *Shabbat* 104a, Yoma 38b. *Véanse* notas 67, 75.
58. *Tzavaat HaRivash* # 36, 37; *Likutim Yekarim* # 183, 168.
59. *Likutim Yekarim* # 210, 211; *Tzavaat HaRivash* # 104, 105.

Lo mismo sucede cuando alguien recita palabras de la Torah con amor [y devoción]. Dios se deleita sobremanera y no presta atención al hecho de que no las lea correctamente.[60]

Siempre que se quiera pedir a Dios algo en oración, piénsese en la propia alma como parte de la Presencia Divina, como una gota en el mar. Luego pídase por las necesidades de la Divina Presencia.

Hay que tener fe en que la Presencia Divina se beneficiará de la oración. Entonces, si se está propiamente adherido a la Presencia Divina, también esta influencia se le trasmitirá a él.

Cuando alguien está feliz, inconscientemente se pone a aplaudir. Esto es porque su alegría se extiende a través de todo el cuerpo.

Lo mismo es cierto de la Presencia Divina. Todas las influencias se transmiten a cada una de las partes.[61]

Hay ocasiones en las que uno siente que no puede rezar. Pero no debe dejar si quiera de intentarlo ese día. En vez de abandonar, hay que fortificarse más y despertar el temor de Dios.

La situación es parecida a la de un rey en batalla que debe disfrazarse [para no ser reconocido por el enemigo]. Los que son sabios son capaces de reconocer al rey por sus movimientos. Los que son menos sabios pueden todavía reconocer al rey puesto que siempre se halla rodeado por guardias de más.

Lo mismo sucede cuando no se puede orar con devoción. Se debe saber que el rey está ahí y que uno se está encontrado con sus guardianes. La única razón por la que uno no puede llegar cerca del rey es la gran protección que le rodea.

Hay que entonces fortalecerse con reverencia, gran fuerza e intensidad adicional [para poder atravesar esta barrera] y poder acercarse a Dios. Si se tiene éxito se será entonces capaz de rezar con el máximo de sentimiento posible.[62]

60. *Likutim Yekarim # 3.*
61. *Magid Devarav Le Yaakov # 66.*
62. *Likutey Yekarim #63, Tzavaat HaRivash #72.*

Aparece en los escritos del Arí que el concepto de las oraciones de un día no es el mismo que el de las del día siguiente. [El concepto de nuestro servicio diario por consiguiente cambia cada día] hasta la llegada de la Edad Mesiánica. Así, nuestros sabios dicen: «Si las propias oraciones son fijadas, eso no es una súplica».[63]

He oído de mi maestro [el Baal Shem Tov] que esto puede probarse mediante los pensamientos ajenos que entran en la mente durante el servicio divino. Tales pensamientos vienen de las Vasijas Rotas y de las 288 Chispas que hay que separar a diario.[64]

[Los pensamientos extraños entran en la mente durante la oración para] que sean rectificados y elevados.

Sin embargo, los pensamientos ajenos de un día no son en absoluto los mismos que los del día siguiente. Esta evidencia es obvia para cualquiera que lo consideres.[65]

Cuando sobrevienen pensamientos ajenos durante el servicio, o la oración, hay que derribarlos y adherirse a Dios. De ese modo se rectifica la Chispa santa que hay en cada pensamiento particular.

Es como si una persona estuviera contado dinero mientras que sus hijos se hallan cautivos esperando el rescate. Obviamente vienen y le dicen: «¡Tienes dinero! ¡Rescátanos!».[66]

Se nos enseña que: «Cuando uno viene a purificarse se le ayuda desde arriba».[67]

Esto resulta algo difícil de entender porque no parece aplicarse a aquellos que quieren purificarse.

A veces se puede querer rezar con gran entusiasmo delante de Dios. Se hacen muchas preparaciones [de forma que todo resulte correcto]. Sin embargo, en medio de las profundidades de la oración, uno es perturbado por pensamientos ajenos al tema.

---

63. *Berajot* 4:4 (28b).
64. *Véase* cap. 6, nota 63.
65. *Toldot Yaakov Yosef VaYajel,* p. 67d. *Sefer Baal Shem Tov, Noah* 120.
66. *Lekutim Yekarim* #185, *Keter Shem Tov* #222.
67. *Véase* nota 57.

Se puede entonces preguntar, ¿dónde está la ayuda de lo alto? Se han hecho todas las preparaciones posibles, limpiando los pensamientos para poder rezar en pureza. [¿Por qué entonces ser perturbado por esos pensamientos extraños?].

Sin embargo, ésta es de hecho la ayuda divina... Dios envía esos pensamientos para que puedan ser elevados... Esos pensamientos no vienen por azar, sino para que el individuo los eleve a su Raíz.

Así, por ejemplo, supóngase que se tiene un pensamiento extraño respecto a algún mal de amor o temor. Uno debe apartar ese pensamiento y adherirse al amor y temor de Dios, completando las oraciones con gran entusiasmo. De ese modo se eleva la Chispa [de Santidad] extrayéndola de la Cáscara [maligna de ese pensamiento]. Ésta en sí misma es la ayuda que se recibe de lo alto.[68]

He oído de mi maestro [el Baal Shem Tov] que, incluso después de que Rabbí Nehunia ben HaKanah se supiera todas las meditaciones [cabalísticas] asociadas con la oración, todavía seguía rezando como un niño pequeño.[69]

Hay que acostumbrarse a rezar y recitar los Salmos en una voz muy baja. Hay que gritar quietamente, diciendo las palabras con todas las fuerzas. Éste es el significado del versículo: «Todos mis huesos dirán [:Dios, ¿quién es como tú?]» (Salmos 35:10). Un grito que resulta de la completa adhesión [a Dios] es absolutamente silencioso.[70]

Hay una «espada ardiente que gira para guardar el camino del Árbol de la Vida» (Génesis 3:24).

Cuando uno quiere adherir los pensamientos al Creador en los mundos superiores, las Cáscaras [Malignas] *(K'lipot)* no se lo permiten. Pero, aunque uno no sea capaz, se debe esforzar con todo su poder una y otra vez, incluso durante una misma oración. Eventualmente uno se adherirá a Dios y entrará en los universos superiores.

68. *Maggid Devarav Le Yaakov* #232.
69. *Ketonet Passim*, p. 43b, *Sefer Baal Shem Tov, Noah* 134.
70. *Likutim Yekarim* 6, *Keter Shem Tov* 166. *Cf. Sijot HaRan* 16.

La fe con la que hay que fortalecerse es el hecho de que «toda la Tierra está llena de su gloria» (Isaías 6:3). Hay que tener una fe perfecta, como está escrito: «El justo vive por su fe» (Habacuc 2:4).

Incluso aunque se caiga desde un alto nivel durante una oración, hay que continuar recitando las palabras con concentración hasta el máximo de la propia capacidad. Entonces hay que fortalecerse para volver al nivel. Se puede hacer esto muchas veces durante una única oración.

Primero se pronuncia la palabra misma. Esto es el cuerpo. Luego se pone un alma en la palabra.[71]

Al principio, se debe despertar al cuerpo con todas las fuerzas. Sólo entonces brillará para uno el poder del alma.

Así, el Zohar enseña que: «Si el fuego no arde vivamente, da un golpecillo a la madera y resplandecerá. Si la luz del alma no arde con brillo, da un golpecillo al cuerpo para que la luz del alma resplandezca».[72]

Cuando la persona hace esto bien, luego puede adorar en pensamiento sólo, sin ningún movimiento de su cuerpo.

Cuando se está adherido a Dios en un Universo Superior, se debe tener cuidado de no permitir que el cuerpo se mueva ya que esto destruiría la adhesión.[73]

A veces se puede estar rezando en un estado de Conciencia Restringida. Entonces, en un instante, la luz del alma resplandece y se asciende a uno de los Universos superiores. Es muy parecido a trepar por una escalera.

Se alude a la luz suprema en el versículo: «Envía tu luz y tu verdad, ellas me guiarán» (Salmos 43:3).[74]

En la oración en silencio uno se puede adherir a lo alto. Entonces, si se es merecedor de ello, se puede ser elevado todavía más alto en esa misma oración. Éste es el significado de la enseñanza: «Cuando uno viene a purificarse, se le ayuda».[75]

---

71. *Likutim Yekarim* 32. *Véase* cap. 3, nota 80.
72. *Zohar* 3:168a.
73. *Likutim Yekarim* 33.
74. Ibíd. 55.
75. *Véase* nota 57.

Mediante una oración se puede ser digno de adhesión a lo alto. Entonces, con este poder, uno puede subir a un nivel todavía más alto. Cuando se alcanza este nivel superior se puede estar adherido a lo alto incluso cuando no se esté rezando.[76]

6. Ascensión espiritual

Aunque la oración era el vehículo principal para la ascensión espiritual, los maestros jasídicos debatieron con frecuencia ese concepto en términos más generales. Uno podría subir por la escalera, espiritual, de un palacio al siguiente, de un Universo al inmediatamente superior. Se pasaría así por los cuatro universos, Asiyah, Yetsirah, Beriyah y, por último, Atzilut, el Universo de las Sefirot.

El uso de estos universos para la ascensión espiritual y la fijación de la mente en lo alto juega un papel importante en el sistema de Baal Shem. El nivel general que uno alcanza a través tal ascensión se llama (דבקות), que literalmente significa «apego». Aquí se refiere a un apego particular a lo espiritual.

❖ Fuentes

He oído de mi maestro [el Baal Shem Tov] que una persona es como «una escalera apoyada en la Tierra cuyo extremo toca al Cielo» (Génesis 28:12). El individuo puede estar haciendo cosas físicas y mundanas aquí en la Tierra, pero «su extremo está en el Cielo», puesto que medita en conceptos elevados. La persona liga así el acto a su pensamiento y esto en sí mismo es un Yijud (Unificación).[77]

Mi maestro [el Baal Shem Tov] en cierta ocasión explicó esto en más detalle. Dijo que una persona debe poner la mente en cada cosa física, elevándola y uniéndola a lo alto...

También dijo que cuando un individuo estudia un tema difícil y no lo entiende, se halla al nivel de *Maljut*-Reino. Pero cuando pone en él la mente, entendiéndolo e investigando sus profundidades, enton-

---

76. *Likutim Yekarim* 168.
77. Toldot Yaakov Yosef, VaYetze, p. 23a.

ces liga a *Maljut*-Reino con *Binah*-Entendimiento, adhiriendo ambas entre sí.[78]

Mi maestro [el Baal Shem Tov] me reveló que cuando una persona experimenta un dolor, tanto físico como espiritual, debe meditar que incluso en ese dolor Dios puede ser encontrado. Él sólo está oculto en el dolor tras una vestidura. Cuando se comprende esto, se puede quitar la vestidura. El dolor y todos los decretos de mal pueden entonces ser anulados.[79]

Rabbí Israel Baal Shem Tov dijo que cuando él se hallaba adherido a Dios y un pensamiento caía en su mente, esto era un nivel menor de *Ruaj HaKodesh*.[80]

Piensa en ti como un residente en los Universos Superiores y no considerarás importante a la gente de este mundo. Porque el mundo físico es como una semilla de mostaza comparado con los Universos Superiores. Medita en esto y para ti no habrá diferencia alguna entre si eres amado u odiado por los demás. Su amor y su odio no serán nada para ti.[81]

Cuando se está adherido a uno de los Universos Superiores, sin pensamientos extraños, se puede recibir un pensamiento a modo de profecía. El pensamiento viene porque, respecto al mismo tema, se ha hecho un anuncio en lo alto.

A veces se oye hablar una voz. Esto es debido a que la Voz Superior está adherida a la voz de la propia oración y estudio de la Torah. Se oye entonces la semejanza de una voz hablando y ésta puede revelar sucesos futuros.[82]

Si se desea ascender a lo alto, se debe ir paso a paso.

Primero, se debe tener presente que se está ascendiendo sólo al primer Firmamento, lo que es un viaje de 500 años. Expándase en la mente este firmamento por todas partes. No debe aparecer en la mente como pequeño y estrecho, sino ancho, llenándola por completo.

---

78. Ibíd. *VaEreh,* p. 39a.
79. Ibíd. *VaYajel,* p. 67d.
80. *Likutim Yekarim # 12, Keter Shem Tov # 195.*
81. *Likutim Yekarim # 36.*
82. Ibíd. *# 48. Véase* más arriba, p. 242.

Una vez allí, se debe fortalecer la mente para seguir subiendo, y luego todavía más. Sin embargo, se debe ir paso a paso, porque no se puede ascender a través de los siete Firmamentos [de un golpe].

Esto sólo es posible hacerlo en medio de la oración. Si uno se adhiere debidamente [a lo alto] desde el mismo principio de ésta, entonces se puede ascender a los Siete Firmamentos al mismo tiempo.[83]

Cuando se llega al Primer Firmamento en el ascenso gradual, hay que procurar dos cosas. En primer lugar, hay que procurar no caer de nuevo, y en segundo lugar hay que procurar ascender todavía más alto.

Puesto que en la mente se está literalmente en el Primer Firmamento, se puede entonces ascender al siguiente firmamento. [Se puede subir de firmamento en firmamento] hasta alcanzar [Yetzirah], el mundo de los Ángeles. Luego se puede ascender a [Beriyah], el mundo del Trono.

Todo lo que queda finalmente es el Universo de Atzilut. Al llegar a este nivel, se pueden ligar los pensamientos a Dios.[84]

Cuando desees ascender, primero verás la forma de un hombre y una imagen de perros. Éstas son las Cáscaras [Malignas] (*Klipot*), que están en el Universo de Asiyah. Debes fortalecerte y no tener miedo.

A veces se puede hablar en lo alto sólo con el alma, sin el cuerpo. Esto sucede cuando uno se separa del cuerpo, lo que recibe el nombre de «despojarse de lo físico» (*Hitpashtut HaGashmiut*). En ese estado no se tiene ninguna sensación corporal y se es totalmente inconsciente del modo físico. La mente toda tan sólo dibuja los Universos superiores, con sus ángeles y arcángeles.

Cuando se llega al Universo de Atzilut, uno se halla vacío de toda sensación. Todo lo que se experimenta es el más etéreo sentimiento, que no es otra cosa que la proximidad de Dios.

En este nivel se pueden conocer sucesos futuros. También ocasionalmente se puede tomar conciencia de sucesos futuros en los [tres] Universos inferiores, ya que en ellos son proclamados.

---

83. Véase *Or Torah* (Kehot, New York, 1974), p. 69d.
84. *Cf. Likutim Yekarim* #169, 175.

A veces se tienen que hacer muchos intentos sólo para ascender de un Firmamento al siguiente. El intervalo es un viaje de 500 años y uno puede caer cuando va por la mitad.[85]

Respecto a esto, Rabbí Israel Baal Shem Tov dijo: «Cuando ligo mis pensamientos a Dios, dejo que mi boca diga lo que quiera. He ligado mi habla a su Raíz suprema en lo Divino, y toda palabra tiene una Raíz en lo alto en las Sefirot».

También dijo: «A veces me siento entre gente cuya charla es banal. Me adhiero a Dios propiamente y puedo ligar a lo alto todas sus palabras».[86]

Cuando se está debidamente adherido a Dios, uno puede implicarse en cualquier actividad que se desee. Parece como si se estuviera mirando al tema de la actividad en cuestión, pero de hecho no se mira más que a Dios.[87]

Cuando los pensamientos ascienden a lo alto, a los Universos Superiores, se debe fortalecer la mente. Se será entonces capaz de moverse por entre esos Universos del mismo modo que una persona pasa de una a otra habitación.[88]

Esto he oído a mi maestro [el Baal Shem Tov]: «Dondequiera que un individuo ponga sus pensamientos, allí es donde está todo él».[89]

Está escrito: «Envíame tu luz y tu verdad, ellas me guiarán» (Salmos 43:3). Toda la Tierra está llena de la gloria de la Divina Presencia y eso es lo que lleva al pensamiento desde el mundo inferior hasta lo trascendente. Con ese gran poder el alma asciende y, con el pensamiento, penetra en los Firmamentos. Es como si estos se abrieran delante del individuo.

Uno es así llevado al Universo de Yetzirah, luego al Universo de Beriyah y finalmente al Universo de Atzilut.

---

85. *Likutim Yekarim* # 49. Véase *Keter Shem* Tov # 198.
86. *Likutim Yekarim* # 50.
87. Ibíd. # 52.
88. Ibíd. # 175. Véase *Keter Shem Tov* # 216.
89. *Keter Shem Tov* # 56.

Primero se deben traer los pensamientos abajo, y luego se puede ascender a lo alto. En los pensamientos, se debe descender y ascender muchas veces. Esto es porque hay que bajar antes de poder subir.

En el descenso es cuando se gana poder. Al ascender de nuevo se es entonces capaz de subir a un nivel más alto. Es como el que tira una piedra. [Tiene que bajar la mano antes de arrojarla].

Al ascender mentalmente a los Universos de Asiyah o Yetzirah hay que tener presente que [las entidades] de esos mundos están hablando y que sus palabras están siendo expresadas en esos Universos por la propia boca del sujeto. Se debe también meditar en que Dios está frente a uno en las Diez Sefirot de esos Universos, y que su grandeza es infinita.

Siempre que se ascienda a lo alto, téngase en cuenta que se está uno acercando a Dios y ligándose a Él en un nivel superior. Por tanto, el Zohar dice: «Los pies del Rey no son lo mismo que la cabeza del Rey».[90]

Durante el día, en todo momento, incluso cuando no se está orando, se deben elevar mentalmente los pensamientos a lo alto. Esto conlleva un gran esfuerzo. Hay que fortalecerse con toda la propia capacidad de concentración, aunque al principio no se consiga ascender muy alto.

No hay que intentar ascender demasiado deprisa. Inténtese primero el Universo de Asiyah, luego Yetzirah, luego Beriyah y, por último, Atzilut.[91]

Los Universos superiores son realmente muy grandes, pero debido a que el alma está vestida con el cuerpo, parecen muy pequeños. Pero cuando uno se despoja de su naturaleza física corporal, entonces puede ver con la mente que esos universos son muy grandes.[92]

Cuando uno se ata a Dios, entonces, a través de él, todos los mundos bajo su égida están atados a Dios.

A través de la comida y la ropa, tienes el poder de incluir en ti los conceptos de animal, vegetal y mineral en todos los universos, y a tra-

---

90. *Zohar* 2:82a.
91. *Or Torah,* p. 69d.
92. *Maggid Devarav LeYaakov* # 67.

vés de ti, todos ellos pueden ser unidos a Dios. Pero esto sólo es posible cuando te apegas a Dios.

Si la persona no cree con fe absoluta que con sus palabras y adhesión a Dios puede conseguir esas cosas, entonces nada de hecho se consigue en lo alto.

Por eso está escrito [que el ángel que luchó con Jacob] «tocó el hueco de su muslo» (Génesis 32:26). Esto significa que [el ángel] se llevó su fe.[93]

La fe es de importancia total. Muchos aman y temen a Dios, pero no consiguen nada en lo alto porque carecen de la fe absoluta.[94]

Está escrito: «Los Ángeles Vivientes corrían y volvían» (Ezequiel 1:14). He oído de mi maestro [el Baal Shem Tov] la siguiente explicación: todas las cosas tienen un deseo ardiente y un anhelo de volver y adherirse a sus raíces. El alma, por lo tanto, desea también constantemente adherirse a su Raíz en lo alto. [El alma desea constantemente satisfacer] este anhelo mediante la oración y el estudio de la Torah.

Si el alma experimentara constantemente este ardor, se anularía totalmente a sí misma. [Totalmente absorbida por Dios, volvería al estado que existía] antes de que apareciera el Mundo de la Rectificación.

Éste es el misterio de las «Tumbas del Deseo» [donde, por el anhelo y el deseo, la gente era totalmente anulada en la Esencia Infinita y así dejaba de existir], tal como se discute en *B'rit Menujá*...[95]

Por lo tanto, Dios dispuso que el hombre tuviera que ocuparse ocasionalmente de sus necesidades mundanas. Debe comer, beber y ganarse la vida hasta un punto, aunque a él no le importe pasarse con poco. En esas ocasiones se ve impedido de hacer oración y el alma puede descansar.

---

93. Los dos pies corresponden a las Sefirot Netzaj y Hod y son un aspecto de la fe. Véase *Zohar* 1:21b, 1:146a, 1:166a.

94. *Maggid Devarav Le Yaakov* # 188.

95. *Brit Menujah* (Varsovia, 1884) p. 7a. Éste fue escrito por R. Abraham de Granada (siglo xv). Véase Números 11:24, 33:16, Deuteronomio 9:22. Véase también *Degel Majaneh Ephraim, Ekev* (Jozefov, 1883), p. 70a.

Las facultades mentales del individuo se ven así [renovadas y] fortalecidas, de forma que pueda otra vez dedicarse a la oración. Éste es el misterio de «los Ángeles Vivientes corrían y volvían».[96]

7. Nada

Entre los senderos de la meditación clásica, el más difícil es el de la meditación no dirigida. En él se debe limpiar la mente por completo de todo pensamiento y sensación, tanto física como espiritual. En este nivel, todo lo que se experimenta es una nada absoluta.

Es significativo el que la Cábala clásica se refiera a los niveles espirituales más altos como un *Ayin* (אין) literalmente «nada». Así, el Universo de Beriyah se refiere literalmente al nivel que es llamado «creación». Sin embargo, la creación se define como producir «Algo de la Nada». El nivel por encima de Beriyah, del cuál éste emana, debe por tanto ser considerado como «Nada». En este contexto, el universo de Atzilut recibe a menudo el apelativo de «la Nada».

Este mismo término se emplea también para designar a *Keter*-Corona, la sefirah suprema en Atzilut. Con respecto a *Jojmah*-Sabiduría, la segunda Sefirah, está escrito: «La Sabiduría nace de la Nada (*Ayin*)» (Job 28:12). Así, *Keter*-Corona, el nivel del cual emana *Jojmah*-Sabiduría, es también llamado «Nada». Mientras que Atzilut en general es nada en un sentido espiritual.[97]

Lo cual también viene sugerido por el término *Ein Sof* (אין סוף), apelativo comúnmente dado a Dios en la Cábala. Ain (אין) literalmente significa «sin» y *Sof* (סוף) significa «fin». Por lo tanto, «Ser infinito», o simplemente «El Infinito».[98] Sin embargo, el término *«Ein Sof»* tiene también la connotación de «El final de la Nada», o «La Nada Última». En este sentido se refiere al nivel último en la Nada al que se asciende.

La meditación no dirigida sobre la Nada es uno de los métodos más peligrosos de la meditación clásica y no debería intentarse salvo bajo la guía de un maestro. Antes de los maestros jasídicos no hay virtual-

<hr>

96. *Tzafanat Poneaj*, p. 33b, *Keter Shem Tov* # 121, *Sefer Baal Shem Tov, Noah* 13.
97. *Pardes Rimonim* 23:1. Véase *Sotah* 2 lb, *Zohar* 1:156b, 2:221a, 3:290b.
98. *Pardes Rimonim* 3:1.

mente ninguna mención de este procedimiento. Incluso en los escritos jasídicos es mencionado ocasional y oblicuamente, pero las pocas referencias son enormemente significativas. Los que más a menudo se refieren a él son el Maggid Mezricher y su discípulo más ilustre, Rabbí Levi Itzjak de Berdichov (1740-1809).

❖ Fuentes

Los muchos niveles de la mente comprenden al pensador, el pensamiento y la palabra. Uno influencia al otro.

La palabra existe en el tiempo. También el pensamiento está en el tiempo, porque se tienen distintos pensamientos en tiempos diferentes.

Hay también una esencia que liga el pensador al pensamiento. Es una esencia que no puede ser captada. Es el atributo de la Nada. A menudo se usa para referirse a ella el nombre de *Hyle* [el estado entre lo potencial y la realización].

Un huevo se convierte en pollo. Sin embargo, hay un instante en que no es ni lo uno ni lo otro. Nadie puede determinar ese instante porque, en él, «eso» se halla en su estado de Nada.

Lo mismo es cierto de la transición de pensador a pensamiento, o de pensamiento a palabra. Es imposible captar la esencia que los une....

Para unir a todos entre sí hay que alcanzar el nivel de la Nada.

Por eso dijo: «Sí, Nada, bórrame» (Éxodo 32:32). [Los israelitas habían adorado el Becerro de Oro y], habían sido manchados por la idolatría. Lo que Moisés quería hacer era elevarles de vuelta a su nivel original. Por ello se llevó a sí mismo al nivel de la Nada y [queriendo ir todavía más alto] pidió así: «¡bórrame!».[99] Al alcanzar el nivel supremo pudo atar todo en lo alto.[100]

Piensa en ti como nada y olvídate por completo de ti al orar. Ten sólo en mente que estás rezando por la Presencia Divina.

---

99. *Véase* cap. 3, nota 133.
100. *Maggid Devarav LeYaakov* # 96.

Entonces puedes entrar en el Universo del Pensamiento, un estado que está más allá del tiempo. En ese dominio todo es lo mismo, la vida y la muerte, la tierra y el mar.

...Pero para poder entrar en el Universo del Pensamiento, en el que todo es lo mismo, debes renunciar a tu ego y olvidarte de todos tus problemas.

No podrás llegar a ese nivel si te adhieres a cosas físicas mundanas. Porque así te adhieres a la división entre el bien y el mal, incluida en los siete días de la creación. ¿Cómo entonces podrás aproximadamente a un nivel por encima del tiempo, en el que reina la unidad absoluta?

Niveles de Existencia

Universo	Manifestación	Sefirah
Atzilut	Nada	*Jojmah*
Beriyah	Pensamiento	*Binah*
Yetzirah	Palabra	Los seis siguientes
Asiyah	Acción	*Maljut*

Además, si te consideras a ti mismo como «algo» y pides por tus propias necesidades, entonces Dios no puede vestirse a Sí mismo en ti. Dios es infinito y no hay vasija que pueda contenerle, excepto cuando un individuo se hace a sí mismo como Nada.[101]

Al rezar, hay que poner toda la intensidad en las palabras, yendo de letra en letra hasta olvidarse por completo del cuerpo. Pensando cómo las letras se permutan entre sí se obtendrá un gran deleite. Y si esto es un gran placer físico, ciertamente es un gran placer espiritual.

Tal es el Universo de Yetzirah, [el mundo de las palabras].

---

101. Ibíd. 159.

Entonces las letras entran en los pensamientos y uno ni siquiera oye las palabras que está pronunciando. Éste es el Universo de Beriyah, [el mundo del Pensamiento].

Se llega entonces al nivel de la Nada, en el que [todos los sentidos y] facultades físicas están anuladas. Éste es el Universo de Atzilut, [que es el paralelo de] el Atributo de *Jojmah*-Sabiduría.[102]

Nada puede cambiar de una cosa a otra [sin primero perder su identidad original]. Así, por ejemplo, antes de que un huevo se pueda desarrollar en pollo debe dejar totalmente de ser un huevo. Todo debe perder su identidad original antes de poder ser otra cosa.

Por lo tanto, antes de que algo pueda transformarse debe acceder al nivel de la Nada.

Así es como sucede un milagro que cambia las leyes de la naturaleza. Primero hay que elevar a la cosa a la Emanación de la Nada. Entonces viene una influencia de esa Emanación para producir el milagro.[103]

Cuando alguien contempla un objeto, lo eleva a su pensamiento. Si entonces su pensamiento se adhiere al Pensamiento supremo, lo puede elevar a ese Pensamiento. De ahí puede ser elevado al nivel de la Nada, en donde el objeto mismo se convierte en nada absoluta.

La persona entonces los puede bajar de nuevo nivel del Pensamiento, que es algo. Al final de todos los niveles, lo puede transformar en oro.

Dios es ilimitado. Esto significa que nada físico puede ocultar su presencia. Él llena todos los elementos de espacio en todos los Universos que ha creado, en todos los niveles. No hay lugar vacío de Él.[104]

Cuando alguien asciende de uno a otro nivel, pero quiere todavía conseguir más, entonces no tiene límites y es literalmente como el Infinito. La persona tiene así el atributo con que captar la semilla transmitida desde el Ser Infinito.

---

102. Ibíd. 97.
103. *Imrey Tzadikim (Or HaEmet:* Zitamar, 1901) p. 19c.
104. Ibíd. p. 23d.

Cuando alguien dice, «lo que tengo es suficiente para mí», entonces sólo aspira a la paja que son las Cáscaras.[105]

El hombre es ante todo su mente. Sería natural que algo que es mente sólo se atara a conceptos mentales.

Por lo tanto, hay que tener presente este pensamiento: ¿Por qué usar mi mente para pensar sobre cosas físicas? Al hacerlo la bajo, al atarla a un nivel inferior. Sería mejor que la elevara hasta el máximo nivel, atando mis pensamientos al Infinito.

Toda cosa física debe servir al Creador de una forma espiritual. Así, se enseña que: «Ellos son mis esclavos, y no esclavos de esclavos».[106]

El amor no se halla sujeto a limitaciones. Porque el amor no tiene fronteras, siendo un aspecto del Amor Infinito.

Si alguien experimenta amor por algo físico, entonces esta cosa física se convierte en una vasija [que limita] su amor.

Pero cuando alguien ama al Ser Infinito, entonces su amor se viste con lo Infinito. Tanto el amor como su recipiente son ilimitados. Lo mismo sucede con los demás atributos.[107]

Cuando alguien se arrepiente y dirige su amor hacia Dios, su pensamiento es: «¿Por qué gastar mi amor en cosas físicas? Es mejor amar a la Raíz de todas la Raíces». Entonces su amor es rectificado y se extrae la Chispa de Santidad de las Cáscaras.[108]

[Dios es llamado] El sin fin *(Ein Sof) y* no El sin principio.

Si fuera llamado El sin principio, sería imposible siquiera empezar a hablar de Él. Pero hasta cierto punto es posible comprenderle a través de su creación. Esto es un principio, pero no tiene fin.[109]

Rabbí Levi Itzjak

Lo más importante es comprender que Dios ha creado todo y que Él es todo.

---

105. *Or Torah*, p. 72a.

106. *Imrey Tzadikim*, p. 18c. *Cf. Bava Metzia* 10a.

107. *Imrey Tzadikim, loc. cit.*

108. *Or Torah, Bereshit*, p. 2d.

109. *Imrey Tzadikim*, p. 28b.

La influencia de Dios nunca cesa. En cada instante da existencia a toda su creación, a todos lo universos, a todos los palacios celestiales y a todos los ángeles…

Se dice por tanto [en la oración anterior al *Sh'ma*], «Él forma la luz y crea la oscuridad» [en tiempo presente], y no «Él *formó* la luz y creó la oscuridad» [en tiempo pasado]. Decimos que Dios «crea» en presente porque en cada segundo crea y da existencia a todo lo que es.

Todo viene de Dios. Él es perfecto e incluye a todas las cosas.

Cuando alguien alcanza el atributo de la Nada, toma conciencia de que él es nada y que Dios le está dando existencia. Entonces puede decir que Dios «crea» en tiempo presente. Eso significa que Dios está creando, incluso en ese mismo instante.

Cuando alguien se mira a sí mismo y no a la Nada, entonces se halla en un nivel de «algo» [y existencia independiente]. En ese momento dice que Dios «creó», en tiempo pasado. Eso significa que Dios le creó antes [pero que ahora tiene una existencia independiente].

Así, se dice en la bendición: «[Bendito Tú ¡oh Dios!] que creaste al hombre con sabiduría». [Usamos el pasado] porque la Sabiduría está en un nivel de «algo».

Por eso hallamos en los escritos del Arí que la expresión «Dios es Rey» es un aspecto de la Nada. Porque cuando se dice que «Dios es Rey» [en presente], se significa que Él está dándonos existencia en el instante presente. Éste es el aspecto de la Nada. Somos nada y es Dios quien nos está dando el poder [de existir].

En el nivel de la Nada todo está por encima de las leyes de la naturaleza. Por otra parte, en el nivel de «algo», todo está atado por la naturaleza.

El modo de ligar el «algo» a la «Nada» es mediante la Torah y los mandamientos. Éste es el significado del versículo «los Ángeles Vivientes corrían y volvían» (Ezequiel 1:14); [es decir, de un nivel de Nada a uno de «algo»].

El Zohar nos enseña que los mandamientos y la Torah están tanto ocultos como revelados.[110] «Ocultos» alude a la Nada, mientras que

---

110. *Zohar* 3:53b.

«revelados» se aplica a «algo». De ese modo, ellos ligan el algo a la Nada y la Nada al algo.

Éste es el significado de la palabra *Mitzvah* (מצוה), que significa «mandamiento». Cuando se invierte el alfabeto hebreo mediante el código cifrado Atbash (אתב״ש), la Alef (א) se transforma en Tav (ת), Bet (ב) se convierte en Shin (ש), y así sucesivamente. [Mediante este código la Mem (מ) de *Mitzvah* se convierte en Yod (י) y la Tzadi (צ) en Heh (ה).

[Por consiguiente, las dos primeras letras de *Mitzvah]* son Yod Heh (יה) [las dos primeras letras del Tetragrammaton, YHVH (יהוה).[111] Éste es un aspecto de la Nada.

Las dos últimas letras de la palabra *Mitzvah* son Vav Heh (וה), [las dos últimas letras del Tetragrammaton].

Las letras Yod Heh (יה) [en la palabra *Mitzvah*] están ocultos, igual que el concepto de la Nada. [Por otra parte, las letras Vav Heh (וה) se escriben directamente y están reveladas, igual que el «algo»].

Los mandamientos tienen entonces una parte oculta y una parte revelada. La parte oculta consiste en nuestro dar placer a Dios a través de nuestra observancia de los mandamientos, ya que no tenemos modo de detectar esto. [La parte revelada es] cuando nos beneficiamos a nosotros mismos, ya que esto es visible.

Ése es el significado del versículo: «Las cosas ocultas pertenecen al Señor nuestro Dios, [pero las cosas reveladas nos pertenecen a nosotros y a nuestros hijos para siempre]» (Deuteronomio 34:22).

«Las cosas ocultas» alude a la parte oculta del mandamiento y «pertenecen al Señor nuestro Dios». Lo que conseguimos en relación a Dios nos está oculto.

Sin embargo, «las cosas reveladas nos pertenecen a nosotros y a nuestros hijos», porque la influencia divina que tenemos se nos revela.[112]

---

111. Véase *Shaar HaMitzov,* Introducción (Tel Aviv, 1962) p. 4; *Toldot Yaakov Yosef,* Introducción, p. 2c. Respecto a *ATBaSh,* véase p. 246.
112. *Kedushat Levi, Bereshit* (Jerusalén, 1958) p. 1.

En cada instante todos los universos reciben de Dios sustento y Fuerza Vital. Sin embargo, el hombre es el que motiva este sustento y los transmite a todos los mundos.

Cuando alguien quiere traer un sustento nuevo a todos los universos tiene que adherirse al nivel de la Nada. En todos los universos, éste es el nivel en el que no fueron constreñidos.

Cuando el hombre se anula por completo a sí mismo y adhiere sus pensamientos a la Nada, un sustento nuevo fluye a todos los Universos. Se trata de un sustento que no existía antes.

La persona debe temer tanto a Dios como para anular totalmente su ego. Sólo entonces puede adherirse a la Nada. El sustento, lleno de todo bien, fluye entonces a todos los universos…

El individuo liga así la Fuerza Vital de todos los universos a la Nada, la cual está por encima de todos los mundos… En el nivel en el que esta [Fuerza Vital] no había sido todavía constreñida en los universos, se halla ligada a la Nada, que es llamada Hyle…[113]

8. El camino de Rabbí Najman

La palabra tradicional para designar meditación es *Hitbodedut,* que significa literalmente «autorreclusión mental». Aunque este término se ha venido usando en ese contexto durante mil años, se asocia con frecuencia al nombre de Rabbí Najman de Breslov (1772-1810). Mientras que otros maestros hablan de *Hitbodedut* sólo ocasionalmente, Rabbí Najman ha producido al respecto una literatura completa.

En la terminología clásica, la meditación *Hitbodedut* enseñada por Rabbí Najman sería una meditación interna dirigida. Es decir, en vez de concentrarse en algo externo, como un nombre o mantra, aquí uno se concentra en los pensamientos que surgen en la mente. En el sistema de Rabbí Najman esto se hace en el contexto de la oración, expresando esos pensamientos como oraciones delante de Dios. Aunque se alude a él con el nombre de oración espontánea, la *Hitbodedut* de Rabbí Najman es de hecho uno de los métodos clásicos de meditación.

---

113. Ibíd. p. 5.

Rabbí Najman fue el último maestro de meditación cabalística y es con él con quien se concluye esta presentación. Si se mira a todo el campo de la meditación desde un punto de vista histórico, se percibe que cuanto más cerca nos hallamos del momento presente, los métodos se tornan menos peligrosos y más universales. Las técnicas de *Las Hejalot* y de Abulafia son muy avanzadas y peligrosas y deben utilizarse después de muchos muchos años de preparación. Los Yijudim y Kavanot del Arí, por otra parte, implican sólo al pensamiento y son de efecto mucho más suave. El Baal Shem Tov empleaba el servicio devocional como un mantra, haciendo el método accesible a todo aquél capaz de recitar el servicio. Pero el camino de Rabbí Najman es el más universal y puede ser seguido literalmente por todo el mundo.

Además de ser un gran maestro de una de las escuelas de meditación principales, Rabbí Najman ha alcanzado una importante fama como autor de cuentos, que se hallan entre los clásicos de la literatura universal. También era un gran cabalista. Según algunos, a un nivel tan alto como el de Arí o el de Baal Shem Tov.

Como biznieto del Baal Shem Tov, Rabbí Najman nació en la casa del fundador en Medzeboz, el día de *Rosh Jodesh* Nissan 5532 (4 de Abril de 1772). Su padre, Reb Simja, era hijo de Rabbí Najman Horodenker, un discípulo principal del Baal Shem Tov. Feiga, su madre, era hija de Udel, a su vez la única hija del Baal Shem Tov. El nacimiento de Rabbí Najman aconteció en un momento en el que el Jasidismo se hallaba en graves problemas y justo el día de su circuncisión el temido *Jerem* o excomunión fue pronunciado contra todo el movimiento jasídico.

La infancia de Rabbí Najman fue en muchos aspectos parecida a la de su ilustre bisabuelo, y él también pasó horas meditando en los campos y montañas, ocultando a los que le rodeaban su brillantez y su piedad. Se casó a una edad temprana y se estableció con su suegro en Ossatin, en Ucrania occidental. Cuando murió su suegra y el viudo contrajo segundas nupcias, la nueva dueña de la casa le puso las cosas difíciles al joven Tzaddik y éste se trasladó para tomar un trabajo en Medvedevka, a varias millas de distancia. Conocido como descendiente directo del Baal Shem Tov, no tuvo dificultad en encontrar seguidores, pero al madurar se convirtió en un brillante líder por derecho propio.

Desde Medvedevka, Rabbí Najman partió en peregrinación a Tierra Santa, en la primavera de 1798. Tras un largo retraso en Estambul por la campaña de Napoleón en Egipto, puso finalmente el pie en Tierra Santa el día antes de Rosh Hashanah (septiembre 10, 1798). Allí conoció a Rabbí Avraham Kalisker, líder del jasidismo en Tierra Santa, y entre ambos se estableció una fuerte corriente de amistad. A su vuelta, hizo un valiente intento de zanjar la disputa desatada entre Rabbí Avraham y Rabbí Schneur Zalman de Liadi, haciendo incluso un viaje de 700 millas para visitar a este último.

En el otoño de 1800, Rabbí Najman se trasladó de Medvedevka a Zlatipolia, a unas pocas millas de Shpola. Rabbí Leib, el Shpola Zeida (Abuelo), obviamente se disgustó por la intrusión de este joven «advenedizo» y, tras varias acusaciones falsas de sus seguidores, dio comienzo a una odiosa controversia contra Rabbí Najman. Las cosas se pusieron tan mal que Zeida trató de promulgar una proclamación de Jerem contra el joven Rebbe, y fue sólo la intervención de Rabbí Levi Yitzhak de Berdichov y de su tío, Rabbí Baruj de Medzeboz, lo que lo impidió. La controversia, sin embargo, no remitió y condujo a grandes persecuciones de los Jasidim breslovianos después de la muerte de Rabbí Najman.

Incapaz de soportar la presión de esta disputa, Rabbí Najman se trasladó a Breslov, en Ucrania central, llegando al lugar el 10 de Elul de 5562 (7 de Septiembre de 1802). Allí atrajo a su más importante discípulo y escriba, Rabbí Nathan de Nemerov. La mayor parte de las enseñanzas de Rabbí Najman que han sobrevivido fueron escritas por Rabbí Nathan, y el mismo maestro dijo: «Si no fuera por mi Nathan no habría quedado memoria de mis enseñanzas».

Ya al principio de 1805, Rabbí Najman instruyó a Rabbí Nathan para que empezara a disponer en orden sus enseñanzas, recopilando lo que sería su *magnum opus*, el *Likutey Moharan* (Antología de nuestro maestro, Rabbí Najman). Poco más de un año después murió el hijo de Rabbí Najman, Shlomo Ephraim, siendo todavía un niño. Golpeado por el dolor –y quizá motivado por una necesidad de rectificar la muerte de su hijo–, Rabbí Najman partió para un largo y misterioso viaje en el invierno de 1807. En este viaje su esposa murió y él contrajo la tuberculosis, la enfermedad que acabaría con su vida.

Sufriendo la enfermedad, Rabbí Najman viajó a Lemberg (Lvov) en busca de tratamiento medico. Durante ese período envió *Likutey Moharan* a la imprenta y éste quedó completado al final del verano de 1808.

Después de que un fuego destruyera su casa en la primavera de 1810, Rabbí Najman se estableció en Uman (una ciudad a medio camino entre Kiev y Odesa), escena de la gran masacre de 1768, en la que decenas de miles de judíos habían sido asesinados por los Haidmacks. Rabbí Najman decía que ahora tenía la tarea de rectificar esas almas con su propia muerte. Era también su deseo el ser enterrado en el cementerio repleto de mártires de Uman.

En esa población, Rabbí Najman se hizo muy amigo de un buen número de intelectuales judíos secularizados que allí vivían. El declaró que era una tarea importante el traer esas «almas perdidas» de vuelta a la verdad. Uno de los líderes de la «ilustración» antirreligiosa de Uman afirmó que si Rabbí Najman no hubiera muerto prematuramente, le habría convertido en un judío religioso.

Con la tuberculosis minando su vitalidad, Rabbí Najman apenas pudo superar los Grandes Días Santos. Murió durante Sukkot, el 18 de Tishrei de 5571 (16 de octubre de 1810). Al día siguiente temprano fue enterrado en el viejo cementerio de Uman y su tumba sigue siendo hoy en día un santuario para los jasidim breslovianos.

Tras la muerte de su maestro, Rabbí Nathan trabajó diligentemente para mantener unido el grupo. Reuniendo penique a penique, imprimió la segunda parte de *Likutey Moharan,* al igual que *Sijot HaRan* y *Sijot Moharan,* recopilaciones de los dichos de Rabbí Najman. Atacado sin misericordia por Rabbí Moshe de Savran a causa de falsas acusaciones, el grupo apenas pudo sobrevivir durante las décadas siguientes. Fue sólo la tremenda dedicación de Rabbí Nathan y su fuerza de carácter, lo que mantuvo a los jasidim breslovianos unidos como grupo. A pesar de las persecuciones construyeron una sinagoga en Uman y el grupo creció con el tiempo hasta contar con miles de seguidores.

Aunque las enseñanzas de Rabbí Najman comprenden un buen número de volúmenes, sus ideas sobre la meditación están recogidas en un libro notable llamado *Hishtapjut HaNefesh* (Vertido del alma).

❖ Fuentes

Hay que incluirse en la unidad de Dios, que es la Existencia imperativa. Sin embargo, no se puede ser digno de ello a menos que antes uno se haya nulificado a sí mismo. Es imposible nulificarse sin meditación-*Hitbodedut*.

Al meditar y expresar los pensamientos espontáneos delante de Dios, se puede merecer el nulificar todos los deseos y todas las características negativas. Se será entonces capaz de nulificar todo el propio ser físico y ser incluido en la Raíz.

El mejor tiempo para meditar es por la noche, cuando el mundo se halla libre de preocupaciones terrenales. Puesto que la gente se halla inmersa en lo mundano durante el día, se será retenido y confundido de modo que no se podrá adherir a Dios e incluirse en Él. Aun cuando uno mismo no esté implicado en las actividades mundanas, al estar todos absorbidos por tales vanidades, es difícil el anularse a uno mismo.

Es también necesario meditar en un lugar aislado. Éste debe hallarse fuera de la ciudad, o en una calle solitaria, o en algún otro lugar en el que no pueda haber nadie. Porque dondequiera que haya gente siempre estarán dedicados a lo mundano. Incluso aunque puedan no hallarse en ese lugar en ese momento, el mismo hecho de que generalmente estén allí, puede confundir la propia meditación, y entonces uno no puede nulificarse e incluirse en Dios.

Se debe por tanto estar solo, por la noche, en algún camino en el que no se suela encontrar a nadie. Váyase allí y medítese, limpiando mente y corazón de todo asunto mundano. Se será entonces digno de experimentar un aspecto verdadero de la autonulificación.

Meditando por la noche en un lugar aislado, habrá que hacer uso de muchas oraciones y pensamientos, hasta que se nulifica un rasgo o deseo. Continúese en ese lugar y tiempo, procediendo de ese modo, hasta haber anulado todo. Si algo de ego permanece, trabájese para nulificarlo. Continúese hasta que no quede nada.

Si se es verdaderamente digno de tal nulificación, entonces el alma será incluida en su Raíz, que es Dios, la Existencia Necesaria. Todo el mundo será entonces incluido en esa Raíz junto con tu alma.[114]

La meditación-*Hitbodedut* es el mejor y más elevado nivel de adoración. Establézcase una hora o más cada día para meditar, ya sea en los campos, ya en una habitación, vertiendo los pensamientos delante de Dios. Hágase uso de argumentos y de persuasión, utilizando palabras de gracia, anhelo y petición, suplicando a Dios y pidiéndole que le lleve a uno a servirle en verdad.

Tal meditación debe hacerse en el lenguaje que normalmente se habla. Es difícil expresar los pensamientos en hebreo y el corazón por lo tanto no se siente atraído por las palabras. En general no hablamos en hebreo y no estamos acostumbrados a expresarnos en esa lengua. Es por lo tanto mucho más fácil expresarse en la lengua nativa.

En la propia lengua nativa cotidiana, exprésense todos los pensamientos a Dios, hablando de todo lo que hay en el corazón. Esto puede conllevar lamentación y arrepentimiento por el pasado, o peticiones y súplicas de que uno verdaderamente venga a estar cerca de Dios en el futuro. Todo el mundo puede expresar sus propios pensamientos, cada uno según su nivel.

Hay que ser muy cuidadoso con esta práctica, acostumbrándose a hacerla en un tiempo prefijado cada día. El resto del día podrá entonces ser gozoso.

Es ésta una muy grande práctica en verdad. Se trata del mejor consejo posible, incluyendo a todas las cosas. Es bueno para todo lo que pueda estar en falta en las propias relaciones con Dios. Incluso si uno se halla completamente apartado de Dios, se debe todavía expresarle los pensamientos y pedirle [que le traiga a uno de vuelta].

Aun cuando las palabras se bloqueen y uno no pueda abrir la puerta para dirigirse a Dios, uno todavía se puede preparar para hacerlo. Incluso prepararse para hablar con Dios es en sí mismo muy bueno. Si no se puede hablarle, se puede desear y anhelar hacerlo —y esto en sí mismo es muy bueno.

---

114. *Likutey Moharan* 52.

Se puede hacer de ello incluso una oración. Se puede clamar a Dios que uno está tan lejos de Él que ni siquiera le puede hablar. Se puede pedirle misericordia para que le abra a uno la boca de forma que pueda ser capaz de expresarle sus pensamientos.

Muchos grandes y famosos santos *(Tzaddikim)* decían que ellos sólo alcanzaron su alto nivel mediante esta práctica de meditación Hitbodedut. El sabio comprenderá la importancia de la práctica y cómo le puede llevar más y más alto. Sin embargo, es algo que puede hacer todo individuo, grande o pequeño, por igual. Todo el mundo puede observar esta práctica y alcanzar los niveles superiores. Feliz el que lo hace.[115]

En la meditación hay que ser consistente, expresando los propios pensamientos delante de Dios cada día.

Incluso si no se puede hablar en absoluto, se debe simplemente repetir una sola palabra y esto también es muy bueno. Si no se puede decir nada más, permanézcase firme y repítase esta palabra una y otra vez, incontables veces. Se pueden pasar muchos días sólo con esta palabra y esto también resultará muy beneficioso. Permanézcase firme, repitiendo la palabra o la frase incontables veces. Dios eventualmente tendrá misericordia de uno y le abrirá el corazón, de forma que se será capaz de expresar todos los pensamientos.

La palabra tiene un poder muy grande. Con ella, es incluso posible impedir que un fusil dispare. Entiéndase esto.[116]

Se debe ser digno de poder meditar cada día durante un tiempo dado, [pensando sobre la propia vida] y lamentándose todo lo que haga falta. No todo el mundo puede tener cada día esa tranquilidad mental. Los días pasan y ya se han ido, y uno encuentra que nunca tuvo tiempo para pensar realmente.

Se debe por lo tanto asegurar un tiempo específico cada día para revisar con calma la propia vida. Considérese lo que se está haciendo y pondérese si merece realmente la pena el dedicar la vida a ello.

Una persona que no medita no puede tener sabiduría. Puede ocasionalmente ser capaz de concentrarse, pero no por un período largo

---

115. *Likutey Moharan Tinyana* 25.
116. Ibíd. 96.

de tiempo. Su poder de concentración permanece débil y no puede ser mantenido.

Si la persona no medita no toma conciencia de la estupidez del mundo. Pero cuando el individuo tiene una mente penetrante y relajada, puede ver que todo es sin sentido.[117]

Es mejor meditar en los campos fuera de la ciudad. Váyase a un campo herboso y la hierba despertará el corazón.[118] Cuando se ora en los campos, todas las hierbas participan en las oraciones. Le ayudan a uno y le dan fuerzas para rezar. Por esta razón la oración recibe el nombre de Sijah. Esta palabra comparte raíz con «hierba», como por ejemplo en «Todas las hierbas (*si'aj*) del campo» (Génesis 2:5).

Así, está escrito: «E Isaac salió a meditar (*Suaj*) al campo» (Génesis 24:63). Su oración fue ayudada y fortalecida por el campo, pues todas las hierbas colaboraron en ello.[119]

Rabbí Najman dijo que el tiempo principal en el que el rey David meditaba en Dios era por la noche. Oculto a la vista de los demás, derramaba su corazón delante de Dios. Por lo tanto, dijo: «He meditado cada noche en la cama llorando» (Salmos 6:7).[120]

Es muy bueno disponer de una habitación especial para el estudio de la Torah y la oración. Esa habitación resultará especialmente beneficiosa para la meditación recluida y la conversación con Dios.

Rabbí Najman decía que era incluso muy bueno sentarse en esa habitación especial. En ella la atmósfera misma es beneficiosa, aun cuando sólo se esté sentado y no se haga nada. Pero si no se tiene una habitación especial, se puede igual meditar y expresar los propios pensamientos a Dios. Rabbí. Najman decía que uno puede crearse su propia «habitación especial» bajo el Talit. Simplemente déjese que el Talit cuelgue por delante de los ojos y exprésense a Dios los pensamientos según el propio deseo.

---

117. *Sijot Ha Ran* 47.
118. Ibíd. 227.
119. *Likutey Moharan Tinyana* 11.
120. *Sijot HaRan* 68.

También se puede meditar con Dios en la cama bajo las sábanas. Ésa era la costumbre del Rey David, según dijo: «Medito cada noche en la cama llorando» (Salmos 6:7). Igualmente se puede conversar con Dios sentado delante de un libro abierto. Que otros piensen que uno está meramente [leyendo] o estudiando.

Hay muchos otros modos de conseguirlo si uno quiere de verdad meditar y expresar a Dios sus pensamientos. Por encima de todo, ésta es la raíz y el fundamento de la santidad y el arrepentimiento.[121]

Elías era un ser humano corriente, que vivía en este mundo. Pero mediante la meditación recluida alcanzó un nivel tan alto que no probó la muerte.

De las palabras de Rabbí Najman resulta obvio que Elías llegó a tan elevado nivel sólo a través de esta práctica. Lo mismo es cierto de todos los demás grandes santos.[122]

Hay muchas oraciones, peticiones y súplicas que ya han sido compuestas. Los Destructores y Denunciadores las conocen y por lo tanto se aprestan en el camino para tenderlas una emboscada.

Se puede viajar por una ruta bien hollada, conocida y hecha pública para todos. Pero los ladrones y asesinos también la conocen y aguardan en ella a la espera. Pero cuando se sigue un camino apartado, tomando una ruta todavía desconocida, los ladrones también la ignoran.

Lo mismo sucede con esto. Las oraciones personales ante Dios son como una nueva ruta. Son oraciones compuestas en el corazón y están siendo expresadas por primera vez. Ningún Denunciador, por lo tanto, está agazapado a la espera de esas oraciones.

Sin embargo, [las propias oraciones no son suficiente]. Hay que ser cuidadoso de decir las otras oraciones y súplicas [estándar].[123]

בנל"ך ולאע"י

תושלב"ע

ל"ג לעומר תשל"ו

---

121. Ibíd. 274, 275.

122. *Kojavey Or, Anshey Moharan* 23 (Jerusalén, 1933), p. 76.

123. *Likutey Moharam Tinyana* 97.

Índice analítico

Albotini, Rabbí Judah 128, 132, 133,
134, 135, 136, 168, 191, 205, 206
ALD (nombre) 329, 330
alimentos, bendición sobre 270
alma 17, 19, 20, 41, 47, 49, 50, 82, 99,
104, 107, 117, 123, 124, 127, 131,
135, 140, 152, 154, 155, 169, 170,
173, 175, 212, 217, 218, 223, 224,
229, 233, 234, 236, 245, 249, 263,
266, 267, 269, 272, 273, 277, 278,
280, 281, 282, 285, 286, 297, 299,
301, 304, 309, 310, 323, 325, 327,
333, 334, 337, 339, 342, 343, 346,
349, 350, 351, 352, 364, 365
alquimistas 217
AlShej, Rabbí Moshe 224, 225
alusiones 11, 36, 68, 149, 255, 260
Amidah (oración) 220, 273, 329, 335,
336, 338
amor y temor 116, 342, 345
amuleto 216
ángel 32, 38, 44, 45, 47, 48, 49, 57, 58,
59, 60, 61, 63, 64, 65, 78, 98, 113,
119, 166, 205, 226, 233, 234, 239,
247, 249, 265, 266, 303, 309, 352
Anpiel 56, 63, 64, 65
aparición 320
aplaudir 343
Aramas 191
arameo 26, 179, 180
Aravot 31, 59, 64, 122, 230
Arévalo 181, 182
Arí (Rabbí Itzjak Luria) 7, 8, 9, 12, 13,
14, 24, 32, 36, 38, 45, 51, 75, 136,
141, 149, 185, 203, 205, 222, 223,
224, 225, 226, 227, 230, 239, 240,
241, 242, 243, 244, 245, 246, 247,
249, 250, 253, 254, 255, 259, 260,
261, 263, 264, 266, 268, 313, 314,
315, 323, 328, 329, 330, 331, 337,
344, 358, 361
ascensión espiritual 324, 347
ascenso 11, 14, 50, 51, 54, 96, 132,
159, 168, 272, 273, 311, 313, 325,
349

ascetismo 248
Ashkenazi, Betzalel 241, 242, 244, 247
Ashurita, caligrafía 171, 230, 231
Asiyah 48, 49, 250, 253, 266, 267, 281,
286, 308, 309, 310, 311, 338, 347,
349, 351, 355
aspecto Masculino 267
Assi 45
Asti 180
Atah 161, 162, 329
Atbash, código cifrado 268, 359
Atika Kadisha 252, 261, 287, 288, 289,
290, 291, 294, 295
Atributos de la Misericordia 156
Atzilut 48, 197, 249, 250, 251, 253,
254, 268, 275, 281, 286, 287, 306,
308, 338, 347, 349, 350, 351, 353,
355
autoría 26, 36, 94
autoridad 24, 32, 55, 58, 60, 62, 63, 69,
93, 119, 179, 197, 198, 202, 210,
224, 240, 314, 317
avanta 31
Ávila 181, 182
Avkat Rojel 188, 240
Ayin (nada) 15, 41, 115, 120, 288, 308,
317, 353
ayuda desde arriba 342, 344
ayuno 48
AZ 104, 105
Azriel de Gerona, Rabbí 140
Azulai 70

B

Baal Shem Tov 13, 39, 169, 175, 187,
198, 255, 313, 315, 322, 324, 325,
327, 328, 329, 330, 331, 332, 334,
336, 337, 338, 341, 342, 344, 345,
347, 348, 350, 352, 353, 361
Bacharach, Rabbí Naftali 314
BeRab, Rabbí Jacob 188
Beriyah 48, 249, 250, 252, 253, 254,
266, 268, 275, 281, 286, 308, 338,
347, 349, 350, 351, 353, 355, 356

Likutey Moharan (libro) 362, 363, 365, 366, 367
líneas de los dedos 192, 194
Liva, Rabbí Judah 314
llegada a Safed 244
Lubavitch 16
Lublin 246, 314
Luria, Rabbí Sh'lomo 7, 12, 35, 178, 226, 239, 247, 314
Luzzatto, Rabbí Moihé Chaím 16, 32, 313

M

Maestro del Arí 241
Maestro de las Alas 38, 39
Maestro del Mar 38
Maggid Mesharim (libro) 175, 209, 211, 212, 228, 229
magia 8, 184, 187, 223
mágica 185
Magos 33
Mah 253, 254, 257, 258, 259, 283, 284, 285, 287, 288, 294, 308
Maharal de Praga 314, 316
Maharshal 314
Maimónides, Rabbí Abraham 14, 17, 18, 20, 71, 74, 89, 129, 132, 139, 164, 180, 185, 201, 202, 209, 246
Malaquías 28, 48
Maljut 41, 151, 153, 155, 157, 158, 159, 160, 193, 195, 199, 215, 217, 220, 221, 245, 252, 253, 268, 275, 282, 283, 284, 285, 286, 287, 305, 306, 347, 348, 355
Mandamientos 38, 233
mantra 9, 14, 25, 50, 94, 185, 202, 229, 242, 336, 338, 360, 361
Mantua 18, 71, 224, 228
manuscritos 35, 36, 52, 67, 70, 73, 76, 89, 91, 106, 112, 127, 128, 133, 140, 144, 146, 170, 176, 177, 178, 180, 181, 187, 188, 203, 227, 277
mármol 29, 31, 54
masacre 363

mazal 156
Mazla 282
mechikah 128
medianoche 233, 235, 236, 272, 273
meditación 8, 9, 10, 12, 13, 14, 15, 16, 17, 18, 19, 20, 21, 24, 25, 26, 27, 36, 44, 50, 67, 68, 70, 88, 89, 91, 93, 94, 96, 100, 101, 129, 131, 135, 136, 139, 140, 141, 144, 149, 150, 163, 168, 169, 173, 184, 186, 187, 191, 192, 196, 199, 202, 207, 209, 211, 218, 223, 226, 229, 231, 232, 241, 242, 250, 255, 256, 259, 260, 270, 274, 280, 307, 308, 309, 310, 313, 314, 315, 318, 319, 323, 324, 327, 328, 329, 331, 336, 337, 353, 360, 361, 364, 365, 366, 367, 368
Meditadores 133
Meditation and the Bible (libro) 23, 25, 94, 232, 233
Medvedevka 361, 362
Medzyboz 324
Meirat Eynayim (libro) 165, 166, 169, 170, 228
mente 14, 15, 20, 25, 33, 40, 41, 43, 51, 71, 82, 97, 102, 103, 104, 107, 111, 117, 118, 128, 129, 135, 141, 142, 143, 157, 163, 171, 183, 198, 209, 210, 217, 219, 221, 222, 223, 225, 229, 231, 236, 240, 247, 259, 260, 261, 262, 274, 285, 304, 309, 321, 322, 326, 327, 328, 332, 336, 337, 338, 340, 344, 347, 348, 349, 350, 351, 353, 354, 357, 360, 364, 367
mesías 68, 70, 318, 319, 321
Mesilat Yesharim (libro) 16, 19
Mesina 79, 81, 82, 88, 130
Metatrón 32, 38, 45, 49, 64, 98, 118, 119, 166, 167, 303, 304
método 14, 15, 16, 17, 20, 46, 51, 75, 93, 94, 96, 101, 104, 105, 106, 118, 128, 134, 149, 150, 154, 191, 199, 202, 207, 211, 226, 228, 229, 230,

Radbaz 70, 100, 190, 205, 206, 208,
218, 224, 225, 241, 242, 249
Ralbag 18, 20
Ramak 69, 70, 105, 106, 134, 201,
202, 203, 206, 208, 210, 211, 213,
224, 225, 230, 231, 242, 243, 250,
254, 260, 272, 313, 314
Rambam 201
Ramban 18, 23, 31, 75, 100, 102, 140,
164, 166, 170, 172, 176, 180, 181,
201, 227, 228, 235, 246, 249, 337
Rashba 68, 69, 71, 72, 73, 78, 79, 81,
88, 91, 164, 201, 227, 249
Rashbash 69
Rava 28, 49, 261, 269
Recanati, Rabbí Menachem 18, 23, 92,
99, 131, 227, 228, 235, 246, 248,
249, 315
reclusión 19, 20, 202, 327
redención 87, 136, 176, 186, 321
repetición 11, 14, 101, 336
Reshit Jojmah (libro) 168, 173, 174,
175, 203, 206, 226, 228, 310
respiración 108
Restricción 334
Reuchlin, Johann 150
Reuveni, David 206, 207, 208, 209
Rey Juan III 206
rezar 157, 269, 307, 337, 338, 339,
342, 343, 344, 345, 355, 367
Rishonim 203, 233
roja 61, 214
rojo 132, 147, 214, 215, 216, 217
Ruaj 9, 14, 16, 18, 24, 32, 40, 48, 131,
146, 172, 183, 194, 217, 227, 232,
233, 234, 236, 237, 242, 244, 246,
248, 263, 264, 266, 267, 268, 269,
270, 275, 278, 279, 281, 282, 283,
284, 285, 286, 290, 299, 308, 348

S

Sa'arah (viento) 51
Sabáticos 249
sabiduría 7, 17, 39, 40, 53, 71, 80, 82,
83, 85, 86, 95, 97, 98, 104, 117,
124, 130, 179, 231, 232, 234, 246,
263, 269, 271, 272, 327, 358, 367
Safed 12, 69, 201, 203, 204, 205, 207,
208, 209, 210, 213, 223, 224, 225,
226, 242, 243, 244, 315
Sagis, Rabbí Jonathan 210, 272
Sagis, Rabbí José 210, 272
Sag (Tetragrammaton) 253, 254, 257,
258, 259, 283, 284, 285, 286, 287,
288, 290, 291, 292, 293, 294, 307,
308
Salmos 18, 29, 68, 93, 102, 117, 136,
152, 155, 156, 157, 158, 160, 169,
172, 175, 180, 232, 247, 249, 271,
272, 273, 277, 304, 337, 339, 341,
345, 346, 350, 367, 368
Salónica 205, 206, 207, 208, 209, 224
Samuel Gaon, Mar Ray 34
Sanalmapi, Rabbí Saadia 81
sangre 54, 55, 56, 104, 214, 216
Santo 9, 14, 18, 30, 37, 38, 39, 40, 41,
46, 48, 52, 82, 98, 107, 118, 119,
131, 160, 172, 232, 234, 239, 247,
252, 261, 263, 264, 275, 276, 282,
283, 284, 287, 306
Santos 17, 29, 46, 152, 159, 276, 363
Sar HaPanim 47
Satán 76, 82, 122, 276
Sefer Gerushin (libro) 202
Sefer HaCasdim (libro) 186
Sefer HaEdot (libro) 83
Sefer haMalbush (libro) 187
Sefer HaNiKud (libro) 105, 106
Sefer HaRazim (libro) 75, 186, 187
Sefer Hatzeruf (libro) 73
Sefer Yetzirah (libro) 11, 12, 18, 27, 40,
44, 75, 76, 82, 90, 92, 93, 94, 95,
98, 99, 101, 106, 135, 161, 162,
163, 166, 170, 188, 192, 288, 302
Sefirot 7, 16, 32, 41, 43, 48, 49, 75, 81,
91, 93, 95, 96, 99, 122, 142, 145,
146, 149, 150, 151, 155, 156, 157,
158, 159, 162, 163, 192, 193, 194,

Y

Z

Citas bíblicas

Índice